管理教材译丛

JOB AND WORK ANALYSIS
METHODS, RESEARCH, AND APPLICATIONS FOR HUMAN RESOURCE MANAGEMENT
3rd Edition

职位与工作分析
（原书第3版）

[美] **弗雷德里克·P. 摩格森**　　**迈克尔·T. 布兰尼克**　　**爱德华·L. 莱文**　◎著
（Frederick P. Morgeson）　（Michael T. Brannick）　（Edward L. Levine）
密歇根州立大学　　　　　　　南佛罗里达大学　　　　　南佛罗里达大学

赵晨　◎译

机械工业出版社
CHINA MACHINE PRESS

Frederick P. Morgeson, Michael T. Brannick, Edward L. Levine. Job and Work Analysis: Methods, Research, and Applications for Human Resource Management, 3rd Edition.

Copyright © 2020 by SAGE Publications, Inc.

Simplified Chinese Translation Copyright © 2022 by China Machine Press. This edition is authorized for sale in the Chinese mainland (excluding Hong Kong SAR, Macao SAR and Taiwan).

No part of this book may be reproduced or transmitted in any form or by any means, electronic or mechanical, including photocopying, recording or any information storage and retrieval system, without permission, in writing, from the publisher.

All rights reserved.

本书中文简体字版由SAGE Publications, Inc.授权机械工业出版社在中国大陆地区（不包括香港、澳门特别行政区及台湾地区）独家出版发行。未经出版者书面许可，不得以任何方式抄袭、复制或节录本书中的任何部分。

北京市版权局著作权合同登记　图字：01-2022-2391号。

图书在版编目（CIP）数据

职位与工作分析：原书第3版/（美）弗雷德里克·P.摩格森，（美）迈克尔·T.布兰尼克，（美）爱德华·L.莱文著；赵晨译.—北京：机械工业出版社，2022.10

（管理教材译丛）

书名原文：Job and Work Analysis: Methods, Research, and Applications for Human Resource Management (3rd Edition)

ISBN 978-7-111-72145-1

I.①职⋯　II.①弗⋯②迈⋯③爱⋯④赵⋯　III.①企业管理—职位—分析—教材　IV.①F272.92

中国国家版本馆CIP数据核字（2023）第002616号

机械工业出版社（北京市百万庄大街22号　邮政编码100037）

策划编辑：吴亚军　　　　　　责任编辑：吴亚军

责任校对：李小宝　王明欣　　责任印制：郜　敏

三河市国英印务有限公司印刷

2023年5月第1版第1次印刷

185mm×260mm·16.75印张·403千字

标准书号：ISBN 978-7-111-72145-1

定价：79.00元

电话服务　　　　　　　　　　　网络服务

客服电话：010-88361066　　　　机　工　官　网：www.cmpbook.com
　　　　　010-88379833　　　　机　工　官　博：weibo.com/cmp1952
　　　　　010-68326294　　　　金　书　网：www.golden-book.com

封底无防伪标均为盗版　　　　　机工教育服务网：www.cmpedu.com

前 言
Preface

　　职位与工作分析为人力资源管理、人因工程学、工业与组织心理学提供了有用的工具。其他人，如工业工程师，也使用了这些工具。职位和工作分析自从科学管理出现以来就一直伴随着我们，至今仍然为那些希望开发新项目或改进现有项目以提高组织中人员贡献的人提供有价值的指导。这样的项目可以帮助人们更聪明地工作，改善招聘和培训，使工作更安全、更健康，提供一个更加令人满意的工作环境，甚至可以让一些人通过观察别人工作来赚钱（最后一个项目是我们最喜欢的项目之一）。一旦你读了这本书，你也会相信职位分析的价值。有时，为了简洁起见，我们可能会使用职位分析这个术语来代表职位与工作分析（更广泛的术语）。

谁将从这本书中受益

　　本书主要适用于人力资源管理专业的本科生和研究生，他们学习包括职位分析、工业心理学、组织行为学等课程，以及更具体的人员甄选、培训和薪酬等领域的课程。这本书可以单独使用，也可以与涵盖课程内容的其他教材一起使用。各种领域的专业人士，特别是人力资源或人事，会发现这本书有用。它对那些刚进入公司和政府人力资源部门的人特别有益，即使是经验丰富的专业人士，可能也会从中找到一两个精妙之处。

目的

　　在这本书中，我们描述了许多发现、理解和描述工作性质的方法，并将职位与工作分析的结果用于解决员工管理中出现的问题。在许多可用的方法和应用程序中，我们已经对包括什么和排除什么做出了判断。工业工程中常用的工作调度等应用方法很少受到重视。然而，我们认为人力资源管理中最重要和最常用的方法已经足够详尽。作为读者，你应该可以深入了解它们的价值和用途。我们详细展示了职位与工作分析方法和目的之间的一些结合。我们在讲授职位分析的过程中发现，这样的结合对于理解其价值至关重要。最后，在研究的基础上，我们结合自己的工作经验，提出了一些切实可行的工作建议。在本书的许多地方，我们交叉引用了与当前主题相关的其他章节的内容。因此，教师可以选择以不同于本书的顺序分配章节，而专业人士可以直接参阅那些满足他们迫切需要的章节。

关于人称的注释

在本书中的不同地方，我们会更广泛地介绍某一位作者在职位分析或人力资源实践方面的经验。在这种情况下，我们说"我们"，而不是区分哪位作者做了什么，因为它往往会分散读者的注意力。

致谢

我们感谢 SAGE 的编辑人员，特别是玛吉·斯坦利，感谢她对原稿提供帮助和付出耐心，以及几位仔细阅读了第 2 版的评论家，感谢他们做出深思熟虑和有益的评论。

SAGE 在此感谢以下评论家：

Kimanya Ards，安伯顿大学

Maureen A. Conard，圣心大学

Matt Fuss，日内瓦学院

Machelle K. Hefel，威斯康星大学普拉特维尔分校

Richard Huff，弗吉尼亚联邦大学

Ghadir Ishqaidef，加利福尼亚州立大学奇科分校

Teresa Helmlinger Ratcliff，坎贝尔大学

Comila Shahani-Denning，霍夫斯特拉大学

关于作者
About the Authors

弗雷德里克·P. 摩格森（Frederick P. Morgeson）于1998年获得普渡大学工业与组织心理学博士学位。他目前是密歇根州立大学布罗德商学院的伊莱·布罗德管理学教授。摩格森博士研究的是组织如何最佳地识别、甄选、开发、管理和留住人才，以实现其战略目标。他在人力资源管理和人才管理领域进行了一系列荣获奖项的研究、教学和咨询，包括招聘与雇用、领导力体验与开发、团队领导与绩效、组织发展、职位分析与设计。这包括与多个行业的公共和私营部门组织合作。他是美国管理协会、美国心理协会、美国心理科学协会以及美国工业与组织心理协会的会士。

迈克尔·T. 布兰尼克（Michael T. Brannick）于1986年在博林格林州立大学获得工业与组织心理学博士学位。他目前是南佛罗里达大学心理学系的教授。他在研究生课程中教授职位分析。他的研究兴趣包括研究方法和团队。

爱德华·L. 莱文（Edward L. Levine）于1970年在纽约大学获得工业与组织心理学博士学位。他目前是南佛罗里达大学心理学系的名誉教授，并从1993年到2001年担任系主任。他的研究兴趣包括职位与工作分析、人员甄选、组织控制和工作影响。他具有美国职业心理学委员会认证的工业与组织心理学专业资格，同时也是美国工业与组织心理协会和美国心理协会的会士。

目 录
Contents

前　言
关于作者

第1章　导论 /1
1.1　本书的框架 /2
1.2　职位分析的用途 /3
1.3　定义 /6
1.4　职位分析方法的组成部分 /8
1.5　两个职位分析项目 /18
本章小结 /21

第2章　工作导向法 /23
2.1　时间与动作研究 /24
2.2　职能型职位分析法 /30
2.3　描述工作 /35
2.4　任务清单 /39
2.5　关键事件技术 /45
本章小结 /48

第3章　员工导向法 /49
3.1　职位要素法 /50
3.2　岗位分析问卷 /57
3.3　其他基于特质的员工导向法 /62
3.4　认知任务分析 /64
3.5　个性导向的职位分析 /69
本章小结 /71

第4章　混合法 /73
4.1　组合职位分析法 /74
4.2　多方法职位设计问卷 /82
4.3　工作设计问卷 /87
4.4　职业信息网络（O*NET） /88
本章小结 /95

第5章　管理与团队 /97
5.1　管理和领导力 /98
5.2　胜任力模型 /104
5.3　团队职位分析 /108
5.4　团队认知任务分析 /119
本章小结 /119

第6章　职位分析和法律 /121
6.1　联邦法律 /122
6.2　平等就业机会法的实施 /124
6.3　行政令 /125
6.4　职业标准 /125
6.5　职位分析建议 /125
本章小结 /132

第7章　职位描述、绩效管理和评价、职位评价和职位设计 /133
7.1　职位描述 /133

7.2 绩效管理和评价 /138
7.3 职位评价 /145
7.4 职位设计/再设计 /151
本章小结 /156

第8章 人员配备和培训 /159

8.1 人员配备 /159
8.2 培训 /175
本章小结 /184

第9章 进行职位分析研究 /185

9.1 匹配目的和职位分析属性 /186
9.2 选择方法 /187
9.3 观察和采访 /192
9.4 问卷 /194
9.5 分析数据 /196
9.6 关于职位分析准确性的说明 /203
本章小结 /205

第10章 职位分析的未来展望 /207

10.1 不断变化的条件 /207
10.2 对职位和工作/职位分析的影响 /215
本章小结 /227

术语表 /229

参考文献 /233

第1章
CHAPTER 1

导　论

职位分析（job analysis）和工作分析（work analysis）是涵盖范围很广的活动，贯穿于发现、解读、描述员工工作内容的全过程。尽管工作分析相较于职位分析来说范围要更宽广（工作分析除了对职位的分析外，还包括对团队职能、工作流程和系统的分析），但在本书中我们遵循传统，采取"职位分析"这个使用最为广泛的术语。现实中职位分析和工作分析都非常重要，因为它们为解决各种人力资源问题搭建了基础。下面我们将通过三个真实的案例来对这些问题加以说明。

罗伯特·哈特（Robert Hart）是数字之内公司（In Digital）的副总裁[⊖]。该公司是一家面向计算机零售商的计算机硬件供应商。近年来，该公司得到了飞速发展。数字之内公司在高级销售顾问的招聘流程中运用了一项测试，通过测试可以了解销售顾问是否具有完成工作的知识储备。这项测试既包括关于电脑硬件的问题，比如"什么是硬盘驱动器"，还包括关于如何操作电脑销售系统的问题，比如"下单该选择哪个界面"。作为政府的合作商，数字之内公司必须遵守法律法规，这些法律法规适用于从联邦政府获得资金的企业。最近，数字之内公司正在接受美国联邦合同合规项目办公室（Office of Federal Contract Compliance Programs，OFCCP）的审查，该办公室的职责是促进平等就业机会相关法律法规的实施。OFCCP审查人员问哈特："请向我介绍一下你们用于晋升决策的这项测试。"哈特回应道："这根本不足以称为一项测试，我认为它只是一个小小的检查。"当然，毫不意外的是，审查人员对哈特的托词并不满意。随后，哈特先生给我们打了电话，他希望我们能帮助他按照审查人员的要求，解释清楚这项测试是不是衡量销售顾问知识水平的有效手段。

凯伦·沙特尔（Karen Shartle）创立了清明视野（Clear Vision）公司。该公司的主要经营内容是在一个小时之内，按照顾客的要求为他们定做框架眼镜或隐形眼镜。沙特尔

[⊖] 案例中的人物和公司均为化名。

的公司一共有三家店面,每家店面都聘有一至两名验光师、几名制镜师和几名帮助顾客挑选眼镜款式的销售人员。然而,这三家店面正面临着招不到以及留不住员工的窘境。沙特尔觉得,可能是因为她给的工资落后于同行业相似职位的工资水平。因此,沙特尔打电话给我们,希望我们能帮助她解决该公司在工资水平方面面临的问题。

美国国家航空航天局(National Aeronautics and Space Administration,NASA)是一家独立于美国政府运行的机构,主要负责国际空间站的运行和星际旅行以及探索项目的规划这两项空间项目。最近该机构开始考虑一项时间跨度长、涉及范围广的任务,其中探索月球、小行星和火星赫然在列。完成这项任务的关键就在于挑选和培训拥有"契合品质"的宇航员。在这个例子中,"契合品质"包括以下胜任力:能承受长时间的太空飞行、能应对长时间(到达火星需要6个月)太空旅行过程中的各种挑战以及能在封闭空间中和其他人共处。

上述问题的解决方案应开始于职位分析。在对数字之内公司的测试运行是否有效做出判断,为清明视野公司的三家店面设计出合理的工资水平,帮美国国家航空航天局明确新宇航员需要具备什么胜任力之前,我们首先应该弄清楚我们需要做什么工作。对于测试问题,我们要了解的是销售顾问做好销售工作具体需要具备哪些知识;对于薪酬问题,我们要先弄清楚眼镜店的同行们的工资水平;对于胜任力问题,我们要知道长时间太空飞行有哪些要求以及成功满足这些要求需要宇航员具备哪些胜任力;对于其他问题,我们需要明确这些职位本身或者员工自己有什么特别之处,才能进一步寻求解决办法。在随后的章节中,我们将详细介绍在开展职位分析解决类似问题时可能用到的一些方法。而在本章,我们将:①呈现本书的框架;②明确职位分析的应用;③定义核心术语;④揭示职位分析方法的组成部分;⑤提供一些我们已经完成的职位分析项目实例来激发你对后文的兴趣。

1.1 本书的框架

正如我们刚提到的,本章将给出职位分析的定义,简要概括职位分析的用途。本章的目的是展示后文内容在实际应用中的重要性。接下来的四章将讲述职位分析过程中最重要的技术,特别是那些能够用于实现多种目的的方法。其中,第2章将介绍工作导向法(work-oriented methods)。这种方法主要用于分析员工应该完成哪些工作任务。以分析汽车修理工这一职位为例,采用工作导向法意味着将注意力放在诸如怎样调整刹车这样具体的任务上。第3章将介绍员工导向法(worker-oriented methods)。这种方法专注于分析员工如何完成各项任务,同样以分析汽车修理工这一职位为例,此时分析的重心就是员工挑选合适的工具所需的知识或者所需做出的判断。第4章将介绍混合法(hybrid methods),这种方法同时结合工作导向法和员工导向法来收集职位分析所需的信息。第5章重点介绍适用于分析管理类职位以及团队中职位的分析方法。

第6章将不再讲述具体的职位分析方法,而是转向职位分析有关的法律。在这一章,我们将介绍最重要的相关法规,描述这些法规对开展职位分析的潜在影响,以及探讨该如何避免在具体分析过程中陷入法律纠纷。

第 7 章和第 8 章将描述职位分析的应用。在这一部分，我们将主要探讨如何将目的和方法以最好的方式结合在一起（强行组合不包括在内）。此外，我们也将对每个议题上的相关文献进行描述和评议。第 7 章将介绍职位分析在人力资源管理中的常见应用，包括职位描述、绩效管理、薪酬和职位设计。第 8 章涉及的议题可能更能引起工业心理学家的共鸣。这些议题具体而言就是员工选拔和培训，都属于"人才管理"的范畴。我们应该牢记，职位分析是帮我们实现目的的工具，而不是目的本身。在本书中，一个反复出现的主题就是，我们想达到的目的和在资金、资源、时间等方面的限制将决定我们在职位分析中应该采取何种方法。

第 9 章和第 10 章将会探讨两个截然不同的议题。第 9 章讨论如何开展一项职位分析研究。在职位分析研究的规划与组织、数据的收集和分析方面，我们提供了理论逻辑以及实践建议。尽管这些信息在其他教材中也能找到，但是其他教材很难像本书一样能够让人们以更便捷的方式从单独章节中获取这些信息，此外通常也很难让这些信息按照人们头脑中所想的那样呈现出来。本书最后一章，也就是第 10 章将对职位和工作分析的未来发展进行展望。

1.2 职位分析的用途

职位分析可以实现多种目的。一些学者使用列表来展示这些用途，这些学者包括 Ash（1988），Ash 和 Levine（1980），McCormick（1979），Morgeson 和 Dierdorff（2011），Prien 和 Ronan（1971），Sanchez 和 Levine（2012）以及 Zerga（1943）。在 Ash（1988）以及 Ash 和 Levine（1980）的基础上，本书进行了更新，涵盖了当今组织在进行员工管理时所想要达到的多重目的。

1. 职位描述

职位描述是对工作进行的简要书面描述，旨在阐明工作的本质。职位描述通常包括标识（职位名称和其他分类信息）、概述（任务或目标陈述）以及职责和任务（应该完成什么工作），还可能包含一些其他信息，如报告关系、应尽责任和任职资格（即顺利完成工作时个人应具备的属性）。除此之外，职位描述在向对特定职位不太了解的人介绍该职位时也发挥着重要作用。

2. 职位分类

职位分类是将一个或多个职位归类到由相似职位构成的职位簇（cluster）或职位族（family）之中的过程，比如，可以根据职位要求，把一个职位分类为三级程序分析员。职位簇或职位族可以基于工作的职权、职责和责任进行归类，也可以基于特定职位的行为要求进行归类。职位分类在设定工资标准和选拔员工方面发挥着重要作用。

3. 职位评价

职位评价是向雇主阐明特定职位价值的过程。雇主希望为公司内各职位支付与其创造的价值相匹配的工资，并希望与其他公司提供的工资水平相比具有优势。职位评价能够通过建立公平的工资制度吸引和留住人才，帮助雇主实现这个目的。

4. 职位、团队和系统的设计与再设计

职位设计是将多个任务或任务簇组合到一起形成一个职位的过程。无论是建立新职位，还是对现有职位进行调整，都很有必要开展职位设计。团队设计则是对员工所在团队而非个人应完成的多个任务或任务簇进行组合的过程。系统设计与团队设计有一定的交叉，但相较于团队设计，系统设计还包括将任务分配给系统中的设备和人员。职位、团队和系统再设计是对任务进行再设计的过程，以便用新的职位和职能来替换旧的职位和职能。职位再设计常常被视为提高工作效率和生产率的一个环节。职位再设计还可以用来提高员工的满意度、工作动机、安全感或产品质量。在当今动态的商业情境中，许多职位的再设计过程每天都会进行，有时甚至还是由员工自己主导进行的。

5. 人力资源要求和职位规范

人力资源要求是指人们在执行特定职位必须要完成的工作任务时应该具有的个人属性。我们通常很容易想到的个人属性包括知识（knowledge）、技能（skills）、能力（abilities）或类人格的其他特征（other characteristics like personality）。我们将这些个人特征简称为 KSAOs。例如，一个人想要胜任会计职位的工作，可能就要掌握使用最新税务软件的技能。职位规范是指满足雇主对特定职位提出的任职资格（例如，工程本科学历，拥有 6 个月的出纳经验），这些规范可使求职者和公司负责筛选简历的人员明确应聘某职位必须达到的标准。

6. 绩效评价与管理

绩效评价是对已经工作过一段时间的个体（现在常指团队）的工作绩效进行评价的过程，而绩效管理则是指管理个体和团队绩效的过程，其范围比绩效评价要广。绩效评价通常由管理者来完成，可以用于判断哪位员工值得升职加薪，也可以为每位员工提供绩效反馈，因此绩效评价与管理有时也被用来作为激励员工的工具。由于平等就业机会法的存在，将绩效评价同职位所要求的重要任务和工作行为联系起来，就变得越发重要。绩效管理囊括绩效考核的全部内容，除了对绩效进行定期的正式回顾外，还包括给予员工必要指导之类的内容。

7. 培训

员工为完成工作所必须了解、思考或者做的事情大多是他们入职之后才能学会的。培训正是开展这种学习的过程。职位分析通过识别特定职位的任职者完成工作任务所需具备的关键 KSAOs，为开发培训项目提供信息。一旦明确任职者还有哪些待开发的 KSAOs，就可以着手设计具有针对性的培训项目（内容围绕工作中的关键任务进行构建）。现代工作场所对团队的依赖程度日益提升。在团队环境中，团队培训除了应该包括任务和职能胜任力的开发之外，还必须包括团队胜任力的提升，比如对冲突解决技能的培训。

8. 员工流动

员工流动通过最初的任命、调动、晋升甚至降职等多种形式来实现。一般而言，如果人员和职位之间具有很好的契合度，那自然皆大欢喜。职业咨询服务能够为员工提

供有关职位和他们自身的信息，这些信息能够推进良性的员工流动。一些组织通过为员工提供正式的职业阶梯或路径，促进员工个人的技能发展和职业成功。与员工流动问题相关的还有运用职位分析数据认定残障人士。在美国，残障的认定机构是社会保障署（Social Security Administration，SSA），该机构聚焦于那些终身残疾的人也有能力从事的工作类型。职位分析信息在该过程中发挥着重要作用，这是因为通过职位分析可以了解某项工作在身体和精神上对人们提出的要求，并且能够了解某方面的残疾对于员工满足这些要求可能造成的障碍。

9. 人员规划

人员规划本质上是人员流动的另一面。组织希望对需要填补的职位做出规划，并且相信合格的应聘者能够很好地填补这些职位。人员规划在管理和领导的继任规划中至关重要，在规划过程中需要通过职位分析来确定当前拥有的和未来所需的胜任力。职位分析还可以反映出在特定职位上取得成功所需的KSAOs，组织可以据此设计选拔、培训和开发项目，以确保应聘者能满足公司要求。

10. 效率

提升工作效率体现在缩短工作时间或简化工作流程上，比如：①减少重复性任务中的肢体动作数量；②开发工作辅助工具（比如完成特定工作所必需的步骤列表）；③设计更好的工具（例如特定尺寸的铲子）。在团队中，可以通过将任务落实到个人来提升效率，这样不仅能最大限度地减少任务冗余，而且能避免对任何给定职位提出过多的KSAOs要求。

11. 安全和健康

职位分析可以排查出可能造成事故和人员损伤的危险行为与工作条件。企业可以通过改进工作流程，开发辅助工具和改善工作情境（工作环境）等方式保证员工工作的安全性。此外，职位分析还有助于人们找到能帮助员工缓解压力、减少工作懈怠感的因素。

12. 法律和准法律要求

在员工的安全、健康、雇用、培训、晋升和解聘等招聘的多个方面，都有适用的法律法规来加以规范。这些法律法规的实施需要由多个政府机构来负责。这些机构包括但不限于（以美国为例）：平等就业机会委员会（Equal Employment Opportunity Commission，EEOC）、联邦合同合规项目办公室和职业安全与健康管理局（Occupational Safety and Health Administration，OSHA）。每个机构都有一套指导方针，来确保雇主遵循相关的法律法规。职位分析可以用来描述职位和员工素质，以便相关方基于这些信息判断雇用行为是否可以提高生产力和效率，同时不会造成非法的人员歧视。

当然，也许你会觉得目前列举出的内容不足以涵盖所有能利用职位分析解决的问题。确实，我们并未列出职位分析在诸如保证工作生活质量，为长期失业或工作被机器取代的相关人士找到新的就业机会等方面的作用。有些人可能会建议将测试开发作为一个独立的类别，或者我们也可以添加一个名为"其他方面"的类别，除非我们想避免使用13这个不吉利的数字[一]。为了避免争议，我们先假定以上列举的内容是合理的，只是并未完

[一] 西方的一些国家和民族将13视为不吉利的凶数。——译者注

全列举。

事实上，我们列表中遗漏的重要类别应该可以被称为"社会目的"，但这种目的的实现超越了任何单一组织的边界。常见的社会目的如职业指导，这种职业指导往往由学校或私人机构的顾问提供，以帮助人们找到适合他们能力和兴趣的职业；劳动力市场数据，职位信息可以作为基础，用在劳动力市场数据中报告失业率或新增岗位率；技能转移，技能转移发生于康复顾问帮助残障人士或失业人士找到新的工作或者职业时。关于社会目的，由于它不属于本书的议题，因此便不再展开详细描述。

上述列举出的12条目的之间并不是完全独立的。比如职位分类和职位评价，两者都会对工资水平产生影响。职位设计会让一个职位发生改变，这样将能够带来新的培训需求，并可能会改变职位要求和绩效评价技术。开展一次职位分析可能会同时实现多个目的。本书中包含的绝大多数职位分析技术都可以用来应对并解决多种问题。本章这一节的关键信息是，职位分析有助于解决工作中的实际问题，并且是每项人力资源管理系统或应用的基础。

1.3 定义

人们在运用职位（job）、岗位（position）和任务（task）这些术语时，可能指代不同的事物。为了进行有效的沟通，我们首先要对本章包含的术语进行界定。我们对职位的定义从工作内容范围的两端来进行，包括非常广泛和非常狭窄两个方面。我们从范围最广泛的一端着手。在最广泛的层次上，工作的范围应该包括全世界的工作。如果这样的话，所有的职位都应包括在内，但是因为我们很难从概念层面对这些职位进行区分，所以从最广泛的范围对工作进行界定是没有实用性的。在这个层次以下，接着缩小范围就到了分支（branch）。比如可以将包括执法、治安、消防和处理自然灾害等职责在内的工作统一划归到公共安全这一分支内。整个工作的范围可以被划分为无数分支，每个分支又可以进一步被细分为众多群组（groups）。例如，执法工作就是公共安全分支内的一个群组。但是要得到我们想要表达的职位定义，我们还可以把群组这个概念再进一步拆解成系列（series）。例如，宣誓就职的执法人员系列将包括警官、侦探、警司、中尉、上尉和少校。

经过如上的步骤，最终我们就到了职位（job）这个层次。例如，宣誓就职的执法人员系列中的一个职位就是警官。据此，职位是指一群工作具有相似性的人员所从事的工作内容，例如"警官"这个名称所描述的工作就可以看作一个职位。从这点来说，职位这个术语的定义仍然有些模糊，我们将在下文介绍完工作内容范围内最小组成单元后，再回头来对这个定义做进一步探讨。

拥有明确的开头、中间过程和结尾的最小工作单元被称为要素（element），比如警官职位要求包括接打电话，而接打电话就是一个要素。另一种思考要素的方式是工作内容中的任何更小单元都需要对身体动作或感知过程进行描述，例如在打电话的过程中，我们首先要拿起电话听筒，然后输入电话号码。在此过程中，我们需要将手伸向电话，拿起它，并且将电话放在耳朵附近，静静地聆听拨号音，而这些都属于身体动作或感知过程，并非工作内容中的要素。

接下来，范围稍广的工作单元被称为活动（activity），它是用来满足工作需求的各项要素的集合。在很多情况下，警官都会将使用电话作为活动的一部分，比如"接听有关房东和租客之间纠纷的电话"。当一项工作已经被分析到活动这一层次时，你可能会发现在一个典型的职位中可能会包含上百种活动，而一些更为复杂的职位甚至会包含几百种活动。

任务（task）是由活动组成的集合，这些活动往往是为实现特定工作目标而进行的。例如，警官的一项任务可能是"和冲突各方谈判以此来解决争端"。在对一个典型职位进行分析的整个过程中，可能会形成30~100项任务。这些任务都有明确的开始、中间过程和结束环节。一般而言，一项任务往往开始于一个动词，这有助于我们理解任务。而任务的结束通常和工作目标直接联系。在之前例子中，警官的一个工作目标就是解决纠纷。

下一个范围更大的工作单元是职责（duty），它是一个由多项任务组成的集合，这些任务都直接指向特定职位的总体目标。对警官来说，其职责是"处理犯罪活动"，具体包括逮捕吸毒者和贩毒者、接听举报赌博和情色交易的电话等。对一个典型职位进行的完整职位分析可能会归类出5~12种职责。

岗位（position）是由一个人能够完成的职责、任务、活动和要素组合成的集合体。在我们的分类中，所有被雇用的员工都只是拥有一个岗位而已，而不是说拥有了一个职位。我们把职位定义为一系列相关岗位的组合，这些岗位在工作内容或组织目标方面都非常地相似，所以每个在这些组织中从事相似工作的员工都愿意用相同的职位名称来称呼他们的岗位。我们以警察工作为例来展示这些术语的定义，详见表1-1。

表1-1 举例说明术语定义

术语	举例	术语	举例
分支	公共安全	职责	交通执法
群组	执法	任务	对违反交通规则的人开罚单
系列	宣誓就职的执法人员	活动	让司机靠边停车，接受检查
职位	警官	要素	打开警灯和鸣笛
岗位	A区警官詹妮特·欧麦立		

对于职位分析，我们既可以给出一个简短的定义，也可以提供一个字数较多的定义。简短的定义：职位分析是指发现一个职位的本质的过程。虽然这个定义揭示了职位分析的基本特征，并且非常容易被人们记住，但是它并没有清楚地传递出我们想要了解的信息。要想让我们的定义更有说服力，还需补充三个特点。首先，要进行职位分析，必须要有一个包含诸多步骤的系统化过程。这些步骤通常是根据所选择的职位分析方法来决定的，而这些方法则是提前由执行职位分析工作的人员确定的。其次，发现过程一定是一个将工作逐步细分的过程，这些细分后的小单元可能是职责、任务、活动或者要素。另外，这些细分单元也可以被视为不同的对象，例如不同职位会在视觉追踪、问题解决或握紧长柄工具方面分别提出不同的要求。最后，职位分析必须形成书面成果，可以以纸质方式或电子方式呈现。职位分析还可以产出很多其他类型的成果，例如一份完整的

报告、一个简要的职位描述、一个任务列表和一份工作规范。

一个有价值的职位分析过程必须具有系统性、细致性和彻底性。现在，职位分析的长版定义如下：职业分析是通过将特定职位划分为更小的单元来发现该职位的本质的系统过程，在这个过程中，可能会产生一个或多个书面产品，目标是描述在工作中需要完成什么，或者需要哪些能力来有效地完成工作。由此产生的简化单元是促进达到职位分析所能够实现的各种目的的关键因素。

你可能会担心自己无法分辨在整个工作范围内划分的各个层次的单元。"我们该如何区分活动、任务和责任？"我们的答案是："别担心，放轻松。"从宽到窄的层次取决于你如何处理这些信息，当你开始这个项目之后，不同层次之间的差别就会逐渐清晰。比如在做职位评价时，你可能需要一个稍微广义一点的职位描述，但如果你在做失业培训，可能就需要获取非常详细而具体的职位描述（甚至需要细化到要素层面）。所以，最重要的是，你应该关注是否可以获取信息以服务于职位分析所需实现的目的，而不是纠结于术语间的细微差别。

1.4 职位分析方法的组成部分

职位分析方法通常由众多部分组成，大致可以分为以下四类：

- 职位数据种类；
- 数据收集方法；
- 职位分析的数据来源；
- 职位分析单元——需要分析什么内容，包括要细分到何种层次。

看到这里，你可能会想到："终于到了我一直想知道的部分了！"同时你也可能会产生疑惑："为什么本章又给出了另外一份列表？"想要成为一名称职的职位分析师，你必须了解自己在做什么，这就意味着你必须要在各种分析方法中做出选择。要对方法做出明智的选择，你首先需要知道面临的选择是什么。上述列表给出的就是这些选择。在阅读职位分析法的这些组成部分的时候，你可以想象一下你在分析特定职位时需要做出的选择（也许是你日后想从事的职位类型）。下面我们将详细描述职位分析方法的每个组成部分。

1.4.1 职位数据种类：描述符

职位分析方法的设计者在设计某种方法时通常头脑中都有特定的目的，他们之所以设计这种方法，是为了利用收集到的数据解决某种问题。假如设计者想要开发选拔新员工的测试，那么他就要收集关于员工特征的数据，比如与能力或技能相关的数据。下文列举的内容涵盖了从较为广义到较为具体的不同数据类型，面向的是对个人职位而非团队中的职位进行的研究。

1. 组织哲学和组织结构

这种类型的数据反映了一个职位是如何适应组织要求，契合组织使命的。我们选取监狱看守或狱警的职位作为分析对象，假设人们对于监狱所发挥的作用只有两种看法：改造作用或监禁作用。那么将监狱视为改造场所的狱警会选择和狱中的犯人相处更多的时间，并会和他们进行友善的交流，还会允许犯人向他咨询各种各样的问题。相反，将监狱视为监禁场所的狱警更倾向于看管犯人而不是和犯人互动，他会用严肃冷酷的语气和犯人说话，至于犯人提出的咨询或寻求帮助的请求，则会被交给监狱内的顾问人员来回应。

组织结构主要指的是组织结构图。这种类型的信息可以很清晰地表现出不同职位之间具有什么样的联系，并展现出上下级汇报关系的本质。例如，当一个组织结构图表明，电工有学徒向他们汇报工作时，这直接意味着这些电工的职位中至少应该包括一部分开展培训活动的职责。

2. 许可和其他政府强制性要求

这些要求可能会直接影响一个职位应该包括的工作内容，或者为可能从事该职位的人员设立门槛。例如，在医疗服务组织中，很多专业化的职位工作需要由获得许可证或者资质认定的人员来从事，比如我们最先想到的一个职位就是医生。再比如，在供水和污水处理机构中，供水和污水处理操作员这个职位的从业人员也需要持有政府颁发的许可证。这种对从业许可证的要求，可以促进相关人员进行学习、培训和该职位所需开展的其他相关活动，以便获得和保留许可证。

3. 职责

职责信息可以让我们了解任职者在工作中拥有什么类型和级别的职权，应该承担何种责任。以银行经理这个职位为例，如果职位分析师能知道该经理是否可以批准贷款以及能批准贷款的金额，那么将有助于职位分析工作的进行。

4. 专业标准

自认为是专业人士的员工通常会选择共同组建专业协会，例如，美国就有工业与组织心理协会、美国医学会，甚至还有鼓励各协会加入的全国协会联合会。这些协会的建立进一步促进了行为标准的确立，而这些行业标准可能对一个职位的绩效产生影响。比如在工作中使用或开发测试的心理学家，就必须遵循美国心理协会设立的测试标准。当心理学家的测试中有客户、申请人或员工参与时，该心理学家必须遵循这些行业标准，否则可能会遭到同行的谴责，甚至被协会开除。

5. 职位情境

职位情境信息主要是关于职位所处环境的情况。工作是在炎热还是寒冷的环境中开展？室内还是室外？是在危险环境中，还是在安全环境中？员工是挤在一起工作的，还是分开的？工资是计件支付还是按周发放？员工需要轮班，还是遵循标准工作时间表？员工有单独的办公室，还是要根据需要共享工作空间？上述问题和其他没有提到的问题共同为我们提供了对工作活动环境的理解。

6. 产品和服务

员工生产的产品或提供的服务的信息对于了解工作性质往往是至关重要的。以陶工为例，如果我们能看到陶工生产的锅、碗、咖啡杯和其他产品，我们就会充分理解陶工所处职位的工作中各项活动（转轴、捏制、上釉和烧制等）的实质用途。我们注意到陶工生产出来的大部分产品是完美的圆弧形，但我们也会想到他生产出的咖啡杯的把手会不会有些不同？会不会不是弧形？再举一个脊柱按摩医生的例子，我们可以通过观察他给不同的患者进行背部按摩，来了解他的工作，例如他在开展工作的过程中如何使用手、机器或者其他设备？

7. 机器、工具、设备、辅助工具和备忘录

有些职位特别依赖机器、工具和设备的使用，像水管工和电工这样需要熟练手艺的职位表现得尤为明显。如果对这些职位使用的工具、机器和设备缺乏认识，就不可能完全了解这些职位本身。我们重新翻阅了印刷工的应聘申请表，在工作职责描述这一栏，应聘者只列出了他们曾经操作过的印刷机器的品牌和型号。一些职位甚至是以工作中需要操作的机器命名的，例如"叉车员"。辅助工具和备忘录能为员工指明完成任务必须执行的步骤顺序，比如飞行员在起飞前必须遵循备忘录顺序进行安全排查，以确保飞机是安全的，并且做好了充分准备。这些辅助工具可以看作职位分析师的信息宝库。

8. 工作绩效指标

工作绩效信息包括完成一项任务所需要的时间、所需达到的质量标准以及规范活动执行方式的标准。专业标准和工作绩效标准的内容存在一定的交叉，但是不同之处在于工作绩效标准是由公司、工厂或者其他公共机构自行设立的，而不像专业标准一样由专业机构设定。组织可能会建立自己的标准来规定一天的工作内容或者阐述工作中的容错程度。

9. 个人工作要求

个人工作要求主要是指对人们体力方面提出的需求。例如，职位分析师可能需要了解人们在从事某项工作时是否需要攀爬、弯腰、蹲伏或者托举重物。另外，职位分析师也可能从疲劳程度、耗氧情况以及对高温、低温甚至重力等压力的承受情况等方面来探讨员工的体力消耗。这些方面的相关数据对于分析宇航员这样的职位来说至关重要。同样，职位分析师也可能需要了解社会和心理需求，例如，从事某个职位的工作是否需要遵循与众不同的工作安排，是否需要保持注意力的高度集中，或者哪怕无事发生员工也要长时间地保持警惕。这些方面对于警官和航空调度员这两个职位来说就是非常重要的。还有诸如肿瘤科医生的职位，其要求任职者能承受相当大的情绪负担。

10. 基本动作

对于特定职位而言，开展工作需要涉及许多复杂的动作，这些动作基本上都是一气呵成的，很快就结束了。比如专业的足球运动员，职位分析师必须集中注意力观察构成这些动作的每个要素，不然就无法理解"截挡或抢球"的任务指什么。另一个例子就是装配类职位（特别是电子设备的装配），因为想要做好工作就可能需要完成很多潜在的以及已经很复杂的动作。

11. 员工活动

这种信息旨在从内部员工角度来观察特定的职位。因此，员工活动主要聚焦于员工

的思维、感知和对情境需求的反应方式。从这个角度来说，制定决策、解读视觉信息、解决工作难题、计划正确的回应方式以及做出回应等都属于此类数据。当用这种方式进行职位分析时，职位分析师可以将很多不同种类的职位分解成一系列相同的员工活动。近年来，员工情绪（也称为情绪劳动）已经成为本领域学者们关注的焦点，它反映了员工应该做出什么样的情绪反应和表现。

12. 工作活动

与员工活动不同，工作活动的数据来自员工之外的优势视角，这些数据是基于对员工行为的观察获得的，比如通过观察了解到的修理轮胎、打印报告、给患者开阿司匹林等行为，就是我们聚焦工作活动时得到的典型数据。

13. 员工特质要求

完成工作需要具有什么样的技能、能力、知识、态度、价值观和人格特质？特定职位是否要求具有高外倾性、条理清楚且精通编程或擅长跳舞的人来从事？诸如此类的数据，正是我们在研究员工特质要求之后能够收集到的。最近，有学者提出了胜任力（competencies）这一新概念，其涵盖的内容最接近于对这个类别的描述，反映了"一系列利于达成战略（绩效）成果的行为或行为主题"（Sanchez, Levine, 2012）。对于员工选拔、培训和绩效管理等活动而言，收集员工特质要求信息通常非常重要。

14. 未来变革

细致的职位分析工作不仅会考虑在使命或目标上实施的变革，而且会考虑在任务相关方面发生的变革，特别是在机器、工具、设备和辅助工具等方面进行的变革。对于很多职位而言，新技术的引进改变了任务的本质。这些变革将成为是否基于职位分析开展某项工作的重要考虑因素。例如某个职位需要完成的主要任务是操作一台复杂的机器，而人机交互界面在六个月之内就会进行革新，那么花长时间培训这个职位的员工来操作这台机器就没什么意义了。相反，针对新设备来设计培训项目看起来更有意义。同样，如果组织正在筹办一个运用新技术的新基地，则该组织可能会进行一次未来导向的职位分析活动，以判断这个基地将来需要完成哪些任务，员工需要具备什么样的KSAOs。

15. 关键事件

关键事件是对表现出众或不佳这样的特殊事例进行的描述。每个事例都包含员工所处的背景和面临的问题、员工做了什么以及产生了什么样的结果。在发电厂一线主管这个职位上，表现突出的关键事件可能是"主管闻出了有毒气体，她立刻戴上防毒面具，撤离该区域。然后，她检查发现了气体泄漏的来源并将泄漏的设备关掉、贴上标签，随后叫来修理工对该设备进行了修理。在设备关掉之前，她提醒操作员打开另一机组，让其投入使用，以确保供电不会中断"。

表1-2列举了职位分析师可能收集到的每种数据类型，同时以警官这一职位为例，列举出了其可能包含的各类型数据内容。但在特定情况下，要实现职位分析的目的，这个描述符列表可能需要扩展和细化。例如Morgeson, Delaney-Klinger和Hemingway（2005）

发现，角色宽度对工作绩效有着重要影响。他们把角色宽度定义为任职者认为自己能完成的任务数量。数量越大，工作绩效就越高。针对工作团队和团队培训的情境，Levine和Baker（1990）在这些描述符之外又添加了团队使命。美国劳工部（U.S. Department of Labor）开发和维护的职业信息网络（Occupational Information Network，O*NET）作为为整个社会服务的平台，拥有一套比这里列出得更详尽的描述符。第4章将详细介绍职业信息网络的这个系统。

表1-2 描述符的定义

描述符	以警官职位为例
组织哲学和组织结构	维持公共安全，服务大众；准军事结构；向警司汇报
许可和其他政府强制性要求	持有由州警官标准和培训委员会下发的警官资格证
职责	决定什么时候可以采取武力手段
职位情境	可能面临生命危险；假期需要工作；工作环境中可能会有难闻的气味（例如逮捕醉鬼）；轮班上岗
产品和服务	维持交通秩序；帮助受困司机
机器、工具、设备、辅助工具和备忘录	电脑；手电筒；手铐；写有米兰达法则[①]的卡片；巡逻车；管制枪支；计算机终端
工作绩效指标	逮捕记录
个人工作要求	保持静止后随之需要剧烈运动，可能包括攀爬、短跑、蹲伏等；需要长时间驾驶，坐在巡逻车里
基本动作	锁喉
员工活动	检查车辆登记是否过期
工作活动	开罚单
员工特质要求	忠诚正直，没有吸毒的不良嗜好
关键事件	虽然已经下班了，但布兰登警官仍然敏锐地发现有两个开车的人正准备为争夺停车位而打架。她制止了两位司机的骂战，让他们通过掷硬币的方式选出胜者。在胜者赢得停车位后，输家就默默地开车离开了

① 米兰达法则是指在嫌犯被捕时，必须告知他：有权保持沉默；说的话可能作为呈堂证供；有权请律师在受审时到场；如果请不起律师，法庭可以免费为其指派一位律师。——译者注

1.4.2 数据收集方法

在对所需的数据类型做出选择之后，现在你需要了解该如何收集这些数据。以下是职位分析师在数据收集过程中可能采取的方法。

1. 观察法

职位分析师可能仅仅通过观察、记录员工每天在做什么，就能收集到很多信息。当观察者的存在对员工行为不产生任何影响时，其观察到的就是员工自然状态下的情况。要达到这个效果，职位分析师可以通过足够长时间的观察使员工习惯分析师的存在，也可以在特定行为发生的时候通过发问的方式进行更为主动的观察。举一个采取后一种方法的例子：职位分析师可以把警官的乘车过程当作对这个职位进行分析的时机。在巡逻车上，在持续八小时的轮班期间，警官会向职位分析师解释采取某些行动的原因，并且

回答职位分析师针对特定行为而提出的一些问题。职位分析师愿意去实地陪伴员工开展工作，除了能对要分析的职位更熟悉外，还会带来其他好处。当把对员工的观察纳入分析过程之中时，职位分析师通常更容易被组织中的管理者和员工接受，并且得到他们的信任。在如何观察员工的工作方面，Martinko（1988）提供了一些实践启示，比如在观察过程中找到工作活动中有代表性的样本是至关重要的。

2. 个人访谈法

职位分析师会运用这种方法向任职者和管理者提问，让他们回答关于该职位的问题。采访内容通常围绕某段时间内发生的事情，时间范围可能是前一天、上一周或上个月。精心准备的结构化访谈往往能取得很好的效果。

3. 小组访谈法

为了对一个职位的相关情况进行更为深入的探讨，可以召集一些在特定方面有丰富见识的员工和管理者进行讨论，这种方法也被称为主题专家（subject matter expert, SME）会议。小组访谈法可以更加高效地利用职位分析师的时间。同样，在整合访谈信息时职位分析师承担的压力会更小，因为他不需要费力地开展一系列的个人访谈来收集信息。

4. 技术会议法

一场技术会议可能会邀请一位或多位专家来帮助职位分析师更好地了解一个职位存在的原因。比如，在对污水处理技术员这个职位进行分析时，对一名化学家进行的访谈可能会帮助职位分析师更好地理解污水是如何被处理的。这样做也可以让职位分析师了解相关设备的功能。

5. 问卷调查法

问卷调查可以被视为一种由被调查者自我主导的访谈，通常需要细致的结构安排和预先测试。问卷中的条目通常是关于任务、活动或KSAOs方面的内容。问卷要求员工基于一个或多个量表来对任务或KSAOs做出评价。一个这样的量表可以帮助员工判断某项任务或KSAOs对于他的职位具有什么样的重要性。

6. 日记法

日记法是任职者定期记录在特定时间内他所完成的工作任务的方法。这种方法可能要求员工在每次切换任务时都能及时做记录。还有一种日记记录方法，那就是每隔半小时记一次，记录在过去的半小时内完成了哪些工作内容。一般来说，日记的保存时间为2～3周。

7. 设备记录法

职位分析师有时候需要使用某种设备来收集信息，最常见的设备可能是一台摄录设备，例如照相机、录像机或录音机等。可以用追踪设备来监测实时绩效，比如记录按键内容。如果要收集的信息会让员工承受更多的体力要求，那么可能用到像心电图一类的测量设备。对团队进行分析时可以用到的一项最新发展是团队互动传感器（Kozlowski,

Chao，2018）。该设备可以检测每个人之间的距离、是否存在面对面互动、人员是否移动以及发出了什么声音。

8. 档案审查法

职位分析师往往可以在公司档案记录中找到大量有用的信息。档案记录包括以往工作绩效评价材料、岗位描述、事故报告、来自员工的信函以及其他工作产品的样品等，这些是职位分析师可能会寻找的东西。

9. 文献回顾法

职位分析师可以查阅来自组织内部和外部的报告与书籍来收集信息。其中内部资料可能包括培训手册、培训资料、备忘录和用户手册等。外部资料则可能包括关于特定职业的书，基于在其他环境中进行的职位分析研究所总结形成的报告，先前的职位描述或已经发布的职位分析数据库。

10. 设备设计规范研究法

当一个职位非常依赖设备或机械时，职位分析师可以通过研究设备设计蓝图或机械原理图之类的资料来获取关于该职位的大量信息。这样做可以让职位分析师更为深入地了解员工如何与特定设备进行交互。

11. 工作实操法

尽管在实践中很少运用，但职位分析师有时可以通过实际参与工作来了解特定职位。这种方法通常仅限于在对一些简单的职位或者即便在工作中犯小错误也无伤大雅的职位进行分析时使用。职位分析师肯定不能通过从事脑外科医生的工作来分析这个职位，但可能会作为面包师或卡车司机的助手来分析这两个职位。可以选择实操的工作并不是都这么无聊，据我们所知，有一位职位分析师在参与一项职位分析工作时学习并掌握了驾驶飞机的技术。

1.4.3 职位分析的数据来源

除少数特殊数据之外，由于大多数数据来源都是由数据收集方法反映出来的，因此我们在此只需简单地将这些来源列举出来。对于数据来源与数据收集方法联系不明显的地方，我们会提供一些解释。开展职位分析工作时所需的数据有如下来源：

- 职位分析师；
- 任职者的直接主管；
- 高层经理人员或管理者；
- 任职者本人；
- 技术专家，比如化学家、大学教授；
- 组织培训专家；
- 客户或顾客；
- 其他组织单元；
- 书面文件（如记录、设备规格要求）；
- 过去的职位分析。

这个列表中的两个来源可能需要一些补充解释。一个需要解释的来源是客户或顾客。客户或顾客可以提供一个关于如何完成工作的独特角度，来自客户或顾客的信息可能会有助于建立绩效标准，或指明需要完成但目前尚未完成的任务。有时顾客甚至自己完成了多项这样的任务，由此他们就直接拥有了关于这个职位的一手知识。例如，大多数杂货店都允许顾客随便看，顾客自己把想买的东西装起来。在这个高度关注顾客服务和满意度的时代，顾客作为重要的数据来源越来越频繁地被运用于职位分析。把顾客包括进来也可能是出于政治目的。我们在对警官这类职位进行分析的过程中就邀请了社区成员参与，这样做的部分原因是为了展示社区对该职位分析工作的参与，同时也提高了社区对于最终职位描述的接受度。另一个需要解释的来源是其他组织单元。与正处于研究之中的职位所在的组织单元存在互动关系的其他组织单元，可能非常有助于职位分析师明确所需分析的职位是如何融入整个组织计划的。例如，我们可能会询问一个公司人力资源部门的员工，他们如何同研发部的员工进行合作。其他组织单元可能是特定职位的内部客户，而组织的客户则作为该职位的外部客户存在。

1.4.4 职位分析单元

在设计职位分析方法时，我们必须先根据需要收集何种数据来决定采用何种方法，并且从数据来源那里寻求相应的支持。在本节我们将描述10种数据分析和报告方法来探讨该如何总结、分析和报告收集到的信息。一些数据分析策略可能会和之前讨论过的职位数据收集种类相重合，但是有时候收集到的数据可能无法直接提供我们最终需要的信息。例如我们可能会收集工作活动信息，却通过列举在工作活动中需要具备的员工特质来对这些工作活动做出分析；或者我们可能会收集关于职责和任务的信息，但是在具体职位分析过程中却需要将这些内容按照工作维度进行分组。例如，为他人分配任务、评估他人和帮助他人进步等相关的职责与任务，都可以被分到"领导"这个工作维度。

1. 职责

我们可能会采取各种各样的方法，从众多的数据来源中收集大量不同种类的数据，并通过描述特定职位的员工需要承担的十几项重要职责来对这些数据进行总结。由于职责陈述能够用相对较少的文字呈现与职位有关的大量信息，因此使用职责作为一种分析模式可能有助于职位评价和分类或创建职位族等工作的开展。"进行预算规划和管理"就是职责的一个例子。

2. 任务

我们可能会以任务的形式来对数据做出总结，而非基于职责对这些数据进行分析。当人们需要对特定职位形成比较全面的理解时，任务本身会有很广泛的应用机会。员工选拔就是这样的一种应用机会。我们可以将一个或多个任务直接转换成工作样本测试，在测试中会根据应聘者完成工作重要部分的能力打分。

3. 活动

活动常常以条目的形式出现在任职者与其主管需要完成的调查问卷中。活动能够在问卷中得以高效地表达，因此职位分析师可能更愿意采取活动的形式来报告结果，而不是将信息同任务或者职责联系在一起。

4. 基本动作

那些关心完成体力劳动最高效方法是什么的职位分析师，通常会以基本动作的形式来对他们的数据进行总结。这些详细的信息会在进行工作设计和培训新员工如何完成任务时发挥作用。我们曾经拜访过一位朋友的面包房，在拜访过程中这位朋友要我们帮忙做面包卷。他向我们示范了如何用手来做面包卷，他的动作又快又稳，自然而然地卷出了一个接近完美的面包卷。但是我们经过几次尝试以后只能放弃，因为我们做出来的面包卷实在是太难看了。如果当时有一个慢动作视频的话，我们就能看到暂停动作和一系列动作要素，也许这样我们就能成功地做出面包卷了（当然也可能失败）。

5. 工作维度

我们可能获得各种各样的职位分析数据并且选择在工作维度上来总结这些数据。工作维度和职责不同，首先工作维度不仅关注员工的感知和思维过程，同样也关注员工的反应方式。例如，"工作组织""规划"和"决策制定"就是工作维度的例子。我们将在第 3 章介绍的岗位分析问卷法就是基于通过认真研究所得到的工作维度来设计的，这些工作维度正是在以"职位数据种类：描述符"为标题的内容中所描述的员工活动的组群或集群。其他职位分析系统也涉及工作维度。在"临界特质分析系统"（第 3 章）这部分内容中，"警觉和注意力"与"信息和技能的应用"就是这样的两种工作维度。

6. 员工特质要求

有些时候职位分析师可能更愿意以员工特质要求的形式来分析和总结职位数据。一些职位分析方法需要把这些员工特质要求事先列出来。比如，临界特质分析法，这种方法能够使用"创造力"和"口头表达能力"等 33 种员工特质；任务分析法，这种方法主要被美国劳工部采用，使用了一个非常全面的员工特质列表，包括认知能力、兴趣和性格等。对于一些特殊的职位而言，职位分析的开展需要依赖于专门为这些职位所开发的员工特质要求列表来进行。第 3 章将讲到的职位要素法就是一种只聚焦于员工特质要求的职位分析方法，一般而言这种方法能够产生包括 50 种以上员工特质要求的列表，包括知识、技能、能力和在特定职位上员工开展工作所需具备的其他人格特质等多种类型的特质要求。正是该方法总结出了 KSAOs 这一得到广泛应用的缩略词来代表这些员工特质要求。

7. 适用于工作单元的量表

有些职位分析师可能并不满足于只是列举出所有的任务、职责、工作活动或者工作维度来对职位进行分析。相反，他们会选择部分活动、任务或职责，应用一些量表进行更为深入的分析。这种量表能够让职位分析师对很多事情更好地做出判断。比如，职位分析师可以使用这种量表了解到，相对于其他任务，某项任务对于一个职位的困难或重要程度如何。职位分析师还可以使用量表来表示特定任务与数据、人或事物的某种交互程度。对数据、人和事物进行测量属于职能型职位分析法的一部分，我们将在第 2 章进行介绍。职位分析师也可以针对某项具体应用来设计量表。例如，如果职位分析师对建立培训项目感兴趣，那么其可能就会开发一个量表来评估学习任务的难度。

8. 适用于员工特质要求的量表

正如量表能够用于分析工作单元，量表也可以用于分析员工特质。例如，员工选拔领域的专家可能希望了解在大量与工作相关的能力中哪些最重要。职位分析的职位要素法中就包含一些量表，能够用来衡量特定能力或技能在区分卓越员工与一般员工上是否有效，这种量表还可以用来确定什么能力是最重要的。有些量表还可以用来衡量完成任务对某些特质的需要程度。此外，有些量表还可以把一些特质与任务紧密关联在一起，为设计培训项目提供相应的帮助。

9. 胜任力

与员工特质要求类似，胜任力从组织目标层面描述了员工需要具备的属性。通常来说，胜任力列表在大量职位上是相似的，但是胜任力行为表现方式会有所不同。例如创新在计算机程序员和电脑销售代表的眼中意义可能有所不同。

10. 定性与定量分析

在这个列表中，最后还有很重要的一点是，每个职位分析师在开展职位分析工作时，在多大程度上依赖于对发现内容进行的叙述性描述，而不是对从量表中得出的数字进行统计分析。随着职位分析变得越来越科学，人们似乎对数据的依赖性也在持续增加，但定性描述在职位描述中仍占有一席之地。

1.4.5 小结

表1-3以备忘录的形式展示出了职位分析方法的四个组成部分以及每个部分的要素。如果你计划开展一项新的职位分析或者回顾之前的职位分析，这个表格可能会派上用场。还有一个方面也可以被看作职位分析的组成部分，但这已经超过读者的注意力范围。我们只是在这里提一下并将其命名为信息管理，它反映了职位分析信息的存储、传播、检索和更新方式。

表1-3 职位分析方法组成部分小结

描述符	数据收集方法
1. 组织哲学和组织结构	1. 观察法
2. 许可和其他政府强制性要求	2. 个人访谈法
3. 职责	3. 小组访谈法
4. 专业标准	4. 技术会议法
5. 职位情境	5. 问卷调查法
6. 产品和服务	6. 日记法
7. 机器、工具、设备、辅助工具和备忘录	7. 设备记录法
8. 工作绩效指标	8. 档案审查法
9. 个人工作要求	9. 文献回顾法
10. 基本动作	10. 设备设计规范研究法
11. 员工活动	11. 工作实操法
12. 工作活动	
13. 员工特质要求	
14. 未来变革	
15. 关键事件	

(续)

职位分析的数据来源	职位分析单元
1. 职位分析师	1. 职责
2. 任职者的直接主管	2. 任务
3. 高层经理人员或管理者	3. 活动
4. 任职者本人	4. 基本动作
5. 技术专家	5. 工作维度
6. 组织培训专家	6. 员工特质要求
7. 客户或顾客	7. 适用于工作单元的量表
8. 其他组织单元	8. 适用于员工特质要求的量表
9. 书面文件(如记录、设备规格要求)	9. 胜任力
10. 过去的职位分析	10. 定性与定量分析

1.5 两个职位分析项目

你现在是不是想了解一些不那么抽象的内容？在此我们将给出两个案例，来展示我们如何在不同组织中开展职位分析。这两个案例详细地展现了我们本章所描述的职位分析方法的四个组成部分。同时，这两个案例也涉及第9章的一些内容，在第9章我们将开展实质性的职位分析工作。

1.5.1 案例1-1：对电力传输和分配培训项目的评估

一个中等规模的电力设施公司曾邀请我们对该公司线务员培训项目的有效性进行评估（线务员的英文名称是lineman，虽然有些人会认为这个职位的英文名称不包括女性含义，涉嫌性别歧视，但是实际上线务员是我们曾经研究过的真实职位名称，并且这个职位名称在当时已经被诸多电力设备公司广泛采用）。该培训项目包含242个独立模块，这些模块是公司开展了多年的学徒期项目中的一部分，培训对象是那些即使在暴风雪天气中，也能保持电力通畅的勇敢的员工。作为这项工作的一部分，我们希望通过对比培训内容和职位要求，展示彼此之间存在的差异，以便为该项目的效度提供依据。我们认为，目的决定方法，所以一定要清楚自己的目的，这也是接下来的关键。

我们受雇于该公司的管理层。为了成功启动这个项目，我们和负责输配电培训的相关人员进行了会面，向他们介绍了这个项目，并且试着找出在项目开展过程中是否有需要注意的事项。（我想对你们未来计划当咨询顾问的人说句题外话：你们必须依赖公司的员工才能实现目标；可以通过邀请员工参与项目来争取他们的支持）任务（在第2章和第4章将进行更多介绍）以及知识、技能、能力和其他人格特质（第3章和第4章将会对KSAOs进行更多介绍）正是我们应该重点关注的内容。任务和KSAOs与本章"职位数据种类"部分提出的第12项和第13项内容是一致的。作为思维敏捷的读者，毫无疑问你也已经想到了应该采用的分析单元。

幸运的是，我们获得了一份先前编制的列表，包括385项任务（例如在电线上安装自动终端）和34项员工入职后需要掌握的KSAOs（例如操作头部设施、吊索和紧绳夹的技能）。在实际中，公司如果认为某些信息能派上用场的话，他们就会保留这些信息，这家公司的培训部门也是如此。对此，你可以翻看职位分析的数据来源列表中的第9项和第 10 项。

我们组成了职位分析专家组,成员包括线务员、主管、输配电培训师和规划分析师。这个专家组总共有 154 年的经验。如果你翻看职位分析数据来源列表,你可能会注意到虽然职位分析专家组和我们给出的列表不是一一对应的,但列表中的第 2、4、5 和 6 项在我们专家组构成中是有所体现的。我们将排序这项让人头疼的任务作为练习留给读者。现在回到案例中来,我们首先会见了专家组成员,向他们解释我们需要他们评价和修改的任务、KSAOs 以及这些事项的相对重要性。我们向他们提供了一个完整的列表,让他们自己分析和研究。3 周后,专家组再次会面,并对列表中的 14 项任务的重要性等级进行了修改:删去其中的 6 项;将一些任务一分为二;改变了学徒阶段首先要完成的 27 项任务的步骤顺序;8 个 KSAOs 也按重要性进行了重新排序。你可能已经注意到,我们提到让分析专家对任务和 KSAOs 的等级进行了重新评价。该部分可以翻看职位分析单元列表的第 7 项和第 8 项。

随后,我们根据任务回顾了这些模块,发现在 385 个模块中有 359 个(93%)内容可以被 242 个培训模块所包含。而在 34 个 KSAOs 中有 27 个(79%)是从培训模块发展而来的。这些数据体现在我们的报告当中,可以作为证明培训的内容效度的有力证据。现在回到研究的最初目的,我们希望你能从中看到我们在这个项目中所做的这些选择的逻辑,大体上我们所做的事情看起来与本研究的目的和结果之间是相关的。我们还将给出另外一个案例。在新的案例中,你作为思维敏捷的读者,能很容易地从中看出研究的目的,职位数据的描述符,数据收集的方法,职位分析的数据来源以及分析单元。

1.5.2 案例 1-2:用于最低任职资格开发的职位分析

和上一个关于培训的案例不同,本案例聚焦于员工选拔。作为平等就业机会方面长期诉讼的一部分,一家为住院患者和门诊患者提供心理健康服务的大型医院正面临着一个问题,这个问题的起源是这家医院以任职资格作为条件来对医院的多个职位进行人员筛选。任职资格通常是指想得到某个职位必须满足的教育水平、培训程度和工作经验要求。以教授这个职位为例,候选人需要拥有某个专业博士学位并具备两年的博士后经历。在该诉讼案中,一些迹象表明多个职位的任职资格对某个少数群体成员的工作机会有不利影响。为此,法院方面找到我们,希望我们能帮助判断这家医院的任职资格是否能有效地筛查出无法胜任工作的应聘者,如果确实能实现这个筛查目的的话,那这也将证明这些任职资格是合理的,即使这些任职资格会对少数群体的工作机会产生不利影响。我们发现,在开发任职资格并检验其效度方面,目前仍然没有一个被广泛接受的方法,因此在医院有关人员和州人力资源部的帮助下,我们设计出了一个法院接受的方法。下面是这个方法的工作原理。我们选择一个任职资格受到质疑的职位进行说明,即药剂师这个职位。

当然,我们也通过和主要员工召开会议,来启动这个项目。我们的目的是为药剂师这个职位开发有效的任职资格。原先这个职位的任职资格是具有两年协助注册药剂师配制和配发处方的经验。

与第一个案例相比，我们认为我们的目的可以更好地通过使用任务以及知识、技能、能力（缩写为 KSAs，之所以不包括其他特质，是因为其涉及诸如个性之类的内容，而个性无法从一次工作申请中确定）这种最佳方式来实现，但是其中经历了一些波折。首先，在两个由 6~9 人组成的专家小组的帮助下，我们制定了包含任务和 KSAs 的完整列表，其中由一个小组负责任务的梳理，另一个小组负责 KSAs 的梳理。但是，我们并不想使用完整的任务和 KSAs 列表作为开发任职资格和检验其效度的基础，而是希望从列表中划分出来部分内容，用于对几乎不能胜任某项工作的人和能胜任某项工作的人做出区分。毕竟，这才是设计任职资格的初衷。因此，在一次巧妙的配合中（本书作者看起来喜欢夸奖自己），我们设计了一些可以帮助专家识别特定任务和 KSAs 的量表。在任务识别方面，我们请专家告诉我们（使用 Yes 或 No 回答），那些勉强被录用的员工是否也有能力完成列表中的任务。在 KSAs 方面，我们请专家告诉我们（使用 Yes 或 No 回答），那些勉强被录用的员工是否也必须具备一定水平或数量的有助于完成工作的 KSAs。一个幸存下来的任务例子就是"检查患者记录以判定药物过敏和药物混用"。一个保留下来的 KSA 是"与药剂师或其他医疗保健人员进行口头交流的能力"。需要注意的是，专家们提到，那些勉强被录用的新人药剂师都需要具备这两种品质。

从这个精简的任务和 KSAs 列表中，人力资源专家可以进行研究，以找出什么样的培训、教育和工作经验能够提升人们执行任务的能力，或开发即使是一个勉强被录用的员工也必须具备的 KSAs。然后，他们制定了我们称之为任职资格剖面图的文件，另一个专家小组根据每项任职资格剖面图是否可以帮助潜在员工达到勉强可接受水平，对列表中所需执行的每项任务和所需具备的每个 KSA 进行了评价。对于药剂师这个职位，六项不同任职资格的剖面图通过了评价过程。因此，现在有六种方式让人们获得资格，而不仅仅是基于最初唯一的任职资格。例如其中两个剖面图如下：一是"具有 18 个月在非医院环境下协助药剂师的经验，这种职责必须包括保存患者的用药记录；设置、包装和标注药物剂量；保持药品和物资的库存"。二是"完成由美国医院药剂师协会认证的医院药学技术人员课程"。很明显，新的任职资格允许人们通过更多的方式来获得药剂师的资格认证，并且缩短了达到这些要求所需的时间，从而提高了包括该诉讼案中原告在内的所有应聘者的就业机会。对药剂师和许多其他职位的调查结果完全记录在向法院提交的技术报告中。

感兴趣的读者（这并不是说所有读者对这个案例完全没有兴趣，而是说我们知道还有很多其他合理要求会占用你们的时间）可以下载 Levine、Maye、Ulm 和 Gordon 在 1997 年发表的论文来获取对这个任职资格案例介绍更全面的版本。Buster、Roth 和 Bobko（2005）以及 Wooten 和 Prien（2007）的论文是职位分析中关于任职资格开发方法较新的研究。这些不同的方法之间既有相似之处，也有不同之处，但它们有一个共同的主题，那就是使用结构化的职业分析信息来建立任职资格。无论你决定使用什么方法，需要明确的是，这种方法确实有助于解决你所面临的具体问题（这也正是职业分析的目的），并且这种方法是系统的和基于数据的，而且遵循我们在本书其余部分将详细描述的过程。

本章小结

本章实现了五个目标。第一，我们认为职位分析很重要，因为它是解决许多实际问题的基础。正如"分析"这个词汇所表示的那样，工作和职位分析背后的关键理念是职位分析能够使我们把工作分解为比我们所处理的原始实体（在这种情况下是"职位"或"工作"）更简单、更小的单元。较小的单元意味着可以让使用者更容易地应用信息来解决问题，并且基于这些单元来制定有关的人力资源规划。第二，我们提供了本书的框架。第三，我们给出了职位分析中几个术语的定义，特别是针对"职位"提出的定义。第四，我们介绍了所有职位分析方法的组成部分及其描述。第五，我们展示了两个项目的例子，来说明职位分析如何帮助人们实现重要的目标。现在你已经熟悉了职位分析的基本方面，准备好继续探索令人兴奋的职位分析世界了。

第 2 章
CHAPTER 2

工作导向法

本章和随后的三章探究的职位分析方法主要适用于人力资源专家及工业与组织心理学家，而工业工程师或工程心理学家则对我们将要介绍的时间与动作研究等方法感兴趣。在这一背景下，我们根据对相关方法用于实现多种目的程度的判断，筛选了一些方法做进一步介绍。作为读者，你要清楚职位分析方法有很多，一本书不可能对每种方法都进行详细介绍。由于篇幅限制，我们无法在此介绍其他方法，如果想了解相关信息请阅读 Gael（1988a）编写的原版《职位分析手册》（*Job Analysis Handbook*）以及 Wilson、Bennett、Gibson 和 Alliger（2012）合著的最新版《工作分析手册》（*Handbook of Work Analysis*）。还请记住，你可以通过选择并结合第 1 章中提到的职位分析法的组成部分创造任意数量的方法。但是，本章总结的方法兼具过往研究和应用的优点，比起未经实验临时安排的方法，应用后得到的结果更可信。然而，在某些情况下，组成部分的新组合可能会更好地满足你的目的，所以也不能排除通过适当的测试和评价验证后新组合被证明有用的可能性。本章提供了一些关于"如何做"的实用信息，如果你需要更多此类信息，请翻到第 9 章的后半部分，在那里我们提供了更多的实际细节。

本章的重点是工作导向法。工作导向法主要关注员工做了什么，内容包括员工完成的任务、使用的工具和操作的机器。其他方法侧重于顺利完成工作所需的员工属性，如体力、脑力计算或房地产法律知识，这些方法被称为员工导向法，是第 3 章的重点。还有一些方法试图同时收集有关工作和员工的广泛信息，它们被统称为混合法，将在第 4 章展开介绍。分析管理者和团队工作的方法将留到第 5 章再详细介绍。在某种程度上，将方法穿插到章节中既是出于便利性考虑，也是为了区分各种方法。例如，我们在工作导向法一章中讨论了职能型职位分析法，但我们也可以将其归类在"混合法"一章中。因此，更准确的做法是将工作导向和员工导向视为强调或程度，而不是全有或全无的事项。

本章将介绍四种工作导向的职位分析方法。第一种被称为时间与动作研究法（time-and-motion study；Amrine, Ritchey, Hulley, 1957；Davis, et al., 2004；Kanawaty, 1992；

Mundel，Danner，1994）。时间与动作研究涉及大量专业技能，通常旨在提高工作效率或改进效果。第二种通用方法是职能型职位分析法（functional job analysis，FJA），它可以被拆分为两种密切相关的方法：美国劳工部方法（DOL 方法），述于《职位分析手册》（美国劳工部，1972）；Fine 方法，述于 Fine 和 Cronshaw（1999）的相关文献中。第三种方法是任务清单（task inventory），本章主要介绍它的两个相关版本：综合职业数据分析程序（Christal，Weissmuller，1977）和工作绩效调查系统（Gael，1983）。第四种将要介绍的方法为关键事件技术（critical incident technique，CIT；Bownas，Bernardin，1988；Flanagan，1954）。

工作导向法的主要功能是让职位分析师了解员工在职要完成什么、如何完成、在哪里完成、何时完成，并记录和传达这种理解。这四种职位分析方法在实现这一目标的方式上有所不同，在满足如指定培训内容、编写工作描述等其他目的时也有所不同。请不要被方法的使用年份迷惑——尽管这些方法中有许多是早年开发的，也许你会把它们看作老掉牙的东西，但它们在今天仍然不落伍，也确实是分析工作的好帮手。

2.1 时间与动作研究

时间与动作研究主要是从工业工程学而不是工业心理学发展而来的。弗雷德里克·泰勒（Frederick Taylor）及弗兰克·吉尔布雷斯（Frank Gilbreth）和莉莲·吉尔布雷斯（Lillian Gilbreth）夫妇是工业工程学的先驱，其中吉尔布雷斯夫妇还研究过瓦工和残疾人。（如果你有兴趣，可以上网搜索关键词"the Gilbreths"，网络上有很多以夫妇二人为原型的电影，这些电影会向你呈现 20 世纪早期的工作世界）虽然也被用于包括设计培训计划和推断完成任务所需能力在内的其他目的，但是时间与动作研究的主要目标是提高工作的效率或效能，最常应用于制造业和建筑业。

时间与动作研究包含大量的技术，要根据分析的目的为研究选择特定技术。为了表达清晰，我们区分了时间研究和动作研究。虽然时间研究和动作研究通常使用相同的技术，但它们通常针对不同的目标。

时间研究主要用于确定完成给定任务或分配给构成职位的不同任务的时间。完成任务的时间通常用于设定标准时间，例如规定用钻床在某一块金属上钻孔或用缝纫机将拉链缝到衣服上应该需要多长时间。当任务间的时间分配是焦点时，主要目的可能是基于人事目的而描述各种任务被赋予的时间量（例如，可以告诉求职者其应聘的职位大部分时间在做什么，如求职者将通过电话与作者讨论手稿）或作为初步步骤。如果初步步骤显示特定任务最耗时，那么这些任务将是需要重新设计以提高效率时的良选。

动作研究的主要工作是发现完成任务所用的步骤（通常是身体动作）顺序。例如，瓦工用瓦刀将灰浆从灰浆板抹到垒好的砖上，并摊铺灰浆以固定砖块；然后将砖放在灰浆上，敲击砖块使其对准位置，并用瓦刀清除多余的灰浆。

时间与动作研究通过直接设计通常能提高效率和效能，直接设计可能通过改变工作流程、工作环境（如照明）、进入作业的物料流和作业输出的产品流来易化员工的工作。例如，在砌砖过程中，可以通过最小化每块砖的瓦刀冲程数和必须移动到位的距离来提高效率。虽然单个砖块节省的时间可能很少，但修建砖墙的总体时间节省却很多。

2.1.1 时间研究

1. 工作抽样

工作抽样（work sampling）是一种收集所观察到的一个或多个员工随时间变化的情况的方法。研究人员在开始研究前会绘制一张关于所有活动的图表（内容通常是职位中的任务以及未执行任务的原因）。对于教授一职，分类可能包括讲课、出考卷、批改论文、分析数据、写报告和在桌上打瞌睡（最后一个只是开玩笑）。研究人员会收集在一段时间内所有活动的频率。尽管有一些方法可以估计一定精度下的结果所需的观察次数（Mundel，Danner，1994），一项典型的研究仍可能包括2周内的2 000次观察（Niebel，1988）。研究结束时，相对频率会被转换为百分比。这些百分比估计了员工在每个类别上花费的相对时间量。表2-1 中列出了一项此类研究的观察表。

表 2-1 分行出纳员的工作抽样

观察员：Murphy						
观察时间						
员工	8:29	8:57	10:15	12:40	1:50	3:10
Ames	1	7	8	1	6	2
Bruk	2	1	2	5	2	1
Carter			缺 勤			
Hotelling	3	1	2	1	4	8
Jackson	2	3	2	4	1	2
Montgomery	1	1	2	1	4	4
Stahl		缺 勤		2	1	2

注：观察时间列中的数字对应不同类别的观察任务，定义如下：1= 验钞；2= 存款；3= 指示说明；4= 汇票；5= 计算；6= 走动（act-to-act moves）；7= 结余；8= 空闲／等待。

大多数工作抽样研究会雇用一名观察员并对其进行培训，令其以随机时间间隔进行观察。然而，这并不是唯一的观察方法，还可以选择用摄像机随机拍摄员工行为生成照片或录像，在查看照片时再对照片进行评定（即分配给工作活动）。有时员工们自己也会记录工作活动。通常来说，观察员会使用一个系统（如铃声或蜂鸣器）来确保任职者在随机选择的时间内开展的活动能被记录。如果研究的重点是远离任务的时间，那么在职员工可能不是最好的信息来源。

2. 标准制定

工作抽样可用于设定标准时间（熟练工人的预期绩效任务时间）。然而，工作抽样并不能直接估计合格工人成功完成任务所需的时间。在建立被允许的时间标准时，有几种其他方法也是有用的，即在根据首选程序执行任务或设备处于良好状态等情况下，应规定特定时间来完成任务。在讨论这些技术之前，要先注意设定时间标准有助于提高效率和效能。激励制度中经常使用时间标准：如果工人达到了标准（即工作速度比预期快），那么他工作的超额部分将获得额外报酬奖励。时间标准对于比较完成任务的不同方法也很有用：在其他条件相同的情况下，完成任务最快的方法是最好的。应用时间标准的其他工程（发电厂运行）包括估算劳动力和产品成本以及平衡生产线和员工团队（McCormick，1979）。

（1）秒表时间研究。通过这种技术，职位分析师可以观察员工执行任务，并记录他们完成全部任务或部分任务所需的时间。多次重复的任务记录完成后，分析师在研究结束时就能得到任务完成的时间分布。集中趋势（平均值、中位数、众数）的测量值将作为任务完成的代表时间。代表时间本身不会成为标准时间，这是因为标准或分配的时间还要考虑正常停机时间、工人疲劳以及观察者对被观察工人工作速度的判断等因素。观察者做出判断的过程被称为评级，评级用于根据观察到的员工相对于某个标准的工作速度向上或向下调整代表时间。标准时间将基于代表时间、观察员的评级以及停工期和不可避免的延误制定。因此，标准时间是公司期望从每一个有能力、有责任心的员工身上看到的平均时间。

（2）预定时间系统。其他设定标准时间的方法不需要观察员工完成任务的情况。根据先前的信息综合一项任务或作业的方法多种多样，其中有一种方法将基本动作视为已经知道从先前研究获取的标准时间值，职位分析师只需要了解完成任务时使用的基本步骤。有了这些知识，分析师能找到基本动作的时间值，将时间值相加就得到了整个任务的标准值。

（3）行业标准数据。与预定时间系统密切相关的系统通常使用先前分析过的相似任务的标准时间数据，特别是同行业的数据。例如，木工机床车间有许多塑形和切割木材的机器。根据之前的研究，可以知道许多任务的标准时间。当新作业出现时，只要新作业由已分析的任务组成，已知的任务标准时间就可以用于确定新作业的标准时间。预定时间系统和行业标准系统之间的区别在于，预定时间系统使用基本动作来合成任务，而行业标准系统使用任务或任务要素来合成任务和作业。

2.1.2 动作研究

与时间研究一样，动作研究涉及一系列技术方法。在动态研究中，这些技术用于检查工作是如何完成的，以期提高效率或效能。一般认为在当前技术条件下，可能存在一种最佳方案来完成某项工作，这种最佳方案最有可能通过系统的、经验的（即科学的）方法而不是直觉来找到或接近找到。但是，如果员工有残疾，最佳方案可能需要调整。

1. 表格和流程图

表格和流程图是将一系列事件具象的方法。可以通过着眼于可能提高工作效率的变化来检查这些事件及其顺序。图2-1展示了护工为医院患者送饭的两种方式。

在初始方案中，护工会先将送餐桌带到房间的中间，然后依次走到每个患者身边送饭。改进后，护工会推着桌子在房间里移动，一次给两个患者送饭。改进后的方法减少了完成作业的总步骤，能及时为患者提供服务，使其能在合适的温度下用餐，减轻了护工的疲劳损耗。

表2-2是显示了与图2-1信息基本相同的流程表。流程表大致可以分成三部分，前三分之一部分包含总结信息。后面的部分则详细描述了提供晚餐的情况，中间三分之一处介绍原始方案，最后三分之一部分则是建议的改进方案。每个方法下都列出了一系列步骤（任务、动作），每行有一个步骤。设有各栏专门讨论数量、距离、时间、符号（稍

后将详细介绍）和备注。通过查看第一个周期的总时间和距离，可以看出总时间的分钟数和总距离的米数。注意，在原始方案中，总距离为436米，耗时23.42分钟。在改进方案中，总距离为197米，总时间为16.98分钟。

有几种用于创建流程表的标准化系统，用符号表示不同的活动。表2-2显示了一个这样的系统：用圆圈表示操作，箭头表示运输某物。事件序列由表2-2中部的图标下的连接点组成的线表示，并在流程表右上角汇总。流程表有助于显示活动重复的位置、延迟发生的时间等。此类信息与标准检查表一起使用可以提出设计建议（例如，是否可以避免延误，是否可以组合重复动作）。早期的著作提出了良好的动作设计原则，如"手臂应对称移动"或"脚应进行需要力量但精确度不高的工作"。然而，现在有大量针对不同情况的专门检查表（Mundel，1988），对这些检查表进行说明是不现实的。

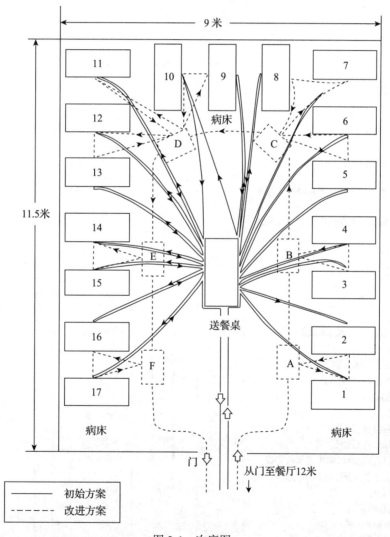

图 2-1 次序图

资料来源：Kanawaty, G. (Ed.). (1992). *Introduction to work study* (4th ed., p. 118). Geneva, Switzerland: International Labour Office. Copyright © 1992 International Labour Organization. Reprinted with permission.

表 2-2 流程表

流程表	类型			
表2-2第1页，共1页	总结			
表格主体：医院护工	活动	现在的花费	改进方法后的花费	节约的
活动： 给17位患者送饭	操作 ○ 运输 ⇨ 延迟 ■ 切口 □ 存储 ▽	34 60 — — —	18 72 — — —	16 (−12) — — —
方案：现在/改进后	距离（米）	436	197	239
地点：病房L	时间（工时）	39	28	11
操作人员： 时间：	花费： 劳动 材料（手推车）		24美元	
记录人： 日期： 批准人： 日期：—	总计（资金）		24美元	

原始方案描述	数量（盘子）	距离（米）	时间（分钟）	图标 ○ ⇨ ■ □ ▽	评述
送第一轮菜和餐盘——从餐厅到送餐桌的托盘上	17	16	0.50		笨拙的负载
把饭菜和餐盘放在桌子上	17	—	0.30		
将三份饭放到一个餐盘里	—	—	0.25		
将餐盘带到1号床并返回	1	7.3	0.25		
提供服务	—	—	0.25		
将餐盘带到2号床并返回	1	6	0.23		
提供服务	—	—	0.25		
（持续到为17张床位上的患者都提供完服务，距离见图2-1）					
服务完成后，将盘子放在托盘上，然后返回餐厅	—	16	0.50		
第一轮总距离和时间		122	10.71	17 20 — — —	
开始第二轮循环		192	10.71	17 20 — — —	
收集第二轮送饭后的空盘		52	2.0	— 20 — — —	
总计		436	23.42	34 60	
改进方案					发放餐食
送第一轮菜和餐盘——地点A厨房，手推车	17	16	0.50		
取出两盘饭菜		—	0.40		
手拿两盘饭菜到1号床，留下一份；拿着一盘饭菜从1床走到2床，回到A处	2	{1.5 0.6 1.5}	0.25		
将手推车推到B处		3.0	0.12		
取下两盘饭菜		—	0.40		
手拿两盘饭菜到3号床，留下一份；拿着一盘饭菜从3床走到4床，回到B处	2	{1.5 0.6 1.5}	0.25		
（重复上述过程直到给17床患者都送完饭。参见图2-1，并注意送饭流程在11床的变化）					
带着托盘返回餐厅	—	16	0.50		
第一轮总距离和时间		72.5	7.49	9 26	
开始第二轮循环		72.5	7.49	9 26	
收集第二轮送饭后的空盘		52	2.00	— 20	
总计	—	197	16.98	18 72	

资料来源：Kanawaty, G. (Ed.). (1992). *Introduction to work study* (4th ed., p. 119). Geneva, Switzerland: International Labour Office. Copyright © 1992 International Labour Organization. Reprinted with permission.

2. 微动分析

分析师一方面可以通过流程图和表格，将工作或任务拆分为一系列步骤，例如护工的任务就可以拆分为：将食物装在盘子上，把盘子递给患者，在晚饭后取回餐盘。另一方面，微动分析会抓住拆分的某一个步骤，将其分解为基本动作。具体可以参考护工开始发放晚餐的过程，动作包括握住容器的盖子、移动盖子、将盖子放在托盘上、放开盖子、将手移到勺子上、抓住勺子、将勺子移到土豆泥上等等（我们只能想象其中一名患者大喊"食物大战！"后引发的一系列动作）。

描述基本动作（element motion）有一套标准术语。基本动作也被称为动素（therblig）。每个动素都有一个标准符号和颜色，用于绘制任务中的动作序列，如表2-3所示。表2-3给出了一些类别和定义的名称。微动研究特别适合分析在工作站（workstation）上进行的任务，如组装圆珠笔或 iPhone。

表 2-3 动素的定义

名 称	定 义
搜寻	发生于用手或眼睛寻找或探索某物时 例如，尝试从一堆事物中查找或拾取需要的那个
挑选	发生于从多个对象中选取一个时 例如，从多个螺栓中选择特定的一个
抓握	包括抓住一个物体 例如，合上环住铅笔的手指

3. 记录技术

时间与动作研究通常使用电影、视频和其他记录技术来记录任务是如何完成的。该技术的使用方式取决于所选择的时间与运作研究方法。在微动分析中，通常采用慢动作摄影来精确估计各种动作的时间。此外，在工作取样和流程图中，也可以使用延时摄影，以便分析师可以在4分钟内看到一小时的工作情况。当然偶尔也会使用其他记录设备。例如，测功机可用于记录钻床操作员在金属上钻孔时施加的力（力矩）。记录力矩是为了在钻孔速度和钻头断裂之间找到最佳平衡。

2.1.3 对时间与动作研究的批评

时间与运动研究因过分强调效率而受到嘲笑。例如，一位评论家描述了工业工程师对交响乐的看法：

- 有些片段似乎重复得太多了，效果大打折扣。在喇叭上重复一段已经由琴弦演奏过的乐段是毫无意义的。如果消除所有多余的片段，2小时的音乐会可以减少到20分钟。在许多情况下，演奏者用一只手握住仪器，使用固定装置后另一只空闲的手可用于其他操作。

20世纪前25年，工业工程法与"科学管理"的概念密切相关。弗雷德里克·泰勒通过设计出能够铲起约21.5磅⊖（无论是灰、煤还是铁）物资的铲子，为一家钢铁公司每

⊖ 1磅≈0.45千克。——译者注

年节省约 78 000 美元（在当时是一大笔钱；经通货膨胀调整后，以今天的美元购买力折算后这一数额接近 200 万美元）（Schultz, Schultz, 1990）。效率的提高使公司的利润大大增加。泰勒主张管理层与员工分享增加的利润。然而，员工和大众认为，管理层会利用生产率的提高来减少雇用的工人数量，当然，他们已经不止一次这样做了。

美国工业越来越倾向于提供服务，而不是制造产品，因此这些方法在当代似乎不再像过去一样那么可靠。尽管美国经济已转向服务业，但世界各地各种各样的工业和制造业组织都在生产一系列线上购买或线下自提的产品，从最小的个人电子产品到大规模生产的汽车。每当采用大规模制造时，无论工作发生在何处，都会以某种方式使用时间与动作研究方法。事实上，这些技术仍然是包括无处不在的丰田生产系统在内的大多数现代生产系统的基础（Parker, Mohson, Johns, 2017）。

然而，当时间研究用于制定标准时，就需要考虑一些棘手的心理因素。例如，工人可能拒绝达标，因为他们认为如果这样做了，管理层将会修改标准，而不是提供奖励。工人们通常把设定时间标准的人称为"快速检查者"。

我们还注意到，批评时间与动作研究过于关注效率是相当不公平的，因为这些技术是为了提高生产率而设计的。我们已经看到了一个工人及其提供的服务如何改进的例子。时间与动作研究也可能有助于设计机器或机器人，让它们从人们手中接过更危险、更紧张的任务。我们将在第 5 章和第 7 章中讨论工作设计的其他方面，在这两章中，我们描述了旨在提高人们对工作本身的舒适度或兴趣的方法。近年来，工作设计范围扩展，已经包括了工作情境和职位联系（Horgen, Joroff, Porter 和 Schön, 1999；Morgeson 和 Humphrey, 2006；Parker, 2014；Parker 和 Wall, 1998）。我们在关于团队工作分析的一章中描述了一些此类工作。

2.2　职能型职位分析法

美国劳工部关注整个美国经济中的就业匹配问题。想一下涉及的职位的数目，甚至更庞大的与现有的职位相匹配的人员数量，你将如何开展就业匹配？美国劳工部清楚地认识到，除了要履行的所有行政职能外，还需要两类信息来匹配人员和工作：工作描述和对顺利完成工作所需的员工资格的描述，以便申请人能够准备和申请职位。

美国劳工部采取方法的初始目标包括将雇主提供的职位划分为不同的技能水平，并将员工分为与工作相匹配的群体两部分。美国劳工部后来的目标则包括为职业咨询准备材料和为员工流动性对职位进行分类，即试图表明员工在目前的工作条件下最容易转移到哪些工作。

在 20 世纪 30 年代我们的祖父母和曾祖父母工作时，各地设有许多美国联邦 – 州职业介绍所负责匹配人员和职位。每个机构都会利用自己的资源汇编有关职位的信息，创建自己的具有个人含义的职位名称，并为工人推荐职位。由于缺乏共同职位语言，职业介绍所之间的沟通出现了问题，而真正的全国性就业匹配系统也进展缓慢（Droege, 1988）。

1939 年年底，一群精力充沛的人用同一个系统分析和描述了大约 54 000 种职位。这些信息被用于将职位划分到职业和提供每项职位的简述。研究得到的数千种职业著录在第一部《职业名称词典》中（*Dictionary of Occupational Titles*；美国劳工部，1939）。《职业名称词典》的最新（和最终）版本（第4版）包括每种职业的描述（样本描述见表2-4）和在每种职业中取得成功所必需的员工属性。

表2-4 摘自《职业名称词典》的职位描述范例

022.061-010 化学家（教授和相关职业）
研究、分析、合成物质和开展对物质的实验，用于产品和工艺开发及应用、定量和定性分析以及分析方法的改进；发明新设备；开发解决技术问题的公式、工艺和方法；利用色谱法、光谱法、分光光度法等技术分析有机和无机化合物以确定其化学与物理性质；通过引入热、光、能量和化学催化剂，引起物质成分的变化。
研究制造出的产品，以进行开发和改进。
研究物质的组成、结构、性质、关系和反应。与科学家和工程师就研究进行磋商，并准备技术论文和报告。为流程、设施、产品和测试设置标准与规范

153.287-010 马蹄和马蹄钉检察员（娱乐和记录）
在赛马场检查马蹄和马蹄钉（铁），确定马蹄已被修整从而防止马在比赛中被绊倒，并检查是否有松脱或破损的马蹄钉；记录马匹、马主人、驯马师的名字以及马蹄和马蹄钉的状况。向赛马场管事提供信息，以便采取下一步行动，行动可能包括拆掉和更换损坏或开裂的马蹄铁；指示训练员根据需要固定马蹄铁或修剪马蹄

185.167-034 商品销售经理（零售贸易；批发贸易）
制定销售政策并协调批发或零售机构的销售活动：根据预算、利润目标和平均库存周转率，确定能获得利润所需的加价和减价百分比；确定库存商品的数量，并指导买家购买转售商品；与其他人员协商制订促销计划

250.257-010 保险销售代理（保险）
向新老客户销售保险：编辑潜在客户列表，为其他业务提供线索；联系潜在客户，解释所提供保单的特点和优点；根据对潜在客户情况的分析，同时利用有说服力的销售技巧，推荐保险金额和类型；使用计算器和运价总簿计算并引用推荐保单的费率；联系投保人，告知并解释政策情况，建议增加保单数、变更保险计划或变更受益人；可能向投保人收取保费并保存付款记录。必须持有国家颁发的执照。可根据销售的保险类型分为意外伤害险代理、火险代理、人寿保险代理、海事险代理。既可以独立为多家公司销售各种保险（如生命险、火险、意外险和海事险），并被指定为保险经纪人，也可以只为一家公司销售产品，担任总代理

529.682-026 制糖师（糖厂）
操作机器，将未完全固化的糖块切成薄片，再压花并切成糖锭：使用扳手定位并固定切割和压花模具。调整切割模具的冲力，使其与压面团滚轴和卸料机的速度同步。转动手轮以调整滚轮之间的间隙。将糖锭倒入料斗并启动机器。在糖锭上撒玉米淀粉防止其粘在滚轴和模具上。检查并称量成型的糖块是否符合尺寸、形状和重量规格并重新调整滚轴速度和间隙，确保产品符合标准。在切割之前，可以调整机器上的打印机条，为糖锭打印或压印图案

712.687-022 防毒面具质检员（保护装置）
检查组装好的防毒面具是否符合规范：检查滤毒盒、面罩、皮带和橡胶软管是否存在缺陷，如浮泡、撕裂和缝合错误。使用吸盘装置测试面罩玻璃目镜周围是否漏气。用测量仪器检测滤毒盒的内容物和压力下的泄漏情况。使用烟雾测量仪测试面具对化学品的吸收量

资料来源：U.S. Department of Labor. (1991). *Dictionary of occupational titles* (4th ed., revised). Washington, DC: Author.

事实证明，《职业名称词典》很难维护和更新，因此研究人员开发了一种被称为职业信息网络（O*NET）的替代方法（详见第4章）。美国劳工部已经停止更新《职业名称词典》（上一次更新是在1991年），将职业信息网络作为替代品。然而，由于社会保障署和行政法官办公室仍在使用《职业名称词典》，因此仍然可以在各种网站上找到相关内容。

《职业名称词典》的职位分析程序旨在实现全面（毕竟它必须处理美国经济中的所有职位）、标准（使各机构之间能够沟通）和高效地分析。该程序会雇用训练有素的职位分析师对在职人员进行面试和观察，并完成标准化报告。应用《职业名称词典》方法的详

细说明，请参见《职位分析手册》（美国劳工部，1972）。职业信息网络出现后，《职业名称词典》已被淘汰，但其特征对思考如何开展职位分析仍然很重要。

2.2.1　职能型职位分析法需要区分的问题：完成什么与员工做什么

提到职位时，我们常常会想到职位的目标或责任，而不是实现这些目标所需的步骤。比如我们会想到医生的目标是治病救人；公共汽车司机的目标是搭载乘客往返于各地；教授的目标是发表文章。不幸的是，目标本身通常不足以创造出对各种潜在用户有用的产品。这些产品可能包括确定在职人员成功完成一项工作所需的技能，或制订工作培训计划。要建立员工属性列表或制订培训计划，需要说明实现工作目标所使用的步骤。以公共汽车司机为例，设想他不用车接人，他选择把乘客背在背上，而不是通过转动方向盘、踩下油门或刹车、按喇叭、抱怨超车司机等方式开车。再想想教授不发表文章，而是收集并分析数据，然后以特定的格式进行描述。

区分完成什么和员工做什么很重要，因为当描述内容是员工完成什么时，人们更容易认同其所涉及的人类活动（Fine，1988）。以"焊接钢管"为例，表面上，这似乎表达得很清楚。然而，从这句陈述中我们无法得知这个人为完成任务到底在做什么，毕竟他可以使用几种不同的焊接技术。或者我们可以参考下面给出的另一个例子（Fine，1988）。

确定应聘空缺职位所必须具备的资格。

变为：

根据经验和心理背景审查或分析职位描述数据（如培训手册和绩效要求），以便确定空缺职位所需的员工资历。

我们注意到在第二种叙述中，员工的行为界定得更加明确。正确地关注员工所做的事情，而不是在工作中所取得的成就，是工作导向的职位分析中比较困难的事情之一。

2.2.2　员工职能

职能型职位分析法的前提是，无论员工做什么都与工作的三个方面（数据、人员或事物）之一有关。数据是抽象概念或符号。数字、文字和计划蓝图都属于数据。我们常规认知中的数据通常只指数字，而不包含其他符号，因此，职能型职位分析法中的数据比我们常规认知中的数据更具包容性。职能型职位分析系统中的"人员"（people）一词既与我们常规秉持的概念相对应，在动物被视为工作的一部分时也能对应动物（例如，兽医被视为与"人员"密切相关，但"人员"指的是动物）。事物是有形的、真实的物体，如水泥袋、玻璃雕像或计算机。

参考早期关于职能型职位分析法的著作后，可以按照从简单到复杂的层次排布数据、人员和事物中的功能。美国劳工部和Fine的层次结构如表2-5所示。左侧的编号表示每个系统的复杂程度。美国劳工部系统中，数字越大表示功能越简单，而在Fine系统中则恰恰相反：不同功能如果对应相同数字，则表明它们的复杂度相同。例如，在其复杂性量表中，劝说、训练和安抚处于同一复杂水平。美国劳工部和Fine的系统在职能上有细微差别。

表 2-5　员工职能层级

数　据	人　员	事　物
美国劳工部方法		
0 综合 1 协调 2 分析 3 编辑 4 计算 5 复制 6 比较	0 监控 1 谈判 2 教育 3 监督 4 安抚 5 劝说 6 交流 7 服务 8 接受指导和帮助	0 创建 1 精密工作 2 运营与控制 3 驾驶与运行 4 操作 5 供应 6 进料及取货 7 处理
Fine 方法		
6 综合 5A 创新 5B 协调 4 分析 3A 计算 3B 编辑 2 复制 1 比较	8 领导 7 监控 6 谈判 5 监督 4A 咨询 4B 教育 4C 处理 3A 获取信息 3B 劝说 3C 训练 3D 安抚 2 交换信息 1A 接受指导和帮助 1B 服务	4A 精密工作 4B 创建 4C 运营与控制 3A 操作 3B 运营与控制 I 3C 驾驶与运行 3D 启动 2A 机器维护 I 2B 机器维护 1A 处理 1B 进料及取货

资料来源：Adapted from U.S. Department of Labor. (1972). *Handbook for analyzing jobs*. Washington, DC: U.S. Government Printing Office and Fine, S. A., & Cronshaw, S. F. (1999). *Functional job analysis: A foundation for human resources management* (p. 38). Mahwah, NJ: Erlbaum. Reproduced by permission of Taylor and Francis Group, LLC, a division of Informa plc.

表 2-6 为两个系统的三个功能类别中的每个类别列出了一些定义和示例。最初，职能的安排被认为是为了基于工作的最高复杂度总结出与数据、人员和事物有关的职能的所有必要信息。这是因为职能的排列方式使得更复杂的职能总是包含不太复杂的职能。例如，如果一项工作涉及分析，那么该工作还将涉及编辑、计算、复制和比较，而不涉及协调或综合。随后的研究表明这种层级关系并不精确（Droege，1988；Harvey，1991）。

表 2-6　定义和员工职能示例

DOL 方法
数据职能 综合：整合数据分析以发现事实和发展知识概念或解释 示例：根据对当前新闻事件的个人解读创作讽刺或幽默漫画 分析：核对和评估数据。提出与经常涉及的评估相关的替代行为 示例：审核学生贷款申请，并根据个人需要和学术成绩确定其是否具备资格
人员职能 监督：根据其他人的性格选择与他们的相处方式，以便劝说、建议和指导他们攻克可以通过法律、科学、临床、精神或其他职业原则解决的问题 示例：治疗患有精神和情绪障碍的患者 服务：满足人或动物的需要或要求，以及人们表达或暗示的愿望，包括做出快速反应 示例：在海滩、度假村或其他娱乐场所出租自行车

(续)

DOL 方法
事物职能 驾驶与运行：启动、停止和控制机器或设备，以便完成必须由人驾驶或引导才能进行的动作来制造、加工、移动物体或人员 示例：驾驶船舶沿无线电、回声测深仪和陆地雷达等电子设备指示的航道行进，将人员运送到捕鱼地点捕捉鱼类和其他海洋生物 进料及取货：在自动或由其他工人照管、操作的机器或设备中插入、扔进、倾倒、放置材料，或将材料从机器、设备中取出 示例：将鸡蛋放在固定器中，借助固定器将鸡蛋放入机器，借助机器在装运前清除鸡蛋表面的泥土、稻草和其他残留物
Fine 方法
数据职能 综合：基于个人的直觉、感知和想法来开拓新的发展方向（无论有无涉及传统、经验和现有因素），构想出阐述问题的新方法，并从系统开发、操作或美观方面提出有针对性的解决方案。这通常超出现有的理论、文体或组织情境的范畴。 分析：参照特定学科、艺术、技术或工艺的标准、条件、要求来检查和评估数据（关于事物、数据或人员），以确定交互作用（后果）和考虑替代方案 **人员职能** 领导：提出对组织的使命、文化和价值观产生影响的愿景；设定实现目标的方向、时间和组织结构；塑造激发和鼓励成就的行为（不同于管理） 交换信息：在既定程序框架内，与他人交谈、对话或向他人示意，以传达或获取信息，或澄清和制定任务细节。 示例：要求解释口头信号（亲自或通过无线电）或手势 **事物职能** 驾驶与运行：在二维空间中启动、停止和控制（转向、引导）机器的动作（在二维空间中，必须遵循一定的路线才能移动物体或人员）。调节控制措施需要持续关注交通状况，并随时准备做出反应

资料来源：Adapted from U.S. Department of Labor. (1972). *Handbook for analyzing jobs*, Washington, DC: U.S. Government Printing Office and Fine, S. A., & Cronshaw, S. F. (1999). *Functional job analysis: A foundation for human resources management*. Mahwah, NJ: Erlbaum.

《职位分析手册》（美国劳工部，1972）提供了一份报告表格（即时间表），分析师在该表格中记录了在职人员重点参与的职能及其在数据、人员和事物方面的职能水平。例如，一个高中的辅导员可能重点参与数据和人员事项，但不涉及事物这一方面。在这种情况下，数据、人员和事物的大致级别将分别对应分析、劝说和处理。

2.2.3　职能型职位分析流程

美国劳工部依靠训练有素的职位分析师收集信息并完成职位分析计划。分析师通过收集有关职位的现有信息为分析做准备，现有信息包括：

- 图书馆提供的书籍、期刊或其他技术信息；
- 流程描述，如流程图和组织结构图；
- 行业协会、工会或专业协会编制的职位说明和其他技术文件；
- 政府各机构编制的小册子、书籍或提供的其他信息。

这样的准备工作使分析师得以初步了解职位的性质和目的。与担任或监督该职位的人交谈也可以有效地收集到现有信息,因为分析师已经熟悉一些行话和涉及的基本任务。这一准备也有助于防止在职者对工作进行夸大性或误导性描述。例如,在职者有时可能试图通过夸大工作的复杂性、难度或压力来影响结果,如获得更高的工资。收集信息的首选方法是观察/访谈法。采取这种方法,分析师要么观察员工工作,然后采访员工、直接主管,或两者都采访;要么在观察员工的同时采访员工,了解他正在做什么。在这两种情境中,分析师都会在员工工作时做笔记。

观察/访谈法的优点是分析师能了解工作的实际执行情况,能在无法理解工作的某些方面时提出问题。有时,由于管理层不配合(可能是为了保密或防止危险)或者职位主要由不可观察的任务(即计划等心理任务)组成,不能使用观察/访谈法。在这种情况下,分析师必须依赖面试和其他信息来源。

Fine方法目前收集数据的方式是集结一组主题专家(也是在职人员),请他们报告自己是如何完成工作的。假设在职人员比主管、工程师或其他技术专家更了解其从事的职位(Fine,Cronshaw,1999)。职位分析师的作用是将在职人员的句子翻译成符合职位分析法语法的语句(稍后讨论)。他们会用在职人员可以理解的语言编写任务陈述,描述工作是如何完成的,并向在职人员发放表格,询问这些陈述是否准确和完整总结了职位信息。

2.3 描述工作

美国劳工部的职能型职位分析法不仅有特定的程序,还有描述工作的特殊语法。对于执行的工作;职能型职位分析结构如下:

- 员工职能(数据、人员、事物);
- 工作领域;
- 方法动词;
- 机器、工具、设备和辅助工具;
- 材料、产品、主题和服务。

我们已经介绍了员工职能,接下来将从工作领域开始介绍描述工作的其余结构部分。表2-7显示了每个结构元素和代表性任务陈述的示例。

表2-7 职能型职位分析法的语法

绘画 –262
创建和再现文字与图案,或者描绘想法,在此过程中使用铅笔、蜡笔、刷子或喷枪等工具。不同于仅以覆盖为目的的刷涂和浸镀,绘画还包括图案与文字

方法动词			
清空	写字	画速写	着色
上色	抹	除去污点	修改润色
画	处理渐变	喷	擦
涂墨			

(续)

机器	工具	设备	辅助工具
打字机 喷涂机	喷笔 抛光工具 炭笔 手工工具 刀 铅笔 钢笔 喷枪	摄像机 投影仪	帆布 表格 图表 墨水 字母 放大镜 油画颜料 塑料 缩放镜 蛋彩画颜料 模板 水彩

画景物、肖像、静物、抽象设计等题材的油画、水彩或蛋彩画
以讽刺或幽默的方式绘制新闻主题的漫画
设计布局,在木料或空白纸板上绘制字母和图案以制作标志
使用喷枪和印刷模板在毛毯表面绘制图案
使用刷子或钢笔在珠宝或纽扣的釉面上绘制花形图案或为其上色

资料来源:U.S. Department of Labor. (1972). *Handbook for analyzing jobs* (pp. 139–140). Washington, DC: U.S. Government Printing Office.

1. 工作领域

工作领域指用来将经济生活中的职位划分到100个不同领域的广泛的工作内容,每个领域都有用三位数表示的不同职位。分类依据是通用工具、设备等,或职位需要达成的通用经济目的。在表2-7中,工作领域为绘画,编号为262。

2. 方法动词

方法动词(methods verbs)用于识别员工做了什么,能够显示工作领域的目标是如何实现的。表2-7中的上色和画速写正属于此。特定工作领域下列出的动词可能并不详尽,但它们提供了有用信息,至少提供了开始分析的位置。

3. 机器、工具、设备和辅助工具

机器、工具、设备和辅助工具是员工用来实现工作目标所使用的有形物品。机器是施力的机械装置,通常需要操作或驱动(例如,钻床、公共汽车)。工具通常需要手部协作,用来操作或移动物品(如链锯、螺丝刀)。设备包括两大类:第一种是对物体施加非机械力的装置,如烤箱和蒸馏器等;第二种包括发电或传输信号的设备,如电话交换台、电表和无线电发射台。此处辅助工具的概念比我们在第1章中定义的内容更广泛。虽然它们用于支持机器和工具的运行,但实际上不是工作转换的一部分(例如钳夹和虎钳)。在我们看来,明确区分机器、工具、设备和辅助工具对于职位分析的开展和交流并不重要。然而,正如我们在句子结构和Fine方法中讨论的那样,机器、工具、设备和辅助工具在构建任务陈述中确实占有重要地位,后面还会遇到这些问题。

4. 材料、产品、主题和服务

材料、产品、主题和服务是职位的工作输出或直接目标。材料包括黏土、煤和砂等;

产品对应面包、灯泡和糕点等；主题涵盖园艺学、天文学和空中交通管制等；服务则包括零售、洗衣和心理健康咨询等。同样，对材料、产品、主题和服务进行精准区分远不如它们在构建任务陈述中的位置重要。

2.3.1　句子结构与分析

美国劳工部使用特定的语法来编写任务陈述。这样的语法是必要的，因为它生成了用于联系职位和分析师的标准且精确的语句。表2-8中的几个示例说明了任务陈述的结构：任务陈述总是以动词开头，表示完成了什么。主体（员工）是默示的，而不是明确表示的。动词后面通常跟一个直接宾语（即所做的事情）。最后一部分是不定式短语，用来描述行动是如何完成的或为何要完成。不定式短语包含两部分：第一部分是不定式（或工作领域的动词）；第二部分是不定式的宾语（材料、产品、主题和服务）。

表2-8的第一个例子（驯兽师）的第二个任务中，行为动词是训练，直接宾语是野生动物，不定式（工作领域）是娱乐，不定式的宾语是观众。因此，完整的任务陈述是"训练野生动物以娱乐观众"。

表 2-8　任务陈述的结构

员工情况：训练狮子、老虎、熊、大象等野生动物来表演戏法，以便在马戏团或其他展览中娱乐观众，评估每一种动物的能力、行为和表现。根据动物的表现发起行动

动词（员工职能）	直接宾语（机器、工具、设备和辅助工具，数据，人员）	不定式短语	
		不定式（工作领域）	不定式的宾语（材料、产品、主题和服务）
评估	动物的能力、行为和表现	训练	动物
训练	野生动物	娱乐	观众
操作	工具	训练	动物

员工情况：将电影正片的胶片与参考照片进行比较，以检测细节和颜色上的不规范。向操作员发出信号，让他把正片胶片投影到屏幕上。比较正片胶片与参考照片的颜色密度与图片清晰度。拒收有污点、刮痕和穿孔等缺陷的胶片

动词（员工职能）	直接宾语（机器、工具、设备和辅助工具，数据，人员）	不定式短语	
		不定式（工作领域）	不定式的宾语（材料、产品、主题和服务）
比较	电影正片的胶片与参考照片	发现	胶片的不规范
示意	操作员	投影	参考照片
处理	胶片和打印出的图片	拒收	有缺陷的胶片

资料来源：U.S. Department of Labor. (1972). *Handbook for analyzing jobs* (pp. 191, 194). Washington, DC: U.S. Government Printing Office.

2.3.2　美国劳工部方法的其他特点

虽然职能型职位分析法主要研究任务，但它也提供了有关员工特征和工作条件的大量信息。用于报告职位分析的美国劳工部计划表（报告表）包含职位要求的员工属性在五个领域的评级。这五个领域包括普通教育发展（不是根据受教育年限，而是根据高等微

积分等任务类型进行评价);具体的职业准备(职位培训时间,从短期示范到10年以上);天资(包括智力、语言能力、数理能力、空间判断能力、形状知觉、文书知觉、运动协调度、手指灵活度、手腕灵活度、眼—手—足协调度和色彩分辨力);性情(职位要求的适应能力,如计划、解释感受、影响他人、判断、衡量、在没有指示的情况下与他人打交道、处理重复性工作、承受压力、关注细节、处理多样性的任务而不丧失效率);兴趣(处理特定类型活动的偏好,例如事物、对象 vs. 数据通信,与人的业务接触 vs. 科学和技术,常规、具体活动 vs. 抽象或创造性活动,为人的假定利益而进行的活动 vs. 操作机器或处理流程的活动,以及对信誉的偏好 vs. 对有形产品的偏好)。还有对身体素质需求和环境条件的评级。身体素质需求包括肌肉(运动)需求,如力量强度以及攀爬、弯腰和伸展能力等。此外还包括感官需求,如听觉和视觉。环境条件与室内外花费的相对时间有关:严寒酷热;潮湿或湿润条件;噪声;振动;各种危险,如机械、电气或爆炸物;以及烟雾、灰尘、有毒气体和通风不良等大气条件。分析师评价的特征相当全面。

表2-4中每个职位描述前面都有一个由美国劳工部提供的9位数的职业代码。前三位数字根据工作内容对应一组工作类型。对于化学家这一职位来说,数字022表示该工作属于专业、技术和管理职业中的特定类型。前三位数字相似的职位,工作内容上接近,并且将技能从一个职位转移到另一个职位相对容易,也就是说,一个胜任此类工作的人也应该胜任另一种内容类似的工作。中间三位数字对应数据、人员和事物的功能关系。化学家职位中间三位数是061,分别对应综合、交流和精密工作(功能列表和对应数字见表2-5)。最后三位数字用于单独标识特定职位,以将其与前三位数字相同的其他职位区分开来。

Fine方法

Fine和Cronshaw(1999)倡导的句子结构与美国劳工部方法中的类似。基本结构可以由一系列问题来定义,这些问题的答案构成了任务陈述。任务陈述是描述职能型职位分析法工作的核心。如Fine和Cronshaw(1999)所述,基本结构中的一系列问题和答案如下:

- 谁?(主体)
- 执行什么动作?(行为动词)
- 与谁交互或做的事是什么?(动词的宾语)
- 根据什么指示或信息来源?(短语)
- 使用什么工具、设备或辅助工具?(短语)
- 产生/实现什么样的产出?(为了……)

除了任务陈述外,Fine方法还对三个功能类别(数据、人员和事物)进行评定。其他评定内容还包括工作投入、推理能力发展、数理能力发展和语言能力发展等。

2.3.3 美国劳工部方法和Fine方法的比较

这两个系统方法在帮助分析师理解、记录和交流职位的行为内容(即员工如何实现职位固有的目标)方面都很有用。Fine方法包含美国劳工部方法中缺少的元素。首先,

Fine 方法不仅区分了功能的复杂程度，还区分了功能的导向或参与程度。导向是指某个特定功能占用的任务百分比。例如，如果一名社会工作者向客户解释为什么客户在求职面试时应该穿着得体，那么导向构成可能是 35% 的数据、60% 的人员和 5% 的事物（Levine，1983）。

其次，Fine 方法除了使用职位层面的复杂性和导向评级外，还在任务层面进行了分析。专注于任务而不是职位有利也有弊。专注于职位的一个好处是，必须要做的判断更少且每个功能只用进行一次复杂性评级。随着任务数量的增加，对复杂性的判断也会增加。另外，任务能比职位总结更好地传达工作。任务因数据、人员和事物的不同复杂程度而异。目前尚不清楚，在数据、人员和事物的复杂程度上不同的任务应该如何组合成一个整体的职位评定。任务的复杂度应该平均吗？是否应选择复杂性最高的任务来代表职位？据推测，与职位层面的类似评价相比，审判员或评分员在任务层面的参与度和复杂性评定更可靠。

美国劳工部方法包含许多员工属性，如性情和环境条件，这些属性在 Fine 方法中并没有被提及。然而，Fine 方法确实承认员工和组织变量对工作效率、生产率和员工增长的贡献。

2.3.4 对职能型职位分析法的研究

对《职业名称词典》中使用评级的信度研究结果并不一致（Cain，Green，1983；Geyer，Hice，Hawk，Boese，Brannon，1989；Schmitt，Fine，1983；Trattner，Fine，Kubis，1955）。Cain 和 Green（1983）研究了《职业名称词典》常用的 20 种评级的信度，发现某些方面的评级比其他方面更可靠：涉及数据和人员的评级非常可靠，有关事物的评级信度不高。与数据和人员评级相比，特定的职位描述对涉及事物的评级影响也更大。《职业名称词典》中的评级是职业或相似职位的集合。然而，职位分析师是对单个职位进行评级，《职业名称词典》中的评级则是分析师评级样本的众数。这项研究表明，同一职业的不同职位对数据和人员部分的评分差别不大，对事物功能的评价差别很大。Trattner 等（1955）也得到了类似的结论，即对员工属性要求的评级，对智力和知觉要求的评级是可靠的，而对身体素质要求的评级则不可靠。

职位分析程序的效度取决于该方法在实现职位分析目标方面的有用性。对于职位分析的许多应用来说，分析的目的是收集决策时使用的信息。例如，职位分析可能会告知决策时应该使用哪些属性或测试从一组申请人中选择员工，或培训计划的内容应该是什么。因此，职位分析法效度的关键在于其有用性。《职业名称词典》是为匹配人员和职位而设计的，联邦政府和州政府应用它也是出于此目的。《职业名称词典》和相关出版物也用于其他目的，如职业培训计划、残疾认证、复职咨询以及职业教育（Droege，1988）。《职业名称词典》提供了对美国经济中几乎所有职位的描述。为了达到这些目的，引入的职业信息网络系统成为新的标准，稍后我们将对此进行详细介绍。

2.4 任务清单

任务清单是为完成一个或多个作业而执行的所有工作活动的列表，活动通常被称为任务。任务清单通常涉及对职位专家的调查，职位专家通常是指在职人员及其主管。职位专家以多种方式对任务清单做出回应，例如他们会决定是否将活动列为其工作的一部分。任务清单中的任务往往比职能型职位分析法中的任务定义的范围要窄。职能型职位分析法中通常有5~10项任务，而在任务清单中则可能有100多项任务。表2-9和表2-10展示了任务清单的两个不同示例。常规来说，任务集是根据完成工作的目标或职责组建的（Spector, Brannick, Coovert, 1989）。通常任务会按字母顺序列在职责（duty）一栏下，以便更容易地搜索特定任务（这有助于确定任务是否被删去或对任务的响应是否被更改）。

表2-9　电话线安装主管任务清单中的项目

下面列出了一些任务。请根据顺利完成任务所需的技能数量，对每项任务的难度进行评分	困难程度 1. 远低于平均水平 2. 低于平均水平 3. 略低于平均水平 4. 平均水平 5. 略高于平均水平 6. 高于平均水平 7. 远高于平均水平
1. 为安装或维修项目指派人员	
2. 向工作人员简要介绍部件安全或安全规则	
3. 为工作人员填写工时计数表	
4. 对新分配到岗的人员进行监督指导	

资料来源：Republished with permission of John Wiley & Sons, adapted from Gael, S. (1983). *Job analysis: A guide to assessing work activities* (p. 104). San Francisco, CA: Jossey-Bass; permission conveyed through Copyright Clearance Center, Inc.

表2-10　药店售货员的任务清单

任务	如果完成了请画"×"	花费的时间 1=少量 2=低于平均水平 3=平均水平 4=高于平均水平 5=大量	学习的困难程度 1=最简单的任务之一 2=比大多数任务更容易完成 3=平均水平 4=比大多数任务更难完成 5=最难完成的任务之一
1. 回答客户有关产品和服务的问题			
2. 打电话告知患者有7天未取的处方			
3. 退款			
4. 向顾客推荐药品			
5. 向药剂师咨询药物问题			
6. 将药物和处方在登记簿上进行结算登记			

2.4.1　发展历史

Terry和Evans（1973，1983年被Gael引用）报告说，任务清单的首次使用可追溯到1919年，当时该方法用于开发技能从业培训。直到20世纪50年代，任务清单才被广泛使用。目前最常用的任务清单形式主要得益于美国空军的一项研发。美国空军想找到或开发一种能够提供工作定量描述,可以应用于大小样本,直接用于在职人员而不是职位分析师,并且可以电子化处理的职位分析方法(Morsh,Madden,Christal,1961)。

美国空军搜索后得到了一般任务清单方法。20世纪五六十年代,美国空军对如何从任务清单中收集和分析数据进行了研究,开发了综合职业数据分析程序(comprehensive occupational data analysis program,CODAP)。这是一个用于收集和分析任务清单数据的计算机化系统。Christal 和 Weissmuller(1988)描述了开发 CODAP 的一些研究,他们警告说,修改数据的收集方式通常会导致数据退化。工作绩效调查系统(work performance survey system,WPSS)是一种由 CODAP 和美国空军研究发展而来的应用于工业领域的任务清单方法。WPSS 是 70 年代由美国电话电报公司开发的,并由 Gael(1983)记录在册。WPSS 在许多方面与 CODAP 相似。下面对这两种系统进行了介绍,并指出了它们的不同之处。

任务清单是向在职人员及其主管提交的调查,为职位分析提供数据。职位分析师有三个主要任务:设计调查问卷、监督样本员工填写问卷以及分析结果。

2.4.2 调查设计

1. 背景资料

调查(任务)中的问题通常由职位分析师撰写。在编写任务陈述时,分析师通常会使用多种数据收集方法,列举如下。

(1)观察法。通常,分析师会观察正在进行的工作。员工或主管可以解释工作执行过程中发生的情况。观察法还可以提供有关职位情境的信息(例如,噪声、温度、亮度、工作时长)。

(2)背景材料法。常用的有书面信息,如职位描述、培训材料和组织结构图。还可以参考其他材料,如培训影像或工具和设备。职位描述通常会概述职位包含的职责。培训材料可以帮助详列职位中的许多任务和术语。收集信息时还可以查阅研究文献、公司报告甚至职业信息网络中的资料。

(3)采访法。通常会对在职人员、主管和培训专家进行采访,以帮助描述任务并审查任务列表,确保完整地描述职位。

2. 任务结构

任务清单中使用的任务结构并不严格地遵循职能型职位分析法中使用的结构。在职能型职位分析法中,通常第一个单词是行为动词,动词后面是直接宾语。也可能包括其他限定语句,这些语句通过显示如何、何时或为什么完成任务来帮助定义任务本身。表 2-9 和表 2-10 展示了一系列任务和类型。一方面,表 2-10 中的"退款"属于基本方法。另一方面,示例中"打电话告知患者有 7 天未取的处方"以行为动词和直接宾语开头,然后限定打电话的原因(未能提取处方)和采取行动的条件(填写处方后患者 7 天未提取)。

任务陈述会被写入调查问卷,并发给以各种方式回应每个陈述的受访者,问卷内容可能包括询问受访者是否将任务列为其工作的一部分。任务的编写方式必须便于受访者理解，要考虑到受访者的阅读水平，明智之举是避免使用受访者不熟悉的缩写和术语，选择受访者容易理解的术语名称。

3. 确定适当的具体性水平

大多数职位既可以用 10 句或更简短的话来描述，也可以用成百上千个具体行动来介绍。编写任务清单的主要困难之一是确定任务陈述的具体性程度。Gael（1983）将任务定义为"一个独立、有组织的工作单元，其有明确的开头和结尾，并由个人完成以实现工作目标"。按 Gael 的说法，一个好的任务陈述应该涉及为实现目标而遵循的活动。提及目标而不涉及活动的任务陈述过于宽泛。例如，"照顾客户"这一任务就只陈述了一个总体目标，而没有讲述用于实现目标的活动。在思考任务时使用的经验法则是考虑任务是否可以在不涉及特定的动作序列的条件下被分解成有意义的小项。例如，"打电话通知客户商品已送达"是一项中等规模的任务。要将该任务分解成更小的部分，必须提到拿起电话、拨号码等。一般来说，如果涉及特定动作的任务陈述过于简单，那么任务陈述就是失败的。

职位分析的目的也会影响任务陈述具体性水平的选择。例如，如果职位分析的主要目的是绩效评价，那么任务可以写得相当广泛。然而，如果职位分析的主要目的是设计培训计划，那么任务陈述必须更加具体。在决定是否在任务语句中加入行为动词和直接宾语之外的限定信息时，职位分析的目的也很重要。例如，在设计培训材料时，人们会想知道是用挖沟机还是铁铲来挖洞。

4. 选择响应选项

所有任务清单都会列出一个或多个有关清单中任务的问题让受访者回答。所有任务清单也会以某种方式询问在职人员参与任务的情况。任务清单可能会通过简单地要求在职人员检查他们是否将任务作为其工作的一部分来获得有关参与度的信息，也可以通过要求判断在职人员参与任务的程度、在任务上花费的时间或任务对职位的重要性来达成目的。任务清单还可以包含很多其他问题，包括任务执行错误的后果（即关键性，或错误的任务执行导致负面后果的程度），学习任务的难度，其他人为任务执行者提供服务的能力，甚至还会包括对任务的满意度。WPSS 清单通常会提出以下问题中的一个或多个（Gael，1983）：

- 每项任务对你的工作有多重要？
- 你在每项任务上花了多少时间？
- 你执行每项任务的频率如何？
- 完成每项任务有多困难？

学术界对使用何种（如果有的话）量表一直存在争议，这类量表收集到的反馈信息的含义也是如此。如果你想了解这场争论的有趣立场，请见 Fine（1988）以及 Christal 和 Weissmuller（1988）的相关研究。

此外，向受访者提出问题的方式非常重要。如果受访者不理解"临界性"（criticality）的含义，或者他们对临界性的含义理解得不一致，那么数据可能无法达到预期目的。信度（主题专家的一致性）的可靠性证据来源广泛（Christal，1971；Cornelius，Schmidt，Carron，1984；Manson，Levine，Brannick，2000；McCormick，Ammerman，1960；Sanchez，Levine，1989）。Dierdorff 和 Wilson（2003）综合了 100 多项研究的结果，发现任务评分量表的信度为 0.77，一般工作活动量表的信度为 0.61。他们发现频率和重要性的量表比难度和花费的时间的量表信度更高（分别为 0.70 和 0.77 vs. 0.63 和 0.66）。综上所述，Dierdorff 和 Wilson 的研究表明，可以通过大样本获得对任务特征的可靠估计，为在职人员的小样本开发和管理任务清单可能既不经济也不可取。

对于美国的一些公司和公共机构来说，要想根据法律减轻法律责任，可能需要一些任务重要性的指示（Kleiman，Faley，1985；Sanchez，Fraser，1992）。如何最好地衡量任务的重要性也有一些争议（Cascio，Ramos，1986；Kane，Kingsbury，Colton，Estes，1989；Levine，1983；Levine，Dickey，1990；Sanchez，Fraser，1992；Sanchez，Levine，1989）。评价任务重要性似乎有两种可能的选择。一方面，Sanchez 和 Levine（1989）认为，关键性和学习难度的组合是评价任务重要性的最佳选择，因为它评分最可靠，并且只需要两个项目（无论如何，这两个项目都有可能被纳入）。另一方面，Sanchez 和 Fraser（1992）发现，对重要性的总体判断与复合测试一样可靠，所以单一的重要性评级就足够了。

无论采取何种方法衡量任务重要性，我们都必须注意，职位分析的目的应指导量表的选择。例如，在制订培训计划时，一方面，了解大多数在职人员是否实际执行了某项任务是很重要的，因此几乎人人都能完成的任务是很好的培训选择。另一方面，人们可能也想知道一项任务有多困难，任务中的错误可能产生多严重的后果。一项不难学习且不会产生严重错误后果的任务是在职学习的好选择，而难以学习且会产生严重错误后果的任务是非在职培训或选拔员工（当前公司未接受培训或最低限度培训）的理想任务。表 2-11 按目的列出了问题清单。请注意，其中有些目的需要回答更多的问题。

表 2-11　对应任务清单中的问题和目的

目　的	问题类型					
	是否完成	重要性	临界性	困难程度	花费时间	频率
描述职位	×	×	×		×	×
设计/再设计职位	×	×	×	×	×	×
匹配技能和职位要求	×			×		
制定人员配置和管理幅度要求	×				×	
制定培训要求	×	×	×			
对实际任务绩效与预期任务绩效进行业务审查	×				×	
比较职位的相同点和不同点	×	×	×		×	
开展逐项任务绩效评价	×	×	×			

资料来源：Republished with permission of John Wiley & Sons, adapted from Gael, S. (1983). *Job analysis: A guide to assessing work activities* (p. 95). San Francisco, CA: Jossey-Bass; permission conveyed through Copyright Clearance Center, Inc.

5. 人口统计学数据

调查通常会询问受访者的背景信息。常见的调查问题包括工作经验、工作地点（如地区、上级组织）、年龄、性别等。这些问题得到的信息既可用于描述受访者样本，显示样本在多大程度上代表了全部潜在受访者，还可以用于对数据进行拆分或分组以进行附加分析。分析内容可能包括是否不同地区用不同的方式将任务组合成职位，或经验丰富的受访者是否比经验不足的受访者在具体任务上花费更多或更少的时间。尽管确实有评价受到年龄等现有人口统计数据影响的实例，但一般来说，人口统计数据对评价的影响不会很显著（Spector, et al., 1989）。教育（Cornelius, Lyness, 1980）和职位层级（Smith, Hakel, 1979）已经被证明会影响评价；职位层级可能与受教育程度有关。员工工作绩效和任职时间似乎不会影响评价（Conley, Sackett, 1987; Cornelius, Lyness, 1980; Schmitt, Cohen, 1989; Silverman, Wexley, Johnson, 1984; Wexley, Silverman, 1978; 例外情况请见Borman, Dorsey, Ackerman, 1992）。工作信息的来源（员工与主管）也会影响评价（Moore, 1976; Gael 于1983年引用）。基于以上发现，我们建议使用大量有代表性的报告人样本对任务进行评分。然而，如果情况需要，由对研究的职位有广泛经验的职位专家组成的技术小组可以提供与大量员工样本非常相似的评价（Ash, Levine, Higbee, Sistrunk, 1982）。

2.4.3 数据分析

综合职业数据分析程序（CODAP）和工作绩效调查系统（WPSS）都是为计算机化数据分析设计的。计算机可以方便地编译、列出和分析大量数据。综合职业数据分析程序和工作绩效调查系统都能生成各式报告。最基本的报告是任务列表以及对任务清单中问题答复的数据总结。表2-12展示了工作绩效调查系统输出样本的一部分，提供了维护电线杆和电线的人员的上司一职的数据。

表 2-12　工作绩效调查系统输出的示例

任务	数据	显著性统计		
		公司总体 （$N = 113$）	C & P （$N = 5$）	伊利诺伊 （$N = 6$）
1. 分析办公室成本/开支以编制预算	比率	0.97	1.00	0.83
	均值	3.67	3.40	2.80
	标准差	1.71	0.89	1.79
2. 部署发展长远能力及培训需求	比率	0.92	0.80	0.83
	均值	4.05	4.00	4.00
	标准差	1.79	1.16	1.41
3. 确定新项目的人员需求	比率	0.90	1.00	0.83
	均值	3.58	5.00	2.80
	标准差	1.71	2.00	2.05
4. 确定工作流程和办公室设计布局	比率	0.92	0.60	0.83
	均值	3.38	4.33	3.00
	标准差	1.77	1.53	2.12

资料来源：Republished with permission of John Wiley & Sons, adapted from Gael, S. (1983). *Job analysis: A guide to assessing work activities* (p. 129). San Francisco, CA: Jossey-Bass; permission conveyed through Copyright Clearance Center, Inc.

输出列表中，任务在第一列（最左侧），每项任务独占一行。第二列作为标签列，以标识其余列中的条目。其他列用于记录总样本和各人口统计组。工作绩效调查系统的输出会为每项任务属性（如显著性、临界性等）单独准备一份完整的任务列表（表 2-12 是对显著性的响应）。在表 2-12 中我们可以看到，从整个公司中共抽取了 113 名在职人员，其中 5 名来自 C&P 集团，6 名来自伊利诺伊集团。每项任务的响应都是通过总结在职人员完成任务的比率、均值和标准差（均值和标准差的计算在有关如何进行职位分析的章节中讲解）得出的。整个公司中 97% 的调查对象表示，他们出于编制预算目的分析了办公室成本/开支。在所有受访者中，这项任务的总体显著性评分均值为 3.67，标准差为 1.71（均采用 7 级量表）。我们可以看到，虽然公司总体预算显著性的均值为 3.67，但伊利诺伊集团对应的均值较低，仅为 2.80。通过此类分析，我们可以了解任务响应（task response）是否会因地区、任职经历或性别等产生差异。

综合职业数据分析程序和工作绩效调查系统都有用于各种目的的其他程序。这些程序可生成用于绩效评价的任务列表，或用于比较两个不同职位的内容相似性，或作为集群程序的输入来创建职位族。数据分析如何与职位分析预期目的匹配的内容超出了本书的范围，此方面的介绍可以在 Gael（1983，关于工作绩效调查系统）以及 Gambardella 和 Alvord（1980，关于综合职业数据分析程序）中找到。Christal 和 Weissmuller（1988）对综合职业数据分析程序进行了更简要的描述。现在，计算机无处不在，高质量的数据分析和文字处理变得唾手可得。因此，综合职业数据分析程序和工作绩效调查系统中使用的特定程序就不那么重要了。事实上，任何对通用统计软件包有经验的人都可以通过使用广泛可用的程序快速生成类似于综合职业数据分析程序或工作绩效调查系统生成的报告。

2.5 关键事件技术

在第二次世界大战中，关键事件技术被开发并用于几个美国军队的空军项目。Flanagan（1954）首次将关键事件技术呈现给非军方人士。Flanagan 介绍说，该方法要求主题专家回忆工作中员工行为的特定实例，且这些行为应代表出色的或不可接受的表现。主题专家回忆的行为就是关键事件（critical incidents）。与职能型职位分析法一样，编写关键事件也有规则或系统。Flanagan 规定每项关键事件必须包含以下三条信息：

- 对情境的陈述，即导致员工所面临的行为、问题或机会的原因；
- 员工行为本身；
- 员工行为的后果。

为了与信息的最终用户（通常是其他职位专家，如主管、教师或甄选专家）沟通清楚，必须编写关键事件。关键事件必须包括足够多的情境，以便其他人能够理解背景。必须将员工的行为记录下来，以便清楚地知道员工做了什么。应避免关于员工属性而非行为描述的推论或陈述。表 2-13 提供了关键事件的示例，这些示例在遵守编写此类项目的规则的程度上有所不同。

表 2-13 关键事件示例

错误示例	正确示例
警察迅速响应火情，用灭火器将火扑灭。火势继续发展后可能会产生爆炸，造成相当大的损失，但该警察的行动避免了人员伤亡或严重损失	一辆汽车在加油站的加油泵处起火。警察在巡逻时驾车经过发现了火情，停车并用车上的灭火器迅速扑灭了火苗。她的迅速行动扼杀了一场大火和爆炸的萌芽
职员在检查工作时表现出很好的主动性	职员注意到一封信中提到的一个项目似乎不正确，检查后发现该项目与本来的意思相反，便更正了它
系主任忘了事情，导致学生们面临困难	系主任忘了安排老师上课，导致在第一次班会上没有老师在场，学生们无法核实自己是否被录取

资料来源：Adapted in part from Bownas, D. A., & Bernardin, H. J. (1988). Critical incident technique. In S. Gael (Ed.), *The job analysis handbook for business, industry, and government* (Vol. II, p. 1123). New York, NY: Wiley. Reprinted by permission of John Wiley & Sons, Inc.

在实践中，通常很难让主题专家编写出好的关键事件，至少最初是这样的。"关键事件"一词会让人联想起切尔诺贝利核泄漏。当向主题专家解释关键事件法时，最好将该方法换个名字，例如"行为示例"。如果主题专家无法生成示例或示例不是非常有用（例如，"20 年内准时上班"），那么让主题专家关注在职表现最出色的人，并描述使他成功的事情可能会有所帮助。也可以让员工列出一些对高绩效至关重要的事情，或者选择给员工一个主题列表（例如，计划性、领导能力、主动性），然后根据该列表开展工作。让人们描述实际的行为而不是根据行为进行推断会比较困难。如果主题专家声称员工"表现出良好的主动性"，则必须询问主题专家员工的哪些行为使其认为员工表现出了良好的主动性。

Latham 和 Wexley（1994）提出了几个收集关键事件的实用技巧。首先，主题专家不应询问员工本人的绩效，因为这样做员工会更容易回忆起有效事件而不是无效事件。员工回忆的事件应发生在过去 6~12 个月内，因为较久远的事件结果可能会失真，职位本质可能会改变。主题专家应在负面事件之前收集正面事件，因为如果首先收集负面事件，主题专家可能会怀疑数据收集的目的。

2.5.1 获取和编写关键事件的技巧

以下是编写行为示例的几点提示。

（1）描述行为的关键环境或情境，例如"在手术室中，患者处于昏迷状态……"或"我们正在为人行道铺设混凝土……"

（2）描述行为。

第一，具体点。关注一个事件的一种行为，而不是一系列的行为。与其讲述浇筑混凝土如何出现失误的全过程，不如告诉我们工人向水泥、黄沙和石子的混合物中加水过多。

第二，关注行为，而不是对个人品质的推断。如果主题专家告诉你某位员工很有创造力，你可以问："很好，但是这位员工做了什么让你觉得他很有创造力？"如果主题专家说医生疏忽怠慢，你可以问："医生做了什么让你这么想？"

第三，这种行为是仅仅能满足要求，还是特别有效或无效？

（3）得到结果。结果应该是情境中行为的直接结果。例如混凝土未能凝固，患者产生了不良副作用，问题的解决方案使机器损坏频率降低等。结果通常会告诉你行为是有效的还是无效的。

举办主题专家会议：

- 避免使用"关键事件"一词；尝试运用行为示例或表现优异和较差（与典型的或平均表现相反）的工作简述。让主题专家想象他们可以为员工行为拍快照并且记录的行为可以代表整个故事，例如，上文提到的向混凝土原材料中倒水。
- 从好的例子开始。
- 让主题专家想象特定的人并讲述他们的故事。
- 让故事与职位相关。
- 如果主题专家犹豫不决，请使用维度或任务作为提示。
- 如果试图了解对结果的具体责任，考虑指出对结果负责任的百分比，或者记录其他人或因素（例如，工具或设备）对结果的责任。

2.5.2 对关键事件技术的研究

有几项研究侧重于产生关键事件。事件是集体收集还是单独收集的，似乎无关紧要（Wagner，1951），对产生关键事件的指令词的细微更改几乎不会产生影响（Finkle，1950；1988年被Bownas和Bernardin引用）。另外，信息来源（如员工、主管或客户）似乎与事件的类型有关。不同的来源关注不同方面的表现（Borman，Vallon，1974；Wagner，1951）。

关键事件技术最初只是通过自由回忆生成事件列表。职位分析师或其他主题专家随后可将事件汇总为具有相同思路的活动（如烤面包）、人本能力（如考虑他人感受）或设备（如驾驶室操纵装置）等类别或维度。随后的研究表明，在生成关键事件之前提供维度是有用的。给定维度的人比未给定维度的人写出的事件更多，且质量没有差异（Bownas，Bernardin，1988）。

关键事件提供了实际工作行为的丰富细节，常被用于构建绩效评价中使用的表格（Bownas，Bernardin，1988），是用于此目的的最常用方法（Levine，Ash，Hall，Sistrunk，1983）。然而，评估绩效评价表心理测量学特征的研究表明，如果适当关注工作绩效的重要维度，基于关键事件的评价表信度并不比更简单的评价表信度高（Bernardin，Beatty，1984；Landy，Farr，1980；Schwab，Heneman，Dectiis，1975）。尽管名为行为观察量表的绩效评价方法正是基于关键事件且在许多情况下应用得都相当成功，但结果表明，任何精心制定的绩效评价方法都很有效（Latham，Wexley，1977；Wiersma，Latham，1986）。

关键事件技术已被用于绩效评价以外的目的，如识别选拔所需属性（Dunnette，1966）、培训需求评价（Bownas，Bernardin，1988）、培训设计（Gilbert，1978）和领导力研究（DeRue，Wellman，2009；Morgeson，2005）。Flanagan（1954）介绍了几项预估调查结果的研究，这些研究都包括方法（不同来源产生不同事件，指示词细微的变化无关紧要）和应用（选拔和培训）这两方面。

本章小结

本章介绍了四种分析职位内容（即员工所做工作）的常规方法：时间与动作研究、职能型职位分析法、任务清单和关键事件技术。这些方法都适用于多个目的。

时间与动作研究是主要用于提高任务完成的效果和效率的方法集合。每一种技术都使分析师能获得有关事件顺序或完成工作要素的时间的信息。

本章描述了职能型职位分析法的两种变体：美国劳工部方法和 Fine 方法。这两种方法都关注员工在数据、人员和事物三方面的工作，都使用特定的语法来描述任务。Fine 方法扩展了美国劳工部方法，加入了对数据、人员和事物的方向性与复杂性的评级。

任务不仅是职能型职位分析法的核心，也是任务清单的核心。任务清单中的任务往往比职能型职位分析法中的任务更详细、数量更多。任务清单中工作分析数据的来源通常是在职人员，在职人员会根据一个或多个特征（如花费的时间、学习难度和错误后果）对每个调查任务评分。该节详细描述了为任务清单设计调查问卷的过程，包括编写题目、选择回答选项和选择受访者。此外还利用两个计算机化数据收集和评分程序——综合职业数据分析程序和工作绩效调查系统阐明了对调查数据进行分析的通用方法。

本章最后介绍的是关键事件技术。关键事件技术利用主题专家生成优秀和低劣绩效的具体行为示例，包括问题情况、员工所做的事情以及行为的结果。该节同时回顾了收集和分析数据的方法，并给出了一些关键事件技术的应用。第 7 章和第 8 章将对职位分析法在具体问题中的应用进行更详细的介绍。

第 3 章
CHAPTER 3

员工导向法

本章我们将侧重于围绕人们成功完成工作所需的属性或特质的职位分析方法展开，此类方法的主要用途之一是雇用合格人员。这些特质通常指的是人的特质，但可能被认为是人的心理特质。某些特质是感性的，例如使用色觉或触觉；还有一些指心理过程，如算术推理或说外语；另外有一些是指使用工具或操作设备的技能，如拉小提琴或开叉车。但员工导向法中，还有一类更多地涉及工作环境的特质，这些特质是对一个人处理工作所需的全部内容的简述。例如，一个人可能需要独自工作或者在嘈杂或者多尘的环境中工作。有时，这些能力会或多或少地与任务同义，例如焊接能力或舞蹈能力。在这种情况下，很难确定我们谈论的是工作还是员工。但在本章中，职位分析的目的是从员工的角度而不是工作本身来描述工作。

在读完本章后，敏锐的你可能会思考为什么胜任力模型（当然是一种员工导向的方法）没有被纳入本章。我们在此赞扬你对细节的关注。事实上，由于胜任力模型通常应用于管理、领导和团队情境中，故而被归于第 5 章。

在某些方面，员工导向法是职位分析方法中最"心理"的方法，因为它试图确定什么是做好一份工作的条件。我们有时会惊讶于人类表演的技巧。例如，我们会对专业花样滑冰运动员（看起来很轻松！）、弹奏出绝佳的反复音节的吉他手（一个人的手指怎么能移动得那么快？）或指出某个天体的特征的天文学家（他怎么可能知道这么多关于类星体的事情？）印象深刻。是什么让这些人对他们的工作如此擅长？当然，一方面他们花了数年的时间来实践他们的专业，但他们是否也拥有一些特殊的、必需的能力？另一方面，是否有一些事情是一个人不管花了多少时间练习都不可能真正擅长的？是画画、网球、微积分、诗歌还是拉小提琴？本书的作者中就有一位（布兰尼克）永远只会画简笔画。

做好一份工作需要什么？我们如何发现所需特质？这两个问题的答案就是本章的主题。职位分析师通常愿意通过引用 KSAOs（知识、技能、能力和其他特征）来确定这些个人属性。有几种方法可以定义个人属性，Levine（1983）就提出了一种。我们在这里需要修改一些定义：知识是存在于记忆中的一组可检索的技术事实、概念、语言和与工作绩效直接相关的程序；技能是指被开发或训练的能力，以执行需要使用工具、设备或机器的任务；能力包括获得技能或知识的相对持久的能力，以及在工具、设备和机械不是主要因素的情况下，以可接受的熟练程度执行任务的能力；最后，其他个人特征包括与职位相关的兴趣、偏好、气质和个性特征，这些特征能表明员工在日常工作中的表现有多好，或员工如何适应工作条件。（如果你不经意地对职位分析师提到了 KSAOs 一词，他们会立即将你归为同类，虽然你可能根本意识不到。）

本章会介绍几种不同的技术方法，首先是职位要素法（job element method，JEM）。JEM 是最早的员工导向法，它模糊了完成的任务与完成任务所需能力之间的区别。这种方法将一项职位分解为要素（这里有一个小小的惊喜），这些要素是用在职人员容易理解的术语描述的。但是请注意，这一部分的要素与我们在第 2 章中讨论的要素非常不同。

其次，我们将转向岗位分析问卷（position analysis questionnaire，PAQ）。PAQ 是经过多年研究开发的，自开发以来已被应用于大量职位，可以说 PAQ 在职位分析行业中鼎鼎有名。PAQ 列出了大量的标准要素（例如，职位要求站立），分析师会将这些要素记录在专门设计的表格中。"要素"一词有时也代指稍微不同的东西，但在 PAQ 中，"要素"只是一个要响应的项。

再次，我们将介绍其他基于特质的员工导向法。本章将简要介绍三种关注其他能力标准列表的方法：临界特质分析系统（threshold traits analysis system，TTAS）、能力要求量表（ability requirements scales，ARS）和职业强化模式（occupational reinforcer pattern，ORP）。TTAS 中的特征列表既整体又全面，该列表很有用，可以防止你忽视一些重要的事情。ARS 涵盖的能力（表 3-6 有这些能力的示例）分别和一个或多个心理测试相关。ORP 特征与可用于职业目的的工作动机有关。该部分中的其他两种方法注重工具和设备。这两种方法是 AET（Arbeitswissenschaftliches Erhebungsverfahren zur Tätigkeitsanalyse；我们稍后将为你翻译，以便你上电视问答节目能回答正确）和职位构成清单（job components inventory，JCI）。正如你可能已经猜到的那样，AET 是在德国开发的，它从人类工效学的角度看待职位，关注如何以对员工更友好的方式完成工作。JCI 则列出了 220 个与工具和设备相关的项目。

然后，我们介绍认知任务分析中使用的方法。认知任务分析试图更好地理解完成工作使用的心理过程和策略。为此，认知任务分析通常关注新手和专家在工作表现中的差异。

最后，我们将解释基于个性的职位分析。近期人们对利用个性进行人员选拔重新产生了兴趣，但个性测试的有用性仍存在一些分歧。尽管存在争议，该领域仍然激发了学者们的兴趣，因此我们提供了一些识别职位个性需求的系统方法的细节。

所有员工导向技术的共同点是它们都关注员工成功所必须具备的品质。

3.1　职位要素法

职位要素法可能是最早以员工为导向的职位分析方法。它是由美国文职人员委员会

（现为美国联邦人事管理局；见 Primoff，1957）的欧内斯特·普里莫夫（Ernest Primoff）及其同事在 20 世纪 50 年代开发的。职位要素法是与工作导向法最为相似的员工导向法。职位要素法关注工作行为和行为的结果，而不是相对更抽象的特征。职位要素法的要素之一是行为和相关证据的结合。要素是依照工作场所常用的术语而非心理学家定义的措辞命名的。例如信度的定义为："以一种可靠的方式行事的行为，由准时、因可靠而受到赞扬并精确完成工作要求的记录所证明，这种行为称为可靠性（Primoff，Eyde，1988）"。

3.1.1 要素的主要内容

要素涵盖的行为范围很广，包括认知、心理运动和工作习惯等。认知要素包括识别工具及其用途、阅读行动方案、计算均值和标准差等项目。心理运动要素包括感知和理解能力（如色觉）以及执行从简单到复杂的动作的能力，如操作电钻、使用凿子或驾驶战斗机。工作习惯指的是一系列更具激励性的行为。根据 Primoff 和 Eyde（1988）的观点，与职位分析中更狭义的任务分析方法相比，职位要素法的优势之一是将工作习惯作为要素。用作要素的工作习惯可能包括愿意承担额外工作或愿意确保工作完美完成等内容。表 3-1 包含多个职位的要素示例和子要素。

表 3-1 职位要素示例

职 位	要素或子要素
办公室主任	取得一致性的能力 应用程序的能力 按时完成任务的能力
警员	具备良好的身体协调性 不怕枪械 回忆事实的能力
电工	对理论和工具的理解 会读电流表、电阻表、电压表 掌握相关数学知识

资料来源：Adapted from Primoff, E. S., & Eyde, L. D. (1988). Job element analysis. In S. Gael (Ed.), *The job analysis handbook for business, industry, and government* (Vol. II, pp. 808, 812, 814). New York, NY: Wiley.

3.1.2 职位要素法的步骤

以下是职位要素法的步骤：
（1）从主题专家那里收集要素。
（2）让主题专家在下面四个量表上给每个要素打分：

- 勉强接受（B）；
- 优越性（S）；
- 不加考虑的话可能有麻烦（T）；
- 可行性（P）。

（3）从专家评分中得出量表值。

（4）将得出的评级向专家分享：

- 总价值（TV）；
- 项目索引（IT）；
- 培训价值（TR）。

（5）在应用中运用评定结果（例如，开发测试）。

以下各节将详细解释每个步骤。

3.1.3 为职位要素法收集信息

职位要素法往往由专业的职位分析师主持，职位分析师会作为项目领导并加入由其他5位主题专家（一般为员工和主管）组成的团队。信息收集通常会进行两场会议，每场都需要3~5个小时。在第一次会议期间，主题专家们会集思广益，准备并评定分析师汇编的要素列表。此段的成果将以职位要素清单及其评分的形式出现。得到结果后，分析师将退居幕后分析评定情况并汇编结果。在分析师完成一定的工作后，他将重新加入主题专家组参加第二次会议。第二次会议会引用第一次会议的结果，并用于某些特定目的，如制订测试、绩效测量或培训计划。

在第一次会议中，分析师会鼓励主题专家详尽列出要素。当主题专家开始感到疲惫时，分析师将提出以下问题：

- 员工还可以展示什么来证明其优越性？
- 如果你必须挑选一个人并向他授予对出色表现的特殊津贴，你会选择谁？
- 是什么原因让你想解雇某人？
- 如果员工身体虚弱，什么可能会引起麻烦？（Primoff，Eyde，1988）

列出所有要素后，分析师会要求主题专家提供子要素（subelement）。子要素是说明要素含义的特定行为示例。例如，表3-1的电工一职对应的要素示例"对理论和工具的理解"正是通过子要素"会读电流表、电阻表、电压表"和"掌握相关数学知识"进行的说明和部分定义。

3.1.4 评价量表

经过以上流程，此时职位分析师已经汇编了一系列详细说明员工工作所需内容的陈述（要素）。员工特质（知识、技能、能力和其他特征）是根据主题专家理解的术语进行行为定义的。职位分析的下一步是收集主题专家在四个量表上的评分情况。职位要素法中使用的量表考察的内容为：勉强接受（B），优越性（S），不加考虑的话可能有麻烦（T）和可行性（P）。所有量表均采用三层响应（three-category response）进行评定。如果量表的适用性最小，主题专家将在评分表里写一个0，若有所适用标为"√"，高度适用时则标为"+"。

1. 勉强接受（B）

B量表的评定需要判断勉强接受的员工是否必须具备某一要素才能从事这项工作。

勉强接受的员工指那些勉强能完成工作的人。如果他们能力再弱一点点，他们就不具备工作资格。勉强接受的员工必须具备最基本的技能，否则企业不可能录用他们。如果几乎所有勉强接受的员工都不具备此要素，主题专家将在评级表上记录一个"0"。而如果一些勉强接受的员工具备此要素，那么表上记录的将为"√"，当所有勉强接受的员工都具备此要素时标为"+"。如果我们考查"呼吸"这个要素，那么所有勉强接受的员工都具备此项要素（否则他们很可能无法工作），此时主题专家会给这个要素标记"+"。

2. 优越性（S）

S量表的评定要求主题专家描述一个给定的要素在区分优秀员工和普通员工方面有多大的用处（0代表没用，√为有价值，+是非常重要）。以员工可能从雇主那里获得某种奖励一事为例，考虑此种问题可能会有所帮助。问题的关键不仅在于优秀员工具备某种特征，而且还要注意这种特征是如何将优秀员工与普通员工区分开来的。例如，一方面，优秀员工都会呼吸，但呼吸不会为员工带来卓越工作的奖励（因此主题专家会将此要素记为"0"）；另一方面，警察可能会因勇敢（如冒着生命危险从燃烧的建筑物中救人）获得奖赏。如果事实如此，则要素勇敢（或超越职责范围的行为）可能会得到"+"评级。

3. 不加考虑的话可能有麻烦（T）

T量表的评定要求主题专家交代如果新员工的考试或评价中未包含某种要素，是否可能出现问题（0代表可以安全忽略，√代表会带来一些麻烦，+代表会招致大麻烦）。例如，呼吸是可以安全忽略的，因为虽然一个人不呼吸肯定会影响工作，但我们知道所有求职者都可以呼吸，呼吸不是我们要测试的要素。而如果脑外科医生不能有效地使用手术刀和钳子等手术器械，则会遇到很多麻烦（所以主题专家可能会选择"+"作为该要素的评级）。

4. 可行性（P）

P量表的评定会询问主题专家员工是否可能具备某种要素。如果我们需要求职者具备相应的要素，那我们可以填补多少个职位空缺？（0代表几乎不能填补空缺，√代表可以填补一些空缺，+代表可以填补所有职位空缺。）一方面，如果我们考虑的是"呼吸"这个要素，那么在对此要素表达需要和进行筛选之后不会再有职位空缺。另一方面，如果我们要求的是杂货店店员精通两门外语，我们就不太可能填补许多职位空缺了（至少在美国是这样的）。

3.1.5 派生量表

随后职位分析师将获取主题专家的评定结果并为第二次会议做好准备。分析师会对主题专家在四个量表（B、S、T和P）上的评定结果（0、√、+）进行分析，并用各种方式（有些相当复杂）进行组合，以使评定结果更适用于人力资源应用。表3-2展示了一个此类分析的结论。

表 3-2 警员的部分职位要素法结果

要 素	B	S	T	P	TV	IT	TR
具备良好的身体协调能力（S）	60	63	79	92	53	65	46
没有特大伤残（RS）	81	44	96	94	23	59	33
具备无械近战的能力（S）	68	68	80	87	55	66	49
无畏枪炮（S）	73	49	81	90	27	56	33
能比对签名字迹	39	58	27	29	29	29	50
被迎面而来的强光照射后的恢复力（S）	74	43	71	89	15	50	25
足够高，视线能越过车顶（SC）	92	30	71	95	14	43	6
具备长时间在恶劣天气下在户外工作的能力（S）	72	53	67	92	26	54	29
声音不具备特殊特征（如口齿不清，尖嗓子）	66	37	62	94	4	44	19
会换车胎（SC）	94	23	57	95	32	33	4
能确定合理的抓捕理由（TS）	60	89	48	44	56	42	88
当身体处于危险状态时也能发挥作用的能力（E）	58	94	90	86	101	84	76
诚实（RS）	76	85	98	95	86	86	58
具备良好的判断力（E）	46	96	86	93	111	88	75
具备领导他人的能力（TS），（S）	25	92	53	71	90	62	86

资料来源：Adapted from Primoff, E. S., & Eyde, L. D. (1988). Job element analysis. In S. Gael (Ed.), *The job analysis handbook for business, industry, and government* (Vol. Ⅱ, p. 812). New York, NY: Wiley.

注：在括号中，E、S、RS、TS 和 SC 对应于以下内容：E= 要素；S= 重要子要素；RS= 可分级筛选；TS= 训练子要素；SC= 筛选。你无法根据 B、S、T 和 P 的值获取表中 TV、IT 和 TR 的值，因为计算完结果列（TV 等）后表格进行了调整。

第一列列出了要素，接下来的四列包含主题专家完成的量表：勉强接受（B）、优越性（S）、不加考虑的话可能有麻烦（T）、可行性（P）。列中的数字是得到的点数之和对最大可能评定分数和的百分比。例如，6 位主题专家打分的最大可能点数和为 12（其中 0 = 0；√ = 1；+ = 2）。如果主题专家评定的点数之和为 6，则对应的百分比就是 50。表 3-2 中的剩余三列则包含派生量表值，我们将在下文进行详细介绍。

1. 总价值（TV）

第一个派生量表是总价值（TV）。总价值是指"区分求职者能力"的要素的价值（Primoff, Eyde, 1988），计算公式为 TV = $(S - B - P) + (SP + T)$。这不是一个一眼就能看懂的公式，我们一点点地剖析来理解它。总价值的第一部分是"$S-B-P$"，其基本含义是：我们使用有助于识别优秀员工且大部分公司员工不具备的要素来选拔员工。总价值等式的第二部分"$SP + T$"和第一部分一样，也包含 S 和 P，然而在此处 S 和 P 是相乘的，而不是相减的。两者相乘的原因是，如果我们不能填充任何岗位空缺（即如果我们在 $P = 0$ 的要素上选择），那么 S 和 P 的乘积将为零，S 对应的值再高也无济于事。这也意味由于（$SP + T$）减少，因此我们不太可能选择我们找不到的东西。因为我们希望尽可能找出会带来问题的要素，所以接下来我们会为 T 赋值。总的来说，总价值表示：我们选择一些可以用来识别优秀员工并排除问题员工的要素，如果所选要素在员工中太常见或太不常见，我们就排除不用它。总价值为各分数之和，得到分值后会进行换算，使其最大值为150。数值大于100的总价值会被归为职位要素法结果中的重要因素。

2. 项目索引（IT）

项目索引（IT）量表测试的是子要素在测试内容中的重要程度。计算公式是 $IT = SP + T$，此公式也是 TV 计算公式的第二部分。表 3-2 中 IT 一列的数字也是评分点数对最大可能评定分数的百分比。IT 值大于 50 的子要素可用于对求职者进行排名。

3. 培训价值（TR）

培训价值（TR）量表用于评价培训目的的要素价值。计算公式为 $TR = S + T + SP' - B$，其中 P' 是 P 的倒数，之所以取倒数，是为了当所有职位空缺都可以由求职者填补时 $P = 0$。大概意思就是，我们希望对员工进行技能培训，且培训的技能是优秀员工所拥有的，如果不具备这些技能，将会很麻烦（$S + T$）。但是同时，我们只需要针对劳动力储备中不具备的技能为员工展开培训（$SP' - B$）。

3.1.6 将要素归类

如表 3-3 所示，要素或子要素由其得分概况决定。

表 3-3　职位要素法要素和子要素的类别

类　别	描　　述
E	当 TV 值大于等于 100 时，将被标记（如果标记了 E，则不再标记其他类别）
S	IT 值大于等于 50 时被标记
TS	TR 为 75 或更大时被标记
SC	如果 B 和 P 都大于等于 75，T 大于等于 50，则标记 SC（最低要求）
RS	如果子要素同时满足 S 和 SC 的数值要求，则标记 RS。RS 表示子要素具有工作所需的最小价值，高于该值时也可用于对求职者排名

资料来源：Adapted from Primoff, E. S., & Eyde, L. D. (1988). Job element analysis. In S. Gael (Ed.), *The job analysis handbook for business, industry, and government* (Vol. II, p. 813). New York, NY: Wiley.

在第二次会议期间，职位分析师将与主题专家分享第一次会议的结果，结果如表 3-2 所示。主题专家将在设计测试等活动中利用这些信息。职位要素法在开发工作样本测试选拔员工时特别有用。例如，表 3-2 中的一个筛选项目是"足够高，视线能越过车顶"。这一点通过将人带到停车场，看看他是否可以看到大多数汽车的车顶上方就可以验证。当然，更简单的方法是确定视线能越过车顶的最低身高，然后用该值来比对求职者的身高。（这个因素在实践中会引起一些争议，因为它构成了一个可能导致很多女性无法达到标准的身高要求。这个项目是否重要到足以包括在花费高昂的测试过程中？）再举一个例子，表 3-2 中还有一个筛选项目是"会换车胎"，这个项目可能会进行合理的工作样本测试。不幸的是，有些要素不适合用工作样本测试。考虑一下"诚实"这个可分级筛选的项目。我们不能一下子想清楚如何测试它：我们应该检查申请表上存在信息不符吗？我们应该把钱包放在房间里，看看求职者是会申报还是装进自己的口袋？我们是否应该从社会期望量表中选取问题向他们提问，比如"投票前，你仔细了解过所有候选人吗？"而如果求职者的回答是"总是",那可能表明,一个人对创造良好的印象比对保有诚实的美德更感兴趣。

职位要素法还通过开发推动分析的产品,对职位分析进行检查。例如,可以开发测试,如果测试进行不顺利,那么测试中有问题的方面可能会带来对职位的另一种看法。例如 Primoff 和 Eyde(1988)注意到,在电工测试中有一些明显不达标的电工通过了部分考试。这使得分析师重新审视了这个职位,他们发现更好的电工可以使用和维护某个特定的电气设备。随后分析师对测试进行了修改,将该设备包括在内,于是顺利解决了问题,不达标的电工不再能通过考试。职位要素法还可以用于选择在当前职位和职位分析之外开发的测试。我们接下来就讨论这个问题。

3.1.7 职位要素法研究:J 系数

J 系数(职位系数)由 Primoff 在 20 世纪 50 年代提出。也许是因为 Primoff 的大部分著作都是由美国政府发表的,没有刊登在典型的学术期刊上,所以他的观点从未被广泛采纳。然而,他对职位要素和测试之间的关系的直觉却有精妙的数学基础,这点很少有学者能达到,我们提出的基本思想就不具备精妙的数学基础(但我们确实为那些渴望深入理解问题的人提供了参考)。

总的来说,工作绩效代表了任职者在某段时间内完成特定任务的绩效对组织的价值。例如,对于警员来说,整体工作绩效是根据抓捕活动,安全驾驶,成为新的初级警员的导师,作为社区关系计划的一部分为小学生提供服务等来评定的。或者,我们可以根据收集的职位要素(例如,被迎面而来的强光照射后的恢复力,当身体处于危险状态时也能发挥作用的能力,诚实)评价整体工作绩效。换句话说,我们认为职位要素决定了整体工作绩效。一些职位要素可能比其他要素更重要,而且更重要的要素应该与员工群体的整体工作绩效有更高的相关性。如果我们把汽车修理工的整体工作绩效与各种要素联系起来,我们会发现,在身体处于危险状态的情况下,机械天赋和职能的相关性比做事能力(did ability)和职能的相关性要高。

在传统的实验验证中,整体工作绩效的某些测量内容与测试相关(由此得到的相关性结果通常被称为效度;我们将在第 9 章"进行职位分析研究"中介绍相关性)。例如,机械师整体工作绩效的监督评级可能与机械能力倾向测试的分数相关。我们希望主管认定的优秀机械师也会有更高的考试分数。J 系数是对效度的估计,是通过验证研究得到的。然而,J 系数部分来源于人的判断,而非考试分数和整体工作绩效的经验比较。

为了计算 J 系数,我们需要掌握三条信息:①职位要素与整体工作绩效的相关性;②测试与职位要素的相关性;③要素之间的相关性。Primoff 主张使用主题专家法来估计任何给定工作的职位要素和整体工作绩效之间的相关性。其他值(测试与职位要素的相关性和要素之间的相关性)将在多年的研究中制定并汇编成表格,在表格中,随着人和职位中佐证信息的积累,准确性将提高。Rattner(1982)给出了 J 系数的计算示例:给定有关多个测试的信息,计算每个测试的 J 系数,然后选择系数最大的测试。

尽管 Primoff 建议对要素-绩效进行评判,并对测试-要素关系采用更偏向经验性的方法,但显然可以人工估计测试-要素相关性,并计算要素-绩效的经验性估计值。

Hamilton 和 Dickinson（1987）比较了生成 J 系数所需信息的几种不同方法，发现有几种方法提供了可比较、一致的 J 系数结果。此外，他们将 J 系数与在同一样本上计算出的效度进行了比较，发现两个估计值之间具备很高的一致性，因此，当传统验证研究不可行时，我们也可以提供有用的数据来预测测试的效度。

3.1.8　职位要素法述评

不可否认的是，职位要素法是一个闭环方法。例如，在职位要素分析中，示例能力是"拆解办公桌的能力"。请注意，这个能力是根据成功完成任务所需的能力定义的，没有必要参考其他可能解释任务绩效的知识或能力，如机械原理知识、工具使用知识、空间推理能力等。职位要素法并不否认知识、技能、能力和其他特征的存在。然而，与谈论任务的这些基本方面不同，职位要素法通常指的是更广泛或更狭隘的职位导向行为集合。正如 Primoff 和 Eyde（1988）提到的，"测试和其他产品不是从职位分析中推断出来的，而是包含了子要素的工作示例定义"。

当使用职位要素法开发本质上是工作样本的测试时，我们发现 Primoff 和 Eyde（1988）给出的是强有力的论据。回避感知速度或分析推理等基本能力的部分原因是美国心理学中盛行的行为主义传统，这种传统几乎从心理学诞生之日起一直延续到 20 世纪 70 年代。行为主义者会尽可能地避免谈论心理状态，总是专注于观察到的行为。因此，行为主义者很满意关注工作行为的员工导向法。然而最近几年，心理学已经从行为主义者对心理状态有用性的否认，转而开始关注认知过程和状态。

然而，当职位要素法用于选择为其他目的而构建的测试时，不推断特征的论点就不那么有说服力了。当挑选现成的测试时，职位要素法使用了一组已经列出了关系值的标准的能力和测试。（表中的数值代表测试和职位要素之间的联系有多紧密）这样的计划确实需要职位分析师推断出职位对感知速度和语言推理等抽象能力的要求程度。此外，强调可观察的行为可能会导致对有效测试的忽略，而这些测试本可以提高员工选拔的有效性。

我们简单地介绍一下职位要素法的另外两个问题。第一，没有确凿的证据表明复杂的评级公式总是必要的。第二，从头到尾严重依赖主题专家的投入可能会误用让人陷入法律困境的筛选工具，我们提到的警员一职的身高要求就是一个例子。

尽管存在问题，但职位要素法仍对职位分析产生了巨大影响，它的各个方面已经被应用到许多其他方法中。而术语知识、技能、能力和其他特征已经成为各地职业分析师术语储备的一部分。

3.2　岗位分析问卷

3.2.1　岗位分析问卷的发展和结构

岗位分析问卷（PAQ）是由欧内斯特·麦科米克（Ernest McCormick）及其在普渡大学的同事于 20 世纪 60 年代开发的。岗位分析问卷是围绕着著名的行为主义公式 S-O-R

设计出来的，在这个公式中，有机体（O）接受刺激（S）并做出反应（R）。但岗位分析问卷也注意到环境和社会对工作绩效存在影响。与职位要素法不同，岗位分析问卷的出现使相同的要素适用于所有工作。同样，术语要素在这两种技术方法中有不同的含义。

2004年之前，岗位分析问卷由194个项目或要素组成。其中，前187项涉及人类特质（例如，颜色感知）或需要人类适应的职位要求（例如，需要利用书面材料的职位）。最后7项（188～194）涉及薪酬（工资），我们此处不考虑。这些项目分为6个主要部分，如表3-4所示。例如，信息输入涉及员工获取的信息类型、获取信息的地点和方式。主要分类进一步划分为两种子分类（subdivisions）：阶段（section）和分段（subsection）。每个阶段或分段由相关项目组成。表3-4中还列出了分段和项目示例。2004年，岗位分析问卷补充了：①美国社会保障残疾认定中使用的职位分析问题；②2004年8月23日发布的《公平劳动标准法案》(Fair Labor Standards Act，FLSA；自1949年以来的第一次重大修订)增加了新的职位分析问题；③长期以来都被认为是必需的分析问题，如"坐/站/晃动脚的能力"；④教育要求；⑤某些与压力有关的问题。现在正在使用的项目条款有300项。

表3-4　岗位分析问卷的结构

主要分类	细　分	用作说明的职位要素
信息输入	职位信息来源 辨别与知觉活动	书面材料的使用 估计运动对象的速度
中介（心理）流程	决策和推理 信息加工 存储信息的使用	问题解决中的推理 编码/解码 应用数学知识
工作输出	使用实体装备 综合性手工活动 一般肢体活动 操作/协调活动	键盘设备的使用 搬运物品/材料 攀登 手臂操作
人际活动	沟通 人际关系 个人接触 监督和协调	指导 服务/迎合 与公众客户的个人接触 受到的监督水平
工作环境和职位情境	实际工作条件 心理学和社会学方面	低温 公民义务
其他方面	工作计划、支付方式、着装 职位需求 责任	不规律的工作时间 限定的（受控的）工作节奏 保证他人安全的责任

资料来源：Adapted from McCormick, E. J., Jeanneret, P. R., & Mecham, R. C. (1989). *Position Analysis Questionnaire*. Logan, UT: PAQ Services, Inc. Reproduced by permission of PAQ Services, Inc.

职位分析师会考虑与所考察的职位相关的每个项目，并确定该项目是否适用于该职位。如果项目确实适用，分析师接下来会根据该项目对职位进行评分。虽然岗位分析问卷是根据术语岗位（position）命名的，但是它通常用于分析本书中我们定义的职位（job）。也就是说，岗位分析问卷通常用于分析一组相关岗位，这些岗位非常相似，可以被统归于某种职位，获得一个新的命名。（如果你还记得这一点，我们将永远感谢您）然后，分析师会根据为岗位分析问卷制定的评价量表，记录对每个项目的评判。岗位分析问卷中使用了 6 种不同的量表，只有一种适用于任何给定项目。表 3-5 中介绍了每个评价量表以及项目示例。

表 3-5　岗位分析问卷应答量表和问题内容示例

应答量表	问题内容示例
使用范围（U）	17. 接触（压力、疼痛、温度、湿度，例如感受表面的纹理） 0 = 不适用；1 = 微不足道 / 非常罕见；2 = 偶尔；3 = 中等程度；4 = 大量的；5 = 非常可观的
对职位的重要性（I）	40. 分析信息或数据（通过将信息分解为各组成部分来确定基本原理或事实，例如，解读财务报告、诊断机械故障或医疗症状） 113. 高管 / 官员（如公司副总裁、政府行政人员或工厂负责人） 0 = 不适用；1 = 非常轻微；2 = 低；3 = 中等程度；4 = 高；5 = 极高
特殊编码（S）	46. 教育（使用下面的应答量表，指出进行该工作所需的通过正规教育获得的知识水平。不要考虑技术或职业学校的培训经历——见项目 48）。 0 = 不适用（很少或不需要正规教育）；1 = 高中肄业；2 = 高中毕业；3 = 大学肄业；4 = 完成四年制大学课程；5 = 完成高级学位的攻读（如研究生院、法学院或医学院等）
时间量（T）	89. 常设的 0 = 不适用（或非常偶然地发生）；1 = 占总时间的 1/10 以下；2 = 占总时间的 1/10～1/3；3 = 占总时间的 1/3～2/3；4 = 占总时间的 2/3 以上；5 = 几乎连续占据时间
发生的可能性（P）	145. 暂时性残疾（使员工无法在工作一整天后加班，但不会导致永久性残疾或损害的暂时性伤残或疾病） 0 = 几乎不可能；1 = 非常小的可能性；2 = 有限可能性；3 = 中等可能性；4 = 相对高的可能性；5 = 高可能性
适用性（A）	154. 商务套装或正装裙（例如，领带和夹克或办公室 / 商店的常见便装） 0 = 不适用；1 = 适用

资料来源：Adapted from McCormick, E. J., Jeanneret, P. R., & Mecham, R. C. (1989). *Position Analysis Questionnaire*. Logan, UT: PAQ Services, Inc. Reproduced by permission of PAQ Services, Inc.

　　岗位分析问卷手册指出，经过专门培训的职位分析师、经理甚至在职员工都可以完成岗位分析问卷。然而，在大多数情况下应由经过专门培训的分析师主导岗位分析问卷。我们建议，如果可能的话，不应由在职员工完成岗位分析问卷，因为岗位分析问卷需要具备高水平的阅读理解能力，要完成许多相当抽象的判断。此外，许多岗位分析问卷量表不能适用于任何给定的工作，这对在职员工来说可能很难接受。当职位分析用于确定薪酬时，通常不应由在职员工填写岗位分析问卷。

　　在完成岗位分析问卷时，受过培训的职位分析师通常会先观察并采访几位从事相关工作的员工。观察工作对于理解工作环境（噪声、振动、温度等）非常有用。对于分析师来说，观察和采访也是一个有用的出发点，可以让其注意到不容易观察到的地方。例如，操作机器的人可以通过查看仪表盘、持续时间或仅仅通过听机器发出的声音知道该做什么。如果仅仅看到员工在用什么设备，观察者可能并不清楚观察对象在干什么。观察工作后，分析师会一个接一个地采访相关工作人员，以完成岗位分析问卷中的项目。通常，分析师会与工作人员讨论岗位分析问卷项目及项目与职位的相关性。然而，对于大多数项目，实际上是分析师确定了适当的评级。但对于某些项目，例如时间量，分析师可能会要求工作人员提供评级。

3.2.2 岗位分析问卷结果

岗位分析问卷由计算机计分。计算机能输出主要岗位分析问卷类别的子分类分数和总体分数,此外还能打印能力倾向测试评估值、估算用于设定工资的职位评价点值并进行 FLSA 分析,即对该职位是否受《公平劳动标准法案》保护的计算机分析(FLSA 的介绍见第 7 章)。

岗位分析问卷还提供调查中每个项目(要素)的细节信息,用于显示当前职位与岗位分析问卷数据库中包含的其他职位的比较情况。岗位分析问卷数据库有大量工作职位,内容横跨整个经济体系。通常,数据库中的编号显示某项职位相对于其他职位需要员工具备什么特质才能胜任。

3.2.3 岗位分析问卷的应用

岗位分析问卷旨在实现两个主要目的:第一个目的是开发一种标准化的方法来确定职位的人员需求,从而省去对每个职位进行昂贵的实验验证(至少这是目的)。第二个目的是帮助组织进行职位评价,即确定职位对雇主的报酬价值。因此,早期对岗位分析问卷的研究主要集中在员工选拔和职位评价上。然而,该方法也被开发用于其他用途,对新用途的研究记录也逐步发展和丰富。当代岗位分析问卷的主要用途是残疾认定,许多处理终身残疾的保险公司都在使用它。

3.2.4 信度和效度

一些研究已经检验了岗位分析问卷的信度,验证的结果好坏参半(Jones, Main, Butler, Johnson, 1982; McCormick, Jenneret, 1988; Smith, Hakel, 1979)。对同一职位的不同项目的评分进行比较时,评审人员意见的一致性通常最高;而在比较不同职位的相同项目之间的评分时,评审人员意见的一致性最低。也就是说,当两位评审对同一个职位填写岗位分析问卷且我们会比较各个项目的得分时,评审人员往往会意见一致。请注意,这并没有告诉我们岗位分析问卷如何区分不同的职位。要达到此目的,我们必须分析多个职位。当我们验证不同职位之间的一致性时,我们发现一致性并没有那么好。研究还检验了岗位分析问卷的重测(rate-rerate)信度,得到的估计值为处于高水平的 0.70 和 0.80 之上(McCormick, Jenneret, 1988),结果令人满意。McCormick 和 Jenneret(1988)还指出,此类稳定性估计值是从受过培训的职位分析师以及在职员工和主管处获得的(在职人员和主管给予的评价往往更高)。然而,评审人员之间对信度评估含义的担忧同样适用于重测评估。

与岗位分析问卷效度相关的研究涉及岗位分析问卷量表分数与各岗位工资数据的关系。回想一下,岗位分析问卷的主要目的之一是确定薪酬。职位要求的差异应该与薪酬的差异相关,因此要求更高的职位应该获得更高的薪酬。大量关于岗位分析问卷的研究表明,岗位分析问卷得出的分数可以预测不同职位和职业的工资水平(McCormick, Jenneret, Mecham, 1972)。他们的结果证实了岗位分析问卷的效度。

岗位分析问卷也有助于员工选拔。研究表明,岗位分析问卷量表与 163 个职位的一般能力倾向测试组合(GATB;美国劳工部,1967)的在职平均分数相关(McCormick, et al., 1972），表明岗位分析问卷的维度越重要，就越有可能找到在与该维度对应的能力测试中表现出色的员工。此外，岗位分析问卷能够显示效度的差异，即基于职位要求的测试标准相关性。例如，当岗位分析问卷对职位中认知能力需求的估计值增加时，认知能力测试的效度也增加（Gutenberg，Arvey，Osburn，Jeanneret，1983）。

3.2.5 岗位分析问卷研究：共同知识效果

Smith 和 Hakel（1979）的研究引起了研究界的极大兴趣。他们做的是从五组人（在职员工、主管、职位分析师、只获得职称的本科生和获得职称且知道关于工作性质等其他信息的本科生）中收集 25 种职位的岗位分析问卷评分。在这项研究中，只获得职称的学生几乎和专业的职业分析师一样可靠。在各组岗位分析问卷评分均取平均值时，相关性更显著。所有组别岗位分析问卷评分的平均值与其他研究组的平均值的相关性均在 0.90 以上，这表明事实上难以区分得出的岗位分析问卷数据。这一结果引起了人们的极大兴趣，因为如果仅拥有职称的学生能够生成与专业职位分析师相同的岗位分析问卷数据，那么（除其他事项外）分析师的存在就受到了质疑。这怎么可能？是岗位分析问卷只衡量共同的职位刻板印象，还是大多数人对处理大量工作所需的能力都有相当好的认识？

Jones 等（1982）提供了深一层的证据，证明职位分析师可以从削减过的信息（即比观察和采访员工得到的信息更少）中得出可靠的岗位分析问卷评级。也许部分问题在于，岗位分析问卷对职位分析师可获得的信息量不太敏感，也就是说，它只能测量职位之间的巨大差异。如果确实如此，岗位分析问卷应该可以显示数学教授和喷气发动机修理工之间的区别，但不能显示数学教授和地质学教授之间的区别。Surrette、Aamodt 和 Johnson（1990）通过要求学生分析大学宿舍助理一职提供了支持这一观点的间接证据。

然而，其他人很快就指出，Smith 和 Hakel（1979）以及 Jones 等（1982）的研究结果在某种意义上具有误导性。反驳的核心要点涉及岗位分析问卷中发现的 DNA（does not apply 或称"不适用"）项目。如果我们给这些项目打"零"分，并将其纳入信度分析，我们会发现得到的信度会大于将这些项目从分析中排除时得到的结果。换句话说，对职位不太熟悉的人可能也知道某些要素不适用于该工作。例如，我们可以猜测，一方面，味觉测试人员在工作中很少使用书面信息来源；另一方面，大多数教授确实会使用书面信息，但不使用长柄工具。Harvey 和 Hayes（1986）以及 DeNisi、Cornelius 和 Blencoe（1987）提供了与这一推断一致的证据。

有些人开始检验在岗位分析问卷中适用的项目之间的一致性（Cornelius，DeNisi 和 Blencoe，1984）。事实证明，对于那些确实适用于职位的项目对工作的重要程度，缺乏职位信息的人彼此之间或与专家相比得出的结论并不一致。例如，非专业人士可能同意巡逻人员使用书面信息，但对使用此类信息的频率意见却无法统一。Friedman 和 Harvey（1986）还发现，提供给职位分析师的信息越多，一致性越高。

我们该如何看待这一切？首先，人们确实对职业的总体轮廓有一个大致的了解，这使我们能够判断出某些项目不太可能适用于特定的工作。一方面，主要得益于 DNA 项目，得出的各个职位的岗位分析问卷数据显示出比预期更高的准确性。另一方面，为了获得高质量的岗位分析问卷档案，填写岗位分析问卷的人员需要非常熟悉该工作，并接受过完成岗位分析问卷的培训。一般来说，仅拥有职称的学生不太可能提供非常准确的评分。

3.2.6　岗位分析问卷近期的发展

岗位分析问卷服务于 2004 年更换了所有者，不再是一个单独的组织。岗位分析问卷目前（截至 2018 年）归美国经济研究所（Economic Research Institute，ERI）所有，可访问 www.erieri.com/paq 查询。ERI 通过可在课堂上使用的产品和服务为对岗位分析问卷感兴趣的讲师提供支持，为他们提供免费的岗位分析问卷材料、评分、报告、职位分析软件和人力资源课程。ERI 分配给公司的岗位分析问卷由买方管理和在线评分。在线应用程序允许用户创建有关薪酬、员工选拔等的报告。岗位分析问卷的规范在当代有些过时，但目前有关方面没有更新的计划。

3.2.7　岗位分析问卷述评

岗位分析问卷已被得到了广泛应用，常用于解决与员工选拔和工作评价相关的问题。如上文所述，尽管岗位分析问卷广受欢迎并得到广泛使用，但我们不建议受教育程度不高的在职员工完成岗位分析问卷，因为岗位分析问卷所需的阅读水平很高，需要做出许多难以抉择的判断。我们也建议在确定薪酬时避免让在职员工和主管填写岗位分析问卷，因为这两个群体都倾向于提供比专业职位分析师更高的评级，标记的项目也更多。岗位分析问卷在管理职位方面的信息通常不是很丰富。

岗位分析问卷有许多值得推荐的优点。它对所有职位使用同一组公共要素。公共要素有助于职位评价和形成工作集群或家庭。岗位分析问卷有助于识别知识、技能和能力，并有助于维护测试的职位相关性。此外，它是一种现成的方法，使用起来相对快速且低成本。岗位分析问卷是本书估计工作特质需求的几种方法中的第一种，接下来我们将简要介绍另外三种。

3.3　其他基于特质的员工导向法

还有许多其他员工导向的职位分析方法，这些方法都基于一系列人类技能和能力。我们在此没有详细介绍每种方法，而是简要地描述了几个选定的系统。感兴趣的读者可以根据需要详细地了解其中任何一种或所有方法，也可以探索除本书所述方法之外的其他方法。

3.3.1　临界特质分析系统

临界特质分析系统（TTAS）由费利克斯·洛佩斯（Felix Lopez）于 1970 年开发，旨在提供一种理论上连贯、面向特质、多用途且符合法律的职位分析方法（Lopez，1988）。整个系统包含几个不同的部分。有些部分是为描述选择的特质设计的，有些则是为培训设计的，还有一些是为职位描述设计的（临界特质分析系统也可以用于其他目的，如工作评价）。然而，该系统的核心是临界特质分析，它是基于 33 个特质的标准集设立的。

临界特质分析系统的特质大致可以分为两部分:"能做"和"愿意做"。"能做"特质被描述为能力,包括身体、心理和学术特质。例如,在身体方面,职位职能是"体力消耗"。体力消耗包括"力量"和"耐力"两个特质。力量是举起、推或拉物体的能力,耐力是长时间消耗体力的能力。第二个例子是,在心理领域,职位职能是"信息处理"。信息处理的特质之一是"理解力",即理解口头和书面想法的能力。

"愿意做"的特质被描述为态度,包含动机和社会特质。动机比如对变化的适应性、对重复的适应性和可信性。社会特质的例子则包括宽容、影响和合作。这 33 个特质及其示例旨在与职位分析师和职位分析产品的用户进行沟通。如有必要,这些特质可以进一步细分,描述该系统的手册中提供了同义特质列表(Lopez,1986)。

3.3.2 能力要求量表

能力要求量表由埃德·弗莱什曼(Ed Fleishman)及其同事开发(Fleishman,1982;Fleishman, Mumford,1988;Fleishman, Quaintance,1984)。Fleishman 和 Reilly(1992)对每种能力和对应的能力测试进行了全面介绍。这些能力的示例如表 3-6 所示。能力要求量表用于评估或判断职位对每个通用能力的需求程度。因为这些能力中的每一个都与一个或多个测试相关联,所以能力要求量表职位分析的结果可用于选拔员工。这些能力的一般性质也让我们能够构建职位族,即一组在所需能力方面相似的职位。能力要求量表的一个缺点是,不同于职位要素法,能力要求量表方法的许多能力都有只有心理学家才会重视和理解的名称。

表 3-6 通用能力示例

能 力	描 述	能 力	描 述
认知能力		**体能**	
口头理解	听懂口语	静态力量	表现出推或拉的力量
数学推理	用数学符号推理	动态灵活性	反复弯曲、拉伸和扭曲
闭合速度	将片段组合成有意义的模式	全身平衡	显示平衡
空间定向	判别你相对于某个物体的位置	耐力	持续工作
精神运动能力		**感觉/知觉能力**	
控制精度	驾驶车辆	夜视	暗中视物
多肢体协调	协调两个或多个肢体的运动	听觉灵敏度	听到响度和音调
手指灵活度	熟练地移动手指	语音识别	听懂言语
肢体运动速度	快速移动四肢	语音清晰度	说话清晰

3.3.3 职业强化模式

职业强化模式(ORP)方法背后的理论是需求概况中的个体差异(Borgen,1988)。例如,有些人比其他人需要更多的认可;有些人不喜欢独自工作,但另一些人却喜欢;有些人喜欢在正式场合工作,而另一些人喜欢在非正式场合工作;等等。职业强化测试是一种试图表达职位提供人们想要或需要的东西的方式。因此,职业强化测试旨在用于职业指导。根据个人需求与工作报酬的相似性,有相关的个人需求测试可以提出适合个人的职业建议。职业强化测试中使用的特质如表 3-7 所示。

表 3-7 职业强化示例

强化物	描 述	强化物	描 述
1. 能力利用	利用你的能力	6. 道德价值	避免工作和生活冲突
2. 活动	时刻保持繁忙	7. 安全	有稳定的工作
3. 权威	告诉人们做什么	8. 社会地位	有威望的职位
4. 薪酬	公平的薪酬	9. 多样性	频繁换工作
5. 创造力	试行自己的点子	10. 自主性	在缺乏监管时计划工作

3.3.4 高度重视设备的方法

我们尚未介绍强调设备的员工导向法。AET（三个长德语单词的首字母缩写；Rohmert，1988）和职位构成清单（Banks，1988）就是其中之二。

1. AET

AET（它的全称为 Arbeitswissenschaftliches Erhebungsverfahren zur Tätigkeitsanalyse，它的含义为"人类工效学任务分析数据收集程序"）源自人类工效学，该学科试图最小化人类的压力和负担，同时最大限度地提高绩效质量和数量。AET 特别关注用于完成工作的设备以及工作条件或环境。AET 通常用于再设计工作，以减轻工人的压力。

人类工效学关注为人类使用而设计的东西，如果你喜欢做对别人的生活有好处的事情，那么这对你来说将会是一个令人兴奋和有回报的领域。一个人很强壮并不意味着他应该整天把车轮从地面抬到汽车的车轴上。也许可以建造一个坡道，使车轮滚动到车轴上，从而避免工人反复的背部劳损。人类工效学设计的范围从简单到复杂——从螺丝刀之类的手动工具到可以编程由丹佛飞往亚特兰大的计算机接口而无须进一步的人工输入。当我们想为残疾人提供住宿时，人类工效学也会参与进来。我们可以通过改变职位来消除个人难以完成的任务，也可以通过提供工作辅助或某种工具来改变完成任务的方式。比如，如果工作偶尔涉及驾驶汽车，我们可能会将该任务转移给另一个人，以便其他胜任的人员能够完成该工作。还比如我们可以为视力差的工人提供放大镜和亮光。

2. 职位构成清单

职位构成清单（job components inventory，JCI；Banks，1988；Banks，Miller，1984）是在英国开发的，用于描述广泛的入门级职位。这些描述符将有助于职业指导和培训，使年轻人能够了解实际的工作是什么以及如何为这些工作做好准备。职位构成清单的一部分包括 220 种工具和设备，包括用于标记或绘图的工具（抄写工具、分线规）；测量长度、角度、尺寸或水平的工具（千分尺、量角器）；用于支撑或固定物体的工具（钳子、镊子）。尽管职位构成清单主要是出于职业指导目的设计的，但是因为它强调工具，所以它也可以作为许多培训项目职位分析的一部分。

3.4 认知任务分析

认知任务分析是一种员工导向法，与本章讨论的其他方法在几个方面有所不同。认知任务分析是本章介绍的最新开发的方法之一（其应用始于20世纪90年代），相关介绍为"用于引出、分析和表示任务执行中涉及的知识和认知过程的一系列工具、技术和方法"（Rosen，Salas，Lazzara，Lyons，2012）。如此看来，认知任务分析根植于认知心理学和认知科学。认知科学是认知心理学、计算机科学、工程学和哲学的混合体，旨在通过产生心理活动模型来理解大脑。认知科学家对专业知识非常感兴趣，在研究专业知识时，他们通常会让新手和专家在实验室环境中完成特定任务，通过将新手和专家进行比较，推断出专家完成任务的心理活动，包括策略、过程、知识等，随后他们通常会编写旨在模仿专家心理活动过程的计算机程序。

此外，与大多数其他员工导向法不同，认知任务分析并不涉及用于理解工作所需能力的一组特质或要素。相反，认知任务分析指的是不同方法或方式的集合，这些方法或方式与理解专家在完成所分析的任务时产生的心理活动的共同目标有关。

认知任务分析通常从完成工作导向的职位分析方法开始，工作导向法详细描述了工作的职责和任务。从任务列表中，通过认知任务分析选择一些任务进行进一步研究。认知任务分析通常花费高昂、耗时长且难以应用（Seamster，Redding，Kaempf，1997）。因此，对于应用性工作，应选择一些任务子集进行进一步研究，使用一些适当且可行的认知任务分析方法。认知任务分析提供了完成工作所需的心理过程的信息，这些信息在工作导向法和基于特质的员工导向法中经常被忽略。例如，飞行员必须驾驶飞机才能成功飞行，而飞行员任务清单中的任务可能是"确定当前位置"。基于特质的员工导向法可能会列出关于地图和罗盘、视力和可视化能力的知识。然而，这两种方法都不可能指出可能有几种不同的方法来确定一个人当前的位置，新手和专家之间的区别可能也主要在于专家知道不同的方法何时最合适。

Seamster等（1997）对工作导向任务分析和认知任务分析进行了比较，相关总结见表3-8。

表3-8　工作导向任务分析和认知任务分析的比较

工作导向任务分析	认知任务分析
强调行为	强调认知
分析目标绩效	分析专业知识和学习
单独评估每项任务的知识	评价知识要素的相互关系
根据需要的行为划分任务	根据所需的认知技能对任务进行分段
代表性技能没有被提及	强调代表性技能
仅描述执行此操作的一种方法	解释个人差异

资料来源：Adapted from Seamster, T. L., Redding, R. E., & Kaempf, G. L. (1997). *Applied cognitive task analysis in aviation* (p. 5). Brookfield, VT: Ashgate.

3.4.1　知识和技能的类型

认知任务分析中使用的描述符通常指的是知识和技能。不同的作者对其内容的划分有所不同。然而，一些术语是通用的，下面将对其进行描述。陈述性知识（declarative knowledge）是事实性知识，通常是指可以说出来或陈述性的知识。陈述性知识是关于是什么（what）的知识。例如，美国现任总统的名字就是你最有可能掌握的一点陈述性知识。如果你已经阅读了本章，那么现在你应该已经知道了几种员工导向职位分析方法的名称，这些名称也是陈述性知识。程序性知识（procedural knowledge）是关于如何进行（how）的知识。程序性知识通常意味着步骤、技术或程序。例如，你可能知道如何开车和骑自行车，可能知道如何换挡驾驶汽车，以及换挡过程中涉及的步骤顺序（抓住变速器，踩下离合，将脚从油门上移开，换挡，松开离合，同时将脚踩在油门上，松开变速器）。如果你开的是一辆手动挡汽车，那么你真正操作一次换挡可能比向别人解释如何换挡容易得多。一些作者介绍了生成性知识（generative knowledge），它可以让你在新的问题情境中找出该做什么。当你到达一个你从未见过的机场时，你就会使用生成性知识。这些知识将帮助你找到行李并将其运送至最终目的地。最后一种要介绍的知识是自我认识（self-knowledge），它指的是你做了什么和不知道什么，以及你能做什么和不能做什么的知识。对于那些你可以自信地解决的问题和不会尝试的问题，你可能有一个成熟的想法。例如，我们中的大多数人可以进行简单的家庭维修，例如更换灯泡，还可以重新组装汽车发动机，但我们大多数人不愿意给自己做手术。

认知任务分析有时会区分知识和技能（Seamster, et al., 1997）。Seamster 等（1997）将知识描述为员工拥有的信息，技能则指使用信息的过程（他们谈论的是程序性技能而不是程序性知识）。他们定义了几种类型的技能，包括自动化技能、代表性技能和决策技能。

（1）自动化技能（automated skills）意味着快速而轻松的心理过程。对美国的大多数成年人来说，驾驶汽车已经成为一项自动化技能。当你刚开始开车时，开车是一项非常困难的任务，在开车时换播放电台更是一项真正的挑战。然而，随着驾驶变得自动化，人们几乎不需要任何努力就可以使汽车以适当的速度保持在适当的车道上，不仅可以轻松地换台，还可以进行对话或思考与驾驶完全无关的事情（但显然不能使用手机）。

（2）代表性技能（representational skills）意味着使用心理模型，即某种装置、过程或系统的心理表征。例如，在你的脑海中，你对一辆汽车及其工作原理有某种类型的表现。如果你的汽车无法启动，这种表现就非常有用。代表性技能对于任何涉及机械设备的职位都非常重要。然而，这些技能的适用范围要广得多，只要职位涉及真实对象（例如手术、消防）或社会系统（例如如何获得资源以完成大公司的项目），就可以使用这些技能。

（3）决策技能（decision-making skills）是技术的集合，内容包括经验法则、心理模拟或其他可以让专家快速准确地做出适当决策的过程等。当你开车看到信号灯变黄时，你可能已经制定了一些关于如何应对的规则。根据车速和车与十字路口的距离，你可能会选择无视黄灯、加速或准备停车。在灯变红之前，你可能已经决定好停车或不停车。决策技能使我们能够非常快速、准确地做出决策。

认知任务分析的过程包括发现专家是如何完成工作的。职位分析师将尝试确定专家使用了哪些认知知识和技能，以及专家如何利用这些知识和技能来达成卓越的绩效。分析过程把任务与心理过程联系起来。DuBois、Shalin、Levi 和 Borman（1995）建议创建一个矩阵来组织这个联系。在该矩阵中，知识要求（陈述性知识、程序性知识、生成性知识和自我认识）与任务类型（例如，技术任务、组织范围内的任务、团队合作、沟通）交叉。生成的矩阵有助于确保分析师不遗漏任何相关任务和知识需求。

3.4.2 认知任务分析法

Seamster 等（1997）介绍了五种数据收集和分析方法。

（1）访谈法。访谈可用于询问主题专家在日常任务执行或关键情境中的心理过程。为应用这种方法，结构化访谈应运而生。例如，一名警员可能会被问道："你需要知道些什么才能合法地逮捕犯人？"

（2）团队沟通方法。此方法会观察或记录在完成工作的过程中进行广泛沟通的团队。团队成员之间的沟通可以作为分析心理过程的依据。例如，消防员可以通过向团队其他成员提出各种问题来完成对火源的评估。

（3）图解法。任务可以用各种图表来呈现，如路径—目标图、决策树或其他表示概念之间关系的图。例如，可以绘制对无法启动的汽车进行故障排除的步骤。（插钥匙了吗？汽车挂挡了吗？）

（4）口头报告法。通常，职位专家会被要求"边想边说出"地完成任务。有时，专家可能会被要求在工作之前或之后汇报他们的想法。相关人员会对口头报告进行分析，以推断目标、策略或自动化技能。

（5）心理测量法。职位专家可能会被要求对一系列项目进行排序、排名或评级。然后职位分析人员会通过测量或聚类程序对结果类别或评级进行分析，以提供结果的定量表示。这样做通常会获得一组概念之间的关系。例如，一名飞行员可能会收到一套共 25 张的卡片，每一张卡片都会显示出飞行过程中可能遇到的问题（例如，失去无线电联系、发动机故障、乘客生病），而他被要求将卡片分类到彼此相似的卡片堆中。分类任务将交由几位飞行员各自完成。分析时可以通过一张示意图展示问题的相似性，图中相似的问题彼此接近，不太相似的问题彼此距离则较远。

3.4.3 简单示例

Seamster 等（1997）分析了机场安检员的工作。安检员会查看乘客登机时随身携带行李的 X 光照片，甄别枪支、爆炸物和其他危险物品，以免这些物品经乘客之手被带上飞机。除了能够准确地发现危险物品外，安检员还需要快速检查，这样安检点的队伍就不会太长使乘客动怒（如果你经常坐飞机，你就能理解我们在说什么）。

分析的目的是加强对该岗位的培训。职位分析师把注意力集中在安检员做的决定上。安检员会检查每个包裹，此过程必须采取三种行动之一：递交包裹、手动检查包裹或拦下包裹，在安检机中将包裹取出。认知任务分析旨在更好地理解安检能手为每个包裹确定正确行动方案的过程。

职位分析师采访了离安检站较远的安检员，要求他们提供能验证其具备技能的事件。随后让其在安检点实际执行任务期间口头报告（"边想边说出"），安检员在此过程中提到了他们在每张 X 光照片中看到的东西，以及他们决定如何处理每个包裹。职位分析师还会站在安检员身后直接观察其工作，必要时还会提问，例如乘客可能会用什么方法将武器藏在刚刚通过安检机的公文包中。

认知任务分析得出了安检员对每个包裹的决定模型。模型则可以表示为一系列步骤：安检员观察 X 光照片，然后决定包裹里是否有奇怪或隐藏的东西（可能是安检员会感兴趣的东西）。如果没有，则让行李通过；如果有，安检员会仔细查看，以确定该物品是什么。如果物品会造成危害，安检员将停下安检机把它拿出来；如果安检员没有将该物品识别为危险物，他将进一步判定该物品是否大到足以隐藏威胁。如果是，安检员将搜查该包裹；如果它不够大，不足以隐藏威胁，则安检员将使包裹顺利通过安检机。

职位分析师由此得出结论，新手和专家安检员之间的一个主要区别是，专家拥有大量存储图像的"库"。该库使专家能够识别他们在 X 光照片中看到的大部分东西（这是一项自动化技能，对于专家安检员来说几乎不费吹灰之力）；新手由于无法识别许多相同的物体，因此他们会比专家搜查的行李更多。

认知任务分析可用于几个重要目的，包括减少人为错误、改进培训和提高系统信度。我们可以通过几种方式减少错误。例如，一些职位如驾驶飞机涉及大量以视觉方式显示的信息。如果你曾经看过商用飞机的驾驶舱，你就知道我们在说什么。为了避免遗漏重要信息（如在夜间飞机正接近一座山），一些信息将以听觉警告（"拉起飞机"）的形式呈现。或者，也可以通过确定识别线索时的常见错误来减少出错。例如，在军队中，士兵可以通过目视检查（如坦克、飞机）快速准确地分辨敌友，这一点很重要，并且可以通过训练达成效果。

3.4.4　信度和效度

由于认知任务分析不是一种分析，而是许多不同的分析的集合，因此很难像设置步骤和材料的单一程序那样讨论其信度和效度。然而，Seamster 等（1997）指出，结果可能因使用的方法和研究的特定专家而异。他们指出，由于认知任务分析侧重于专家，因此有必要在研究期间研究专家实例，也就是说，被选为研究对象的主题专家必须能够始终以更高的水平完成工作。他们建议至少使用两种不同的专业技能衡量标准（例如，工作时间、卓越绩效的衡量标准、同行提名）来选择主题专家进行研究，但他们没有对特定研究中的主题专家的最低数量提供建议。认知任务分析考虑到个体表现的差异，结果很可能会受到研究选择的主题专家的影响。因此，我们建议在可行的情况下研究多个主题专家。此外，Seamster 等（1997）还建议，认知任务分析得出的结论应始终基于两种不同的数据收集方法，即用其中一种方法来开发模型或假设，然后选择第二种不同的方法来提供最有效的假设测试。

由于认知任务分析专注于专业知识，因此它已被成功应用于培训、系统设计、绩效评价和医学教育。例如，Wingfield、Kulendran、Chow、Nehme 和 Purkayasta（2015）审查了 13 篇文章，重点讨论了认知任务分析在外科手术教育中的应用。他们发现，超过 90% 的研究表明，使用认知任务分析改善了手术在包括时间、精度、准确性和减少错误在内的结果，并得出结论：与传统的外科手术教育方法相比，认知任务分析是一种优越的培训工具。此结论与一些研究的结果一致，即使用认知任务分析方法获得的知识量大于使用系统性较差的方法获得的知识量（Chao，Salvendy，1994；Clark，Estes，1996；Clark，et al.，2012；Sullivan，Yates，Inaba，Lam，Clark，2014）。

3.4.5 认知任务分析述评

认知任务分析在理想状态下能提供工作心理过程中的独特信息。认知任务分析阐明了专家是如何履职的，该分析对于许多应用程序（尤其是培训）都很有用。然而，认知任务分析花费高昂且耗时。经验（我们能说是专业知识吗？）的增加将有助于阐明认知任务分析结果并证明其费用是合理的。

3.5 个性导向的职位分析

20世纪90年代初的元分析研究（Barrick, Mount, 1991; Tett, Jackson, Rothstein, 1991）引发了大量关于个性及其与工作绩效关系的研究。研究的基本思想是，具有某些性格特质的求职者更有可能表现出与职位相关的重要行为。这项研究建立在大五人格理论的基础上，该理论是确定职位个性要求的理论基础，至少对于那些涉及大量特质的职位如此。大五人格理论将众多人格特质组织成五个总体维度。有一个助记词条OCEAN可以帮你记住它的内容：对新经验的开放性（openness to new experience，好奇、冒险）、尽责性（conscientiousness，尽职、顺从）、外倾性（extraversion，合群、占主导地位）、宜人性（agreeableness，团队合作、协作）和神经质（neuroticism，担忧、消极）。很难想象在一份工作中尽责性不是有利条件，但研究发现，一些职业，如艺术家，对尽责性的要求较低，这不排除是由于多个维度间的一致性成分导致的。和蔼可亲的人往往能更好地发挥团队成员的作用，较为神经质的人作为团队成员往往表现得更糟。可以想象的是，对新经验的开放性可能对某些职业有所帮助，比如旅行社代理人；而外倾性可能对其他职业有所帮助，比如销售一职。

尽管多年来发展出了许多不同的职位分析技术和措施，但直到20世纪90年代，还没有开发出能评估职位个性要求的正式工具。Raymark、Schmit和Guion（1997）试图通过开发一种名为个性相关岗位要求表（personality-related position requirements form，PPRF）的工具来解决这个问题。该表旨在评估与大五人格维度相关职位的个性要求。

为了开发个性相关岗位要求表，Raymark等（1997）编写了大量与个性相关的任务陈述，旨在反映达成出色的工作绩效可能需要的行为。经过一系列的项目审查和分类，他们确定了107个项目并将其分为5个维度和12个子维度，每个维度都与大五人格维度中的一个维度相关联。表3-9显示了测量的个性相关岗位要求表维度和子维度以及对应的大五人格维度。此表包含Raymark等人使用的特定标签，当存在差异时，大五人格标签将被添加在括号中（我们了解到研究人员有时使用不同的标签代表大五人格模型的维度；这样很容易混淆）。

表3-9 个性相关岗位要求表维度及其子维度

个性相关岗位要求表维度（大五人格维度）	个性相关岗位要求表子维度
外向性（外倾性）	• 常规领导力 • 对谈判的兴趣 • 努力取得成就

(续)

个性相关岗位要求表维度（大五人格维度）	个性相关岗位要求表子维度
宜人性	• 友好的性格 • 对他人利益的敏感性 • 合作或协作的倾向
尽责性	• 常规意义上的可信度 • 遵守职业道德 • 对细节的认真程度和关注度
情绪稳定性（神经质）	• 情绪的稳定性
智力（对新经验的开放性）	• 产生想法的意愿 • 全面思考的倾向

注：括号中是对应的大五人格标签；若个性相关岗位要求表维度和大五人格标签相同，则不再标有括号。

每个项目前面都有以下句子："想在这个职位上有出色表现，要求员工……"词干的基本思想是：每个项目都反映一项特定的任务且该任务在某种程度上与一个个性维度相联系。每个项目都由受访者填写的反应量表进行评估，范围包括：①"这样做不是该职位的要求"；②"这样做有助于在该职位上成功表现"；③"这样做对在该职位上成功表现至关重要"。常规领导力子维度中的示例项包括"通过行使权力或权威领导团队活动"和"在群组情境下控制"。在 260 份职位样本（主要侧重于更专业的工作）中，他们发现个性相关岗位要求表表现出良好的内部一致性并且能够在个性需求方面区分不同职位。

虽然个性相关岗位要求表具有及时性和潜在的实用性，但为个性相关岗位要求表提供补充信息的研究有限。Cucina、Vasilopoulos 和 Sehgal（2005）的研究则是个例外。通过对本科生的抽样调查，这三位学者发现个性相关岗位要求表在预测人格测试分数的效度方面小有所成。不过同时他们也发现，个性相关岗位要求表在某种程度上容易受到自利偏见的影响，所以使用者应小心谨慎并顾及一些可能影响职位分析数据的社会偏见（Morgeson，Campion，1997）。Aguinis、Mazurkiewicz 和 Heggestad（2009）发现，参照系培训（frame-of-reference training）可能有助于减少基于个性的职位分析中的此类偏见。既然如此，我们也希望看到更多探索个性相关岗位要求表信度和效度的研究。

话虽如此，不过尽管大量的人格特质（如大五人格特质）可以用于职位分析，并且特质（特别是在责任心方面）与工作绩效已经被证实存在一定的相关性，但我们尚不清楚这广泛的特质是不是预测工作绩效最有效的方法。虽然由于缺乏解释这一问题的有效数据，导致这一问题仍有争议，但根据工作类型和工作情境我们可以推断：越具体的个性特质越有用。如果事实果真如此，我们可能将会看到其他基于范围更小、内容更集中的个性特质的职位分析技术。

我们还注意到，人格的其他方面，如价值观、自尊和控制点，与大五人格特质的内容有些重叠，但又没有被完全地体现。价值观等性格特质在描述工作时也可能发挥作用。此外，当我们希望根据员工是否适合某个组织而不是适合某个特定的职位的标准来选择员工时，各种特质（如价值观）可能会变得更加重要。收集人格特质数据的最后一个挑战是，大多数描述词都是为社会所需的。换句话说，这些描述词总会被认定为每个人都应该拥有的积极的品质或美德。例如，职业信息网络（O*NET）就包括可靠性（可信赖、负责和履行义务）和完整性（保持诚实和遵守道德）等人格特质。很难想象如果这些特质对任何工作都不是非常重要会怎么样。因此，实际可能发生的情况是，所有这些特质在每项职位中都得到高度评价。但这样也限制了它们的适用范围，因为这样不同职位要求的人格特质几乎没有区别。

与这种对积极的人格特质的强调形成重要对比的是 Hogan 与失败领导者相关的人格因素的研究（Hogan，1989；Hogan，Raskin，Fazzini，1990）。Aamodt（2016）指出，消极的人格特质可能是导致领导能力差的最重要因素，在总结 Hogan 等的研究时，他指出偏执狂或消极好斗的领导者（例如，会暗箭伤人的人），想要所有人都喜欢且不挑战任何人的高亲和力者，以及认为别人的成功值得称赞、希望成为关注中心的自恋者的人格特质可能与大五人格特质有关，特别是神经质、外倾性和宜人性，但似乎也与自尊等其他特质有关。鉴于领导者在员工、团队和组织成功中的关键作用，Hogan 强调了在领导领域考虑人格因素的重要性。

有趣的是，在 Raymark 等（1997）的研究发表之前，至少有两组活动总结了职位的个性要求。Arneson（1987）开发了一种被称为员工特征清单（worker characteristics inventory）的工具，Rolland 和 Mogenet（1994）在法国开发了"五维描述"职位分析系统。不幸的是，Arneson 开发的工具被收录在一篇未发表的论文中，Rolland 和 Mogenet 的成果没有用英语发表，因此，在学术界并不容易获得这些内容。此外，Hogan 评价系统于 1998 年开发了一种名为绩效改进特质的个性导向职位分析工具。由于该工具的专有性质，你可以参考 Foster、Gaddis 和 Hogan（2012）了解更多详细信息。最后，正如你将在第 4 章中了解到的，职业信息网络（O*NET）包含关于工作风格的信息，其中就包括许多个性特质。

本章小结

本章我们从最早问世的职位要素法（JEM）开始，介绍了几种员工导向的职位分析方法。职位要素法将员工的职位需求分析拆解成员工理解的工作要素。这些要素显然与工作样本相关，而工作样本反过来又有助于员工选拔、绩效评价和培训等应用。职位要素法还可用于选择非工作样本的测试或借助 J 系数进行模拟测试。

随后我们转向岗位分析问卷（PAQ），该方法可能是使用范围最广的员工导向法。岗位分析问卷利用 300 项标准要求描述职位，包括使用图片材料、计划量、抄写要求、运用数学、使用长柄工具、操作机动水上设备等。岗位分析问卷是出于员工选拔和职位评价目的开发的，但它的实际应用范围更广。个别岗位分析问卷项目的信度似乎相当低，但量表分数的信度又似乎足够。一方面，由于具备通用要素，岗位分析问卷可能不是分析密切相关但又不同的职位的最佳选择。但另一方面，这些通用要素使我们能出色地完成一些事情，比如将职位按家庭分组。

在其他基于特质的员工导向测量部分，我们引入了其他五种职位分析方法。其中三个是借助特质列表描述的。临界特质分析系统和能力要求量表都提供了大量与心理测试相关的人类能力，除此之外，临界特质还包括动机和社会职位需求。职业强化模式展示了一系列与人类工作动机相关的特质。选择其他两种方法是看重它们对工作中工具和设备的严肃对待。AET 是从人类工效学发展而来的，该人类工效学方法旨在通过合理的职位设计，减轻人们的工作压力（特别是在人们与机器和工具互动的情况下）。职位构成清单包含涉及使用工具和设备所需技能的220个项目。

本章的最后两部分描述了认知任务分析和个性导向的职位分析，这两种方法是目前最新的员工导向法。认知任务分析旨在理解和描述专家在工作表现中的心理过程。与本章中的其他方法不同，认知任务分析不是一种步骤可以在具体项目之前阐明的单一方法。相反，认知任务分析是一套灵活的工具，每个工具都有相同的总体目标。认知任务分析通常从行为的、以任务为导向的职位分析开始，然后寻求理解并呈现专家执行任务时的心理过程。个性导向的职位分析旨在确定工作方面与大五人格特质维度相关的内容（还记得OCEAN吗？）。这种方法虽然很有应用前景，但仍有待更广泛地采用和测试来了解其全部优点与局限性。

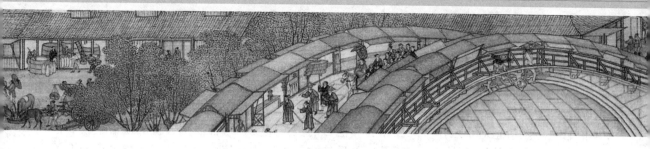

第 4 章
CHAPTER 4

混 合 法

我们在第2章介绍了主要与任务或工作本身有关的职位分析方法，它们侧重于可观察的行为和员工行为的结果，如任务清单。第3章主要涉及人类信息处理需求或员工特质的方法，如岗位分析问卷（PAQ）。本章我们将介绍通过设计使用多种数据的方法，由于它们的开发通常着眼于结合两种或多种职位分析方法，故而被命名为混合法。本章涵盖四种混合法：

- 组合职位分析法；
- 多方法职位设计问卷；
- 工作设计问卷；
- 职业信息网络。

下面将按顺序依次介绍这些方法。正如我们在第2章中所说，无论是工作导向法、员工导向法还是混合法，都有一定的变通余地。如果你愿意，你也可以指责我们的思维模糊，我们不会因此抱怨。

既然提到了，那我们就再谈一谈职位分析方法。一方面，作为分析师，你不是必须要选择本书中描述的一种方法（或本书未介绍的方法）。相反，你可以选择多种方法，也可以根据需要选择多种方法的部分内容。真正重要的是准确地记住需求是什么，并做出相应的选择（更多信息请参阅第9章"选择职位分析方法"的开头部分）。另一方面，研究现有的方法非常有用，这样你就可以熟悉这些方法并根据需要进行选择。把自己想象成在烹饪学院受训的厨师可能会很有用。首先学习使用行业工具和掌握经典配方，获得技能后再创造出自己的杰作。但还请注意尚未验证的需求。如果你决定采用一种特别的方法，应该在流程中加入适当的试验、测试和评估，以确保得到的是一种"美味"的烹饪方法。

4.1 组合职位分析法

组合职位分析法（combination job analysis method，C-JAM；Levine，1983）借鉴了一些任务导向的方法，如职能型职位分析（functional job analysis）和任务清单/综合职业数据分析程序。这些借鉴内容为我们提供了关于在工作中完成了什么以及如何完成的信息，这些信息对于法律、准法律和其他目的至关重要。组合职位分析法还借鉴了职位要素法，借此总结了执行任务所需的人员特质信息，此类信息对于员工选拔等目的至关重要。组合职位分析法还引用了一些易于理解的量表，用于确定在特定的工作中哪些任务和特质最重要。组合职位分析法会先编制任务陈述并对任务的重要性进行评级，然后再开发执行任务所需的知识、技能、能力和其他特征（KSAOs），并根据其对工作绩效的重要性进行评级（本节关于组合职位分析法的内容大量借鉴了 Levine 于 1983 年的著作）。

4.1.1 任务陈述

任务的编写形式如下：

- 主句有一个隐含的主语，即员工、雇员或经理。隐含的主语是复数形式，而不是单数形式；
- 有一个动词表示员工履行的职能；
- 动词的宾语可以是数据、人、机器、设备、辅助工具或其他工具；
- 有一个表示员工活动的目的短语。

（好吧，这看起来的确有点眼熟。你可以回顾一下第 2 章职能型职位分析法的内容。）有时，任务可能会以缩写形式编写。例如，如果职位分析研究的使用者明确或熟知某项行动的目的，则可以简略地给出该行动目的的短语。或者，如果任务使用的工具基于行为动词就可以预见，则该工具可以不写入文本中。

以下是不同类型职位的任务陈述示例。

（1）对于人员测试专家：
1）为特定工作编写多项测试项目，以评估申请人资格；
2）询问/回答问题并向申请人提供信息以应对其关于测试成绩的申诉/投诉。
（2）对于网页设计师：
1）采访客户以确定所需的网页内容；
2）编写代码以按所需布局显示图像。
（3）对于汽车设备机械师：
1）检查设备，以确定是否需要维修或换件以提高操作效率或安全性；
2）调整设备以提高其运行效率或安全性。
（4）对于发电厂的水和燃料分析员：
1）检查酸槽和碱槽液位；
2）保养燃油添加系统，以符合环境标准。
（5）对于文员：
1）折叠、整理和装订纸张；

2）检查文件的准确性。

当存有疑问时，请让任务陈述更详细而不是内容更少。使用的设备类型（如卡车vs.高尔夫球车）以及目标或目的的差异（如销售vs.支持）可能对员工选拔、培训和激励产生影响。通常，任何特定职位的最终任务列表中都会出现30~100条任务陈述。如果第一个列表中的任务数量远远超过100项，则应尽可能合并类似的任务，以将数量减少到100项或更少。

4.1.2 任务生成会议

组合职位分析法会有一名辅助人员指导主题专家编制任务列表以及知识、技能和能力清单（KSAs）。辅助人员（可能会是你）的工作是召集一组适当的主题专家以生成任务列表。组合职位分析法提出了以下群体需求：

- 有5~7名员工和2名主管；
- 该群体能广泛代表工作人员（年龄、种族、性别、经验）；
- 会议空间有助于举行富有成效的会议（安静、光线充足等）。

辅助人员应向与会者解释会议的目的，随后定义任务并给出任务陈述的示例，如本章前一小节中的示例。接下来，辅助人员要求与会小组成员以个人行动而非小组合作的形式，在一个小时内准备一份至少包含50项任务的清单。

辅助人员将各个列表合并成一个所有参与者可见的文档，要求组中的每个成员分别查看已编译列表中的所有任务，删除重复的任务，并添加可能遗漏的任务。活动大约持续2小时后，辅助人员对小组成员表示感谢并结束会议。

分析的下一个阶段由辅助人员负责，他会将参与者列出的清单整合到一份包含30~100项任务的草案中，其中任务又分为5~12项职责。如果辅助人员不熟悉该工作，其可能会寻求主管或工作人员的帮助来编写草案。

如果无法进行小组会议，还可以通过单独访谈员工和主管的代表性样本生成任务清单。代表性指的是采访对象应为不同工作地点的员工和主管以及在所研究的职位类别中有实质性差异或独特任务的工人。代表性还体现在访谈来自不同背景的人。

采访以简短的目的陈述开始。如果受访者是一名员工，则随后要求该员工联想其最近一个完整的工作日（如昨天）并描述其在一天之内做的事情。在描述过程中，如果任务不明确，采访者应该询问更多信息，或者寻求工作产品的样本。描述完成后，采访者可能会询问该员工最近一个工作日没有完成，但可能是在一年中的特定时间或特定周、月完成的任务。相比之下，当受访者是主管时，其可能会被要求描述手下员工代表性工作日的情况，以及描述一周、一个月或一年的特定时间可能出现的任务。

完成所有访谈后，辅助人员会像小组会议后做的那样创建任务列表的草稿。

4.1.3 任务评价会议

下一步就是辅助人员召开第二次主题专家小组会议。最初的与会者可以参加也可以不参加第二次会议，但第二次会议的规模和组成应与第一次会议相似。辅助人员解释会议的目的（即审查任务草案，评定尚存的任务以证明其在今后的工作中能发挥作用）。任务会被分给小组逐一审查，以确定它们是否合适，是否应与另一项任务合并，是否要分为两项或多项任务。小组完成审查后，修订即告完成。

接下来，主题专家会按指示评定列表中的所有任务。原始版本的组合职位分析法使用了三个评价量表。然而，研究表明，消除其中一个量表产生的信息与减少的工作量相当（Sanchez, Fraser, 1992；Sanchez, Levine, 1989）。应向会议成员详细说明当前版本的组合职位分析法使用的两种量表并给每个成员提供量表副本。

量表包括任务难度和临界性。评级的定义和点值如下所示。

（1）任务难度：相对于单个工作中的所有其他任务而言，正确完成某个任务的难度。

- 1 = 所有任务中最简单的任务之一
- 2 = 比大多数任务容易得多
- 3 = 比执行的大多数任务更容易
- 4 = 比大约一半的任务更难，比另一半任务更简单
- 5 = 比执行的大多数任务更难
- 6 = 比执行的大多数任务难度大得多
- 7 = 所有任务中最困难的任务之一

（2）临界性/失误后果：不正确的行为导致的负面后果的程度。

- 1 = 失误后果根本不重要
- 2 = 失误后果无关紧要
- 3 = 失误后果具有一定的重要性
- 4 = 失误后果中等重要
- 5 = 失误后果很重要
- 6 = 失误后果非常重要
- 7 = 失误后果极其重要

评级应基于工作整体，而不是员工自己的工作或监督小组成员直接监督的岗位。

4.1.4 任务重要性分析

接下来，辅助人员会计算每个任务的重要性值。任务重要性值是任务难度和临界性的简单加总，因此：

$$任务重要性值 = 任务难度 + 临界性$$

计算每个评分员打出的任务重要性值和平均任务重要性值，以给出总体任务重要性值。任务重要性值的最小值是 2，最大值是 14。辅助人员生成职责范围内的任务列表，根据任务重要性平均值对任务进行排序。表 4-1 简要说明了文员一职的最终产品可能是什么样子。为完整起见，职位分析报告还应包括少量关于参与任务生成或任务评定会议的所有人员资格的信息。他们的种族、性别、职位相关教育、工作年限和工作经验等信息正是平等就业机会合规机构感兴趣的。

表 4-1　文员一职任务简表

职　责	任　务	任务重要性值
打字	使用计算机和软件根据手写稿编写 1~2 页的商业信函	10.5
	根据标准说明在表格上键入条目	7.5
整理文档	将收到的信件按收到的日期归档	7.2
	按日期将完成的采购表格归档到卖方文件夹	6.8

资料来源：Adapted from Levine, E. L. (1983). *Everything you always wanted to know about job analysis* (p. 77). Tampa, FL: Author. Reprinted by permission of the author.

4.1.5　员工知识、技能、能力和其他特征

上一阶段生成和评定的执行任务所需的员工特质可以分为知识、技能、能力和其他特征（KSAOs）。知识是员工掌握与工作绩效直接相关的技术材料的程度。技能是执行需要使用工具、设备和机械的任务的能力。能力是执行工作任务所需的体力和脑力活动的能力（工具、设备和机械的参与不是主要因素）。其他特征包括兴趣、价值观、性格和个性特征，表明员工可能会做什么，而不是员工在最佳状态时能做得多好。

接下来，我们简述 KSAOs 在不同类型职位中的应用。下文列出的 KSAOs 示例与本章任务陈述部分列出的示例相匹配。

（1）对于人员测试专家：
1）具备测试项目结构原理的知识；
2）能够与困惑或愤怒的申请人进行口头沟通。

（2）对于网页设计师：
1）具备计算机软件知识；
2）能回答计算机相关的问题。

（3）对于汽车设备机械师：
1）熟悉汽车和重型设备系统；
2）熟练使用诊断设备，如发动机分析仪。

（4）对于发电厂的水和燃料分析员：
1）能够长时间站立和行走；
2）愿意在不寻常的工作时间工作。

（5）对于文员：
1）能够阅读姓名和数字；
2）熟练操作笔记本电脑、电动钉枪，或手持计算器等办公设备。

4.1.6　KSAOs 小组会议

辅助人员还会召集 5~7 位主题专家进行另一次会议。与在职人员相比，培训专家和主管在本次会议上人数可能更多，因为他们比在职人员更熟悉思考哪些人在工作中更成功。会议通常会占用一天中的大部分时间：晨会生成 KSAOs，下午的会议则围绕各种标准对 KSAOs 进行评定。

1. 晨会

与往常一样，辅助人员会解释会议的目的，然后将上一步的成果（在本例中，是按重要性排序的任务）分发给主题专家。主题专家审查任务清单，并对其准确性和是否需要修订给出评价。在这一点上，（从主题专家中）确定或任命一名帮助协调讨论的组长和一名记录小组工作的记录员是有帮助的。

对任务列表进行修订后（修订幅度应非常轻微），小组将获得每类员工特质的定义——KSAOs 及其示例。应鼓励主题专家提出问题，以阐明每个类别的含义，但也应提醒他们不要过度纠结某个特质是能力、技能还是其他特征。例如，灵活性既属于其他特征，也可以是改变行为以应对不可预见的问题的能力。

一旦明确了 KSAOs 的定义，主题专家小组将被引导思考职位整体并生成基本的感官和身体需求。例如，小组成员应该考虑视觉、听觉、嗅觉、触觉，必要的话还需要考虑味觉。小组成员还应讨论起重、搬运等力量要求，以及是否需要顾及攀爬、行走或手部灵活度。特别是对于感觉和运动方面的要求，必须注意避免非必要的人员限制（我们将在第 6 章的《美国残疾人法案》一节中详细描述这一点）。例如，在对整理操作彩色照片的职位进行分析期间，我们初步认定员工需要具备色觉。然而，事实证明，色盲者在职表现也很出色。因此实际要求是员工能够在操作前和操作过程中校准机器。如果机器校准正确，则颜色正确，但此过程不要求色觉。

回顾完感觉和运动要求后，主题专家小组会按指导单独考量每一个任务类别，并生成执行该类别任务所需的所有 KSAOs。如果任务数量较少，则可以为每个任务生成 KSAOs。目标 KSAOs 数量不低于 30，不高于 100。小组记录员会列出每个任务类别下的全部 KSAOs，以记录专家组的进度。也可以由组长将每个 KSAOs 写在白板上，以便小组可以必要时引用。或者也可以使用计算机程序，如文字处理文档或电子表格。关键是，所有小组成员都应该能够根据需要查看和审查所有 KSAOs。当涵盖了所有任务类别且未生成新的 KSAOs 时，专家组可以休息吃午饭。当小组成员的精力和注意力减退时，也应在上午的会议期间提供休息时间。在讨论过 KSAOs 评级量表后，将生成小组记录员使用的表格示例（见表 4-2）。

午休期间，为小组成员和组长创建记录员列出的 KSAOs 列表的副本。

2. 下午的会议

在下午的会议期间，专家组成员共享 KSAOs 列表，审查措辞并讨论修订。然后，成员会被告知他们将要进行的评级的性质。随后将所有量表的副本发到每个成员手中，由组长论述每个量表的定义和回答的性质。量表内容如下。

（1）新雇用的员工是否需要 K、S、A 或 O？（是或否）

（2）K、S、A 或 O 在劳动力市场上的预期是否切实可行？（是或否）

（3）如果在员工选拔中忽略此 K、S、A 或 O（与其他 KSAOs 相比），则出问题的可能性有多大？

- 1 = 很少或没有
- 2 = 在某种程度上
- 3 = 在较大程度上

- 4 = 在很大程度上
- 5 = 在极大程度上

（4）不同级别的KSAOs（与其他KSAOs相比）在多大程度上区分了优秀员工和普通员工？

- 1 = 很少或没有
- 2 = 在某种程度上
- 3 = 在较大程度上
- 4 = 在很大程度上
- 5 = 在极大程度上

（这些量表看起来也有点眼熟。如果你想到职位要素法，就奖励自己点巧克力吧。如果没想到，你可能需要喝杯咖啡看一看第3章。）组长首先会从列表中挑选几个KSAOs来演示流程。随后专家组成员会讨论这些KSAOs在所有尺度上的评级，并就每种尺度达成一致。然后，小组成员会进行下一步，在所有量表上给每个KSAOs评分。如果可行，他们会一次评定一个KSAOs的等级。在此过程中鼓励成员在小组出现问题时发问。评定过程会持续进行到全部成员完成对所有KSAOs的评级。然后相关人员会收集表格。如果KSAOs会议中的小组成员与任务生成或任务评定会议中的成员不同，则KSAOs会议成员应与其他专家一样提供其教育和经验信息，信息以书面形式呈递。

你可能会问："你说的KSAOs评价表在哪里？"好的，示例见表4-2。主题专家组组长会在表格中填写或键入每个KSAOs。每位专家都会在我们刚才描述的量表里圈出评价结果（例如，必要性：新雇用的员工是否需要此KSAOs？）。

表4-2 KSAOs评价表

KSAOs	必要性	可行性	带来麻烦的可能性					区分优秀员工和普通员工				
1.（填写）	是或否	是或否	1	2	3	4	5	1	2	3	4	5
2.	是或否	是或否	1	2	3	4	5	1	2	3	4	5
3.	是或否	是或否	1	2	3	4	5	1	2	3	4	5
4.	是或否	是或否	1	2	3	4	5	1	2	3	4	5

资料来源：Adapted from Levine, E. L. (1983). *Everything you always wanted to know about job analysis* (p. 81). Tampa, FL: Author. Reprinted by permission of the author.

4.1.7 KSAOs分析

既然KSAOs已经生成并产生评级，那么就可以对其进行分析了。分析内容相当简单：记录每个"是或否"问题（"新雇用员工的必要条件？"和"劳动力市场的实际预期？"）中说是或否的专家数。所有主题专家对带来麻烦的可能性和区分优秀员工和普通员工两个评分量表完成评分后，计算每个KSAOs的平均分。KSAOs分析的最终内容是所有KSAOs及其附带评级的完整列表。分析完KSAOs后，相关人员可能会再次咨询主题专家，以验证列表是否完整以及评级是否合理。

4.1.8 结果应用

虽然职位分析已经完成，但将结果付诸实施可能需要更多的分析。组合职位分析法主要用于员工选拔和培训。我们简单介绍一下如何将组合职位分析法结果用于上述目的。就员工选拔和培训而言，KSAOs 分析部分提供了最关键的信息。KSAOs 的评级模式表明了 KSAOs 是否用于员工选拔或培训以及如何应用。

从员工选拔开始，选定的每个 KSAOs 在任何评估或测试过程中发挥作用必须符合三个标准。首先，绝大多数主题专家必须认同 KSAOs 对于新雇用的员工是必要的。其次，有可观数量的主题专家都认为 KSAOs 在劳动力市场上是切实可行的。最后，带来麻烦的可能性量表的平均分必须为 1.5 或更高。但凡上述条件有一条不适用，则该 KSAOs 不能用于员工选拔。

"等一下！"此时你会说，"如果在'是或否'问题上出现 3-3 的平票情况怎么办？我参加的会议有六位专家呢。"因为这种平票情况不多见，所以不符合平局标准。此类 KSAOs 不会用于员工选拔。假设已决定在员工选拔中纳入某个 KSAOs。现在我们再看一下区分优秀员工和普通员工量表上的平均分，如果分数高于 1.5，则应使用 KSAOs 制定选拔或筛选措施，将申请人从最合格到最不合格排名。如果 KSAOs 在该量表上的评分低于 1.5，则应将其纳入以通过/不通过为基础的选拔或筛选措施。具体示例有助于说明如何从职位分析结果过渡到选拔组（selection battery）或测试的开发。

假设我们已经选定了三个 KSAOs 用于为人事测试专家一职设计一个选拔组：读写能力，测试项目结构的知识，以及与困惑或愤怒的申请人沟通的能力。还假设三个 KSAOs 的评定如下。①读写能力被评定为新雇用员工所必需的，在劳动力市场中有实际预期，在带来麻烦的可能性量表上得分的平均值为 2.0，但在区分优秀员工和普通员工量表上得分的平均值为 1.4；②测试项目结构的知识被评定为：新雇用员工所必需的，在劳动力市场中有实际预期，带来麻烦的可能性量表得分的平均值为 5.0，以及在区分优秀员工与普通员工量表上得分的平均值为 5.0；③与困惑或愤怒的申请人沟通的能力被评为：新雇用员工所必需的，在劳动力市场中有实际预期，在带来麻烦的可能性量表上得分的平均值为 3.0，以及在区分优秀员工与普通员工量表上得分的平均值为 5.0。这些评级意味着"读写能力"应在通过/不通过的基础上使用，"测试项目结构的知识"和"与困惑或愤怒的申请人沟通的能力"应用于构建评分考试或测试组，用于对该岗位的申请人进行排名。

下面是一个可能从分析中得出的考试计划：申请人能填写一份工作申请表，即证明其具备读写能力。然后，他们会参加由联合测试和面试组成的测试组。联合测试用于测量是否具备测试项目结构的知识；面试用来衡量与困惑或愤怒的申请人沟通的能力。可通过 KSAOs 评分对测试和面试进行加权，得出测试组的最终总分。例如，我们可以将带来麻烦的可能性量表得分和区分优秀员工与普通员工量表得分相加，得到人员选拔的 KSAOs 总重要性值。对人员测试专家一职，"测试项目结构的知识"的值为 25（$=5 \times 5$），"与困惑或愤怒的申请人沟通的能力"的值为 15。两个 KSAOs 相加得到的总重要性值是 40，因此我们可以将笔试的权重定为 25/40，或最终分数的 62%；面试的权重定为 15/40，或最终分数的 38%。一个能得出测试权重的简单方法是只使用"区分优秀员工和普通员工"量表上的评分。同样的推理也适用于根据设计的 KSAOs 的重要性来衡量单个测试不同部分的重要性的内容。显然，了解如何设计测试、面试和其他筛选策略很有帮助，但这就是另一本书的主题，或向经过适当培训的专家咨询了解到的内容了。

使用特定 KSAOs 进行培训的决定如何？该决定仅基于两个量表：对新雇用员工的必要性量表和区分优秀员工与普通员工的量表。如果一个 KSAOs 未被绝大多数专家评为新雇用员工所必需的，并且在"区分优秀员工与普通员工"量表上的得分的平均值高于 1.5，则应将 KSAOs 用于培训。KSAOs 对培训的重要性可根据其在"区分优秀员工与普通员工"量表上的得分进行排序来确定。另一个值得一提的问题是：如果设计用于培训的 KSAOs 被评定为在劳动力市场中有实际预期，则只需要向那些在培训方面低于令人满意水平的员工提供培训，而当其在劳动力市场上没有实际预期时，所有员工都应该接受此方面的培训。

对于一些目光敏锐的读者来说，我们似乎完全忽略了职位分析用于培训和选拔的一个主要部分。员工特质在这两个用途中最为重要，与 KSAOs 相比，任务的作用要小一些。但是，我们仍然可以利用这些任务获利。在员工选拔中，任务可能在工作样本测试的构建中发挥作用。根据《员工选拔程序统一指南》（平等就业机会委员会，1978；以下简称《指南》），当我们通过内容效度策略验证测试时，我们必须使用代表工作绩效重要方面的项目。任务及其重要性评级刚好满足此要求。因此，工作样本测试可以直接根据所有或一个在工作中被认为是重要的任务设计得出。

至于培训，设计用于培训的与 KSAOs 相关的任务可作为培训计划内容的基础，或者可以根据任务的重要性评级直接应用此任务。

4.1.9 组合职位分析法的研究与应用

组合职位分析法已成功应用于许多场合，如发电厂和政府机构。Schneider 和 Schmitt（1986）详细描述了使用组合职位分析法建立应急电话接线员选拔流程的成功经验。他们应用了组合职位分析法的修改版，以制定 14 种不同职位的任职资格。任职资格是对胜任职位所需教育和经验的声明。Levine、Maye、Ulm 和 Gordon（1997）的一篇文章对此提供了详细信息。

Manson、Levine 和 Brannick（2000）研究了用于评定任务重要性的量表的构念效度。他们的证明为评估临界性、学习难度和相关时间花费量表提供了有力的支持。组合职位分析法历届版本使用相同或类似的此类量表。组合职位分析法的另一个特点是使用主题专家收集数据。Levine 和 Sanchez（1998）发现，对于研究的 14 种不同职位，中等教育水平或职能多样性等团队特征不会影响职位分析数据的质量。

你已经看到了，评分员可以在评定任务的量表上提供可靠的评分。该方法的一个重要问题是评分员能够在多大程度上提供 KSAOs 的可靠等级。同样的问题也存在于职位要素法中。Van Iddekinge、Putka、Raymark 和 Eidson（2005）的一项研究提供了有力证据。他们深入研究了当评分员评估 118 个 KSAOs 的两个方面（重要性和进入时所需）并将其分为 10 个维度时错误的来源。来自五个组织的近 400 名评分员参与了对客户服务经理一职的评分。评分员包括客户服务经理内部群体、门店经理和地区经理。总的来说，KSAOs 在这些量表上的评分大于等于 0.87，这意味着高水平的信度。岗位级别、组织或评分员的人口统计特征对评定结果影响不大。但由于评分员的评分风格存在个体差异，因此可能会出现个别评分员的信度很低的情况。这些结果表明评分员群体应具备一定的规模。如果像组合职位分析法或职位要素法一样启用小型团队，则标准化评分流程和促进小组讨论对于避免个别评分员的偏见至关重要。一般来说，对观念或具体对象进行信度评价相对容易，评估概念和抽象对象则相对困难。因此，获得 KSAOs 的信度评价比获得任务的信度评价更难。

4.1.10 组合职位分析法小结

组合职位分析法中主要使用了两组描述符：任务和 KSAOs。信息通常由主题专家小组收集，小组一般由在职人员和直接主管组成。主题专家关注的是职位整体，而不是单个岗位。他们会提供任务（类似于第 2 章中的任务清单法）和 KSAOs（类似于第 3 章中的职位要素法）的评分。随后这些量表评分和评分模式将被用来制订选拔方法或培训计划。

4.2 多方法职位设计问卷

一方面，许多职位分析方法本质上都认为职位是人们通过选拔匹配或通过培训开发的。另一方面，职位设计试图改变工作以更好地适应人员需求。此类变更在职位中既可能是很常见的，也可能是个别现象。例如，无论是谁担任某个职位，有些工作区域的灯光就是比其他区域亮。比如，酒店大堂往往比较昏暗，但医院的手术室往往比较明亮（已经有大量关于工作配光的研究，甚至还有照明工程协会）。另外，一些职位允许工人工作时调整光线的强度（例如，摄影师、珠宝商）。

多方法职位设计问卷（multimethod job design questionnaire，MJDQ）可以收集用于职位设计的信息。尽管为了收集所需的任务信息必须经常推断员工特质，但多方法职位设计问卷收集的大多数信息都与工作而不是与员工特质有关。然而，在另一个层面上，多方法职位设计问卷关注设计职位以达成不同结果的不同方法。事实证明，这些方法并不总是合适的，因此设计师只能做出选择或权衡出最佳职位设计。正是这种对几种不同职位设计方法的整合，我们决定将多方法职位设计问卷归在本章的混合法内。

4.2.1 多方法职位设计问卷的发展和结构

Campion 和 Thayer（1985）介绍了多方法职位设计问卷的发展和结构。他们首先回顾了关于职位设计的研究（了解更多研究进展，请参见 Morgeson, Garza, Campion, 2012）。他们规定了一套职位设计原则，并将其归类为四种方法：动机法、机械法、生物法和知觉/运动法。然后，他们根据四种方法的设计原则为多方法职位设计问卷编写项目。下面介绍这些方法及其内容。

1. 动机法

动机法背后的基本理念是人们想要有意义的工作。当人们觉得工作很重要且工作允许发展和锻炼技能时，他们会发现工作是有意义的。因此，根据动机法，设计的职位应该要求多种技能，并让在职人员对工作结果负责。例如，在音乐会演奏的音乐家需要发展和保持演奏乐器的技能。到了表演的时候，音乐家既可能演奏得很好，也可能表现很差，因此在很大程度上要对工作结果负责。表 4-3 列出了组成动机法量表的项目。

如果你想更多地了解动机法的来源，可以从阅读关于工作扩展和工作充实的著作（如 Herzberg，1966）、职位特征理论（如 Hackman，Oldham，1975，1980）和社会技术系统理论（如 Pasmore，1988；Rousseau，1977）开始。

表 4-3　多方法职位设计问卷动机法量表项目

1. 自主性、责任、纵向任务	9. 任务重要性
2. 内在职位反馈	10. 成长、学习、推进责任
3. 外在职位反馈	11. 晋升
4. 社交	12. 成就
5. 任务/目标阐述	13. 参与
6. 任务多样性，横向任务	14. 沟通
7. 能力、技能要求和多样性	15. 公平薪酬
8. 任务同一性	16. 职位安全

资料来源：Copyright © 1985 by American Psychological Association. Adapted with permission. Campion, M. A., & Thayer, P. W. (1985). Development and field evaluation of an interdisciplinary measure of job design. *Journal of Applied Psychology*, 70, 30.

2. 机械法

机械法的核心理念是效率。分析工作是为了找到最有效地完成工作的方法，并教会每个人以此种方式工作。例如，将蘑菇放在比萨上时，员工可能会被要求用两只手抓起等量的蘑菇片，并且双手以相同的动作将其放到比萨上。机械法量表的项目如表 4-4 所示。如果你想了解这种方法的更多方面，可以从工业工程学范畴的早期时间与动作研究开始，如 Taylor（1911）和 Gilbreth（1911）的研究或更现代的文本（Mundel 和 Danner，1994）。你甚至可以查看我们在第 2 章中的描述。

表 4-4　多方法职位设计问卷机械法量表项目

1. 任务细分化/专门化	8. 动作经济——材料、工具预放
2. 材料、工具、流程专门化	9. 动作经济——眼部和头部运动
3. 任务简化	10. 动作经济——肌肉运动
4. 技能简化	11. 动作经济——肌肉节奏
5. 重复/踱步	12. 动作经济——肌肉运动类型
6. 停工时间/能力	13. 机械化
7. 动作经济——材料处理	

资料来源：Copyright © 1985 by American Psychological Association. Adapted with permission. Campion, M. A., & Thayer, P. W. (1985). Development and field evaluation of an interdisciplinary measure of job design. *Journal of Applied Psychology*, 70, 31.

3. 生物法

生物法的设计原则来自人体研究。其思路是围绕人类生理学设计工具和工作情境。例如，人们在一天的工作中如果有休息时间，可以比没有休息时间时完成更多的工作。再比如，人很难长时间站在一个地方；但如果他们能坐下或在凳子上休息，他们会做得更好。生物法量表的项目如表 4-5 所示。要了解更多关于这种方法的信息，可以从人类生理学（人的机体是如何运转的；见 Åstrand 和 Rodahl，1977）、人体测量学（关于身体测算的研究，如手臂长度；见 Pheasant，1996）和生物力学（人体运动和力量产生；见 Kumar，1999）开始学起。

表 4-5　多方法职位设计问卷生物法量表项目

1. 坐下	10. 手腕
2. 工具设计	11. 应力集中
3. 人体测量学	12. 振动
4. 静态作用力	13. 噪声
5. 耐力	14. 气候
6. 力量	15. 气氛
7. 提升力	16. 员工保护——安全
8. 姿势，腰背	17. 工作间歇休息
9. 肌肉充分性	18. 轮班工作

资料来源：Copyright © 1985 by American Psychological Association. Adapted with permission. Campion, M. A., & Thayer, P. W. (1985). Development and field evaluation of an interdisciplinary measure of job design. *Journal of Applied Psychology*, 70, 31.

4. 知觉/运动法

知觉/运动法的理念是设计工作和辅助工具，以解释人们感知和处理信息的方式。例如，汽车的加速器和刹车都有标准的布局。想象一下，如果你上了朋友的车，他的车刹车和油门与你的车相反，那会多有趣。再比如，人们在视野的中心能很好地感知颜色，但在黑色和白色更为突出的视线边缘却无法做到。因此，如果工作站使用颜色显示信息，则应将颜色显示置于员工视野的中心。知觉/运动法量表的项目如表 4-6 所示。想了解更多有关该方法的信息，可以从人因工程学和人类工效学开始着手（MacLeod，2000）。因为机械法和知觉/运动法都融合了心理学和工效学的建议，所以它们有些项目是重叠的。

表 4-6　多方法职位设计问卷知觉/运动法量表项目

1. 工作场所照明——整体	13. 印好的职位材料
2. 工作场所照明——眩光/对比度	14. 面板布局
3. 控制和展示标识	15. 输入需求
4. 展示可视性/易读性	16. 输出需求
5. 展示信息情境	17. 信息加工需求
6. 控制/展示运动关系	18. 记忆需求
7. 控制/展示比率	19. 厌倦感
8. 控制阻力/反馈	20. 激发性
9. 控制——意外激活	21. 压力
10. 控制——人体测量学/生物力学	22. 工作场所布局——安全
11. 控制——动作经济	23. 工作场所布局——视觉和听觉联系
12. 警告装置	

资料来源：Copyright © 1985 by American Psychological Association. Adapted with permission. Campion, M. A., & Thayer, P. W. (1985). Development and field evaluation of an interdisciplinary measure of job design. *Journal of Applied Psychology*, 70, 32.

4.2.2 多方法职位设计问卷研究

1. 形式

多方法职位设计问卷（MJDQ）是职位分析师开发应用的，他们会在完成MJDQ中的项目前观察工作并采访在职人员（Campion，Thayer，1985）。随后职位分析师会修改MJDQ，使在职人员能够完成（Campion，1988）。自我报告形式有很多好处，包括减少开支，便于收集难以观察的职位的数据（如技术复杂的和其他智力成分更大的职位）。然而，在职人员报告可能存在缺陷。在职人员在评定目标职位时，不一定要具有与职位分析师相同的广泛参考框架。换句话说，职位分析师和在职人员在评定时可能采用不同的标准。最后，已证明在职人员受到许多可能影响其评级的因素的影响（例如，Caldwell，O'Reilly，1982）。

2. 信度

MJDQ报告了几种不同类型的信度数据。对于职位分析师形式，四个量表的内部一致性良好，都在0.80以上。在30份不同职位的样本中，四个量表的一致性也良好，从0.89到0.93不等。就任职者形式而言，四个量表中有三个内部一致性良好。机械法量表的信度为0.65，其他量表的信度估计值高于0.80（Campion，1988）。Campion（1988）还报告了组内相关性，表明了工作中平均在职评定的信度（一致性）。结果表明，除动机法量表外，平均通过10名任职者就足以获得可靠的结果。动机法量表相较于其他量表更抽象，由此造成了关于职位合适描述的分歧。在包含11个文员职位的样本中，Campion和McClelland（1991）发现使用任职者及其主管和一组职位分析师对相同的职位进行评定时，MJDQ量表的内部一致性良好。他们还报告了除生物法量表外，不同来源（例如，任职者和管理者）的职位之间的高度相关性。一般来说，MJDQ不但能够可靠地区分不同的职位，而且可以区分任职者和职位分析师。

3. 量表之间的相关性以及与其他变量的相关性

毫不意外的是，MJDQ量表似乎相互关联。特别是动机法量表往往与机械法和知觉/运动法量表呈负相关。换言之，在动机法量表上得分较高的职位（开发和使用高水平的技能，并具有高度的自主性）在机械法和知觉/运动法量表上的得分可能较低（通常涉及简化的职位）。这种负相关性似乎是由职位设计的理论方法不同造成的。例如，心脏外科医生在决定如何进行心脏搭桥手术时有很大的自由裁量权，这样的手术就涉及许多高水平的技能。这样的职位很可能在动机法量表上获得较高得分，而在机械法量表上得分较低。生物法量表相对独立于其他三个量表。一份有趣、富有挑战性并能促进个人成长的工作往往在认知上更加复杂，从而使工作不那么机械化（常规、简化）。这展示了不同工作设计方法之间的基本权衡（Campion，Mumford，Morgeson，Nahrgan，2005；Morgeson，Campion，2002）。

Campion研究的初衷是展示职位设计中存在固有的权衡。例如，简化职位会减少培训时间，但会增加厌倦感。考虑一下从开始准备饭菜到结束时洗盘子之间的区别。总的来说，Campion和Thayer（1985）以及Campion（1988）在大量工作岗位上提供了支持设计权衡概念的结果。使用职位分析师数据还是任职者数据会对结果造成一些差异。总的来说，他们发现动机法量表得分较高的职位往往更能让任职者满意，但工作效率和信度较低。机械法量表和知觉/运动法量表得分都较高的职位往往是高效和可靠的。生物法量表得分较高的职位往往比较舒适。Campion（1989）发现 MJDQ 量表与职位的能力要求相关，从而显示了职位设计和选择之间的联系。Campion 和 Berger（1990）还发现，MJDQ 量表也与不同职位的薪酬相关。

大多数关于 MJDQ 的研究本质上是相关的，这意味着评价是针对不同的职位进行的，而不是针对特定职位设计的变化。然而，一项在职位改变后测量的研究发现，扩大化（即执行更多数量和种类的类似级别的任务或 KSAOs）的文员职位在动机法量表上得分较高，而在机械法量表上得分较低。一方面，扩大的职位与更高水平的工作满意度、心理挑战和客户服务相关。另一方面，扩大的职位需要更多的培训和报酬。该研究的信息作为改变职位设计可能发生的情况的信息来源为 MJDQ 提供了支持。然而，Campion 和 McClelland（1993）的后续研究发现，长期的权衡取决于职位最初性质的改变。任务扩展主要有长期成本，而知识扩展主要产生长期收益。这表明可能有一种方法可以避免通常观察到的权衡。按照同样的思路，Morgeson 和 Campion（2002）探究了职位的特定变化是否能产生特定的好处（在工作满意度和效率方面），以及是否有可能避免（或至少最小化）工作设计权衡。他们发现提高工作的满意度、效率或两者兼而有之是有可能实现的，这表明通过明确确定权衡，人们可以将其最小化。在找到权衡是不是工作设计的必要部分这一问题的最终答案之前，还需要做更多的工作。但迄今为止的研究结果喜人，因为通过改进职位设计，可以同时提高工作满意度和效率。

4. 多方法职位设计问卷的问题

MJDQ 在具体任务度量和抽象特质测量之间占据中间位置。因此，它有可能成为衡量工作的一个普遍标准。为了探索这种可能性，Edwards、Scully 和 Brtek（1999，2000）围绕 MJDQ 展开了一系列因子分析，试图了解其基本因素结构，并检验其作为一般工作衡量标准的有效性。因子分析（见第 9 章）是一种方法，可用于将不同变量分组为集群或变量组。在这种情况下，要分组的变量是来自 MJDQ 的项目。有趣的是，他们发现 Campion 和 Thayer（1985）所描述的四大群体几乎没有得到数据支持。Edwards 等（1999）反而建议将四大群组分为 10 个更具体的组，可以理解为这些组嵌套在更大的组中。下面我们就来介绍这些嵌套组。动机组包括反馈、技能和奖励量表；机械组包括专门化和任务简化量表；生物组包括身体舒适度、工作条件和工作安排量表；知觉/运动组包括工效学设计和认知简化量表。尽管这类研究尚未完成，但每一种主要的职位设计方法似乎都由更多的分子职位设计要素组成，每一种要素都可能对工作满意度和效率产生影响。你可能想成为那些吃苦耐劳的研究先驱之一，敢于开拓前沿，在这个问题上为我们带来新的智慧。

事实上，在同一研究前沿上还有另外一个问题。尽管 Edwards 等（1999）的量表代表了对工作更全面的描述，但内容仍然有限，因为由此产生的 10 个量表并不完全代表对工作的全面描述。由于 MJDQ 中的一些项目是给定工作维度的唯一指标（例如，单个项目用于表示自主性），因此它们不能用于形成量表。需要制定额外的项目，以便能够衡量这些工作维度（这是由于因子分析中的技术困难造成的，作为一名职位分析师，你无须进一步探究这些问题）。

4.2.3 多方法职位设计问卷小结

开发 MJDQ 旨在提供职位设计和任何给定的职位中可能出现的权衡的综合图景。MJDQ 似乎能提供可靠的数据给经过培训的职位分析师或合理数量的任职者（至少 10 人）。MJDQ 似乎还提供了预测各种工作结果（工作满意度、效率、舒适度）的数据。此外，一方面它提供了与职位能力要求和薪酬相关的数据。另一方面，随后学者们又对 MJDQ 的要素结构提出了一些批评。后来开发的工作设计问卷似乎解决了许多对 MJDQ 的批评。接下来，我们将探讨工作设计问卷及其作为更现代、更全面的工作衡量方法的地位。

4.3 工作设计问卷

Morgeson 和 Humphrey（2006）认识到现有工作设计措施的局限性，试图制定一项综合措施，弥补 MJDQ 和其他工作设计方法中的缺陷。他们回顾了大量的工作设计和职位分析文献，确定了所有与之前研究过的工作不同的特征。经过一系列的分类练习，他们确定了大量的工作设计因素。在收集了 243 份不同职位的在职人员的数据后，他们编制了一份包含 21 个因素的问卷，命名为工作设计问卷（work design questionnaire，WDQ）。他们报告了良好的内部一致性信度（平均值 = 0.87）、测试者间一致性（平均值 = 0.82）和低至中等水平的测试者间信度（平均值 = 0.36）。测试者间一致性和测试者间信度证据表明，不同的在职人员的职位感知趋于一致。也有证据支持构念效度，因为基于因子的分数以预期方式与现有归档的《职业名称词典》和职业信息网量表趋同，并且能够区分职业群组（例如，专业职业 vs. 非专业职业）。

这 21 个因素被分为任务特征和知识特征（包括普遍研究的动机特征），以及较少被研究的社会特征（例如，社会支持、相互依赖性、他人反馈）和工作情境（例如，物理需求、工作条件；见表 4-7）。因此，工作设计问卷包括 MJDQ 中包含的所有元素以及其他工作特征，以便提供更完整的工作设计描述。

表 4-7 工作设计问卷（WDQ）包含的因素

任务特征	社会特征
1. 工作安排自主性	13. 社会支持
2. 决策自主性	14. 发起的相互依赖性
3. 工作方法自主性	15. 接受的相互依赖性
4. 任务多样性	16. 组织外互动
5. 任务重要性	17. 源自他人的反馈
6. 任务同一性	
7. 职位反馈	
知识特征	工作情境
8. 职位复杂性	18. 人类工效学
9. 信息加工	19. 身体要求
10. 问题解决	20. 工作条件
11. 技能多样性	21. 设备使用
12. 专门化	

Morgeson 和 Humphrey（2006）提供的证据表明，更复杂的工作概念化有助于避免 MJDQ 确定的权衡。例如，关于 MJDQ 研究中的一个典型发现是，按机械法设计的工作往往比较枯燥，执行起来不太令员工满意。然而，一个组织可能希望以某种方式丰富这类工作，部分原因是枯燥的工作往往带来更高的离职率。出于商业原因，也许不可能增加激励性工作特征（例如，丰富工作可能会对效率质量产生不利影响），那么组织应该做什么呢？（这就是你像经理一样思考的地方……这太令人兴奋了！）一种可能是再设计一个职位，以获得更多的社会互动机会，从而提高获得社会支持的可能性。Morgeson 和 Humphrey（2006）发现，社会支持程度高的职位也更令员工满意。因此，通过考虑工作设计的其他方面，可以减少或消除激励法和机械法工作设计之间的权衡。

随后的大量研究使用了工作设计问卷来探索各种各样的研究问题（自 2006 年发表以来，它一直是《应用心理学杂志》引用率最高的文章之一）。此外，工作设计问卷已被翻译成至少 11 种语言，包括汉语、荷兰语、法语、德语、印度尼西亚语、意大利语、波兰语、葡萄牙语、罗马尼亚语、俄语和西班牙语，而且学者们正在对其进行跨文化研究。作为一种工作的通用度量，工作设计问卷抓住了任务和特质度量之间的中间点；作为一种工作的综合度量，工作设计问卷有望应用在各种职位分析和工作设计中。

4.4 职业信息网络（O*NET）

4.4.1 O*NET 的推进

《职业名称词典》由美国劳工部编制。它是一本百科全书，提供了关于 9 000 多种职业的职位描述。《职业名称词典》已被政府和私营部门机构用于匹配人员与职位，并作为职位分析的信息来源。在很大程度上，《职业名称词典》是由美国劳工部的现场代理人使用我们在第 2 章中描述的职能型职位分析法开发的。训练有素的职位分析师会观察和采访任职者，然后根据任务和一些评分总结职位。《职业名称词典》的最新（也是最后）版本（出版于 1991 年）是一本厚厚的书，里面充满了职业信息，如果你坐下来浏览一下它的内容，就会感叹它的大小和涵盖领域。

尽管存在争议，职业信息网络（O*NET）仍取代了《职业名称词典》，主要是因为职业信息网络和《职业名称词典》之间存在许多显著差异。这些变化是为了响应已知的或被认为适用于《职业名称词典》的问题而做出的。需要修改什么内容？（想了解比我们提供的内容更详细的答案，请参见 Dunnette, 1999; Dye, Silver, 1999）

（1）《职业名称词典》的主要内容是职位分析师对任务的描述。虽然每个人都认同作为全面职位分析的一部分，我们需要了解并描述任务，但将任务作为系统的核心则很难比较多种职业，也很难根据职业相似性的定量指标系统地组织职业。

（2）《职业名称词典》中相当一部分职业的信息是过时的，更新它既耗时又花费高昂。

（3）除了任务外，《职业名称词典》包含的信息很少。诚然，《职业名称词典》中包含关于性格和职业准备的章节，但可以考虑使用更丰富的描述词，例如，可以使用兴趣和能力。

美国政府成立了一个委员会来审查《职业名称词典》并对其未来发展提出了建议。

委员会建议,《职业名称词典》的后续数据库应易于访问。数据库中的信息应提供广泛的描述符,以便不同的用户可以在信息中找到价值。数据库还应支持多层次的细节或抽象概念。它需要有更广泛的描述词,以便以允许跨职业比较的方式描述职业。它还需要狭义的描述来传达职位的具体内容。

如前所述,修改《职业名称词典》的成本很高。一方面,委员会注意到对快速、成本效益高的数据收集的需求。另一方面,委员会还注意到,没有任何单一来源能够提供O*NET所需的关于某项职位的所有信息。相反,委员会想在政府实体(如美国劳工部、劳工统计局)和商业机构之间建立伙伴关系,为O*NET的开发和维护提供任职者与供应商。

4.4.2 O*NET 内容模型

将O*NET纳入本章的一个主要原因(除了它的开源性、基于网络的性质、美国劳工部的支持以及我们对方法缔造者的钦佩外)是它具有一套全面的描述符。O*NET的架构师们想要建立一个广泛的网络,覆盖几乎所有工业与组织心理学家以及其他需要职位信息来开展工作的人想要了解的关于某一特定职位的信息。O*NET内容模型围绕以下六个主要领域来组织:

- 员工要求;
- 经验要求;
- 员工特质;
- 职业要求;
- 职业特定信息;
- 劳动力特征。

"但这些是什么?"你会问。既然你问了,我们将用一般性的术语来介绍每个领域。我们还提供了前四个领域的部分描述符列表。描述符列表将帮助你理解内容模型的含义。如果你想要获取更详细的信息,你可以从 Peterson、Mumford、Borman、Jeanneret 和 Fleishman(1999)的书、Peterson 等(2001)的 O*NET 综述或 O*NET 在线资源中心(https://www.onetcenter.org/content.html)提供的描述性信息入手。

1. 员工要求

员工要求的基本目标是描述通过经验形成的员工特质,这些特质在执行大量任务时应被证明是有用的。例如,在众多任务中,阅读是一项非常有用的技能。阅读技巧是借助许多不同的经历培养起来的。员工要求的一组描述符分为四类,分别为基本技能、跨职能技能、知识和教育。各类别的描述符示例如表4-8所示。

表 4-8 员工要求的 O*NET 描述符示例

基本技能	跨职能技能	知 识	教 育
阅读理解能力	社会感知	经营和管理	要求的学历水平
积极倾听	协调	沟通和媒体	特定学科的受教育水平

(续)

基本技能	跨职能技能	知识	教育
写作	解决复杂问题	食品生产	与职位相关的资历证明
说话	技术设计	计算机和电子学	
数学	安装	建筑和构造	
科学	规划	生物	
批判性思维	判断和决策	地理	
主动学习	时间管理	医学和牙科	
学习策略	材料资源管理	历史和考古学	
控制	个人资源管理	法律和政府	

注：基本技能和跨职能技能共包括35个描述符，知识包括33个描述符。

（1）基本技能和跨职能技能。基本技能和跨职能技能有助于一个人获得特定的职位知识。例如，阅读理解力可用于完成培训手册或一套装配说明。基本技能和跨职能技能也指跨多个工作活动的能力。例如，劝说能力在销售和管理等任务中可能很有用。

（2）知识。如表4-8所示，知识是指生物或地理等领域或学科的信息。相关领域的专业知识对许多职位都很重要。例如，医生必须对人体解剖学、生理学、各种疾病及其治疗方法有充分了解。

（3）教育。此类别适用于职位所需的先前教育经验。有些职位与最低教育要求有关，比如快餐店的收银员。还有些职位与大学学位（如工程学）有关，另有一些职位与高等学位（如学院和大学的讲师）相关。从某种意义上说，教育是基本技能和跨职能技能及知识的集合。大学毕业生在需要更复杂的批判性思维和沟通的任务上应该会比高中毕业生表现得更好。在表4-8中，教育包括"要求的学历水平""特定学科的受教育水平""与职位相关的资历证明"三项。

2. 经验要求

经验要求包括具体的职业培训、工作经验和执照。比较经验要求和教育很有用。教育是产生适用于各种任务的能力的通用发展活动。对特定的职业和任务，培训和经验应用的范围通常更窄。例如在汽车店，培训可以是职业培训、学徒期或在职项目。工作经验是根据担任某一职位的时间来计算的，比如汽车修理工的工龄。向工人发放许可证可以证明他们有能力完成特定任务。护士和叉车司机就需要执照才能合法地工作。

3. 员工特质

这组描述符涉及个人达成高工作绩效时普遍所需的个人特质。在第3章中，我们介绍了与员工特质相关的几种方法。O*NET中的员工特质集被进一步分为四类：能力、职业兴趣、工作价值观和工作风格。表4-9给出了每种分类的示例。

表4-9 员工特质的 O*NET 描述符示例

能　力	职业兴趣	工作价值观	工作风格
口语表达	现实型	成就	成就/努力型
独创性	调查型	工作条件	坚持型

(续)

能　力	职业兴趣	工作价值观	工作风格
数学推理	艺术型	认可	社交导向型
记忆力	社会型	关系	合作型
手部灵活度	事业型	支持	关心他人型
反应时间	传统型	独立性	自我支持型
耐力			依赖型
近视度			正直型
夜视度			独立型
听觉敏感度			分析思考型

注：能力包括52个描述符，职业兴趣包括6个描述符，工作价值观包括6个描述符，工作风格包括16个描述符。

（1）能力。这些描述符涉及的是持久需要的人的能力，与基本技能和知识相比，这些能力较少受到经验的支配。O*NET的能力描述符示例见表4-9，包括数学推理和手部灵活度等。我们在第3章介绍的能力要求量表（Fleishman，Mumford，1988）和临界特质分析系统（Lopez，1988）都使用标准能力集。Fleishman介绍的能力与O*NET中使用的很相似。

（2）职业兴趣。这组描述符侧重于不同类型工作环境的个人偏好。换句话说，一个人对什么样的工作感兴趣？对于这个问题的回答有助于匹配人员和职位。表4-9中所示的职业兴趣描述符示例包括艺术型和传统型职业等。艺术型职业需要自我表达，通常涉及形式、设计和图案。与此相反的是，传统型职业需要遵循明确的权限范围内的既定程序。两者是根本不同的职业类型，提供非常独特的工作环境。

（3）工作价值观。这组描述符不太关注一个人是否能胜任职位，而是关注他是否愿意做。也就是说，一个人在工作中觉得什么是能获得自我强化或满足的？表4-9中对应的O*NET描述符示例包括成就和关系等。人们重视成就，因为成就使人们能够利用自己的个人能力并获得成就感。关系很重要，因为与他人一起工作可以产生深层次的满足感，与职位的受益者建立更广泛的联系的结果也是如此。例如，那些从事医疗保健工作的人（如医生、护士）往往从帮助患者中感受到自己的重大价值。

（4）工作风格。工作风格涉及员工的持久能力，持久能力就像能力一样。然而，能力指的是最高性能的测试（例如，词汇测试）；工作风格指的是对典型表现和个性的测试。再强调一遍，我们在这里谈论的是将要做的而不是能做的。最有能力的人可能并不总是工作最努力的（比赛并不总是以速度取胜）。表4-9所示的O*NET描述符示例包括坚持型和正直型。如第3章所述，从20世纪90年代开始，以个性为导向的职位分析变得越来越流行，使得O*NET的工作风格与第3章中提到的其他系统重叠。

4. 职业要求

到目前为止，我们已经讨论过的O*NET内容模型的三组主要描述符（员工要求、经验要求和员工特质）都属于职位分析的员工端（请回顾第3章）。然而，职业要求描述符属于职位分析的工作端（请回顾第2章）。如你所知，职位分析的工作端通常报告员工做什么，这通常意味着对任务的描述。在 O*NET 内容模型中，职业要求由三类描述符构成：广义工作活动、工作情境和组织情境。表 4-10 显示了从 O*NET 职业要求描述符集合中引用的示例。

表 4-10 职业要求的 O*NET 描述符示例

广义工作活动	工作情境
获取信息	接触他人
评判事物、服务和人员的质量	应对令人讨厌的或愤怒的人
做决策和解决问题	位置上的接近
创造性思考	接触辐射
处理和移动物体	高空作业
与计算机交互	费时间站立
编制/记录信息	穿戴普通的防护或安全设备
协调工作和其他人的活动	决策自由
培训和教导其他人	自动化程度
配备组织单元	错误的后果

注：广义工作活动包括 41 个描述符，工作情境包括 57 个描述符。因为 O*NET 不收集组织情境描述符的数据，所以其描述符并未呈现在表中。

（1）广义工作活动。O*NET 提供了三种类型的工作活动的信息，相关信息概括了广泛的（广义工作活动）、中间的（中间工作活动）和更具体的（细节工作活动）工作行为和任务类型。广义工作活动（generalized work activity，GWA）是一个行为和任务领域，它是在更广泛的水平上编写的，以便可以适用于多种职业。由于其广度和跨职业相关性，我们主要关注广义工作活动。表 4-10 中的广义工作活动示例包括获取信息和与计算机交互等。这两项活动都很普遍，可以应用于许多职业。例如，获取信息就适用于研究判例法（以已往的判例为依据的法律）的律师和分析水样的地质学家。再举一个例子，计算机程序员和秘书都会与计算机交互。O*NET 的设计目的是使职业具有嵌套在广义工作活动中的特定活动。例如，计算机程序员可以通过在 C++ 中编写代码与计算机交互，秘书可以通过使用文字处理器键入一个字母与计算机进行交互。

（2）工作情境。这组描述符涉及必须完成的工作的条件。典型问题就是户外工作人员要考虑的天气。表 4-10 中的描述符示例包括应对令人讨厌的或愤怒的人以及错误的后果等。例如，狱警可能会遇到令人讨厌的或愤怒的人。狱警有时会遭到囚犯的袭击，因此这应该被视为与令人讨厌的人打交道。错误的后果适用于空中交通管制员，其必须随时了解自己管理的飞机的情况。如果不这样做，可能会导致飞机相撞，造成破坏和人员伤亡。

5. 职业特定信息和劳动力特征

职业特定信息指职业的工作信息。在这里，我们希望看到属于广义工作活动的职业特定任务。回想一下，O*NET 有多个抽象层级。广义工作活动将职业分为类似的较大实体；职业特定任务将不同的职业区分开来。尽管 O*NET 包含职业特定任务的数据，但每个职业列出的任务通常很少（一般约 10 个）。因此，出于多方面考虑（例如，设计培训计划），需要收集额外的任务级细节信息。O*NET 任务是进行自己的任务级职位分析的良好起点，它还包括特定的职业知识和技能，以及机器、工具和设备。职业特定信息类似于《职业名称词典》中当前版本的描述以及第 2 章职能型职位分析法部分的内容。

劳动力特征未被直接纳入 O*NET，但 O*NET 链接的是包含相关信息的其他数据库。该类别下的描述符包括劳动力市场信息（包括工资）和职业前景。这些信息对于职业规划和准备以及国家就业利益都很重要。

4.4.3 O*NET 的研究与发展

自 1999 年发布试点研究（Peterson, et al., 1999）以来，相关人士一直在对 O*NET 进行大量的研究、改进和应用。内容包括对 O*NET 本身的研究、对 O*NET 应用的研究以及对使用 O*NET 数据库或调查的研究。下面我们将简要讨论 O*NET 研究和开发的这三个领域。

1. 对 O*NET 本身的研究

O*NET 系统自部署以来一直接受大量的审查。最全面的评价是由美国国家研究委员会（2010）主持的。负责审查 O*NET 的专家小组进行了广泛而严格的审查并整理成报告《变化经济的数据库》，评估了 O*NET 的许多不同方面，并为未来的改进、修订和使用提供了大量建议。尽管对 O*NET 的实用性有一些担忧，但专家小组得出了结论：

美国劳工部通过 O*NET 的广泛使用，证明了一个由政府资助、具有全国代表性的职业信息数据库的价值和实用性。许多个人和组织都依靠 O*NET 数据为劳动力发展、经济发展、职业发展、学术和政策研究以及人力资源管理等重要活动提供了信息（2010）。

我们比较认同这些结论，因为 O*NET 在其部署以来的 20 年中已经证明了其在许多不同用途中的价值。这并不是说它是一个完美的系统，但总的来说，O*NET 似乎是《职业名称词典》的一个有价值的继承者，在学术和从业者领域已经被广泛接受并成为一种惯例，就像《职业名称词典》在多年的使用中逐渐被人接受一样。

除了美国国家研究委员会进行的全面审查外，还有其他一些关于 O*NET 的狭义审查和评议。在大多数情况下，这些审查侧重于 O*NET 的特定要素，如特定的描述符域（Eggerth, Bowles, Tunick, Andrew, 2005；Smith, Campbell, 2006）；不同数据源的等效性（Walmsley, Natali, Campbell, 2012），还有一些更宏观层面的审查（Hadden, Kravets, Muntaner, 2004；Handel, 2016）。除了这些已经发表的研究，相关人士还通过 O*NET 资源中心的在线报告发布了大量技术细节。这些报告提供了正在进行的数据收集工作的详细信息，并反映了 O*NET 系统的开放性。

2. 对 O*NET 应用的研究

O*NET 的一个明确目标是应用底层数据来支持各种工作相关产品的开发和部署。O*NET 被用于实际用途，包括职业探索、人力资源管理、职业阶梯和简历制作。O*NET 资源中心上的工作产品部分提供了大量案例研究信息，详细介绍了 O*NET 数据在各种不同情境中的应用。

除此之外，相关学者还发表了许多详细介绍 O*NET 应用程序的文章。内容包括职业指导（Converse, Oswald, Gillespie, Field, Bizot, 2004）、职业准备（Koys, 2017）、员工选拔（Jeanneret, Strong, 2003）、职业风险和疾病（Cifuentes, Boyer, Lombardi, Punnett, 2010；Dembe, Yao, Wickizer, Shoben, Dong, 2014）、成人读写能力要求（LaPolice, Carter, Johnson, 2008）、职业分类（Gadermann, et al., 2014）。还有学者探讨了如何有效地将 O*NET 应用于广泛的职业领域（如审计和会计工作；Scarlata, Stone, Jones, Chen, 2011）或其他文化背景（如印度；Bhatnagar, 2018）。O*NET 已经应用于其他方式和情境，但毫无疑问，即使通过列出的这组应用范畴，也能说明 O*NET 应用方式的多样化。

3. 使用 O*NET 数据库和调查的研究

O*NET 已被证明是研究界非常有用的数据库、数据源和测量工具。无数研究使用 O*NET 数据库或调查进行了初始研究。鉴于有太多的研究，无法一一列举，所以我们重点介绍几项来自 O*NET 的研究。

职业健康是一个广泛利用 O*NET 数据的研究领域，它使用不同 O*NET 数据要素进行了多项研究。例如，它研究探索了职业噪声暴露和听力损失（Choi, Hu, Tak, Mukherjee, Park, 2012）；职业危险和安全绩效（Ford, Tetrick, 2011）；工作特征和健康（Alterman, et al., 2008）；身体危险、能力和技能要求与受伤率之间的相互作用（Ford 和 Wiggins, 2012）；职业属性与酒精摄入之间的联系（Barnes, Zimmerman, 2013）；身体暴露与腕管综合征（手腕长期受力压迫神经引起手和手指疼痛）之间的关系（Evanoff, Zeringue, Franzblau, Dale, 2014）；怀孕期间工作场所体力活动与情绪压力之间的联系（Lee, et al., 2016）；环保类职业与关节疼痛之间的联系（Huntley, et al., 2017）。

还有的组织研究使用 O*NET 资源探索工作角色要求的影响（Dierdorff, Morgeson, 2007；Dierdorff, Rubin, 2007；Dierdorff, Rubin, Morgeson, 2009）；文化和组织情境如何影响管理与领导工作（Mumford, Campion, Morgeson, 2007；Shin, Morgeson, Campion, 2007）；各国职位信息的可运输性（Taylor, Li, Shi, Borman, 2008）；职业集的识别如何促进扶贫和经济发展（Chrisinger, Fowler, Kleit, 2012）；以及感知工作能力与劳动力产出之间的联系（McGonagle, Fisher, Barnes, Farrell, Grosch, 2015）。

如上所述，O*NET 已被证明是各种学术研究的有用资源。因为它基于全面的分类法，具有完善的度量体系，是一个大型的包容性数据库，并链接到广泛使用的职业分类系统，所以成为各领域学者工作的优秀资源。我们认为在可预见的将来，研究人员将继续利用 O*NET 数据库和相关资源。

4. O*NET 总结

O*NET 有很多优点，包括正在进行的开发，专注于评价、评议和改进 O*NET 令人印象深刻的数据库，以及一套开放且广泛可用的工具。例如，任何可以访问网络的人都可以下载底层 O*NET 数据库。此外，O*NET 网站提供了用于收集在职人员数据的调查，所有人都可以下载并使用它们。因此，如果职位分析师需要收集 O*NET 数据库中没有的职位数据，O*NET 调查可以由适当的在职人员主导（或由受过培训的职位分析师使用）。

在我们看来，O*NET 内容模型（即描述符集）非常优秀。然而，O*NET 中至少有两个潜在的限制。第一，在收集和更新 O*NET 中包含的数据方面费用昂贵且困难。虽然联邦政府已经为正在进行的数据收集工作提供了足够的支持，但是定期更新对于 O*NET 随时间的推移保持可行性仍至关重要。第二，尽管研究已经提到，但还需要对 O*NET 系统进行更独立、经同行评审的研究。必须仔细检查 O*NET，以便理解和应对其局限性。鉴于 O*NET 在加强整个美国经济中就业和人员管理方面的潜力，我们认为进一步开发和评价 O*NET 是一项明智的投入。

我们还注意到，在描述职位的任务内容和能够在一般属性上比较职位时存在某种权衡。一些方法，如岗位分析问卷和多方法职位设计问卷，使用了适用于所有职位的通用属性。其他方法，如组合职位分析法和职能型职位分析法，用职位特有的术语描述职位本身（例如，铁匠一职的方法动词和工具）。如果你希望使用可用于比较职位的属性（例如，薪酬），则使用基于一般属性的方法（如多方法职位设计问卷）是有帮助的，但如果你希望了解工作内容的详细信息（例如，培训），则使用组合职位分析法等大有裨益。这样内容宽泛的描述符有助于根据相似性对职位进行分组，但它们在某些应用方面有所欠缺，例如培训。

本章小结

本章我们介绍了四种职位分析的混合法：组合职位分析法、多方法职位设计问卷、工作设计问卷和职业信息网络（O*NET）。这四种方法都需要研究职位的多重属性。在流程方面，组合职位分析法采用固定的或标准的系列流程，但分析的每个职位的项目都不同。多方法职位设计问卷和工作设计问卷在所有职位中使用一组标准项目。O*NET 在使用了一些标准项目的同时也采用了一些随着职业的变化而变化的项目。在应用方面，组合职位分析法主要用于人员选拔／人才管理和培训，它们是工业与组织心理学家最常用的两种职位分析信息。开发多方法职位设计问卷是为了根据造成不同工作结果的设计特征来描述工作，设计特征有工作满意度、效率和舒适度等。工作设计问卷的制定是为了解决以往职位和工作设计措施的局限性。O*NET 是用来取代《职业名称词典》的，所以它的主要应用是将人员与职位匹配，并描述职位内容。此外，O*NET 在多个属性层面比较职位时比《职业名称词典》更有用。总的来说，虽然本章介绍的方法有些复杂，但是它们有助于涵盖收集职位分析信息的许多目的。

第 5 章
CHAPTER 5

管理与团队

第 2~4 章已经分别介绍了工作导向法、员工导向法和混合法。这些章节中介绍的职位分析方法均适用于大量职位。本章我们将介绍针对特定职位类型的更专业的职位和工作分析方法。前半部分我们将介绍管理岗位描述问卷（management position description questionnaire，MPDQ），该问卷用于分析管理职位。我们还将讨论胜任力模型的实践，其中胜任力模型是一种通常针对管理和领导职位的工作分析形式。后半部分我们不仅致力于分析团队的工作，还将涉及工作分析的更广泛领域。

虽然还有其他方法可以分析管理职位，但我们仍选择将管理岗位描述问卷纳入本章，因为它似乎是范围最全面的。我们选择它，还因为它是最早使用软件开发的职位分析方法之一，它可以显示职位分析的结果，并直接用于职位评价和绩效评估等目的。讨论胜任力模型的原因是它在商界已经非常流行，但是人们对于它到底是什么以及它和更传统的职位分析方法有什么不同等问题仍然非常疑惑。我们希望通过引用更大量的工作分析文献来阐述什么是胜任力模型，以及它如何适用（或不适用）于问题的解决。

在团队职位分析部分，我们为团队提供了三组不同的描述符。第一组描述符涉及职位设计。我们将介绍影响团队成功的输入和过程特征。接下来，第二组描述符涉及团队成员作为团队的一分子所必须具备的有效知识、技能和能力（KSAs）。第三组描述符关于团队职能。团队职能是所有团队实现目标时需要完成的事情，例如，团队必须保持团队成员的积极性。由此我们可以设想职位由团队成员担任，但团队级别的职能将我们带到职位之外。

然后，我们会讨论绩效多阶段分析（multiphase analysis of performance，MAP）系统。MAP 系统是一种分析团队工作的方法，它能显示团队如何实现其目标，团队中个人的工作如何与其他人的工作相联系。我们还提供了 MAP 系统如何用于开发团队培训的简单说明。本章最后将简要讨论团队认知任务分析，该部分是应用于团队领域的认知任务分析（我们在第 3 章介绍过）的扩展。

5.1 管理和领导力

本节我们将讨论分析管理职位。这类工作通常涉及对其他人的监督，一般包括委派任务、监控工作绩效和沟通目标等。也许是因为它的普遍性，所以媒体喜欢强调老板和员工之间的问题。例如，在许多报纸的连环画板块，我们会看到达格伍德·邦斯特德（Dagwood Bumstead[一]）的老板踢他的椅子把他叫醒，让他回去工作。主管和下属之间不和的其他例子还可以在 *Beetle Bailey*[二] 和 *Dilbert*[三] 等漫画中找到。管理工作还包括决定企业应该做什么等职能。例如，我们附近的一家公司生产飞机仪表，如高度表（飞机的高度是多少？）和垂直速度指示器（飞机下降的速度有多快？）。这家公司的管理层决定走出传统机械设备的范围，用电子仪表显示数据。这就是一个有关业务战略的重大决策。

管理职位为职位分析带来了挑战。首先，许多重要的管理任务很难观察到。这方面的一个例子是决定将机械仪表产品线扩展到电子仪表产品线。人们可以观察到管理者收集数据并将决策告知其他人，但实际决策主要是心理过程，很难或不可能观察到。一些可以观察到的活动信息量不大。例如，我们可能观察到一位经理正在阅读一份报告或检查一份电子表格，但这并不能告诉我们经理在提取什么信息，在用它做什么，或者表格为什么有趣。因此，观察者很难描述许多管理任务。

此外，还有其他挑战存在：在人际关系方面，很难从行为角度具体说明管理者的行为。描述人际互动的目的或目标通常比描述管理者在这些互动中的实际行为更容易。例如，说出绩效考核的目标是向下属提供绩效反馈，这要比描述经理在绩效考核中的实际行为（听、说、指、喊、跳上跳下、避开拳头等）更容易。

我们的意思并不是说分析管理职位是不可能的。即使脑力工作比体力劳动更难观察，工作的内容也仍然可以用任务来描述。你可能会想到，认知任务分析可能会有助于分析管理职位中涉及的智力工作。

然而，如果人们试图从职能的角度分析许多不同的管理职位，则他们很快就会意识到，管理职位在实际行为内容和任务专业知识方面有所不同，不同具体取决于被监督工作的性质。例如，虽然职能相似，但杂货店经理与银行分行经理的实际工作内容不同。

管理研究有几种职能性或角色导向的分析。最简单的一项来自俄亥俄州立大学的领导力研究，其涉及思考（以人为中心）和初始结构（以任务为中心；Halpin，Winer，1957；Hemphill，Coons，1957）的广泛层面功能。Mintzberg（1973）根据角色进行了更详细的分析。Fleishman 等（1991）总结了分类学在描述领导者行为方面的历史，呈现了一个自创的 13 维模型，模型包括信息搜索和结构化、问题解决中的信息使用、人力资源管理和物质资源管理等四个高级维度。Borman 和 Brush（1993）根据先前研究的数据建立了一个四因素模型，内容包括人际交往技能、领导他人、管理技能和工具性个人行为。

[一] Dagwood Bumstead 是长篇漫画 *Blondie* 的主角，该漫画由缪拉·奇克·扬于 1930 年创作并连载，原作者于 1973 年去世后由其子迪恩·扬接手继续更新。——译者注

[二] 一部于 1950 年开始连载的美国连环漫画，故事背景是漫画家莫特·沃克（Mort Walker）创作的一个虚构的美国军队哨所。——译者注

[三] 作者斯科特·亚当斯（Scott Adams），漫画问世于 1989 年，目前已经在超过 2 000 家报纸上连载过，被翻译成 19 种语言，为 57 个国家的读者带来了欢乐。——译者注

其他基于特质的系统用于管理评估中心（用于人员选拔和培训的商业模拟；Heneman，Judge，Kammeyer-Mueller，2019）。尽管这些类型的系统适用广泛，但它们不与任何特定的职位内容或结构化、标准化的职位分析程序相关联。用足以适用于大量职位的行为化和通用化的方式来描述管理职位是一个挑战。我们要介绍下一种方法，试图用常见的行为术语分析广泛的管理和行政职位。

5.1.1 管理岗位描述问卷的发展和结构

Page（1988）引用了 Hemphill（1960）以及 Tornow 和 Pinto（1976）的工作成果，这些引用的内容对管理岗位描述问卷（MPDQ）的编制具有影响。Hemphill 让大约 90 名高管回答 575 个问题，以描述他们的职位；然而，由于调查问卷的项目比人（即回答问题的人）多，因此存在数据分析问题。Tornow 和 Pinto 通过在整个组织层级中加入更多的管理职位扩展了 Hemphill 的成果，产生了与从低级主管职位到高级管理职位的职位相关声明。Page 后来在控制数据公司（CDC，现在已经倒闭）工作时开发了 MPDQ。MPDQ 的开发耗费了大约 10 年时间，在此期间，CDC 的 7 500 多名管理人员填写了不同版本的问卷（Page，1988）。

与我们介绍的许多职位分析工具一样，MPDQ 使用对标准问卷项目的定量回答。MPDQ 旨在使用管理者对职位的自我报告。这种自我报告有明显的优点和缺点。优点包括提高数据收集速度，降低调查管理成本，以及可以从最了解职位的人处获取职位分析信息等。而一个明显的缺点是，如果将结果用于设定薪酬的职位评价（见第 7 章），那么就会呈现符合在职者的经济利益的自负型职位画像。

MPDQ 最终版本中的项目是在对管理者给出的答案进行分析的基础上，从大量项目中选择的。首先，MPDQ 中保留的项目在确定职位的管理水平方面切实有用。其次，这些项目还为制定职位评价维度，绩效评价维度，职位描述，以及知识、技能、能力和其他特质（KSAOs）提供了有用信息。最后，所选项目清晰易懂。MPDQ 各部分的说明如表 5-1 所示。

表 5-1 MPDQ 的内容和结构

MPDQ 各节	说 明	项目数量
1. 通用信息	名字和标题；对人类资源和经济责任的描述	16
2. 决策	决策复杂性；做出最终且最不能更改的决策	22
3. 计划和组织	长期规划；商业活动选择	27
4. 管理	持续记录；文档记录；发送正式要求	21
5. 控制	分析项目；分析预算	17
6. 监督	安排下属活动；在技能方面训练下属	24
7. 咨询和创新	为特定问题贡献专门知识（通常由技术专家完成，如律师或工业心理学家）	20
8. 联系	个体联系种类和联系应用（见表 5-2 的矩阵示例）	16
9. 协调	跨越现有的组织边界，协调不受任职者控制的其他人的工作	18
10. 代表	售卖或交易产品；协商合同	21

(续)

MPDQ 各节	说　明	项目数量
11. 监测业务指标	审查当地市场或美国经济的信息（通常是行政职能）	19
12. 整体评价	评估重要性和在 MPDQ 描述的类别上花费的时间	10
13. 知识、技能和能力	评估职位在每项知识、技能和能力或胜任力上所需的熟练度	31
14. 组织结构图	附上组织结构图的副本，显示与其他受监督职位相关的重点职位的位置	1
15. 评论和反应	为问卷调查提供反馈	7

资料来源：Adapted from Page, R. C. (1988). Management Position Description Questionnaire. In S. Gael (Ed.), *The job analysis handbook for business, industry, and government* (Vol.Ⅱ, pp. 862–863). New York, NY: Wiley. Reprinted by permission of John Wiley & Sons, Inc.

如表 5-1 所示，MPDQ 总结了管理和执行工作的主要内容。管理者和执行者所做的主要事项分为脑力劳动、文书工作和人员工作。脑力劳动或认知任务囊括决策、计划和组织、控制、咨询和创新等领域。这类任务对智力要求很高。不喜欢长时间辛苦思考的人不会喜欢这类工作。文书工作有管理权和较小程度的控制权。这些任务需要保持准确和及时的记录。对人员工作，MPDQ 列出了监督、联系、协调和代表。其中每一类行为都需要人际交往技能才能有效地完成下属任务。

还有一节列出了 30 多个 KSAs，即职位所需的人类属性，而不是描述管理者的工作。MPDQ 中的 KSAs 示例包括领导力、计划、人际关系/敏感性、口头表达、信息管理和专业/技术知识（Page，1988）。MPDQ 中的 KSAs 与 MPDQ 的任务维度平行。你也可以推想，在管理工作中 MPDQ 没有利用的其他属性可能是有用的。例如，管理工作通常要求管理者对不可行的决策承担责任。此外，管理工作通常需要抵抗各种压力，如时间压力或财务风险承受能力。

反应量表

任职者会使用以下量表（Page，1998）填写 MPDQ 中的大部分项目：
0 = 明显不是岗位的一部分
1 = 对该岗位不太重要
2 = 对该岗位中等重要
3 = 对该岗位非常重要
4 = 对该岗位至关重要
以下是向任职者解释如何使用重要性量表的说明：

在每项活动旁边的一列中输入一个介于 0 和 4 之间的数字，数字代表每项活动对你的岗位有多重要。记住要考虑它在所有其他岗位活动中的重要性和发生频率（Page，1988）。

请注意，重要性量表没有精确定义。如果一项任务对工作很重要或经常发生，那么它就是重要的。同时期望不同的人对单个任务的重要性做出不同的判断是合理的。MPDQ 中还使用了一些其他反应量表，包括决策角色性质量表和总体评价的职能重要性量表。联系一节提供了一个矩阵，管理者会向每个框中输入一个代表重要性的数字（见表 5-2）。表 5-2 显示了内部联系矩阵，外部接触则属于另一个类似的矩阵。

表 5-2　MPDQ 的内部联系矩阵

内部联系	联系的目的		
	共享关于过去、现在或预想的活动或决策的信息	影响他人用和你的目标一致的方式去行动或决策	指导他人的计划、活动或决策
1. 领导层			
2. 群体管理者（管理者向他汇报）			
3. 管理者（主管人员向他汇报）			
4. 主管人员（没有人向他汇报）			
5. 专业人员/行政人才（豁免）			
6. 文书或支持人员（非豁免）			
7. 其他非豁免员工			

资料来源：Adapted from Page, R. C. (1988). Management Position Description Questionnaire. In S. Gael (Ed.), *The job analysis handbook for business, industry, and government* (Vol. II, p. 867). New York, NY: Wiley. Reprinted by permission of John Wiley & Sons, Inc.

5.1.2　MPDQ 的研究和应用

MPDQ 已用于多种不同用途，包括职位评价、职位设计、培训和开发、绩效评价、人员配备和职位描述。我们接下来简要介绍其中的一些应用，然后引入对 MPDQ 的信度及其在职位评价中的价值进行的一些研究。

MPDQ 包含 250 多个项目，任职者平均需要 2.5 小时才能全部完成（Page，1988）。毫不意外的是，MPDQ 的第一个目标是将信息量减少到更少的维度中。为了实现这一点，MPDQ 开发人员使用基于数据和判断的方法将项目级数据合并到更广泛的维度中。特定维度的创建因 MPDQ 的预期用途而异。

1. 管理工作因素

表 5-3 给出了一组名为管理工作因素的维度。这组维度主要来源于因子分析的数据分析，因子分析可以将相似的项目放入名为因子的组或簇中（第 9 章 "进行职位分析研究"中对此进行了详细讨论）。管理工作因素主要用于根据相对独立的内容集群区分职位。图 5-1 展示了维度的使用，将目标职位与一组相似管理者的平均水平进行了比较。

表 5-3　MPDQ 的管理工作因素

1. 决策制定 评定信息和选择项；在做出决策时考虑到适当的因素；做出可能对组织产生重大影响的决策
2. 计划和组织 制订长期和短期计划，包括规划长期目标、业务活动和战略业务计划，以及短期规划和日程安排，如规划产品/服务的设计、开发、生产或交付
3. 管理 准备和维护记录或文件；监测和实施行动，以确保遵守政策和法规；获取和发布信息；为管理层提供人员服务
4. 控制 控制和调整人力、财力、物力资源的配置；申请材料、设备或服务；建立费用控制
5. 咨询与创新 应用先进技术解决独特的问题、事项或疑问；为决策者提供关键投入；识别和开发新产品或市场；跟上最新的技术发展

6. 协调 与其他单位协调以实现组织目标；指导和整合无法直接控制的其他人的努力；就组织资源谈判；必要时处理冲突或分歧	
7. 代表 与客户、供应商、政府和社区代表、股东与申请人等团体／个人互动；推广或销售组织的产品或服务；谈判合同或条款事项	
8. 监测业务指标 监测关键业务指标，如总净收入、销售额、国际业务和经济趋势以及竞争对手的产品线和服务	

资料来源：Adapted from Page, R. C. (1988). Management Position Description Questionnaire. In S. Gael (Ed.), *The job analysis handbook for business, industry, and government* (Vol. Ⅱ, p. 868). New York, NY: Wiley. Reprinted by permission of John Wiley & Sons, Inc.

因为 MPDQ 属于专利产品，所以我们只创建了简化的图表。这些图表虽然并不显示 MPDQ 的全部信息，但切实说明了可能的演示方式。如图 5-1 所示，几个工作维度赫然在列。每一个矩形都代表一个工作维度的平均重要性水平。目标岗位（我们的经理 Jane Doe 的位置）用浅色条表示；管理者参考组（例如，其他人力资源管理者）用深色条表示。图 5-1 显示，计划和组织对目标管理者不如对普通管理者重要，决策和管理对目标管理者和普通管理者的重要性大致相同，咨询与创新对目标管理者更重要。这样的图表可以让你一目了然地看到目标管理者在哪些方面有最重要的参与，以及目标管理者与比较组管理者的关系。

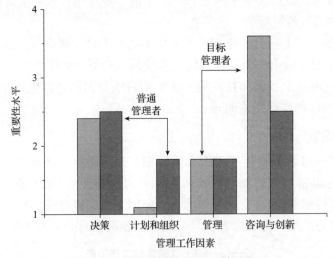

图 5-1　改编自 MPDQ 的个人岗位概述

2. 职位评价因素

MPDQ 还广泛用于职位评价。用于职位评价的维度如表 5-4 所示，它们也出现在图 5-2 中。图 5-2 所示的职位评价分数代表了职位对公司价值的估计。这些分数可以转换为工资水平，这一过程将在第 7 章解释。维度最初是通过专家判断确定的。后来的工作改变了一些项目，使它们更适用于各种各样的职位和组织。我们前面提到过，使用 MPDQ 进行职位评价可能会产生问题，因为它使用了自我报告。然而，迄今为止使用它的实证结果实际上是相当正向的。Page（1988）报告了几项不同的研究，其中 MPDQ 反应被用来预测各种职位的工资等级水平。实际的和 MPDQ 预测的工资等级之间的相关性都很高，从 0.79 到 0.96 不等。控制数据公司（CDC）中 MPDQ 职位评价系统的用户发现该系统比公司使用的其他系统更好。

表 5-4　MPDQ 的职位评价因素

1. 决策制定 决策的权力级别；考虑决策的性质、重要性和复杂性，以及在决策中行使的自主权
2. 问题解决 解决出现的问题所需的分析性或创造性思维水平；考虑待解决问题的性质和范围及解决方法的创造性
3. 组织影响 组织影响的大小，包括该职位对实现组织目标、开发或提供产品或服务、制定战略或业务计划、制定政策和程序以及实现收入、利润和绩效目标的重要程度
4. 人力资源责任 根据向该职位报告的员工数量和级别以及监督的复杂性来衡量的监管责任程度
5. 知道怎么做 某职位需要解决关键组织问题所需的知识和专业技能的程度，以及该知识和专业技能必须应用于组织面临的特殊问题、事项、问题或政策的程度
6. 联系 内部和外部联系的范围与级别由联系级别、联系目的和联系频率定义

资料来源：Adapted from Page, R. C. (1988). Management Position Description Questionnaire. In S. Gael (Ed.), *The job analysis handbook for business, industry, and government* (Vol. Ⅱ, p. 870). New York, NY: Wiley. Reprinted by permission of John Wiley & Sons, Inc.

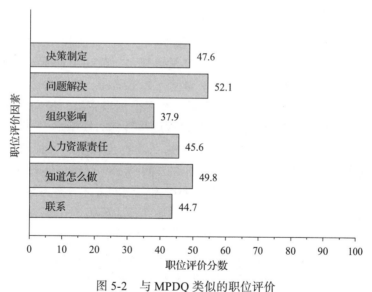

图 5-2　与 MPDQ 类似的职位评价

3. 计算机使用

MPDQ 是最早的计算机化职位分析系统之一。该系统生成专业质量的定制报告和图形。图 5-1 和图 5-2 给出了可用图表的简化示例。如你所想，受访者会直接将数据输入计算机，然后计算、显示和打印任何所需的报告，这样做可以节省大量的时间和精力。MPDQ 还可以创建定制的绩效评价表，以便管理者在给定维度下将其认为最重要的项目和维度描述一同呈现在评价表中。

5.1.3　信度

估计 MPDQ 响应的信度有几种不同的方法。因为 MPDQ 需要很长时间才能完成，所以疲劳可能会成为一个问题。为了验证这一点，一项研究检验了对问卷中有意重复的项目的回答一致性，发现项目信度的中位数为 0.83。这表明至少对大多数项目而言，反应一致性良好。担任同一职位的不同人员之间的一致性则要低得多。例如，当任职者及其管理者被要求完成针对任职者职位的 MPDQ 时，项目信度中位数约为 0.40。此外，一方面那些完成 MPDQ 简表并在 3 个月后重复该简表的管理者的项目信度中位数为 0.55。另一方面，当要求管理者和任职者出于职位评价目的完成 MPDQ，并检查职位评价量表（不是项目）的信度时，得到的结果再次高于 0.80（Page，1988），这说明信度良好。

5.1.4　MPDQ 小结

正如我们在本章开头所述，MPDQ 看起来很全面，它有 250 多个项目，通常需要 2 个多小时才能完成。同时因为它是标准化的，所以结果可以在任职者和管理者职位之间进行比较。MPDQ 有几个用途，包括职位描述、绩效评价和职位评价。它有配套软件，使用户可以根据职位分析生成专业的定制报告。

5.2　胜任力模型

理解管理职位的最新方法归在"胜任力模型"中。胜任力模型的核心是管理或领导方面的能力。McClelland（1973）提出，广泛的胜任力对成功很重要（相对于更具限定性的认知属性而言）。尽管有些学者驳斥这一观点（如 Barrett，Depinet，1991），但在应用和咨询领域，对管理或领导方面能力的关注已经变得相当突出。识别胜任力、汇编它们再将其与各种人力资源管理系统联系起来的过程就是胜任力模型。

Shippmann 等（2000）发现，75%~80% 的受调查公司使用某种形式的胜任力相关应用程序；其他人则认为"《财富》杂志评出的 100 强公司（经济体系中最大的公司）中的大部分（如果不是全部）都使用胜任力模型作为它们的人才管理系统的基础"（Stone，Webster，SkoOver，2013）。鉴于其流行性，描述胜任力模型的一些主要特征就变得非常重要。与使用 MPDQ 不同，胜任力模型中并不存在公认的能力分类法，学者们也没有在胜任力模型中使用的方法上达成共识。此外，与其他形式的工作分析相比，关于胜任力模型方法的研究较少。事实上，胜任力模型主要由业务顾问使用专有系统发挥作用。尽管如此，由于它的流行性，我们依然认为总结胜任力模型的一些主要特征是很重要的。重要的是要认识到，我们在这里讨论的是不同方法的组合。实际结果可能会有所不同。

作为一种实践方法，胜任力模型似乎受到 Prahalad 和 Hamel（1990）的影响，二人解释了企业的核心胜任力，专注于形成企业（而非个人）竞争优势的基本胜任力。管理咨询界采纳了这一总体思路，然后将其推广到个人层面（通常是进行职位分析的层面）。胜任力模型涉及确定组织对员工个人所需的个人特征的重视，核心观点是以某种方式将特定的业务战略与人们追求战略所需的胜任力联系起来。假设一个组织决定重视创新（想想 3M 公司的便利贴或辉瑞公司的万艾可），则组织会希望雇用、培养和奖励具备创新胜任力（如创造力）的个人。你可能会发现，将胜任力模型视为一种寻找将优秀员工与其他员工区分开来的特征的方法是有帮助的。回想一下，这也是职位要素法探究的主要问题。

胜任力模型实践通常会收集不同职位的个人特征信息（通常是组织内所有管理岗位的个人特征信息），不重视任务。

胜任力模型中确定的人类属性往往内容宽泛，与特定任务没有直接联系（Jackson, Schuler, 1990；Snow, Snell, 1993）。胜任力模型的支持者已经提出，一旦被开展，胜任力模型可以在组织中的各种不同职位中为所有人力资源系统（例如，人员选拔、培训、绩效管理等）打下基础。

一系列学术成果和实践者的出版物中已经确定了数百种胜任力（Bartram, 2005；Borman, Brush, 1993；Boyatzis, 1982；Lucia, Lepsinger, 1999；Spencer, Spencer, 1993；Tett, Guterman, Bleier, Murphy, 2000）。甚至联邦政府也参与其中，如美国劳工部在秘书必备技能委员会报告中确定的系列关键胜任力，人事管理办公室的跨职业群体胜任力集（www.opm.gov），以及O*NET的各种描述符域（有些人可能会建议详细说明高工作绩效所需的胜任力范围）。

能力列表的激增有点令人费解。例如，Bartram（2005）介绍了咨询公司SHL使用的胜任力方法（见表5-5）。这一方法包括8个胜任力因素（被称为"八大胜任力"，毫无疑问，这是对大五人格因素的致敬——永远不要低估"抓眼球的"标签的力量）、20个胜任力和112个组成部分。类似的冗长的胜任力列表可在上述任何参考资料中找到。它们虽然通过不同的方式实现，但所有这些列表都试图描述管理工作的广度，类似于Mintzberg（1973）和Fleishman等（1991）的工作。尽管不同系统的标签多种多样，但理想特征之间仍存在相当大的重叠。如果你对重叠程度感到好奇，我们建议你将表5-3中MPDQ的管理工作因素与表5-5中的八大胜任力进行比较。

表5-5　八大胜任力介绍

胜任力标签	描述
1.领导和决策	告诉其他人做什么；决定采取何种行动
2.支持和合作	和其他人和谐共事；做善于与团队合作的成员
3.影响和演说	劝说其他人；拥有社交自信和演说技能
4.分析和解读	有效分析问题；自如处理数据
5.创造和概念化	高效应对变化；根据整体布局推进事物
6.组织和执行	规划工作以达成目标；确保顾客满意
7.调整和适应	应对压力；遇到挫折及时调整
8.事业心和执行力	专注结果；掌握财务知识

出于科学节约的利益考虑，需要找到某种方法来调和这些不同的胜任力集合，但考虑到它们的专利性质，这样的结果是不可能达成的（在我们看来也是如此）。咨询组织已经开发了它们自己的专利词典，包含可应用于一系列职位或角色的固定胜任力集合。它们还提供了一种方法，可以用定制集或其他人的胜任力词典丰富自己的词典，或者在面对新发现的或公司特有的能力时修改词典内容。

胜任力模型面临的一个基本问题是，胜任力不存在通用的定义（Shippmann, et al., 2000）。例如，胜任力被定义为：已被证明的知识、技能或能力（Ulrich, Brockbank,

Yeung, Lake, 1995); 知识、技能、能力、动机、信仰、价值观和兴趣的混合物 (Fleishman, Wetrogan, Uhlman, Marshall-Mies, 1995); 动机、特质、技能、自我形象或社会角色的方面、知识体系 (Boyatzis, 1982); 与在职获得高绩效相关的知识、技能、能力或特质 (Mirabile, 1997); 用于实现工作目标的可测量的工作习惯和个人技能的书面说明 (Green, 1999); 有助于达成预期效果或结果的一系列行为 (Bartram, Robertson, Callinan, 2002); 在所考察职位中达成有效绩效所需的知识、技能、能力和其他特质 (KSAOs) 的集合 (Campion, et al., 2011)。你可能已经注意到,像我们这样的学者专注于定义,就像统计学家专注于模型的假设一样。但这真的值得花费所有的时间和论文版面吗,还是说作者能从阿司匹林和咖啡的销售中获得回扣?

关于胜任力模型是否优于职位分析,或者胜任力模型是否只是职位分析的另一种说法等问题,一直存在争议 (Pearlman, 1997)。Sanchez 和 Levine (2009) 通过比较传统的职位分析与胜任力模型探讨了这一问题,并指出了六个关键差异。如表 5-6 所示,与传统的职位分析相比,胜任力模型模型采用了更积极、更高层次、具有未来导向且独特的方法。除了简单地描述工作之外,胜任力模型还提供了一个指导任职者达成公司重视的、高绩效的路线图。严格来说,它强调了任职者如何通过行使其胜任力实现公司目标。

表 5-6 传统的职位分析和胜任力模型的主要区别

维 度	传统的职位分析	胜任力模型
应用	描述行为	影响行为
职位角度	描述的是外部事物	设定角色
关注焦点	职位	组织
时间导向	过去	未来
绩效水平	典型的	最大量的
测量方法	潜在特质	临床判断

资料来源: Adapted from Sanchez, J. I., & Levine, E. L. (2009). What is (or should be) the difference between competency modeling and traditional job analysis? *Human Resource Management Review*, 19, 54.

Shippmann 等 (2000) 针对许多不同领域的专家开展了调查,以系统地探讨职位分析和胜任力模型之间的异同。专家们被要求根据以下属性(因为它们应用广泛)对职位分析和胜任力模型进行评估:调查方法、描述符类型、开发描述符内容的程序、描述符的详细程度、与业务目标和战略的联系、内容审查、描述符重要性排序、信度评定、内容修订过程和程序文件。

要点是,职位分析在大部分情况下优于胜任力模型,只有一个例外:与业务目标和战略的联系。虽然职位分析往往能更好地获得正确的信息,但它在传达所做工作的价值方面存在不足。胜任力模型中的流程和描述符都以一种明确收集信息价值的方式同业务管理沟通。胜任力模型通常涉及协调一致的努力,以了解组织的环境、战略和目标 (Shippmann, et al., 2000)。此外,它通常试图将模型工作的结果与组织感兴趣的结果明确地联系起来。

一方面,使用更广泛的特质可能有助于组织应对边界不明确的更广泛的职位。另一方面,职位分析通常侧重于作为兴趣结果的职位的任务绩效(尽管培训周期是一个例外,详见第 8 章）。

然而，胜任力模型在对工作进行更全面或更整体的判断方面存在着众所周知的问题（Butler，Harvey，1988；Morgeson，Spitzmuller，Garza，Campion，2016）。如果胜任力模型过程涉及对许多抽象胜任力的识别，则可能会产出错误指定的胜任力模型。例如，Morgeson、Delaney-Klinger、Mayfield、Ferrara 和 Campion（2004）发现，与分解的任务和能力评定相比，全球胜任力评定被夸大了。结果可能会生成一长串"重要的"胜任力，不那么重要的胜任力也被纳入其中。

一方面，这些在胜任力模型工作中常见的带有更抽象判断的问题使得一些人开始研究改进该模型的方法：包括参照框架培训（Lievens，Sanchez，2007）以及在此过程中使用职位专家和任务相关信息（Lievens，Sanchez，De Corte，2004）。由此可见，改进胜任力模型工作的关键在于使其更像传统的职位分析。显然，将传统的职位分析工作与业务目标和战略更紧密地联系起来很有必要。这样做将提高职位分析的强度，同时保持使用职位分析开发人力资源系统时所需的严谨性。事实上，Campion 等（2011）认为胜任力模型可以被视为职位分析的特洛伊木马。

另一方面，证明胜任力模型有用的是，我们收集到的信息表明，内部的、专有的研究和开发工作展现了胜任力模型的大量成功应用，以及胜任力本身更精确的规范（示例参见 Campion, et al., 2011）。不幸的是，大部分此类研究很少在严格的、同行评议的渠道发表文章，因此很难知道如何利用这些证明。

看过上述交锋观点后，你可能需要实际地对胜任力模型过程的描述。以下是根据 Lievens 等（2004；确切地说是研究 2——关于胜任力模型最佳实践的讨论；另见 Campion, et al., 2011）进行的一项研究得出的一个例子。这些作者依靠主题专家小组为三种职位制定胜任力模型：设计和制造工程师、技术生产操作员和管理会计。每项职位都由一个不同的主题专家小组负责，小组由任职者、管理者、人力资源专家和内部客户组成（理想情况下，我们希望职位分析有更大的主题专家小组）。主题专家小组需要熟悉焦点职位并了解组织业务和人力资源战略。首先，主题专家会接受半天的培训，用于熟悉正在使用的特定胜任力模型方法。然后，每个经过培训的参与者都会收到一套共 67 张卡片，每张卡片上列出了单一（且唯一）的行为相关胜任力。他们的任务是按从"成功的关键"到"不重要"的顺序将 67 张卡片分为五类。他们的分类必须遵循这样的指导原则——每类卡片的数量是固定的，并且分类必须类似于正常的钟形曲线，即大多数卡片属于中间类别，少数卡片属于极端类别。Lievens 等（2004）真正感兴趣的是不同主题专家小组成员之间的一致性，而不是最终确定一个组织的胜任力模型。如果有人对最后确定的胜任力模型感兴趣，可以对小组的评分进行平均，或举行协商会议，以确定最终选择。

尽管有上述描述，我们仍然怀疑组织以许多不同的方式实施胜任力模型。为了提供另一个角度，我们将以幕后视角为你呈现一家公司的相关流程。因为胜任力模型是有专利的，所以在一些描述中我们讲解得会有点模糊。该公司是一家拥有多个销售点的零售商。它决定创建一个计算机化的学习管理系统，帮助整个公司进行标准化培训。该公司需要一个胜任力模型，要求该模型能够组织特定职位的培训内容，但又足够广泛，能适用于公司的所有职位。此外，它已经有了一个高层次的三维框架，专注于公司的核心价值观（如诚信等），因此胜任力模型也必须适应这一点。公司雇用了两个不同的咨询公司，一个提供领导力胜任力，另一个提供技术胜任力（我们认为雇两个公司有点不正常，但这是公司的要求）。两家咨询公司都与高级管理层会面，以获得认可并确保在开始之前就工作范围、交付成果和时间安排达成一致。职位分析包括对员工的观察、工作本身（对于某些职位）、多次访谈以及由不同级别（从基层到高级管理层）员工组成的重点关注小组。最后，领导力胜任力包括"判断和决策"与"结果和责任"等维度；技术胜任力包括"产品知识"和"宾客服务"等维度。尽管我们没有审查最终的学习管理系统，但胜任力模型似乎是合理的且能符合公司"包括所有职位，但仍能展开具体的培训内容"的要求。

胜任力模型小结

尽管你可能将胜任力模型视为一种快速但不可观的员工导向的职位分析方法，但它的实践应用无处不在。胜任力模型明确指出了业务战略和目标之间的联系，以及员工有效竞争所需的属性，也是一种更具前瞻性的方法。它解决了职位分析中的一个常见弱点问题，即通常根据当前和过去的任务、活动与KSAOs来描述工作。此外，它还突出了一系列属性，这些属性在思考管理工作，特别是更高组织层级的管理工作时可能会有所帮助。不过，胜任力模型仍存在许多尚未在科学文献中得到解决的缺点。虽然学者们已经开始研究和改进胜任力模型，但还有很多工作要做。已经进行的内部专有研究，则需要在设有严格同行评审的科学出版物上发表。鉴于建立在胜任力模型方法基础上的人力资源管理系统可能面临的法律挑战，这些建议显得尤其重要。

5.3 团队职位分析

个人的能力是有限的。然而，当人们被和谐地组织起来共同工作时，几乎能做到任何事。而且许多任务根本无法由一个人完成，如演奏交响乐、操纵潜艇、为飞行中的喷气式飞机加油等。

团队（team）的定义以及团队与群组之间的区别是两个棘手的问题，并没有得到普遍认同的答案。至少我们应从以下三个属性维度考量团队：多人、相互依存的工作和共同的目标。组建一个团队，显然至少要有两个人（有些人说是至少三个人，但我们认为这缺乏令人信服的理由，所以请不要考虑三个人的条件）。所谓相互依存的工作，是指团队成员的任务以某种重要的方式相互关联，且每个成员都有一个明确的角色可以扮演。例如，在麻醉师给患者完成麻醉之前，外科医生不能（最好不要）进行手术。再举一个例子，两个程序员可能会将编写程序代码的任务一分为二，但在编写这两段代码时，他们必须共享数据或将数据正确地从程序的一部分传递到另一部分。本质上，程序的两部分必须结合在一起。共同的目标通过确立团队目标来定义团队，它还提供了一些如何确定团队有效性的想法。共同的目标包括赢得竞争、为客户提供优质服务、制造机器和维护设备等。

"为什么？"你可能会想，"我们应该担心分析团队的工作吗？"分析团队的工作与分析职位的职能有很多是相同的。也就是说，我们想知道如何为团队选拔人员、培训团队、补偿团队和团队成员，以及为团队设计职位。我们还分析团队的工作，将非常复杂的整体简化为更易于管理的部分。你可能还会问，为什么我们不能简单地分析每个团队成员的职位，而是分析整个团队的工作。当然，如果可以的话我们也会这么做，但若是我们所做的事仅限于此，那么我们就会因小失大。比如一群人描述大象：一个只检查一条象腿的人说大象像树干，一个只看象鼻的人说大象像绳子，而另一个只看耳朵的人说大象像一片巨大的叶子。有时候你需要立足大局。团队的工作分析（而不是职位分析）应该有助于实现所有这些目的。

团队作为一种组织工作的方式，热度持续增加。企业、政府和军队对创建、管理和评估各种类型的团队都非常感兴趣（Brannick，Salas，Prince，1997；Jones，Schilling，2000；Mathieu，Maynard，Rapp，Gilson，2008；Wheelan，1999）。《美国心理学家》杂志2018年一整期对团队合作的探讨也很好地说明了团队的重要性。

团队成果可以超过其成员个人绩效的简单总和（Goodwin，Blacksmith，Coats，2018），这一发现也推动了相关方面对团队的重视。在创新领域，经过时间考验的研究表明，"自20世纪50年代以来，研究团队产生的高影响力的文章和专利数量超过了研究个人的"（Thayer，Petruzzelli，McClurg，2018；其引用了Wuchty，Jones，Uzzi，2007的研究），这更进一步地验证了团队的效能。

团队工作分析与职位分析类似，因为我们可以考虑与职位相同的团队组成部分，即描述符、数据收集方法、职位分析数据的来源和分析单元。与团队打交道时相关的其他组成部分包括团队相关性和工作流程（Arthur, et al., 2012）以及信息存储、检索和传播。正如你将看到的，分析团队的工作迫使我们考虑在分析单个职位时通常不会出现的一些问题。

5.3.1 团队职位设计

大多数团队有效性理论遵循输入–过程–输出模型（例如，Dickinson，McIntyre，1997；Gladstein，1984；Guzzo，Shea，1992；不遵循此模型的示例请见Ilgen，Hollenbeck，Johnson，Jundt，2005；Sundstrom，De Meuse，Futrell，1990）。其中输入因素包括组织资源和其他情境因素（包括团队是否嵌入所谓的多团队系统）。过程因素涉及团队实际做什么，例如沟通。输出因素通常包括有效性度量（他们赢了吗？）以及对团队的满意度（团队成员能否再次合作？）。Campion和他的同事们（Campion，Medsker，Higgs，1993；Campion，Papper，Medsker，1996）回顾了相关文献，编制了一份他们认为可用于设计有效团队的因素清单。他们开发了一项可用于衡量团队的各种团队设计特征的调查。表5-7显示了团队设计特征和每个项目的示例。

表 5-7 团队设计特征和示例

团队设计特征	示　例
职位设计	
1. 自我管理	我的团队而不是我的上司决定团队中谁完成何种任务
2. 参与度	我的团队允许所有人参与决策
3. 任务多样性	团队中的多数人都有机会从事更有趣的任务
4. 任务重要性	我的团队让我感觉我的工作对于公司是重要的
5. 任务同一性	我的团队对自己领域的产品的各方面负责

(续)

团队设计特征	示 例
互依性	
6. 任务互依性	团队中,各成员从事的工作彼此联系
7. 目标互依性	我的工作目标直接源自团队的目标
8. 互依性的反馈和奖励	我的绩效评价很大程度上取决于团队表现得怎么样
构成	
9. 异质性	团队成员擅长的事情很不相同
10. 灵活性	团队中的大部分成员了解彼此的职位
11. 相对规模	我的团队人数很少,不足以完成工作
12. 群组工作偏好	我通常更喜欢作为团队的一分子开展工作
情境	
13. 培训	公司为我的团队提供了足够的技术培训
14. 管理支持	公司高层支持团队
15. 沟通/工作群组之间的合作	公司中的团队会合作以完成工作
过程	
16. 效能	我的团队能接下任何工作并完成
17. 社会支持	团队的成员在需要时会彼此帮助完成工作
18. 工作量分担	团队中的每个人从事合理份额的工作
19. 沟通/工作群组内部的合作	团队成员会合作以完成工作

资料来源:Adapted with permission of John Wiley & Sons, from Campion, M. A., Medsker, G. J., & Higgs, A. C. (1993). Relations between work group characteristics and effectiveness: Implications for designing effective work groups. *Personnel Psychology,* 46, pp. 848–850; permission conveyed through Copyright Clearance Center, Inc.

在职位设计特征下考虑的 5 个因素中有 4 个是职位特征理论中包含的(Hackman, Oldham, 1980)。职位特征理论的影响因素包括自主性、任务多样性、任务同一性和任务重要性。团队中的自我管理类似于个人职位中的自主性。团队可能会有正式的领导者,他们被赋予责任和权力,做出诸如任务分配、雇用和解雇团队成员等决策。随着自我管理能力的增强,领导者更像是教练而不是老板。在极端情况下,可能不会有正式的领导者,管理职能由团队接管。参与度是指所有成员对团队决策的贡献程度,它与自我管理高度相关。自我管理和参与度有助于促进团队成员的责任感。

任务多样性、任务同一性和任务重要性都是能激励人们的职位属性。多样化的职位使人们能发展和使用多种技能。任务同一性是指工作是一个整体,而不是一个部分(例如,建造一辆完整的汽车而不仅仅是座椅套)。任务重要性是指工作对其他人的影响(例如,外科医生就担有一份重要的职位)。任务同一性和任务重要性会影响团队成员对工作意义与重要性的感知。

互依性特征包括任务互依性和目标互依性,这也是我们定义团队的两个属性。互依性的反馈和奖励关系到个体成员的反馈和奖励在多大程度上取决于团队成果。互依性影响成员将自己视为团队一部分的程度。互依性越强，成员作为团队一员的感觉就越强烈。

构成特征是指属于团队的人员组合。异质性指团队成员在种族、性别和认知能力等特征方面的背景差异。灵活性指团队成员更改其工作分配的程度。为了保持灵活性，团队必须具备更改任务的权限和团队内涵盖其他成员职位的技能。相对规模是指与需要完成的工作量相关的人数。随着团队规模的增加，协调需求也随之增加。根据相关理论，每个团队都有一个最佳规模。群组工作偏好是指团队成员个人对与他人合作的偏好（与单独工作的偏好相比）。有这种偏好的团队成员往往会更积极地参与团队的工作。

情境特征之所以如此称谓，是因为它们来自团队之外。团队成员培训是管理层提供的一项支持活动，旨在通过改进任务运作、改进流程（如更好地决策）或两者同时改进来提高团队的效率。管理支持涉及其他类型的支持，如提供材料和信息。沟通/工作群组之间的合作关系到组织内团队间关系的质量。该组织的特点可能是相对合作或相对竞争。

根据团队有效性的输入—过程—输出模型，到目前为止，我们描述的所有因素都属于模型的输入部分。过程特征属于模型的过程部分。效能是团队对自身能力的信念。例如，一支足球队可能会对即将到来的比赛充满信心，或是认为胜利属于奇迹发生。社会支持是指团队成员在人际关系上相处融洽。工作量分担是指调整个人之间的工作，以避免某些团队成员懈怠。沟通/工作群组内部的合作是指在成员之间传递信息。过程变量通过激励团队成员努力并坚持工作（效能和社会支持）或通过直接提高工作效率（工作量分担和沟通/工作群组内部的合作）来影响团队效率。

Campion 等（1993）开展了一项调查，以测定组织中团队的性质。他们还从几个方面衡量了团队的有效性。他们测量了团队的生产力和团队成员对工作的满意度，发现大多数团队特征与大多数结果指标相关。这一证据支持了他们的团队设计特征模型。

这项研究表明，团队设计特征受管理控制影响（即它们可以改变）。然而，到目前为止的研究只涉及现有团队的差异，而不是操纵团队特征的实验结果。因此，操纵这些因素是否会提高效率还有待观察。然而，在分析团队工作时，这一研究提供了丰富的描述符来源。

5.3.2 团队知识、技能和能力

正如我们将在第 10 章（关于未来职位分析）中所述，许多人都预测未来的工作将由拥有灵活、动态职位的小团队完成。在这种情况下，将很难分析特定任务以推断所需的单个团队成员的知识、技能和能力（KSAs）。解决这个问题的一个办法是根据对一系列工作都有价值的通用特质来选择员工。就团队而言，研究人员不仅开发了一份有用的 KSAs 列表，甚至还开发了一份纸笔测试，试图按团队成员前景的好坏将人员归类（Stevens, Campion, 1994, 1999）。

表 5-8 列出了团队协作的 14 个 KSAs 需求列表。如你所见，KSAs 有两种主要类型：人际 KSAs 和自我管理 KSAs。这两种主要类型都被进一步细分，如人际 KSAs 包括冲突解决、协作问题解决和沟通方面的 KSAs。

表 5-8　团队协作的 KSAs 需求

I. 人际 KSAs
 A. 冲突解决 KSAs
  1. 承认并鼓励可取的团队冲突，反对无用冲突的 KSAs
  2. 应识别团队面临的冲突类型和来源，并实施适当的冲突解决策略的 KSAs
  3. 应采用综合（双赢）谈判策略，而不是传统的分配（输家-赢家）策略的 KSAs
 B. 协作问题解决 KSAs
  4. 旨在确定需要参与性群体解决问题的情况，并利用适当的参与程度和类型的 KSAs
  5. 应识别团队协作解决问题的障碍，并实施适当的纠正措施的 KSAs
 C. 沟通 KSAs
  6. 应了解通信网络，并尽可能利用分散网络加强通信的 KSAs
  7. 能够公开和支持性地进行沟通，即发送面向行为或事件的、一致的、有效的、连接的、拥有的消息的 KSAs
  8. 应进行非评价性倾听，并适当使用主动倾听技巧的 KSAs
  9. 旨在最大限度地协调非言语和言语信息，并识别和解释他人的非言语信息的 KSAs
  10. 需要进行仪式性的问候和闲聊，并认识到其重要性的 KSAs

II. 自我管理 KSAs
 D. 目标设定和绩效管理 KSAs
  11. 有助于建立具体的、具有挑战性的和可接受的团队目标的 KSAs
  12. 负责监控、评估团队整体绩效和团队成员个人绩效，并提供反馈的 KSAs
 E. 计划和任务协调 KSAs
  13. 负责协调和同步团队成员之间的活动、信息和任务相互依赖性的 KSAs
  14. 有助于为单个团队成员建立任务和角色期望，并确保团队工作负载适当平衡的 KSAs

资料来源：Stevens, M. J., & Campion, M. A. (1994). The knowledge, skill, and ability requirements for teamwork: Implications for human resource management. *Journal of Management*, 20, 505.

  自我管理 KSAs 涉及目标设定和绩效管理，以及计划和任务协调。请先花几分钟时间通读表中的各列。试着想象一个需要用到每个 KSAs 的情况。例如，当冲突涉及在信任的气氛中实现商定目标的最佳方式时，冲突可能是可取的（例如，"我们如何才能阻止竞争对手向客户销售产品？"）。关于冲突可取的更多信息，请参见 Amason（1996）, Amason、Thompson、Hochwarter 和 Harrison（1995）或 Nemeth（1992）。个人层面的或反映了价值观深刻差异的冲突通常是不可取的（例如，"我要抓住你，你这个笨蛋！"）。

  Stevens 和 Campion（1999）开发了一种情境判断测试来衡量这些不同的团队 KSAs。测试中先呈现了现实的团队相关情况，然后给出了几个潜在的行动方案。应试者得到指导，以选择最佳选项。团队合作测试的样本项目如下：

  假设你和几个同事在争论谁应该做一项非常不愉快但又例行公事的任务。以下哪项可能是解决这种情况的最有效方法？
  A. 让你的主管决定，因为这样可以避免个人偏见
  B. 安排一个轮换时间表，让每个人分担
  C. 让最早到的员工按照先到先得的原则进行选择
  D. 随机指派一个人完成任务且不再换人
  （Stevens，Campion，1999；这个问题的答案是 B）

研究人员已经尝试通过团队合作测试来选择团队成员。虽然有一些人支持这一做法，认为它有助于识别更合适的团队成员，但令人惊讶的是，团队合作测试的分数与认知能力测试的分数高度相关。换句话说，团队合作测试相当于在测试某人有多聪明。还要注意的是，团队合作测试并没有评估团队成员可能需要的宜人性或其他性格特征。研究表明，团队合作 KSAs、若干个性特质和社交技能对团队环境中的绩效有独特的贡献（Morgeson，Reider，Campion，2005），这表明团队 KSAs 只是此类环境中成功的一个重要部分。

我们之所以在这里加入团队合作测试，是因为它也是一个丰富的描述符来源，可能有助于描述团队的工作，特别是在某些人际关系方面。这些描述符对于自我管理的工作团队尤其有用。许多描述符可能属于传统层级组织中的领导或管理范畴。例如，任何工作小组经理都可能需要解决冲突。

5.3.3 团队职能

正如你刚才看到的，团队可能需要其成员的某些知识和技能（不考虑团队的具体工作）。分析与特定任务内容无关的团队工作的另一种方法是分析通用的或普遍需要的团队职能。Nieva、Fleishman 和 Reick（1978；另见 Fleishman，Zaccaro，1992）确定了一组此类职能，共有 5 个一般职能，每个职能又分为两个或两个以上的特定职能。

（1）导向性职能使团队成员了解他们正在做什么，即团队的目标是什么以及他们拥有哪些可以用来实现目标的资源。在导向性职能中，团队还必须交换有关环境特征的信息，并评估哪些任务需要按什么顺序完成。

（2）资源分配职能使团队能将人员分配到任务中，以便人员有事做，并且个人才能与任务要求有一定的匹配。

（3）时间安排职能处理团队内的活动模式，与团队和个人的总体活动节奏有关。

（4）协调职能涉及对团队成员行为模式的要求。

（5）激励职能处理团队成员的努力程度并管理成员之间的冲突。必须制定和采用绩效规范，还要建立团队奖励。

研究人员开发了一套量表，以便评审员能够对不同的团队及其职能进行评定（Shiflett，Eisner，Price，Schemmer，1982）。该量表已用于显示不同军事团队的需求概况差异。然而，团队职能尚未广泛应用于公司中的团队。但我们提供了职能列表，可以作为分析团队工作的描述符的丰富来源。在我们看来，团队职能法可以让我们对团队需要做什么有相当完整的了解。至于描述团队如何完成所需的职能，就留给其他方法来解决吧。

5.3.4 绩效多阶段分析系统

绩效多阶段分析（multiphase analysis of performance，MAP）系统是为分析团队任务而开发的，主要用于团队培训（Levine，Baker，1990；Levine，Brannick，Coovert，Llobet，1988）。具体做法是从团队的任务或目标开始，然后是人们为了实现目标必须完成的职能，最后是个人为了实现这些职能必须完成的任务。一旦确定了任务，就可以进行几种不同类型的分析，以确定培训内容。选择 MAP（地图）作为代称的部分原因是该缩写类比了地理知识——一个人从一张大图开始，确定团队的大致位置，然后根据需要填写更详细的信息，以达到自己在训练方面的目标。这个练习就像计划一次从坦帕到底特律某条特定道路的旅行。你可以从国家地图开始，先转到州地图，再以城市地图结束旅程。

1. 团队职位分析的组成部分

MAP 系统是基于你在本书中所了解和喜爱的四个组成部分构建的，这四个部分为：描述符、职位分析数据来源、数据收集方法和分析单元（我们意识到在职位分析后计划信息使用很重要，但除了最终报告之外，计划过程并不是原始 MAP 系统的一部分）。第 1 章给出了每个组成部分的综合列表（见表 1-3；在"职位"和"员工"中分别添加"团队"或"团队成员"就更为恰当）。Levine 和 Baker（1990）将 MAP 系统的组成部分组织成一系列可行集，这些可行集取决于要进行的培训类型。例如，如果我们正在培训一个团队使用全新的设备，那么团队成员就不是职位分析数据的可行来源，因为只有培训后他们才能真正操作机器。可以选择设备设计师或其他专家作为数据来源。

Levine 和 Baker（1990）使用组织原则生成的可行集由三个因素组成。第一个因素为培训是针对个人还是针对整个团队。例如，即使飞行员可以作为机组成员一起飞行，但飞行员培训时既可能会也可能不会让其他机组成员参与；有些任务需要其他成员，但有些任务则相反。第二个因素为培训是主要用于人际关系，还是用于产品或服务的生产，即职位的技术方面。第三个因素为团队是否成熟。说到不成熟的团队，我们并不是指幼稚或傻笑，而是之前没有该任务经验的团队。这三个因素共同构成了一个用于培训的包含 8 个单元的网格。对于每个单元，我们都推荐了组成部分的子集。

以 Levine 和 Baker（1990）的喷气式战斗机飞行员模拟训练为例，表 5-9 给出了每个单元的建议组成部分网格。单元格中的数字取自第 1 章的表 1-3。（跟踪表 1-3 中的条目列表我们就留给雄心勃勃的你来做了；你可能需要在一个懒散的星期天做一些有用的事情，不是吗？）每个数字都指向一个特定的组成部分。例如，单元 1 用于为成熟（有经验）的团队成员提供团队合作人际关系方面的个人培训。单元 1 列出了可行的描述符、职位分析数据的来源、数据收集方法和分析单元。有用的描述符（D）包括团队成员的个人职位需求等。有用的职位分析数据的来源（S）包括团队成员和团队培训师。有用的数据收集方法（C）包括个人和团队访谈及问卷调查，分析单元（A）包括职位维度（如领导行为）和团队成员特征要求（如自信）。

表 5-9 MAP 系统的组成部分

	个人培训	
	来自成熟的团队	来自不成熟的团队
人际关系	单元 1 D: 5, 9, 12, 13, 14 S: 4, 6 C: 2, 3, 5 A: 5, 6, 7, 8	单元 2 D: 5, 9, 12, 13 S: 2, 5, 6 C: 2, 3, 4 A: 5, 6, 7, 8
生产	单元 3 D: 5, 7, 8, 12, 13 S: 4 C: 2, 3, 5 A: 1, 2, 7, 8	单元 4 D: 1, 5, 7, 8, 12, 13 S: 2, 5, 6 C: 2, 3, 4, 8 A: 1, 2, 7, 8

(续)

	团队培训	
	来自成熟的团队	来自不成熟的团队
人际关系	单元 5 D：3，5，9，12，13，14 S：2，4，5，6 C：2，3，4 A：5，6，7，8	单元 6 D：3，5，9，12，13 S：2，3，5，6，9 C：2，3，4 A：5，6，7，8
生产	单元 7 D：3，5，7，8，12，13，14 S：2，3，4，6，9 C：2，3，4 A：5，6，7，8	单元 8 D：1，3，5，7，8，12，13 S：2，3，5，6，9 C：2，3，4 A：5，6，7，8

资料来源：Adapted from Levine, E. L., & Baker, C. V. (1990). *Team task analysis: A test of the multiphase analysis of performance (MAP) system* (Contract No. DAAL03-86-D-001, p. 57). Orlando, FL: Naval Training Systems Center. Adapted by permission of the author.

注：D = 描述符；S = 职位分析数据的来源；C = 数据收集方法；A = 分析单元。数字已键入表 1-3。例如，在单元 1 中，D 行中列出的数字 5 对应表 1-3 中"描述符"一列的第 5 个描述符（在这种情况下，它代表团队职位情境）。

正如我们前面提到的，分析从团队的使命开始，经过逐步细化的阶段，直到完成培训所需的信息才结束。Levine 和 Baker（1990）通过分析实验室团队的任务阐述了 MAP 系统的应用。在该任务中，两个人一起操纵一架喷气式战斗机的微型计算机模拟器。设置这项任务是为了让两个人中有一人操作操纵杆，另一人操作键盘。手柄控制飞机方向，键盘则控制飞机的速度和用来向敌机开火的武器。该任务结构使任何机组成员都不能单独完成任务，他们必须共同努力来实现目标——击落敌人的战斗机。

Levine 和 Baker（1990）首先考虑了最理想的培训类型。因为他们处理的是一项实验室任务，团队之前不具备这方面的经验，所以选择了不成熟的团队（单元 2、4、6 和 8）作为最相关的团队。随后，个人和团队生产培训则被选为演示中最有价值的（单元 4 和单元 8）。

2. 描述符

Levine 和 Baker（1990）选择的描述符（用于单元 4 和 8）对应数字 1、3、5、7、8、12 和 13（对这些数字的解释见表 1-3）。为了节省空间，我们只提及那些与团队最直接相关的描述符。例如，描述符 3 表示团队和团队成员的职责（与使命）。分析的第一个目标是确定团队的主要目标或任务。上述案例中的任务是击落敌机。任务确定后，应以一般方式发现和描述团队成员的职能，这些职能有助于达成团队使命。在上述例子中，对应的是先由一个机组成员操纵战机进入特定位置，锁定目标，再由另一个机组成员发射武器。

描述符 7 指机器、工具、设备、辅助工具和备忘录，它是装备密集型任务（如模拟空战任务）中的一个主要项目。喷气式战斗机示例中的分析应侧重于计算机、操纵杆、键盘、地图、耳机和其他作为职位一部分的机器与工具。在典型的职位分析（不针对团队）中，所有机械设备都指向目标作业。然而，在团队工作分析中，需要指出机械项目和每个团队成员之间的关系。在上述例子中，只有一个机组成员使用操纵杆，但两个成员都用耳机。

他们还选择了描述符 12，即团队和团队成员的工作活动。Levine 和 Baker（1990）通过召集主题专家小组为每个团队成员制定了一份活动清单，指导他们制定任务清单（见第 2 章）。在编制任务清单的过程中，主题专家被提醒要注意总体任务以及与完成任务相关的职能。然后，每个职能又根据个人岗位被分解成一系列的任务。例如，使用操纵杆岗位下的瞄准职能被分为搜索、接近和保持（锁定）步骤。前两个步骤涉及解读雷达显示的信息，第三个步骤则要解释通过驾驶舱窗口显示的信息。

3. 流程图和时间图

团队成员借助工作彼此联系。团队合作总是涉及协调任务执行的顺序（想象有一帮人，依次将一桶水传递给下一个人，直到最后一个人拿到水桶把火扑灭）、同时性（例如，在一个管弦乐队中，不同的音乐家必须同时演奏不同的音符）或两者兼有。顺序可能涉及物理方面的事情，如汽车装配；也可能涉及信息传递，如在空中交通管制时，其中一个管制员将飞机"交给"另一名管制员。同时性可能涉及体力劳动，例如多人必须齐心协力才能移除坦克踏板。它还涉及通过多个渠道发送信息，例如有两种不同类型的无线电，一种用于发出紧急信号，另一种用于发送语音。流程图可以描绘完成任务所需的团队合作。

流程图如图 5-3 所示（Levine，Baker，1990）。在此流程图中，矩形对应行动（任务执行），菱形表示决策，箭头代表活动方向。因此，与流程图相关的主要描述符之一是动作之间的关系，也就是说，流程图告诉我们一个动作是否先于另一个动作。我们还能利用流程图说明循环或重复的动作序列。例如，如果我们向敌人开火，但没有击中，我们就会再试一次。

时间图对于理解工作流程也很有帮助。图 5-4 即此类图的示例。一般来说，操作一架坦克需要三个人——第一个人驾驶坦克，使其处于便于行动的合适位置（参见图 5-4 中的第一行）；第二个人决定攻击目标和使用何种弹药（从上往下第二行）；第三个人瞄准并发射主炮（第三行）。在这个例子中有两点值得注意：每个箭头都代表一个活动，时间由从左到右的一条线表示。因此，活动序列显示为一组从左向右的箭头。三个不同的箭头层次展示了三名成员通常如何完成任务。这种表现形式很像管弦乐队指挥使用的乐谱。它显示了所做的一切，以及各部分如何随着时间的推移相互关联。这些图有助于理解工作是如何完成的，也有助于我们思考如何改变工作以使其更高效。

乐谱中几乎不包括时间上的自由裁量权，所有的音符都按时间顺序依次显示。但是，在如图 5-4 所示的内容中，一些关系是固定的，另一些关系则可以更改。例如，必须在发射前确定弹药类型并装填弹药，这些任务之间的关系是固定的。但是，可以在定位坦克之前、期间或之后瞄准，即定位和瞄准之间的关系是灵活的。我们可以用这种方式标记图 5-4 等图，以显示哪些关系是固定的，哪些关系是灵活可变的。

流程图和时间图不但对团队培训有价值，还可用于团队任务的设计（Dieterly，1988），也可用于推断选择目的的能力要求（Mallamad, Levine, Fleishman, 1980）。

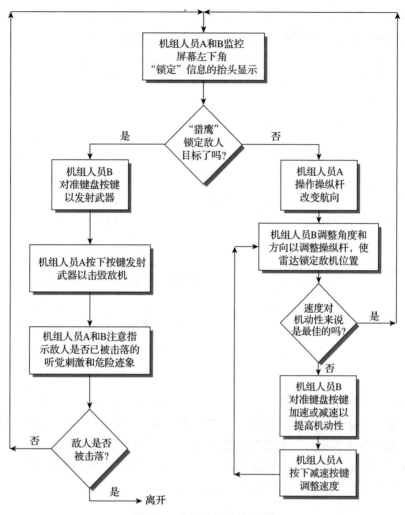

图 5-3　击落敌机的流程图

资料来源：Adapted from Levine, E. L., & Baker, C. V. (1990). *Team task analysis: A test of the multiphase analysis of performance (MAP) system* (Contract No. DAAL03-86-D-001, p. 36). Orlando, FL: Naval Training Systems Center. Adapted by permission of the author.

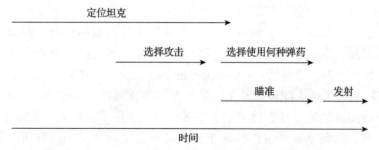

图 5-4　坦克主炮射击过程的时间图

4. 职位分析数据来源和数据收集方法

在我们开始介绍流程图和时间图的美丽与神奇之前，我们介绍了 Levine 和 Baker

（1990）的研究，该研究分析了模拟空战任务。现在我们继续思考这项研究，特别是职位分析数据来源和他们使用的数据收集方法。职位分析数据的可行来源包括主管、高级官员、专家、培训师和书面文件。研究中实际提供信息的人是专家和培训师。可行的数据收集方法包括访谈、技术会议和审查相关记录。Levine 和 Baker 采访了专家，并召开技术会议制定了一份任务清单。

5. 评定（分析单元）

Levine 和 Baker（1990）建议，任务生成会议的目标应该是确定 12～15 个团队职能和至少 50 个个人岗位任务。岗位任务应在团队职能下分层列出。生成并组织任务后要召开另一次主题专家会议，以生成可成功完成每个任务所需的 KSAOs（请注意，这些步骤与第 4 章的组合职位分析法非常相似）。完成并根据需要修订任务清单和 KSAOs 后，主题专家可对其进行评定，以提供用于指定培训内容的信息。

每项任务都应根据临界性和学习难度进行评定（应选用学习难度量表而不是任务难度量表，如组合职位分析法，因为 MAP 是培训的基础。毫无疑问的是，作为敏锐的读者，你会想起目的决定方法）。稍后可以分析评定结果，以提供培训重要性的综合指数。KSAOs 应根据两个因素进行评定。第一个因素是该属性在新团队成员中是否至关重要。第二个因素是给定的 KSAOs 是否将优秀成员与普通团队成员区分开来。

6. 数据分析

完成每个任务和 KSAOs 的评定后（学习难度、临界性、对新员工至关重要的 KSAOs，以及区分普通员工和优秀员工），就可以计算每个任务和 KSAOs 的汇总数据并将其提供给负责制定实际培训的人员。我们希望，在临界性和学习难度方面评分较高的任务，以及在区分平均表现和优异表现方面评分较高的 KSAOs 都成为培训的好选择。通常，在决定培训哪些 KSAOs 时会有相当多的判断。这些决定还取决于其他因素，如培训计划的可用时间和资金。

7. 存储和检索信息

职位分析结束之际会编写一份记录分析过程和结果（如任务清单和评级）的报告。编写时会邀请职位专家审查报告的准确性和完整性，以进行任何必要的修改。虽然 Levine 和 Baker（1990）除了提交最终报告外，没有开展这些额外活动，但我们现在知道这是一个重要问题。很多围绕职位分析展开的工作都是非常具有实用性的，但即使这些工作非常有用，也不容易被发表，这也使得其相当难以获得。将这样一份报告放到万维网上会使其更易于获得（例如，请参见 www.onetonline.org 上的 O*NET）。此外，可以将数据组织到一个允许检索有关个人职位或整个团队信息的数据库中。

显然，分析团队的工作具有挑战性。正如 MAP 系统（其关注点是培训）所示，团队是复杂的。当然，这种复杂性也许存在于我们可能追求的任何职位分析目的中。通常情况下我们认为，单个团队是被嵌入多团队系统的（Suffer, Carter, 2018），这使得职位分析变得更具挑战性。然而，这又是一个必须面对的挑战，因为人们愈发需要依靠团队来完成非常困难的项目，例如，登陆火星和抗击大规模环境灾难，以及墨西哥湾的石油泄漏。

5.4 团队认知任务分析

加里·克莱因（Gary Klein）及其同事使用认知任务分析解决了许多应用问题（Hoffman，Klein，2017），包括平民与军警的冲突（Klein，Klein，Lande，Borders，Whitacre，2015）和消防员指挥决策（Klein，Calderwood，Clinton-Cirocco，1986）。他们的一些工作涉及团队的认知功能（Kaempf，Klein，Thordsen，Wolf，1996；Klein，2006；Klein，Wiggins，Dominguez，2010）。他们的职位分析方法源自我们在第2章开头介绍的关键事件法，但他们的方法与决策过程的联系比关键事件法更紧密。因此，收集事件的访谈将强调决策过程的要素，如注意到了哪些线索，考虑了哪些备选方案等。这种方法可能会产生一些见解，但这些见解不太可能在大部分基于行为观察的职位分析中给出；想想"团队精神"对工作分析意味着什么。当然，警惕的读者可能已经注意到了本节与第3章中有关认知任务分析内容之间的联系。

本章小结

MPDQ

管理岗位描述问卷（MPDQ）旨在分析管理和执行职位的多种用途：职位评价、职位描述、绩效评价和职位设计。经过几年的开发和完善，MPDQ已经适用于多种职位。虽然包含具备管理性质的KSAOs的部分，但是MPDQ的项目大部分在本质上是行为性的。MPDQ由任职者完成。MPDQ的评分量表并不精确，需要一些任职者的回答才能在项目层面上可靠地描述工作。MPDQ具有一系列有用的软件，可以根据用户的目的定制结果。

胜任力模型

胜任力模型侧重于描述一系列（最常见的）管理属性，这些属性与组织的业务战略和目标有着特定的联系。它在商界广受欢迎，但在使用中也存在一些问题。将胜任力模型法的要素与更严格的职位分析程序相结合，可能会产生更有用、更有效的模型。

团队职位分析

我们简述了四种理解团队工作的不同方法。第一种方法是为团队设计职位。研究人员回顾了相关文献，以确定团队中哪些方面可能受到控制，哪些方面有助于提高团队效率。这些因素被组织成五个主要特征：第一个特征为职位设计，它包含了与动机文献中的职位特征类似的因素，如任务多样性和任务重要性。第二组特征（命名为互依性）是将团队从群组中分出来的特征，即任务互依性、目标互依性以及互依性的反馈和奖励。第三组特征是构成，包括异质性、灵活性以及相对规模等特征。第四组特征为情境，包括培训和管理支持等因素。第五组也即最后一组特征为过程，包括效能和社会支持等因素。

接下来，我们又介绍了团队知识、技能和能力（KSAs）方法。在这种方法中，团队的工作被认为取决于两类KSAs。一类KSAs涉及人际关系。团队成员需要知道如何解决冲突，就工作相关问题进行协作，并进行有效沟通。另一类KSAs为自我管理KSAs，涉及目标设定和绩效管理，以及计划和任务协调。

第三种方法涉及检查团队为实现其目标而履行的职能。团队有五大职能：导向性职能、资源分配职能、时间安排职能、协调职能和激励职能。导向性职能指团队成员需要交换有关团队目标以及成员资源和约束的信息。资源分配职能是指将任务分配给成员，以便在成员之间实现工作平衡，并确保为成员分配适合其技能的工作。时间安排职能有助于团队为工作设定良好的节奏。协调职能用于实现任务执行的适当模式化。激励职能有助于在团队中建立行为规范，并加强个人对团队目标的贡献。

我们介绍的第四种，也是最后一种团队职位分析方法是 MAP 系统。MAP 系统的理念是从团队的任务开始，通过越来越细化的阶段来开发各种团队培训。该系统提供了基于团队类型和所需培训类型的组织原则，从而为每次分析提供了一套可行的组成部分。然后，我们借助空战模拟回顾了 MAP 系统的发展。相关研究呈现了具体的描述符、职位分析数据来源、数据收集方法和分析单元。最令人感兴趣的是流程图和时间图，它们对于理解团队的工作特别有帮助。

我们考虑的最后一个问题是存储与检索有关职位和团队分析的信息。借助万维网或其他计算机网络可以解决资料难以获取的问题。

第 6 章
CHAPTER 6

职位分析和法律

　　如你所知,职位分析是大多数人力资源雇用实践方法的基础。就业实践有时会招致诉讼和法律纠纷,因此职位分析在法律斗争中常常作为一项关键资源也就不足为奇了。本章我们就来看看斗争中的"战场"和"战斗人员"。尽管许多国家都有规范就业的法律,但我们的章节仅涵盖美国的法律制度。更具体地说,只包括美国宪法、联邦法律和行政令。本章分为两部分,第一部分是立法和法规。我们会先谈论宪法,然后讨论美国联邦就业法律的关键部分,包括《同工同酬法案》《民权法案》《就业年龄歧视法案》《康复法案》和《美国残疾人法案》。总之,这些法律规定了雇主在雇用、晋升、薪酬和以其他方式对待雇员方面什么能做、什么不能做。我们必须注意,美国各州、市和郡也有各自适用的宪法和法律。通常情况下,这与联邦层面的情况相似。然而,我们不能公正地照顾到所有州和地方法律(没有双关语的意思),因此我们坚持最广泛适用的联邦法律。人力资源经理非常清楚这点,除此之外他们还必须了解州和地方性法规。

　　然后,我们会转向平等就业机会(equal employment opportunity,EEO)法律的执行,并概述法院系统和平等就业机会委员会(EEOC)。职业标准在规范专业实践方面起着类似法律的作用。因此,我们会在本章的第一部分结束处介绍美国心理协会和工业与组织心理协会的职业标准,这些标准对职位分析具有重要意义。

　　第二部分我们将描述法律和标准如何与职位分析相联系。我们纳入了关于人员选拔、薪酬、残疾和职位设计的章节。尽管阅读法律、指导方针和职业标准本身会让人感到相当枯燥,但我们有充分的理由让你对就业实践的法律方面感兴趣。不遵守就业法的公司、政府机构、工会和职业介绍所可能会区别对待个体,同时也可能面临严厉的法律惩罚。我们先提前为本节引用法律术语的行为道歉。尽管我们努力过了,但还是无法完全避免相关内容的出现。

6.1 联邦法律

我们会尽可能按时间顺序介绍联邦法律，以展示其发展情况。各种法律的共同主题是工作机会的公平。该主题的一般原则是：应根据对职位的价值，而不仅仅是根据由种族、肤色、宗教、性别、国籍、年龄或残疾等特征确定的在社会群体中的身份来选择工作人员。

6.1.1 宪法

偶尔会有人根据美国宪法第五和第十四修正案对组织提起诉讼。两项修正案都规定，未经正当法律程序，不得剥夺任何人的生命、自由或财产。第十四修正案适用于州政府，第五修正案适用于联邦政府。人们很少动用宪法，原因有两个：①宪法的语言是概括性的，没有提及具体的就业做法；②宪法修正案规定的起诉人举证责任比之后颁布的联邦立法规定的要大（Arvey，Faley，1988；最有可能替代宪法作为诉讼依据的是《民权法案》，我们很快就会介绍它）。然而，有趣的是，第十四修正案已经成为"反向歧视"主张的主要载体（Gutman，2000）。反向歧视指的是多数群体成员（如白人男性群体）提出的非法歧视主张也受法律保护的现象。

6.1.2 《同工同酬法案》

《同工同酬法案》（1963）要求雇主为担任同一职位的男性和女性支付相同的工资，即同工同酬。公司不能通过为相同的工作或本质上相同的工作针对性别设定两种不同的头衔（和两种不同的工资率）来规避法律。《同工同酬法案》不要求对不同的职位同酬，也不包括可比价值（为不同但可比较的工作给予相同的报酬）。

6.1.3 《民权法案》

20 世纪 60 年代早期，美国的就业实践的普遍做法是给白人和黑人委派不同的工作。这种做法可以在杜克电力公司（Duke Power，是一家发电厂）找到实例。在该公司，更费体力的工作仅招募黑人，而管理、技术和半技术职位则只招白人。1964年《民权法案》问世后，这种做法即为非法。杜克电力公司的应对措施是允许黑人申请工厂的其余职位。最初，公司要求劳动者必须具备高中文凭才能申请。《民权法案》颁布后，它取消了对那些能够通过两项考试（Wonderlic 人员考试和 Bennett 机械理解考试）的工人的文凭要求，将及格分数定为高中毕业生成绩的中位数。虽然该公司可能无意这样做，但这一程序的结果是大多数黑人无法从事更理想的工作。其中一名黑人员工（名为格里戈斯）起诉杜克电力公司，指认该程序违法。该案最终被提交给美国最高法院。在格里戈斯起诉杜克电力公司一案中（1971），最高法院裁定杜克电力公司的程序违法，因为杜克电力公司从未确定选拔程序的职位相关性；也就是说，该公司从未证明高中文凭和考试成绩与工作绩效有关。裁决指出，公司可以使用测试，但测试不是用来衡量一般人的（例如，我们想要聪明、快乐的人），而是用来衡量个人是否适合特定职位。公司的意图也不重要，结果才是关键。例如，在发电厂，为了安全起见，工人可能需要了解一些有关电力运行方式的真实信息。发电厂也可能需要聪明或快乐的人，但雇主必须证明这一点，而不仅仅是说出来。顺便一提，法院还指出，将及格分数设为高中毕业生成绩的中位数将使一半拥有文凭的人无法申请这份工作。

《民权法案》（1964）第七章及其修正案（1972，1991）禁止雇主因为种族、肤色、性别、宗教或民族血统歧视员工。《民权法案》（1964）设立了平等就业机会委员会，以执行该法案。该法律适用于所有"就业条件或特权"，因此其涵盖范围比雇用和晋升实践更广。法律规定，不影响受保护群体成员（种族、肤色、性别、宗教或民族血统）的雇用行为是合法的，除非另一项法律另有规定。因此，一方面，一些看似不公平甚至完全愚蠢的雇用行为就变得合法。例如，因为员工承认吃了樱桃西红柿，穿了紫色衣服，或者拥有一套漫画书而拒绝雇用他就是合法的。另一方面，拒绝一个受保护群体的比例高于另一个受保护群体的比例的就业做法可能是非法的，除非这些做法与职位相关且符合业务需要。据说这种做法会产生负面影响或异类影响。一些乍一看似乎是中性的做法实际也可能会产生负面影响。例如，如果所有棕色眼睛的求职者都求职被拒，那么亚洲人、黑人、西班牙裔和美洲原住民将不成比例地被拒绝。如果有最低体重或手臂力量要求，那么会有不成比例的女性被拒绝，以此类推。此外，仅仅因为种族或性别等因素而故意区别对待他人是违法的。例如，雇主认为女性不够强壮，所以不能成为卡车司机而拒绝女性申请这一职位是违法的。

6.1.4 《就业年龄歧视法案》

《就业年龄歧视法案》（1967）及其补充内容或修正案禁止歧视40岁及以上的人。这项法律并没有强迫雇主忽略年龄整体，而是为40岁及以上的人划定了一个特殊的保护范围。因此，尽管出于年龄的原因选择20岁的申请人而不是39岁的申请人可能是一个不合理的商业决定，但它是合法的；而选择20岁的申请人而不是40岁的申请人就不再合法。同样，比起60岁更倾向于雇用40岁的工人也不合法。但是法律并没有强迫雇主优先雇用资历较低的年长工人或将更具资历的年轻人拒之门外。

《就业年龄歧视法案》有一个有趣的最新发展，即其建立的年龄以外的合理因素（reasonable factors other than age，RFOA）原则。在最高法院的两项判决（史密斯起诉杰克逊城案和米查姆起诉Knolls原子能实验室案）中，法院指出，在受《就业年龄歧视法案》不同影响的案件中，雇主不必证明业务必要性，只需证明其做法基于RFOA原则。事实证明，用RFOA原则抗辩比借助商业必要性抗辩更容易证明，从而使原告在受《就业年龄歧视法案》不同影响的案件中更难证明年龄歧视的存在。

6.1.5 《康复法案》

《康复法案》（1973）禁止歧视残障人士。法案写道："在美国，任何具备资质的残障人士……都不得仅因其残疾而被排除在接受联邦财政援助的任何计划或活动之外，或被剥夺其福利，或受到歧视。"残障（handicap）一词的含义与残疾（disability）基本相同，我们在下一节将对此展开更详细的讨论。《康复法案》仅适用于联邦承包商⊖；《美国残疾人法案》则适用于雇用15人及以上的所有公司。

⊖ 联邦承包商是指与美国的政府机构或组织签订协议，开展特定工作、提供工作和材料，或为政府审查项目的人员或管理者。——译者注

6.1.6 《美国残疾人法案》

《美国残疾人法案》(1990)和《美国残疾人法案修正案》(2008)禁止雇主歧视具备工作资质的残疾人。残疾(disability)的广义定义是指限制人的主要生活活动(如呼吸、行走或工作)的身体和精神损害。它还包括有残疾史的个人和被视为残疾的个人,无论其实际残疾程度如何(例如,面部有大面积疤痕的人)。我们在《美国残疾人法案》之前讨论过的法律可以解释为禁止雇主拒绝雇用某些群体,而《美国残疾人法案》更进一步,它要求雇主为残疾人做出调整或提供照顾。

《美国残疾人法案》保护具备工作资质的残疾人。具备工作资质的残疾人是指无论是否有合理照顾(reasonable accommodation),都能成功履行职位的基本职能的人。假设工作是数据输入,员工的任务是阅读拿到的纸条,然后用键盘将信息输入计算机。同样假设该工作不涉及接听电话且该工作的主要职责不涉及听力。现在,假设一个精通数据输入但听不见声音的人申请了这份工作。这样的人就是一个具备工作资质的残疾人。该人员可以在没有合理便利的情况下胜任该职位,因为该职位不需要听力。我们再进一步假设还有一个人申请这份工作,其擅长数据输入,但视力有问题,很难看到距离很近的数字。如果事实证明,一个简单的照顾,如提供一个放大镜,可以让这个人做这项工作,那么这个人是一个具备工作资质的残疾申请人,因为照顾解决了工作问题。

照顾是否合理是一个意见问题,法律在这一点上故意含糊其词。一般来说,我们认为照顾是合理的,除非它会给雇主造成"不必要的困难"。法律规定,在确定什么是合理照顾时,不应考虑申请人工作的工资金额和薪酬部分。平等就业机会委员会提供了许多合理照顾的例子,包括改变物理上的工作环境,如安装轮椅坡道、提供阅读内容的人和口译员等助手,改变工作时间表以及调整测试和培训材料,以使人员能够胜任职位。

2008年《美国残疾人法案修正案》是针对几起最高法院案件而通过的,这些案件逐步限制了原告证明其残疾的能力。《美国残疾人法案修正案》的具体变化包括指示平等就业机会委员会修改其定义的"实质性限制"一词,扩大主要生活活动的定义,限制在评估个人是否残疾时应考虑缓解措施的范围,阐明偶发性或缓解性损伤如何符合残疾条件,改变"视为"的定义,并指出仅在"视为"残疾定义下涵盖的个人无权获得合理照顾。

6.2 平等就业机会法的实施

主要有两个组织致力于平等就业机会法的执行,除了我们已经提到过的平等就业机会委员会(EEOC),还有美国联邦合同合规项目办公室(OFCCP)。OFCCP监管与联邦政府签订合同的公司,EEOC则监管大多数其他业务。20世纪70年代,联邦机构发布了几项规范人员选拔的指南。1970年,EEOC发布了第一个相关指南,法院会据此判定是否存在非法歧视。由于法院倾向于将指南作为检查表使用,工业心理学家和商人最终开始关注指南的使用,并且人们不清楚是否有任何企业能够在不花大钱的情况下满足指南的所有条款。此外,其他机构,包括管辖OFCCP的美国劳工部,也颁布了自己的指南。最终,通过利益相关方之间的公开讨论和谈判,制定了《员工选拔程序统一指南》(EEOC,

1978；后文均简称为《指南》）。《指南》被五个联邦机构采纳：EEOC、人事管理办公室、劳工部、司法部和财政部。《指南》至今仍然有效，EEOC 和法院在确定非法歧视时会使用它。

6.3 行政令

行政令由总统制定，用于为联邦政府以及与联邦政府做生意的人制定规章制度。如你所知，很多人都为联邦政府工作，而且人数还在增加，因此总统的命令可以产生广泛的影响。如果政府发现某家公司违反了行政令，它可能会被禁止继续与政府做生意。

11246 号行政令涵盖基于种族、肤色、宗教、性别和民族血统的非歧视和平权行动（Gutman，2000）。OFCCP 发布了相关指南，要求雇主采取平权行动——雇用少数族裔和妇女。例如，公司必须制定目标和时间表，使其雇用的劳动力与劳动力市场的人口特征相匹配。这些行动超出了《民权法案》的要求，因为《民权法案》只规定雇主在招聘时应忽略申请人的人口特征。

6.4 职业标准

美国教育研究协会（American Education Research Association，AERA）与美国心理协会和美国国家教育测量委员会（National Council on Measurement in Education，NCME）合作，于 2014 年发布了最新的《教育和心理测试标准》[一]。该文件概述了一套职业标准，反映了在开发和使用测试做出人事决策时的最佳实践。《标准》区分了测试公平性和选择偏差。测试公平性是一个非技术性的道德或伦理问题，取决于社会和政治观点。一方面，《标准》描述了如何避免测试偏差，但不能解决测试公平性问题本身。另一方面，选择偏差是一个技术术语，它将测试成绩与工作绩效联系起来。当测试分数（算术平均数）相同的少数和多数成员在工作绩效上得到不同的分数（算术平均数）时，使用测试会导致选择偏差。

2003 年，工业与组织心理协会发布了其最新版本的《人员选拔程序的检验和使用原则》[二]。《原则》介绍了在人员选拔中使用的测试开发和评估的优秀实践。与《标准》一样，《原则》也关注用于决策的测试的开发和使用。《原则》直接关注人员选择，而《标准》涵盖的范围更广。有关方面计划于 2018 年重新发布《原则》，以协调最新版本的标准，并反映当前的研究和实践。

《标准》和《原则》共同构成了一套重要的职业标准。

6.5 职位分析建议

在本章的这一部分，我们将介绍法律和职业标准如何与职位分析实践相联系。尽管薪酬和职位设计都可能成为问题，但大多数联系都存在于人员选拔中。当然，根据《美

[一] 后文均用《标准》二字代称。——译者注
[二] 后文均用《原则》二字代称。——译者注

国残疾人法案》确定什么是"基本职能"显然与职位分析有关（Brannick, Brannick, Levine, 1992）。

人员选拔

人员选拔是雇主决定是否雇用或提拔应聘者的过程。在做出这样的决策时，雇主通常想知道录用或晋升应聘者，他们是否会成功。雇主通常会收集信息，以便为录用或晋升决策提供信息。这些信息是通过多种技术收集的，包括申请表、面试、笔试、背景调查、工作模拟和其他类型的测试等。

1. 根据《原则》和《标准》进行实验验证

实验验证是收集数据以确定测试对招聘或晋升决策的实用性的过程。《原则》与人员选拔的实验验证直接相关。《原则》讨论了效度证据的三个主要来源。

（1）我们选择的测试与其他测量方法之间的关系，特别是工作绩效评定等。

（2）测试内容和要求与职位内容和要求的匹配程度。

（3）我们的测试项目或量表是否按照我们定义的测试结构组合在一起（例如，所有评估批判性思维的项目之间是否存在密切关系）。

然而，当我们使用测试时，这些效度来源都会影响决策的质量，它们不是独立的效度类型。虽然效度测试（valid test）是种常见的叫法，但严格来说，效度不是测试的性质。我们最好把效度视为一个有证据和理论支持的论点（例如，测试在这种就业环境中是有用的）。证据越具有支持性，论点就越有力。因此，效度不是全有或全无的，而是与测试的目的有关。

我们通常通过职位分析探索效度证据的第一个来源，首先我们会定义组织感兴趣的工作绩效衡量标准。例如，在警察工作中，衡量标准可能包括逮捕犯人的人数、收到投诉的数量或上级对其总体工作表现的评价。在工业与组织心理学中，这样的测量被称为校标。确定校标后，才会选择或开发测试，并组织求职者或现有员工参加测试。然后，测试分数会和校标度量联系起来。如果测试提供了良好的效度信息，我们将有望看到测试分数与工作绩效的衡量相关联。

假设我们做了一个性格测试来衡量持久性。进一步假设我们在一所警察学院对警察学员进行了测试，但不经打分就将测试信息封存。在一年后，我们查看了每名警官逮捕犯人的数量。然后，我们拿出了之前的持久性测试并给它们打分。最后，我们将测试分数与逮捕犯人的数量进行比较（更多细节请参见第 9 章的职位分析和数据分析相关内容）。图 6-1 展示了这种比较。图中每个点代表一名警官在测试中的分数（在本例中，为持久性测试的分数）和校标（在本例中，为逮捕犯人的数量）。它展示了在一般情况下，一个人在持久性方面的得分越高，就越容易抓捕到犯人。有一些统计方法可以评估测试分数和校标之间关联的显著性和重要性（在本书后面会介绍）。然而，我们需要重点关注的是，校标导向的效度验证策略是将测试分数和校标分数进行比较。支持测试效度的证据是测试分数和一个或多个校标之间在数据上的显著关系。如今，通过将这些类型的验证研究汇总在一起，并计算出测试与某些校标之间跨职位和人群的"真实"关系的估计值，来补充这类证据是很常见的（Hunter, Schmidt, 2004）。这类证据被称为效度归纳研究。

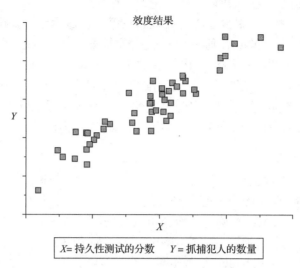

图 6-1 假设实验的验证研究结果

内容导向的效度验证策略是建立在对职位内容进行采样并使用该样本构建测试的基础上的。例如，假设一项职位涉及在计算机中键入官方信函和其他通信内容。我们可以设计一个测试，测试要求求职者必须在计算机中键入一个标准格式的字母。我们甚至可以从在职员工的实际信函中抽取样本，以确保样本能够代表要录入的信函。在这种策略下，大部分工作都是为了证明测试是重要任务或职位任务的代表性样本。在这种情况下，记录职位内容和测试之间的关系是支持测试效度的关键。

内部结构效度策略是对校标导向和内容导向策略的补充，因为它侧重于人员选拔程序的开发。这是对2003年《原则》的新补充。内部结构效度涉及测试项目之间的相互关系、人员选拔程序的组成部分或量表和结构之间的关系。例如，假设在人员选拔过程中使用了计算机知识测试，那么发现独立测试项目之间的积极关系将为测试的内部结构提供证据。然而，重要的是要认识到，内部结构本身并不足以确定人员选拔程序在预测未来工作绩效方面的实用性。

我们很少借助效度证据的另外两个来源。其中一个来源与人们在职采取行动时经历的过程有关。例如，我们可以构建一个测试，用于发现专家经理决定营销新产品的方式。我们可以使用多种方法确定专家如何做出决策，然后查看测试是否反映了这些 KSAOs。效度证据的另一个来源关注测试使用的后果。了解测试成为公司人员选拔计划的一部分后会发生什么可以作为证据来源。如果该测试旨在选拔更具生产力的人员，并且在招聘决策中使用该测试一段时间后，生产力水平有所提高，那么结果能验证该测试的效度。

显然，职位分析对于确定选拔评价方式和测试方法的效度至关重要。当职位分析为评估或测试的发展指明了方向，预测了高绩效的重要因素时，可能会产生积极的结果。

2.《原则》下的职位分析

一些建议适用于所有类型的验证研究。《原则》建议职位分析生成书面的职位描述。职位描述应帮助阅读者了解所执行的工作，包括主要任务、使用的工具和设备，以及工作环境的任何重要特征，如危险。职位分析的第二个目的是确定工人的特质，如工作所需的一般知识或技能水平（工业与组织心理协会，2003）。

《原则》还提供了适合所用验证研究类型的建议。在校标导向策略中，校标的制定取决于职位分析。《原则》不鼓吹任何一种职位分析方法。它只是指出，"校标应代表重要的组织、团队和个人成果……如对工作信息的审查所示"。对于内容导向策略，《原则》表明需要进行职位分析，以提供对工作内容准确和透彻的理解。《原则》规定，职位的内容领域应基于"对工作行为和活动、任职者的责任或有效履行职位的 KSAOs 的先决条件的分析"。《原则》表明职位分析有助于确定内部结构效度方法的 KSAOs 需求的维度。

3. 联邦法律

没有联邦法律要求一定要开展职位分析。然而，一些法律要求的职位信息在一定程度上是无法获得的，除非对该职位进行系统的研究。例如，《美国残疾人法案》要求雇主确定职位的哪些部分是必要的，在确定是否向申请人提供工作时，如果申请人残疾，则只关注职位的基本职能。显然，为了遵守这项法律，雇主必须了解职位的基本职能。同样地，对于《同工同酬法案》，在判断职位是否相同之前，必须了解男女所从事职位的性质。

4. EEOC 和 OFCCP

（1）《员工选拔程序统一指南》。平等就业机会委员会（EEOC）会使用《指南》帮助确定雇主在选拔测试或选拔程序中是否存在非法歧视。雇主和工业与组织心理学家对该《指南》感兴趣，因为它清楚地说明了 EEOC 认为重要的因素。最高法院也使用了《指南》和 EEOC 发布的早期版本。在格里戈斯起诉杜克电力公司一案中（1971），最高法院在确定相关测试的工作相关性时参照了《指南》。在后来的阿尔伯马尔纸业公司起诉穆迪案（1975）中，最高法院表示，早期的 EEOC《指南》"有权获得极大尊重"，这意味着实际上，《指南》中的内容几乎与法律条文一样出色。自 1975 年以来，最高法院已在一定程度上软化了其对《指南》的立场，因为它认识到最佳做法会随着时间和技术进步而变化。你会注意到，下一节中对验证的讨论与我们刚才根据最新的《原则》和《标准》描述的现行概念不同。但 EEOC 仍继续遵循《指南》行事。

《指南》规定，选择人员的选拔程序应基于对职位的理解，应该使用某种形式的职位分析来获得这样的理解。可以使用任何职位分析方法，前提是该方法能提供适用于效度研究的信息，信息内容则关于使用人员选拔程序的职位（第 14A 节）。此外，正如 Sparks（1988）指出的，《指南》提供了几个术语的定义，我们在表 6-1 中对其进行了总结。

表 6-1 源自 EEOC《指南》的定义

术 语	定 义
职位分析	工作行为的详细说明以及与职位相关的其他信息
工作行为	为实现职位目标而进行的活动。工作行为包括可观察（物理的）成分和不可观察（心理的）成分。工作行为包括执行一个或多个任务。尽管知识、技能和能力可以应用在工作行为中，但它们不属于行为
可观察	能够被执行动作的人以外的人看到、听到或以其他方式感知
知识	直接应用于职能执行的信息体
技能	表现习得精神运动行为的现有的、可观察到的能力
能力	执行可观察行为或产生可观察产品的行为的现有能力

资料来源：Equal Employment Opportunity Commission. (1978). Uniform guidelines on employee selection procedures. *Federal Register*, 43, pp. 38307–38308.

《指南》将职位分析视为一种产品而不是一个过程。他们口中的职位分析，就是我们所说的职位描述。然而，很明显，他们的想法与工作行为即员工的行为有关。Sparks（1988）认为，《指南》还建议将对工作的直接观察纳入职位分析。我们可以回顾《指南》中关于验证策略和职位分析的作用的内容。

（2）基于校标的效度。《指南》规定，应审查职位信息，以确定与职位或职位组合相关的工作行为或绩效的指标。这些测量或校标在一定程度上是相关的，因为它们代表了关键或重要的工作职责、工作行为或工作成果，这些工作职责、行为或成果均是通过对工作信息的回顾而来的［第14B（2）节］。作为一种特殊情况，《指南》指出，如果培训计划的内容可以与职位中的重要工作行为相联系，或者可以证明培训的成功与工作中的成功相关，则可以将培训计划的成功定为校标［第14B（3）节］。

《指南》为校标相关效度研究的职位分析提供了具体建议［第15B（3）节］：

如果需要进行职位分析，则应提供对工作行为或工作结果的完整描述，以及对其临界性或重要性的度量（必不可少）。报告应解释行为或结果被确定为关键或重要的依据，如在各自行为上花费的时间比例、难度、出现频率、错误后果或其他适当因素（必不可少）。如果为了效度研究对两个或两个以上的职位进行分组，则应为每个职位提供本小节中要求的信息和分组的依据［见第14B（1）节，必不可少］。

《指南》中关于校标相关效度的要点表明，职位分析应侧重于：①任务和可观察行为；②重要的中心任务，而不是外围任务。

（3）内容效度。通过内容效度研究证明测试或其他人员选拔程序有效性时，应包括展示人员选拔程序内容的数据，选拔程序内容要代表拟对候选人进行评估的职位的重要方面（第5B节）。《指南》要求进行重点关注可观察工作行为的职位分析。《指南》还要求选择涵盖大部分而非部分职位的内容［第14C（2）节］。

就所需的职位分析而言，《指南》规定：

应提供分析职位所用方法的说明（必不可少）。应介绍工作行为、相关任务，而且如果行为产生工作产品，则应对其展开完整描述（必不可少）。应提供对工作行为的临界性或重要性的度量以及确定这些度量的方法（必不可少）。如果职位分析还确定了工作行为中使用的知识、技能和能力，则要为所有KSAs提供操作定义以及用于确定KSAs与工作行为之间关系的方法（必不可少）。应描述工作情况，包括执行工作行为的设置，以及在适当情况下，使用KSAs的方式以及复杂性和难度［第15C（3）节］。

《指南》还要求在开发的测试内容和职位内容之间建立明确的联系［第15C（5）节］。例如，《指南》要求雇主证明测试中的行为代表了在职的行为，包括确定测试的每一部分打算对哪些行为进行抽样，并显示每个行为在职位中适合的位置。如果拟将测试作为工作样本（例如，焊接测试或文字处理样本），则测试的设置和复杂性应与职位匹配。例如，如果职位要求人员将数学方程输入电子表格，那么这应该反映在测试中，如果工作不需要输入数学方程，那么测试也不应该包括此内容。

在这里，我们不仅再次看到《指南》对重要任务或职位核心的关注，而且除此之外，它还提到了另外两个因素：第一个因素是工作产品。例如，如果一个人组装圆珠笔，那么这些笔就是产品，是分析的一部分。第二个因素是从职位中抽取示例任务的理念。《指南》基本上要求雇主对大部分或所有的重要任务进行抽样检验。

（4）构念效度。请注意，《原则》和《标准》并未提及此方法。构念效度被嵌在《原则》和《标准》描述的证据来源中。构念是指测试或测量应该评估的潜在心理因素。《指南》首先指出，构念效度的底线是拿出被测量的特质或构念对工作成功很重要的证据（第5B节）。《指南》还要求显示对重要工作行为的职位分析。在构念效度方面，职位分析应包括对将要测试的每个构念的识别和定义［第14D（2）节］。

具体细节如下：

应提供分析职位所用方法的说明（必不可少）。应提供工作行为的完整描述，并在适当的范围内，提供工作结果及其临界性或重要性的度量（必不可少）。报告还应描述确定重要行为或结果的依据，如难度、出现频率、错误后果或其他适当因素（必不可少）。如果为了概括效度证据而对职位进行分组或比较，则应描述每个职位的工作行为和工作产品，并就可观察到的工作行为或工作产品得出关于职位相似之处的结论（必不可少）［第15D（4）节］。

再一次，《指南》将重点放在职位分析的核心——重要任务上。然而，在构念效度方面，额外的重点主要是将工作行为与待测试的结构（即知识、技能、能力和其他特征，KSAOs）联系起来。

5. 判例法

申请人、雇员或代表雇员的组织（如 EEOC）时不时就会将雇主告上法庭。审判结束时，法官或陪审团会做出裁决，该裁决就成为案例或记录。其他律师和法官密切关注先前的判决，并允许这些判决影响他们的观点。判例已经确立，裁决具有法律效力。判例法之所以重要，是因为它显示了法院如何解读法律，除非颁布新的法律，否则判例法将成为限定就业实践是否合法的依据。

Thompson 和 Thompson（1982）审查了关于人员选拔职位分析的判例法。他们提供了以下指南，旨在用法律审查人员选拔的职位分析。

- 必须对要使用人员选拔工具的职位进行职位分析；
- 职位分析的结果应以书面形式报告；
- 职位分析师应详细描述所使用的程序；
- 知识渊博的职位分析师应该从各种不同的渠道收集职位数据；
- 如果使用任职者作为信息来源，则应调查大量员工，且员工应出于兴趣而工作；
- 分析中应包括任务、职责和活动；
- 最重要的任务应该在选择机制中表示；
- 应规定初级职位的工作绩效标准；
- 应该指定知识、技能和能力，特别是在遵循内容验证模型的情况下。

Arvey 和 Faley（1988）提供了与内容效度相关的法庭案例摘要。除了 Thompson 和

Thompson（1982）提供的建议外，他们还注意到以下几点。

- 测试内容需要根据其在职位中的重要性进行加权；
- 记录内容效度测试是如何进行的对测试的辩护很重要；
- 比起分析职位所用的方法或技术，法院似乎对职位分析提供的信息质量更感兴趣。

Brumback（引用于 Levine，Thomas，Sistrunk，1988）建议内容验证的职位分析应包括以下内容。

- 任务频率数据；
- 职位分析程序的标准化，以便其他人能重复分析；
- 确定职位要求重要性的方法；
- 衡量职位要求的可培训性或难度。

6. 人员选拔小结

在美国雇用员工受到相当多的法律约束。许多法律规定的内容相当简单：如果你想拒绝求职者，请确保你是基于预期低的或不佳的工作绩效而拒绝。当然，你能做到这一点的唯一方法是：你知道这份职位需要什么，你有衡量某个人是否适合这份职位的一些方法。法律不要求雇主开展职位分析或衡量方法是否适合该职位。通过抽签从求职者中确定人选是完全合法的。正如我们的顾问常说的："只要你相当愚蠢，你就可以是个十足的傻子。"

关于人员选拔职位分析的大部分法律和指南涉及职位分析师如何收集数据以了解职位以及顺利完成工作所需的员工需求。还有大量的材料涉及实验验证。此类指南旨在确保生成的信息与职位相关。

（1）工资。《同工同酬法案》（1963）规定：任何雇主都不能在需要同等技能、努力和责任，并在类似工作条件下工作的职位中基于性别区别对待，即向该机构某个性别的雇员支付工资的比率低于向该机构的异性雇员支付工资的比率；除非此类薪酬是根据①资历制度，②功绩制度，③按生产数量或质量衡量收入的制度，或者④基于性别以外的任何其他因素的差异给付的。

需要注意的重要一点是，此法律适用的是需要同等技能、努力、责任和工作条件的同等工作。显然，要解决《同工同酬法案》下的争议，必须知道男性和女性都在从事什么工作。Levine、Thomas 和 Sistrunk（1988）建议职位分析应包括"与职位情境、所需员工特质以及员工和工作活动相关的职位信息"。

（2）残疾和职位设计。《美国残疾人法案》禁止仅因残疾而对残疾求职者产生就业歧视。如果职位的某一部分不是必需的，并且残疾求职者具备其他资质，则雇主必须改变或重新设计职位，以便残疾人不必从事非必需的工作部分。雇主还必须提供合理照顾，使具备工作资质的残疾人能够履行职位的基本职能，即工作的主要部分或最重要的部分。确切地说，在此过程中最重要的是判断。然而，EEOC 建议检查以下因素以确定职能是否必不可少。

- 存在执行该职能的岗位；
- 可执行该职能或将该职能分配给其他员工的数量有限；
- 该职能是高度专业化的，该职位的人员是根据特殊的专业知识或能力来履职的。

确定基本职能时可考虑的证据包括：

- 雇主的判断；
- 在为岗位做广告之前准备的书面职位描述；
- 员工执行该职能所耗费的时间量；
- 没有人执行该职能的后果；
- 集体谈判协议的条款；
- 过去从事过该职位的人员的工作经验；
- 其他相关因素（如组织结构）。

虽然 EEOC 在遵守《美国残疾人法案》时不要求进行正式的职位分析，但是它确实指出，职位分析是有价值的，如果没有对职位进行系统的研究，很难看出雇主是如何遵守《美国残疾人法案》的。EEOC 还指出，有许多不同类型的职位分析，但其中的某些类型更有可能用于完成任务和职责。EEOC 建议避免描述完成任务或履行职责的过程。例如，如果一项职位需要了解手册中包含的材料，那么要求将是学习手册中的材料，而不是阅读手册中的材料。再比如，任务是将物料提到传送带上，而不是手动将物料提到上面。指定流程的任务声明可用于取消残疾求职者的资格。

Brannick 等（1992）讨论了如何根据《美国残疾人法案》分析要进行人员选拔的职位。他们建议在个案基础上进行职位分析，以确定所涉及职位的基本职能以及可提供的合理照顾（根据你对本书的研究，你可能会质疑这种方法是以岗位为中心而不是以职位为中心，这点是对的）。职位分析不需要全面，而是应该把重点放在会对有残疾的合格申请人造成问题的那部分工作上。

本章小结

在本章的第一部分我们介绍了法律法规。我们首先介绍了最重要的美国联邦就业法案，如《民权法案》《美国残疾人法案》和宪法修正案。这些法律内容有助于确定合法的就业做法。接下来，我们介绍了 EEOC 和 OFCCP 执行的平等就业机会法。然后我们又介绍了总统发布的行政命令。在本章还介绍了《标准》（由美国教育研究协会、美国心理协会和美国国家教育测量委员会合作出版）和《原则》（由工业与组织心理协会出版）。

在本章第二部分我们介绍了法律和标准下职位分析的良好实践。第二部分的大部分篇幅都在讨论人员选拔问题。我们首先描述了可能支持"测试是做出人事决策的有效基础"的证据来源。这些来源包括：①测试与工作绩效测量之间的相关性；②测试与工作内容之间的比较；③测试内部结构的研究；④考虑人们在参加测试时的心理和精神运动反应；⑤测试使用后的结果。检查测试和校标之间关系的累积研究被定义为效度归纳研究。然后，在关注不同实验验证策略具体实践的情况下，我们根据《原则》和《指南》描述了合适的职位分析。此外我们还注意到判例法对职位分析实践的影响。最后，我们探讨了与薪酬和残疾问题相关的职位分析程序。

第 7 章
CHAPTER 7

职位描述、绩效管理和评价、职位评价和职位设计

现在你已经了解到足够多的职位分析方法和相关的法律要求,是时候思考如何应用了。在本章和接下来的第 8 章与第 9 章,我们将在探讨职位分析的主要用途以及如何进行职位分析的同时,展示相关方法的应用。对方法和用途的相互作用了解得越多,越能避免潜在的隐患。

在这一章,我们将描述职位分析的一些常见人力资源用途,重点内容包括:

- 职位描述;
- 绩效管理和评价;
- 用于薪酬的职位评价;
- 职位设计/再设计。

在第 8 章,我们将探讨人员配备和培训。按现在的说法,人员配备和培训以及本章呈现的绩效管理都被视为人才管理中相互关联的组成部分。

此处我们会向你介绍每种人力资源用途,并且展示从职位分析中得到的信息如何为各自的用途提供基础。本章的主题之一是不同的用途需要掌握不同的信息种类。这意味着在开始分析前,你需要知道你的人力资源用途。

7.1 职位描述

职位描述是职位分析中最常见的人力资源用途,是对职位的简要书面描述或概括。在业界,关于职位描述的术语存在相当多的混淆。因为职位描述通常被用于职位评价,所以人们在薪酬中经常不去区分职位评价和职位描述。职位评价是组织内以薪酬为目的赋予每个职位价值的过程。人们也会混淆职位分析和职位描述。他们会问"职位分析在哪？"，好像职位分析就存在文件柜里。职位分析是发现和理解一个职位的过程，最终结果常常以书面报告或概要的方式呈现；而职位描述是对职位分析中所了解内容的简要书面概括（这部分内容在第1章介绍过了）。

也有人无法分清职位描述和岗位描述。某些参考书（例如，美国劳工部出版的某些书）将我们熟知的职位描述（job description）称为岗位描述（position description）。在我们看来，岗位（position）指一个人在组织中做什么。因此，岗位描述是关于某人在工作中做什么的细节描述。岗位描述常常用于独一无二的管理岗位，作为传达对担任该职位之人期望的工具。它也被用来将岗位划分成薪酬用途和人员配备用途两种类别。岗位描述本质上是关于组织和个人要完成什么工作的合约。职位是岗位的集合体，从管理的角度来看，这些岗位足够相似，可以被视为等价的。所以，职位描述是适用于众多在职员工的概要。

职位描述最重要的功能是传达此职位的本质。职位描述不是写给职位专家看的，而是写给职场新手看的。的确，职位专家通过阅读职位描述能认出是哪种职位，但职位描述的主要目的是向不熟悉此职位的人传递信息。也正因为是向不熟悉此职位的人传递职位的本质，所以很容易写出一份糟糕的职位描述，而写出一份优质的描述却很困难。

职位描述应该简短。Gael（1988b）建议长度是1~3页。Ghorpade（1988）也认为职位描述应尽量简短，但没有给出明确的页数限制。职位描述并没有一个被广泛认可的内容或格式。以我们的经验看，大部分职位描述包含以下几部分：

- 标识（职位名称和其他分类信息）；
- 概要（使命或目标陈述）；
- 职责和任务（是什么、为什么、如何做）；
- 其他信息，例如责任，包括给予和接受监督的性质，教育经历或其他最低资格，以及情境，例如危险的工作条件或频繁轮转的工作。

表7-1、表7-2和表7-3分别展示了销售经理、医疗助理和接管员的职位描述。

表7-1　销售经理职位描述示例

职位名称：销售经理
状态：豁免
职位代码：11-2022.00
等级：12
职位评价得分：740
职位概述
计划、指导或协调向顾客提供的产品或服务的实际配送或转运。通过建立销售区域、指标和目标以及为销售代表设立培训计划来协调销售配送。分析员工收集到的销售数据，以确定销售潜力和库存需求，并监测顾客的偏好
关键职责
1. 指导并协调包括销售工业制品、服务、商品、房地产或其他销售对象在内的活动
2. 解决客户关于销售和服务的投诉
3. 检查销售记录和报告，确定盈利能力
4. 监督区域和当地的销售经理及其员工
5. 确定价格表和折扣率
6. 编制预算并批准预算支出

资料来源：The job summary and key duties are adapted from O*NET Online, https://www.onetonline.org/link/summary/11-2022.00.

表 7-2　医疗助理职位描述示例

概述报告对象：31-9092.00——医疗助理
在医生的指导下执行管理和某些临床职责。管理职责可能包括安排预约，维护医疗记录，开具账单和以保险为目的编码信息。临床职责可能包括获取和记录生命体征和病史，为患者准备检查，抽血，以及按照医生的指示给药

核心任务
1. 在病历中记录患者的病史、重要数据或诸如检测结果之类的信息
2. 为患者检查准备治疗室，保持室内干净整洁
3. 接见患者以获得医疗信息并测量他们的生命体征、体重和身高
4. 引导患者进入诊室，并使患者准备好面见医生
5. 在医生的指导下备药和给药
6. 采集血液、组织或其他实验室标本，登记标本，并为检测标本做好准备
7. 授权药物加注，并向药房提供处方信息
8. 向患者解释治疗程序、药物、饮食或医生指示
9. 对仪器进行清洁和消毒，处理受污染的用品
10. 进行常规实验室检测和样品分析
11. 履行常规的办公室职责，如接听电话、记录口述或填写保险单
12. 接待并登记到达办公室或诊所的患者
13. 为患者安排预约
14. 帮助医生检查和治疗患者，递给他们工具或材料，或者执行注射、拆线等任务
15. 联系医疗机构或部门安排患者检查或入院
16. 清点和订购医疗、实验室或办公室所需的用品或设备
17. 操作 X 射线、心电图或其他设备进行常规诊断测试
18. 更换伤口敷料

资料来源：The job summary and key duties are adapted from O*NET Online, https://www.onetonline.org/link/summary/31-9092.00.

表 7-3　接管员职位描述示例

职位名称：接管员
直接主管：收货主管
部门：分销部门
FLSA：非豁免

总体概述
通过计算机系统核实并记录电脑零件和软件的入库记录。使用叉车和其他机器将货物安全转移到仓储区

基本职责和责任
1. 通过对装运物品进行计数、相加、相减和相乘，比较运单和装箱单中的识别信息
2. 开箱并检查产品的损坏和缺失情况
3. 联系发货人，告知损坏和缺失情况
4. 将产品数量和识别信息录入电脑
5. 核对电脑记录与实物统计，调查并报告任何不符之处
6. 识别接收物品的存储位置
7. 使用电脑和打印机打印条形码标签并储存凭证
8. 操作叉车和其他机器将货物从收货区搬运到仓储区
9. 记录手动或使用扫描枪登记的物品数量和位置，并将信息输入电脑
10. 同打包部门密切合作，通过正确处理产品订单确保客户满意

补充信息
任职者需要具有使用叉车和其他机器的认证。可能需要高空作业。为将产品从收货区转移到仓储区，该工作对走路、弯腰和搬运也有要求。工作环境可能会包含粉尘，然而，工作区域的通风良好

注：FLSA=《公平劳动标准法案》(Fair Labor Standards Act)。

7.1.1 职位描述的结构

1. 标识

人们常常根据名称识别职位。工业领域的职位通常包括职位的物理或职能定位。例

如，销售经理（见表7-1）在销售部门的总部办公。职位描述通常提供关于汇报关系（谁监管此职位以及谁向此职位报告）的信息。这些汇报关系有时也会被正式记录在职位描述中。需要注意的是，汇报关系存在于职位名称之间而不是特定个人之间。例如，接管员（见表7-3）是向收货主管（职位名称）而不是琼斯女士（人名）汇报。职位可以通过各种代码被识别出来。医疗助理（见表7-2）的代码是31-9092.00。在职业信息网络和标准职业分类系统中这个代码指的是健康护理职业（"31"是主要群体），医疗助理被归类到性质混杂的健康护理职业（"9092"代码的部分）。从表7-1、表7-2和表7-3中的职位描述可以看出，第一部分包括职位名称和其他资格信息。某些细节则取决于具体的实践和需求。

2. 职位概要

职位概要是对职位本质的简明阐述。通过阅读职位概要，读者能够知晓为什么某个职位存在，即该项职位要实现什么使命。例如，医疗助理帮助医生承担行政和临床职责。接管员从托运人处接收电脑和部件，核验收到的货物与纸质收据相符，并将货物运走。职位概要很难写，写的过程中要判断应该包含或删去哪些内容。只要读者清楚何谓医生（我们认为这个前提是合理的），关于医疗助理的职位概要就算很出色了。

职位概要的编写者会有一种倾向，即将信息量不大的其他内容包含进来。例如，一个概要中可能有一行写着"根据需要执行其他任务"。这句话的信息量就不大，很可能包括同职位没什么关系的内容。例如，职位概要的编写者可能希望避免员工拒绝完成未在职位描述中明确列举出的任务。此外，在这个越来越依赖团队合作的时代，这句笼统的话可能意味着一个工作小组的成员会被要求完成其常规责任之外的任务。我们顺便注意到，工会不喜欢这种宽泛的表述，因为它损害了他们界定自己"地盘"的能力，即员工在这个工作岗位上，可以做什么，不可以做什么。

3. 职责和任务（是什么、为什么、如何做）

这一小节将更全面地介绍职位内容。通常情况下，职位描述等同于我们所说的职责，而不是任务。一个典型的职位可能会被描述为大约100个任务，但只有5~10个职责。本节将列出职位的中心、主要或基本职能。医疗助理的概要陈述将在任务描述中得到扩展，以便更充分地描述该项工作涉及的内容。表7-1和表7-3所示的另外两种职位描述也同样适用。

职责和任务主要回答了三个问题：

- 任职者做什么？
- 任职者如何做？
- 为什么要做某项工作？

做了什么（what）是通过行为动词和直接宾语解释的。如何（how）完成任务可以参考使用的工具、设备、材料等进行解释。参考任务的目标、目的或结果可以解释为什么（why）要完成某项任务。任务陈述应该总是描述做了什么。如果信息重要或读者不能准确理解，那么任务陈述可能会解释对应的原因和方法。例如，对医疗助理一职，其已经

"和患者谈话（做了什么）来获得医疗信息（为什么要做）并测量他们的生命体征、体重和身高（做了什么）"。对接管员一职的描述，我们已经提到"开箱检查（做了什么）产品有无损坏和缺失（为什么要做）"和"使用电脑和打印机（怎样做）打印条形码标签并储存凭证（做了什么）"。

第 2 章介绍的关于任务陈述的语法也适用于写本章的职责陈述和任务陈述。通常，陈述应该以行为动词开头，行为动词后要接直接宾语。必要时还可以提供资格陈述。是否包含资格陈述取决于编写者，这是一个很难判断的问题。有些编写者倾向于写篇幅较长的任务陈述，另一些编写者写得则更为简短。一般来说，编写者应该考虑职位描述的受众是谁，还需要特别注意编写的目的。潜在的新成员将从更丰富的信息中获益。更熟悉此职位的读者则需要较少的细节。部分人力资源用途要求更多细节，另一部分则反之。

4. 其他信息

前面三项（标识、职位概要、职责和任务）对职位描述来说是必不可少的。其他信息则通常被用于特定的人力资源用途，这些信息在逻辑上可以从职位描述中分离出来，但出于管理的原因又被包含在内。职位评价就属于此特定用途之一。许多职位评价系统鼓励自主和担责，所以关于员工自主裁量权的陈述常见于职位描述中。例如，描述中包括"独自操作"的说法，其可能来自公司职位评价系统中表示特定自主水平的惯用语。

职位描述也可能包含其他需要特别注意的信息。此点可以关注在接管员职位描述（表 7-3）的结尾处名为"补充信息"的那一部分。职业信息网络包括可能重要但没有在表 7-1 和表 7-2 的职位描述中展示的信息。相关示例包括关于 KSAOs（知识、技能、能力和其他性格特征）的细节信息、其他工作活动、员工兴趣和工作价值观。

另一种有时会在职位描述中出现的信息涉及职位的工作条件。例如，接管员一职提到员工可能要暴露在高处和粉尘中。职位描述经常列举令人不快的或者危险的工作条件，例如极端温度、噪声、振动或可能对工人产生危害的化学物质。另一个常被列举的因素是轮岗，尤其是当这种轮换导致从事该职位的人需要在白天和夜间的不同时刻去上班。

职位描述可能包含的最后一点是 1938 年《公平劳动标准法案》（FLSA）划分的"豁免"或"非豁免"（表 7-1 的职位状态为豁免，同样表 7-3 提供了接管员的 FLSA 分类）。请注意，非豁免在 FLSA 中的意思是"被包含"。FLSA 适用于领时薪（豁免）或月薪（非豁免）的公司员工。FLSA 规定的最低工资和支付加班费的要求不适用于豁免员工。如果你属于豁免员工，那么不管你加班几个小时，最后得到的薪酬都是一样的。有五类员工属于豁免员工：管理人员、行政人员、专业人员、计算机从业人员和外部销售人员。但如果你是非豁免员工，那么你每周工时超过 40 个小时的部分会有加班费。判断职位是不是豁免职位有专门的测试。在这里我们不需要关心具体的测试，只要知道测试依赖于职位的性质和发现职位性质的过程，即职位分析。

7.1.2 职位描述中的问题

1. 描述性 vs. 规定性

职位描述通常是基于从当前员工中收集到的数据（通过观察、访谈、调查等）编写的。因为职位会随时间调整以适应任职者在兴趣和技能方面的个体差异，所以管理者可能希望按职位应该（本打算）是什么样子而不是按职位当前的样子进行描述。然而，我们建议，职位描述通常描述工作是如何实际完成的。因为个体差异带来的职位内容变化的问题，有时被称为"工作重塑"，应该可以通过研究大量任职者来解决。职位描述的范围应该足够广，能够覆盖部分甚至全体任职者。要避免出现这类问题，就应按照职位应该是什么样子（规定性）而不是当前是什么样子（描述性）来进行描述。例如，如果任务陈述内容中有一条是"（一跃）跳过高楼"，那么在雇用和职位评价方面就会出问题，培训专员也不会喜欢它。

2. 现在 vs. 将来

职位描述通常是对工作现状的简要描述（即便不是现状，至少也是职位分析开展时的状态）。由于变化的快节奏，特别是在技术方面，很多人不愿意花费时间和精力编制一份很快就过时的职位描述。有些人甚至认为职位分析是毫无意义的，因为将职位视为一成不变的观点已经过时。我们当然认同，事物变化得越快，职位描述越需要及时更新以保持准确。但是，工作管理需要理解当前的系统，理解它究竟是什么。也就是说，管理者必须清楚员工在做什么，以便监督、评价、指导、计划和普遍发挥管理的作用。随着变化增加，无论职位分析是正式的还是非正式的，都变得越发重要，因为想要高效管理必须知道正在发生什么。但是职位描述多久更新一次仍然是个开放式的问题。

高效更新（快速、容易、低价但仍然准确）是一个重要话题，我们希望这个话题在未来得到更多的关注。有一种方法已在一家大型金融服务公司获得了成功，它依赖于计算机化的数据库。每当管理者需要填补一个职位时，数据库中的职位描述就会发送给该管理者，以便根据需要进行审查和修订。当然，在对职位描述的部分内容做出正式修改前，也可以咨询其他管理者，看看这项修改是否适用于同一职位名称的其他大部分岗位。

7.1.3 关键考虑

职位分析起始于通过名称或其他识别信息来识别职位。至少，职位分析必须能展现基本的职责和任务。换句话说，职位分析必须揭示员工做了什么，这样工作内容就能被传递给非职位专家的个人。员工的工作内容应该以包含行为动词和直接宾语的句子形式展现在职位描述中。任何提供工作导向描述的方法，比如职能型职位分析法、关键事件技术法或组合职位分析法（C-JAM），都适合为职位描述提供所需信息。职位的目的或目标也必须通过职位分析得以展现，从而提供一个有意义的职位概要。如果职位描述的人力资源用途不仅仅是解释工作要点，比如做了什么以及为什么要做，那么职位分析还必须提供此类信息。人力资源用途决定了必须收集哪些额外信息。

7.2 绩效管理和评价

绩效评价是评价员工个体工作时做什么的一个正式流程。比如，可能有人会问大学教授在讲课和准备试题时有多高效。绩效评价是绩效管理系统中的重要部分，绩效管理系统有两个主要目标：

- 为根据过去的绩效表现实施奖惩行为（例如为高绩效员工涨工资和开除低绩效员工）提供依据；
- 通过绩效反馈（辅导）提升当前岗位绩效或引导员工未来的职业发展。

尽管超出了本书讨论的范围，但我们还是要补充一下：研究人员（例如，Meyer, Kay, French, 1965；Morgeson, Mumford, Campion, 2005）发现一个评价系统不可能同时很好地兼顾管理目标和绩效改进目标。

绩效管理系统存在第三个目标，但可能只有工业与组织心理学家会对其感兴趣。所以除非你非常想知道，否则我们是不会说的。既然你坚持想知道的话：绩效评价可以作为一个标准，使我们能够进行效度检验或评价新培训计划等干预措施。（第8章将介绍效度检验）

接下来我们要关注的重点是持续一段时间内的岗位绩效衡量或绩效评价，而绩效管理也涉及日常辅导和未来可能的机会。职位分析可以同时为当前岗位和潜在未来职位提供清晰的信息。建立绩效评价系统通常是为了在特定时刻（如一年一度的员工入职纪念日），上级主管能通过绩效评价表完成对员工的绩效评价，并且就评价结果与员工进行讨论。讨论的内容通常集中在主管对员工工作的印象、改进的意见以及员工将获得的晋升或加薪。

工业与组织心理学家在以下方面对职位分析开展了一些工作：能够为绩效评价系统提供最佳支持，达成管理目的的形式或格式的种类，以及绩效评价会议的开展方式等。你可以阅读DeNisi和Murphy（2017）；Murphy和Cleveland（1995）；Schleicher等（2018）以及Smither（1998）等作为对绩效评价相关事项的补充。Rynes、Gerhart和Parks（2005）总结了将薪酬支付作为高绩效激励时要考虑的相关事项。在本章中的这一节，我们关注职位分析的方法，研究职位分析成果如何为绩效评价用途提供依据。为此，我们先简单介绍一些常用的评价形式。

7.2.1 评价方法

绩效评价通常要求管理者对员工工作绩效的各个方面做量化评价，本节我们将简单介绍以下评价方法：

- 图尺度评价法；
- 行为锚定等级评价法；
- 行为观察评价法；
- 强制选择法。

1. 图尺度评价法

图尺度评价法（graphic rating scales）是业界常用的评价方法。表7-4展示了一个相关示例。此类方法之所以受欢迎，是因为它们用令人熟悉和舒适的方式来描述员工，这也正是我们通常用来描述他人的方式。有时这些评价量表是基于个人特质编写的。比如，当我们想到管理者时，脑海中浮现出的一种特质就是领导力；想到银行家，我们就会想到（或希望看到）正直，诸如此类。其他常用的量表同时包括特质和通用工作成分。内容可能涉及工作质量、工作数量、缺勤、迟到、协作和对公司的忠诚性等。尽管图尺度评价量表容易开发并被广泛用于各类岗位，但是它仍存在两个主要缺点。

表 7-4 基于特质的图尺度评价法示例

1= 完全不同意　2= 不同意　3= 中立　4= 同意　5= 完全同意

特质	完全不同意	不同意	中立	同意	完全同意
友好的	1	2	3	4	5
彬彬有礼的	1	2	3	4	5
体贴的	1	2	3	4	5
令人高兴的	1	2	3	4	5
节俭的	1	2	3	4	5
勇敢的	1	2	3	4	5
干净的	1	2	3	4	5
恭敬的	1	2	3	4	5

注：主管通过圈出代表每项特质评定的等级数字完成该量表。

最严重的缺点与合法性有关。基于个人特质开发的量表在通过绩效评价做出的管理决定（开除员工等）引起的诉讼中表现差强人意。法庭发现特质等级过于主观，并没有明确地和工作绩效产生联系。例如，我们可能认同某人是一个好领导，却是出于完全不同的理由。或者更有可能的是，尽管我们对所看到的行为看法一致，但是我们仍可能在领导力质量方面产生分歧。但这些并不能说明在评价管理职位的领导力时有什么错误。问题在于领导力自身并不是根据工作行为来定义的。我们需要详细说明自己口中的领导力是什么意思，让任何看到它的人都能理解。比如，对于部门经理来说，将保持财务资产负债表流动性的任务委托给下属可能被认为是好的领导，但将制定部门预算的整个过程委托给下属可能被认为是坏的领导。Kluger 和 DeNisi（1996）提出了基于特质评价的另一个关键点：反馈越关注特质而不是工作任务，绩效获得提升的可能性越小。

法庭还裁定，职位分析对于理解工作的要求是必要的。选择评价量表不是简单对应职位名称。例如，即使某职位名称有"管理"二字，该职位却可能并不要求监管他人。具备职位相关的行为描述形式对绩效评价的管理和辅导两个方面很有帮助。另一种更可能通过法院审查的方法是使用评级量表，其中评价因素为个人职位的主要职能。例如，大学教员的评级通常会包括三个领域：学术或艺术生产力、教学和服务。稍后我们将再次提到这一点。接下来则会讨论评级量表更复杂的变化。

2. 行为锚定等级评价法

行为锚定等级评价法（behaviorally anchored rating scales, BARS）的主要观点是通过提供行为描述（"锚"），帮助人们理解评价量表中的分数的含义。相关示例如图 7-1 所示，学生（或师资评审委员会、系主任）可以使用该示例来评价教师组织的考试。行为和相关数字旨在为评价人员提供引导，评价人员可以将员工的行为与给出的示例进行比较，查看员工行为在量表中适用哪一项。行为锚定等级评价法将可观察到的行为纳入评价过程，因此这是对特质或其他简单标签的改进。然而，人们有时难以使用这种方法。他们抱怨员工的行为很少与示例完全相符。此外，有时员工的实际行为差异很大。例如，有时员工的表现会比顶部锚点更好，有时又会比底部锚点更差。评价人员会因此感到沮丧，因为他们无法在给定的量表上为单个员工提供多项评定。

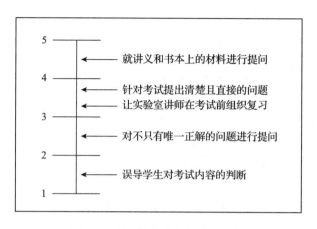

图 7-1　行为锚定等级评价法示例

3. 行为观察评价法

行为观察评价法（behavioral observation scales）和行为锚定等级评价法类似，因为它们都通过行为描述阐述各类别的含义。然而，行为观察评价法是通过让评价人员对每个项目而不是对整个类别做出反应来实施评价的。表 7-5 中提供了教授一职的示例。我们可以注意到，行为观察评价量表中的某些内容与行为锚定等级评价量表中的类似。正如在行为锚定等级评价量表中，每个类别下都列出了几种行为。然而，在行为观察评价量表中会评定每种行为，评价也更直接。评价人员只报告行为发生的频率。这要求评价人员做更多的工作（因为会有更多全面评定），但人们对每个评级都会感到更舒服。每个类别有多个评级的另一个优点是可以计算出无法用单个项目量表测出的内部一致性信度。

表 7-5　行为观察评价法示例

课堂表现
1. 上课迟到
   几乎从不　1　2　3　4　5　几乎总是
2. 没能成功使用板书或其他方式呈现要点或大意
   几乎从不　1　2　3　4　5　几乎总是

考试表现
1. 针对考试清楚、直接地提问
   几乎从不　1　2　3　4　5　几乎总是
2. 就讲义和书本上的材料范围出考试题
   几乎从不　1　2　3　4　5　几乎总是

4. 强制选择法

使用强制选择法（forced-choice scales）的方式之一是要求评价人员从给出的四种陈述中选择两种。例如，假设一所大学的系主任要评价一名教员。该系主任可能会收到以下评价（摘自表 7-5）：

- 上课迟到；
- 没能成功使用板书或其他方式呈现要点或大意；
- 针对考试清楚、直接地提问；
- 就讲义和书本上的材料范围出考试题。

系主任将被要求选择最能描述教员的陈述（我们希望是 3 或 4），以及最不能描述教员的陈述（我们希望是 1 或 2）。以此方式，他不得不从中选择最贴近和最背离该教员表现的描述。强制选择法的编制和评分比较棘手。但是，如果正确研发，两个听起来不错的陈述中可能一个代表出色的工作绩效，另一个则不是。类似地，两个糟糕的陈述中也可能一个与低绩效相关，而另一个则无关。大量研究表明，强制选择法效果良好，因为：①量表是可靠的，因此不同的评价人员在对被评价人的陈述选择意见上倾向于一致；②量表提供了员工在工作绩效方面相对位置的高质量信息。与运用行为锚定等级评价法和行为观察评价法时不同，使用强制选择法的评价人员（例如经理）会发现很难"看穿"该量表，难以判断谁会得到好的评价，以及谁会得到不好的评价。这既是一个好的特性，也是一个坏的特性。

7.2.2 评价方法比较

上述三种评价方法（行为锚定等级评价法、行为观察评价法和强制选择法）都需要耗费大量精力来开发。主题专家（如任职者及其上级）必须为从优异到不佳的多个绩效类别分别撰写描述。我们需要努力确保这些描述属于单一类别，还要保证行为的价值或"优点"是明确的。换句话说，从条目生成到纳入绩效评价表（或类似的人力资源用途）的过程中幸存下来的陈述必须是清晰的，包括行为有多好或有多坏，以及行为属于哪个类别。这意味着（你猜到了）需要主题专家做出更多的判断。强制选择法需要做更多的工作，以便将可以真正区分优秀和糟糕表现的项目与虽然无法区分但在社会赞许性方面相似的项目相匹配。例如，"在交接之前检查自己的工作"可能会准确地根据工作绩效对人们进行分类，但"自愿帮助他人"却不能。

行为观察评价法的关键是用户（即管理者）能否接受。正如我们前面提到的，尽管评价任务可能需要更长的时间才能完成，因为评价人员必须对每个项目做出回应，但它对智力的要求并不高。强制选择法通常提供最具信息量的评价，至少在初始阶段是这样。管理者讨厌强制选择法，因为他们无法操纵它。在强制选择法实施后，他们又会想办法去击败系统（例如，给每个人都打相同的评分，或者他们实际评价 X 时假装自己评价 Y）。

心理学家认为绩效评价是这样的："我们仔细收集员工的绩效数据，并将数据组织成有意义的类别，使用一个有效的方法（绩效评价表）将其整合在一起。有了行为描述，我们就可以评价员工的表现并为他们提供反馈。然后就可以决定员工的绩效符合何种加薪条件。"其思路是首先描述行为，然后评价行为，最后做出管理决策。经理们会这样思考下属的绩效评价："我想给这个人加薪多少？我该如何填写这张愚蠢的表格来证明我想为员工加薪的理由正当呢？当我们都知道员工的表现时，为什么我还要坐在一个房间里和这个人谈论他的表现？"

到目前为止，我们主要关注与绩效评价相关的管理目的（奖励或惩罚）。还有辅导目的或绩效改善目的使我们从绩效评价转向绩效管理。辅导和评价有截然不同的目标。对于评价，数字或其他评定等级有助于区分个人的绩效水平，在沟通个人的相对优势和需要提升的领域方面也有帮助。例如，销售经理可能非常善于培训下属，但在分配工作任务方面表现不佳。

然而，在辅导环节，数字评价和整体行为陈述很少能提供有效反馈。当别人告诉你，你在分配工作方面的成绩是"3"时，这对你如何改进几乎没有任何帮助。改进取决于了解具体的环境和具体的适当行为。例如，销售经理在分配工作时可能面临将个人技能与合适的项目相匹配的难题，也可能面临着同一个人被安排了太多不同的项目，多个项目的优先顺序不明确，或从来没有沟通过最后期限等窘境。在此，我们注意到，我们所描述的形式中没有一种对辅导有用。我们还注意到，辅导需要建立在持续进行而不是一年一次的基础上。想象一下，一位花样滑冰教练等到赛季结束后才向每位滑冰运动员提供反馈是何等光景。

正如之前所述，辅导作为绩效管理的一部分，可能超越了尝试提升当前绩效的范畴，进入了开发员工才能或释放其潜力的领域。在此，可以考虑员工可能渴望从事的工作的职位分析信息。未来的"拓展性"任务可能被推荐给员工，同时员工还会被建议参与教育或发展项目，从而培养必要的知识、技能、能力和个人其他特征（KSAOs），或掌握达成目标所需的胜任力。

7.2.3 关键因素

绩效管理和评价是一个管理工具，包括两个主要目标：

- 为根据过去的绩效表现提供奖励和实施惩戒行为（例如，为高绩效员工涨工资和开除低绩效员工）提供依据；
- 通过反馈（辅导）提升当前岗位绩效或引导员工未来的职业发展。

因此，职位分析需要提供有助于管理层关注员工工作相关行为的信息。此外，对于当前职位绩效的评价，关注的行为应该在很大程度上由员工主导并且能够区分员工绩效好坏。对于未来的职业发展，我们需要收集关于员工可能希望从事的潜在岗位要求的信息。

虽然管理者能够而且非常应该关注职位产出或所谓的底线思考，但是他们也必须关注辅导工作绩效的过程或影响工作结果的即时行为。例如，对于接管员一职而言，绩效可以定义为每小时接收的货物数量减去某种形式的货损（仓储的损坏货物、已登记签收但未存储的货物）。知道接管员速度慢或丢失货物明显很重要，但这并不能告诉我们如何解决问题。因此，职位分析应该提供能指导工作行为的信息，而不是简单地描述期望的结果。

此外，这些信息应该有助于区分绩效好坏，这方面主要是关于效率。如果每个人在某件事上都完成得很好，那么辅导这方面就没什么意义。但如果所有人都完成得不好，那么可能还有其他一些问题需要注意，比如职位设计。对于施行绩效工资或类似的管理决定，唯一重要的信息是员工在履行职责方面的差异。因此，职位分析应提供突出员工主导下能影响工作绩效的行为差异的信息。

最受绩效评价青睐的职位分析方法是关键事件技术法（见第2章）。回想一下，关键事件包括：①情境；②某人在情境中做了什么（即员工的行为）；③结果是什么。对于绩效评价而言，对情境的陈述应该是核心工作。关键事件技术通过忽略典型或普通的工作行为帮助限制职位分析信息。职位专家（在职员工、主管或观察员）提供的事件中，产生结果的是员工在情境中的行为，而不是某些外部因素。因此，关键事件法似乎满足了职位分析的两个要求（即行为应在员工的主导下，以及工作行为应导致良好或较差的绩效），关键事件显然有助于开发在绩效评价中使用的行为锚定等级评价法、行为观察评价法和强制选择法。

能提供工作要求信息的其他方法也可有益于绩效评价。职能型职位分析法和任务清单可以提供有关成功完成工作所需的特定任务的信息。当任务组合成职责时，职责为工作绩效评价构建了良好的结构（其中重要职责被视为工作绩效的主要维度）。例如，销售经理（详见表7-1）可能在解决客户投诉、指导和协调销售活动、监督其他销售经理、编制预算等职责方面接受评价。

我们喜欢管理岗位描述问卷（详见第5章）的一点是它能够根据工作的任务内容创建定制的绩效评价表，并根据岗位层级修改内容，以便能考虑到在各种任务或职责上标注的重点或花费的时间。理想情况下，绩效评价系统将帮助管理者关注员工的工作绩效。因为此时工作内容与绩效评价内容匹配（这是支持评价效度的有力证据），所以这样的关注提供了对绩效评价系统攻击的最佳防御。而任务重点也有助于支持辅导功能，因为它强调工作本身的内容。

胜任力模型也可能在绩效评价中发挥作用，特别是在辅导并提高绩效方面。回想一下，胜任力与组织重视的绩效有着明确的联系。正因为如此，该模型可以引导员工采取有效的工作行为。

关注员工特质的职位分析方法在绩效评价中没有那么有用。例如，岗位分析问卷和临界特质分析系统往往无法提供绩效评价所需的信息。绩效评价对员工过去的绩效进行奖励或惩罚，指导他们如何在未来做得更好。员工特质更关注行为能力（例如，员工能否培训其他人？这个人能采集血样吗？）。绩效则不那么关注员工的能力，而是关注实际的工作行为（例如，销售经理是否为下属安排了合适的培训？有多少血液样本因被污染而被丢弃？）。

行为职位描述

虽然绩效评价主要用作奖励和辅导的管理工具，但绩效评价系统基本上可以替代管理。行为或结果导向的职位描述（Gael, 1988b）将标准纳入任务描述中，以便从客观角度说明什么构成成功的工作绩效。例如，传统的任务声明可能会写"与下属有效沟通"，同一声明的行为版本则可能会写"在提出要求后的第二天下午5：00前以书面形式批准或拒绝下属的设备请求"；传统声明中的"结算收银机"在行为版本中是"结算收银机，以便在轮班结束时对不上账的金额不会超过10美元，月末时不会超过50美元"。在任务描述中写入绩效标准，可实现两个相关目标：第一，它设定了客观的绩效标准，从而避免管理者将绩效观察和评价分开，为管理者设定了评价标准。第二，它清楚地向员工传达了在工作绩效方面的期望。

尽管行为或结果导向的职位分析对绩效评价有明显的优势，但这种方法也有缺点。因为工作表现是多方面的，所以在评价工作绩效时必然需要一些判断。例如，可能有一位银行柜员在处理资金时非常准确（收银机总是能准确地结存，账目从不登记到错误的账户等），但他对客户粗鲁，激怒其他柜员，并且无视分行经理的指示。这样的柜员即使满足甚至超过了书面的任务要求，也可能被认为有绩效问题。

另外，更详细地描述工作中期望员工出现的行为或具备的能力也更可能意味着重要的开发活动。我们知道，成长机会对员工非常重要，是工作满意度的重要来源。因此，创造有针对性的成长机会的管理行动可能会受到重视和赞赏，并可能提高员工的积极性。

7.3 职位评价

职位评价是评价组织中职位价值的正式过程。一般来说，职位评价是在大公司和政府机构中进行的，与小型家族企业确定薪酬和福利的非正式方式不同。职位评价直接或间接规定职位的基本工资（周薪或月薪）。职位评价是更广泛的薪酬体系的一部分，该体系包括管理员工因工作而获得的薪酬和福利。通常，薪酬最大的组成部分是基本工资，即员工因花费时间工作而获得的时薪或月薪。除了基本工资，薪酬来源还有佣金、奖励、绩效加薪、奖金和为非工作时间（病假、假期）支付的工资。雇主可能还会为员工购买健康险和生命险、缴纳养老金，通常还会提供员工认为有价值的其他福利。最后，雇主可以提供更具体的额外福利，如公司汽车、高尔夫俱乐部会员资格或其他员工想要的回报。薪酬，尤其是基本工资，对企业来说非常重要，因为它通常是公司预算中最大的项目之一，会对公司的收益产生重要影响。

由于薪酬对雇主和雇员的重要性，职位评价成为管理者非常感兴趣的话题。在本节中，我们首先描述职位评价应该完成的任务；其次讨论最常见的职位评价方法；再次概述进行职位评价时的一些关键因素；最后描述对职位评价的研究，这些研究关系到职位评价的执行情况。

7.3.1 公平

我们中的许多人至少在一定程度上把自我价值建立在工作报酬的基础上。作为社会生物，人们往往会环顾四周，看看别人得到了什么样的奖励。即使工资没有公开，人们也会推断其他人的收入，何况有些奖励（例如，假期和预留停车位）是显而易见的。公平理论（Adams，1965）认为，人们会将自己的投入（资历、经验、精力）和结果（薪酬、奖励）与他人的投入和结果进行比较。如果人们的投入与产出的比率与其他人的相似，那么他们就会认为公平（公正）。例如，假设我高中刚毕业，不想工作太累，我有一份低工资的银行柜员的工作。根据公平理论，我会观察周围的人，以确定我的工资是公平的还是不公平的。有几种可能的结果：如果我看到某人具有与我相似的资历，也不努力工作，工资也很低，那么这对我来说是公平的。这种公平感会让我对自己拿到的薪水感到满意。同样，如果我环顾四周，看到其他人资历比我好，工作比我努力，拿高薪（比如，柜员组长或分行经理），那么这对我来说也应该是公平的，因为投入与产出的比率是平衡的。换句话说，这个人的薪水更高（结果更好），但他从事的工作也比我多（投入更多）。如果我看到其他人资历尚浅、工作不努力（和我一样），但薪水很高（和我不一样），那么这对我来说是不公平的。这种对不公平的看法会导致我不满意自己的工资。

组织需要担心三种情况下的公平：①同一家公司，同一份工作；②同一家公司，不同的工作；③不同的公司，相同的工作。在同一家公司，同一份工作的情境中，公平问题与最大限度的类似比较有关。例如，同一家银行分行的柜员会相互比较彼此的工作和报酬。组织在绩效管理中考虑这种公平，并在绩效评价而不是在职位评价中解决。原因在于公平比较是在个人或岗位之间而非职位之间进行的。另外，如果银行在全国各地都有分行，那么确保分行之间的公平就很重要。这样可以更方便地跨地区调动员工。

同一家公司，不同工作的公平性与根据职位的价值创建的内部一致的职位排序有关。根据公平理论，有些工作需要更多的投入（资历、经验、精力等）。这样的工作应该得到更好的报酬。我们如何通过投入方式来确定工作需要什么？职位分析为它提供了答案，我们很快就会解释。

不同公司但相同的工作情境下的公平是市场价值问题。一方面，如果我方银行给柜员发放的工资比附近的其他银行少，那么我们将难以吸引和留住优秀的柜员。如果人们可以通过跳槽到街上的另一家银行获得加薪，他们就会这样做。另一方面，如果我方银行向柜员支付的工资高于附近的其他银行，我们就能吸引优质的申请人，但由于为同样的工作支付的工资更高，我方的利润可能会受到影响。公司可以通过薪酬调查了解其他公司为类似工作支付的薪酬，并根据调查中获得的信息调整自己的工资额度。公司通常还会通过参与此类调查换取调查结果的副本。总之，所有人都希望在相同的范围内（即支付相似的工资）平衡利润和固定的劳动力资源。

7.3.2 职位评价方法

职位评价的目标是根据一系列职位（而非岗位）对组织的价值进行排序。为此人们已经设计了许多方法。就职位分析而言，有两大类评价方法：①基于职位描述的方法；②基于对职位组成部分（工作或工作者的属性）直接评价的方法。基于职位描述的方法还可以进一步分类，包括（除其他事项外）考虑整体职位或报酬要素；将职位相互比较或比较职位与属性。

1. 整体职位 vs. 报酬要素

最简单的职位评价方法是排序法。使用此方法，职位评价委员会（负责职位评价的一组人员）会收到每个职位的职位描述。职位评价委员会继续按照职位对公司的整体价值对其进行排序。排序可以先独立进行，然后再在职位评价委员会成员之间整体进行，或在共识会议上进行。

虽然整体职位可以作为判断其价值的基础，但更常见的是通过考虑职位的属性来判断其价值。这些属性被认为是某些职位报酬高于其他职位的原因，因此被称为报酬要素。其中通用属性有四个：技能、努力、责任和工作条件。这四个属性显得尤为重要，是因为它们被编纂在 1963 年的《同工同酬法案》中。可以将这四个属性看作覆盖了许多更具体属性的伞。例如，技能伞下的要素可能包括分析能力、社交技能、判断力、身体机能、准确性和灵活度；努力伞下的要素可能包括注意力需求、专注力、脑力、体力、工作枯燥程度和工作量；责任伞下的要素可能包括对直接下属、预算、运营、他人安全、材料、工具和设备的责任；工作条件伞下的要素可能包括危险、出差、高处作业风险和环境条件等因素。

职位评价系统最常用的方法是组建专家组或委员会，以审查每项职位在若干报酬要素上的地位。早期的职位评价系统要求委员会直接使用职位名称来比较职位。在要素比较法中，专家组分别在每个要素上对职位进行排序。然后，专家组为每个要素中的每个职位分配美元价值。各因素的美元价值总和必须等于整个职位的美元价值（周薪或月薪）。表 7-6 是通过一个假想的互联网公司提供要素比较法的示例。"总薪酬"一列展示了整个职位的时薪。在这一特殊模型中有五个报酬要素（即技能、脑力需求、体力需求、责任和工作条件）。如表 7-6 所示，薪酬中最重要的要素似乎是技能。同时请注意此列的高平均值和高标准差。

表 7-6　假想的互联网公司的要素比较法结果

职位名称	总薪酬	职位因素									
		技能		脑力需求		体力需求		责任		工作条件	
	$	$	R	$	R	$	R	$	R	$	R
网络设计师	41.50	26.00	1	6.50	1	2.00	10	6.00	2	1.00	8
系统管理员	39.20	25.00	2	6.20	3	2.00	8	5.00	4	1.00	7
网络安装员	40.30	21.00	3	6.30	2	4.00	2	5.00	3	4.00	2
硬件支持	34.75	16.00	4	6.00	4	3.75	3	6.00	1	3.00	3
网页设计师	27.50	15.00	5	5.00	5	2.00	9	4.50	5	1.00	9
系统分析师 II	23.80	12.00	6	4.80	6	2.00	7	4.00	6	1.00	10
系统分析师 I	19.75	10.00	7	3.75	7	2.00	6	3.00	8	1.00	5
接待员	14.20	4.00	8	3.40	8	2.80	4	3.00	7	1.00	6
文员	13.60	3.50	9	3.30	9	2.80	5	3.00	10	1.00	4
门房	16.80	2.50	10	2.80	10	4.50	1	3.00	9	4.00	1
M	27.14	13.50		4.81		2.79		4.25		1.80	
SD	11.09	8.69		1.41		0.97		1.23		1.32	

注：$=美元价值；R=等级；M=均值；SD=标准差；职位因素一列的美元价值会加总得到总薪酬，在本表中如果给出的职位因素美元价值相同，那么等级顺序将随机安排。

在计点法中，专家组再次在报酬要素范围内比较了职位。需要注意的是，计点法中职位的每个要素被分配的是点数而不是美元。各要素的点数相加，得到的总点数用于为职位划分薪资等级。

2. 比较职位与属性

目前最常用的职位评价方法是要素计点法。与要素比较法和计点法一样，要素计点法在每个报酬要素上评价每个职位。然而，要素计点法不是使用职位名称来创建评价量表，而是使用每个要素的级别或程度的叙述性描述来指导委员会的评价。表 7-7 和表 7-8 显示了单一报酬要素的例子。这两个表都试图提供评价工作复杂性这一要素的标准。选择级别或程度后，点值将被自动分配。两表之间的区别在于，表 7-8 已经被修改过，专门用于评价秘书一职。根据表格编写者的说法，秘书工作从来不会比评价层级中的第三级更复杂。提供给职位评价委员会的相关指导性信息越多，他们的判定工作就越容易完成。

表 7-7　工作的复杂性要素和通用条款中的层级描述

要素四：复杂性
　　该要素包括工作中任务、步骤、过程或方法的性质、数量、多样性和复杂性；确定需要做什么的识别难度；以及工作的难度和独创性

4-1 级　25 点
　　工作包含清晰且直接相关的任务
　　在决定需要做什么时，选择面很窄或根本没有选项。要采取的行动或做出的回应是显而易见的。工作的价值评定也很快

4-2 级　75 点
　　工作包括涉及相关步骤、过程或方法的职责
　　在需要做什么决定时，决定涉及各种选择，这些选择要求员工认识到部分清晰可识别情况的存在和差异。要采取的行动或做出的回应在信息来源、记录的业务类型或其他真实存在的差异等方面有所不同

4-3 级　150 点
　　工作包含涉及不同且不相关的流程和方法的各种职责
　　在需要做什么决定时，决定取决于对每项任务所涉及的主题、阶段或重要议题的分析，可能不得不从许多备选方案中选出行动方案。工作涉及的条件和要素必须加以识别与分析，以识别其相互关系

4-6 级　450 点
　　该工作包含管理或专业领域的流程和众多职能。根据活动的宽度和密度描述任务，内容包括在他人或外部组织的帮助下同时或相继进行的阶段。需要做什么决定，主要包括未定义的问题和元素，需要广泛地调查和分析以确定问题的性质和范围。工作需要持续投入以构建概念、理论或程序，或者解决长期存在的问题

资料来源：U.S. Civil Service Commission. (1977). *Instructions for the Factor Evaluation System*. Washington, DC: U.S. Government Printing Office.

表 7-8　工作复杂性要素和秘书一职的层级描述

4-1 级　25 点
　　这项工作包括一些明确的任务。秘书通常提供打字或速记服务；保管简单的办公室文件；分类邮件；转接电话给公司员工、引见访客。在决定需要做什么或何时应该做时，几乎没有选择的余地。工作要么刚接收就进行，要么按照其他人设定的顺序进行。采取的行动要很容易识别（例如，只需将电话转接给对方要联系的工作人员）；否则，该级别的秘书就要请求协助

4-2 级　75 点
　　工作由涉及各种相关步骤、过程或方法的职责组成。除了 4-1 级所述的各种职责外，该级别的秘书还履行维持办公室运转的各种程序性职责，包括请购用品、印刷或维护服务；为工作人员填写各种旅行表格；安排会议室；根据文件中现成的信息编制计划报告。关于需要做什么的决定涉及多种选择，要求秘书认识到清晰可识别情况的存在和差异。要采取的行动或做出的回应在信息来源、交易或条目的种类或其他易于核实的差异等方面有所不同。这一层级的决定是基于对工作程序要求的了解，以及对该办公室具体职能和人事安排的认识做出的

4-3 级　150 点
　　工作包括涉及不同和不相关流程及方法的各种职责。例如，除了 4-1 级和 4-2 级所述的职责外，4-3 级的秘书还履行与以下职责类似的多项职责：

- 当需要阅读来往信件和报告以确定相关项目时，以及基于所涉及问题的熟悉度和各类信息之间的关系进行决策时，根据各种文件中的信息编制一份独一无二的报告
- 在对与会者日程安排和任务了解的基础上，召开会议规划和安排与会者的出行和住宿

　　关于需要做什么以及如何完成这些任务的决定，是基于秘书对主管和员工的职责、承诺、政策和计划目标的了解，并包括对每项任务所涉及的主题、阶段或问题的分析做出的。所做决定是从许多备选方案中选出的

资料来源：U.S. Civil Service Commission. (1977). *Instructions for the Factor Evaluation System*. Washington, DC: U.S. Government Printing Office.

要使要素计点法顺利发挥作用，必须满足两个条件：首先，职位评价委员会必须有准确详细的职位描述。此外，职位评价委员会需要的信息类型涉及该工作在报酬要素方面的地位。让我们花一点时间回顾表7-1中的职位描述（我们发现勤奋本身就是一种回报）。在表7-1（销售经理职位）中，你可以看到该职位在公司的职位评价中获得740分。

高质量职位评价的第二个要求是了解评价系统。评价专家组必须在评价职位的方式方面受到明确的指引。因为职位是根据技能和责任等一般属性来评价的，所以在工作内容和一般属性之间有一个很大的推论飞跃。Henderson（1988）建议向专家组提供要素计点法通用的叙述性描述和代表每个报酬要素的各个级别或程度的职位名称。

3. 直接评价法

要素计点法需要根据职位描述进行判断，而其他直接使用关于工作和员工属性的职位分析数据进行评价的方法已经问世。我们介绍了两种主流方法，一种主要基于工作属性，另一种主要基于员工属性。这两种方法都使用统计方法而不是人工判断来匹配职位信息与支付报酬。在要素计点法中，报酬要素的重要性由分配到每个要素层级的点数决定。然而，使用统计方法，权重来源于对工作属性的衡量，以取代报酬要素。

统计方法始于一系列关键职位（key jobs）。关键职位是指在市场上公认的薪酬公平的职位。对于每个关键职位，都有一个工资或薪水数额作为衡量标准。确定关键职位后，我们使用职位分析来度量每个职位的一组通用工作或员工属性。统计方法要求对每个职位的每个属性进行定量测量。在职位分析之后，会对每个职位进行一系列测量。这些测量结果可以作为预测指标。随后就是使用多元回归的统计技术推导公式中的各项权重（第9章对多元回归进行了更详细的描述），推导出的每个权重乘以相关属性的值，再把所有结果加到一起，得到的数额就代表估计的工资。最后，通过将工作属性与已知的公平工资进行数学匹配得出的公式即可应用于新职位，以分配与关键职位一致的工资或薪水。

需要注意的是，岗位分析问卷（详见第3章）已被广泛用于职位评价，其发明者为此大赚了一笔。岗位分析问卷包含大量员工特质，可用于描述几乎任何职位。McCormick、Jeanneret和Mecham（1972）介绍了一项研究，该研究阐明了岗位分析问卷在职位评价中的应用。目前获得了来自45个不同组织中的340个职位的岗位分析问卷数据。每种职位都有某种形式的薪酬数据，这些数据会被转换为统一的衡量标准。职位被随机分为两个样本（样本A有165个职位，样本B有175个职位）。每个样本中来自岗位分析问卷的信息用于预测工资。得出岗位分析问卷的权重，并将其应用于剩余样本。换句话说，该方法就是先在样本A中使用多元回归来推导权重并预测样本A的工资（如果你将此称为"大数据"的使用，并将分析称为高级"数据分析"，那么我们将永远称赞你）。随后再将样本A中的权重用于样本B数据，以预测样本B的工资，而无须推导新的权重（这种过程称为交叉验证；之所以使用它，是因为推导出的权重往往会夸大初始样本的结果质量，但不会影响交叉验证样本结果的质量）。样本B用于推导出权重，然后将其与应用于样本A的数据进行第二次交叉验证。交叉验证多重相关系数的平均值约为0.85（最大值为1.0），这表明从岗位分析问卷中获取的信息能够很好地预测不同职位的工资差异。自问世以来，岗位分析问卷已被多次用于职位评价且效果良好。这种成功表明，直接从职位分析中获得的员工导向的工作特征可以作为职位评价的基础。

工作导向（任务）信息也被用于职位评价。美国空军雷·克丽丝塔尔（Ray Christal）及其同事完成的职位评价工作阐明了任务清单法（Christal，Weissmuller，1988）。任务清单是一份详细列出职位包括的任务内容的调查问卷（详见第 2 章）。任务清单的范围通常比岗位分析问卷更窄；也就是说，任务清单通常被设计用来描述比岗位分析问卷更小的工作范围。如果任务清单可用于描述大量职位，那么它的篇幅会很长（超过 1 000 个任务），员工只能从中找出少数适用的任务。然而，使用任务清单的职位评价过程与使用岗位分析问卷非常相似。每个职位都由一组分数表示，分数与特定任务或任务组合（对相关项目的答复汇总）有关。多元回归用于推导权重，以便用于对任务清单响应的估计，其中工资是标准。这些研究的结果还表明薪酬是可以预测的。因此，工作和员工属性都成功地为职位评价提供了基础。然而，Christal 和 Weissmuller（1988）指出，如果使用计分制，任务清单本身可能无法提供职位评价所需的全部信息。他们建议允许在职员工和主管提供澄清信息，以帮助专家组正确评价职位。

7.3.3 关键因素

职位评价的结果是根据相对价值对职位进行排序。要做到这一点，职位分析必须提供跨职位的可比较信息；也就是说，职位分析必须提供关于不同工作的相同属性的信息，才能称得上有用。由于不同职位的任务内容在性质上不同，因此任务内容只能用于比较相似的职位。否则就需要一种推论，将任务内容与员工属性或更抽象的职位要求（如技能、精力和责任）联系起来。这种推论可能在一个负责根据职位描述进行职位评价的专家组中产生，也可能在专业分析师使用岗位分析问卷等分析工具进行职位分析时问世。值得一提的是，职业信息网络提供了一组标准化的能力和通用的工作活动。因此，它似乎提供了可以用于职位评价的基础。

随着以团队为基础的工作方法的出现，传统的基于职位的评价系统出现了新的问题。公司正在尝试各种新事物，包括基于团队贡献而非个人贡献的薪酬。

例如，在基于技能的薪酬体系中，团队成员可以通过团队中的一系列职位了解更多的任务，从而提高自己的薪酬。举例来说，如果工作地是仓库，工人可能首先学习打包和配送外派订单，然后学会寻找存储在仓库中的物品，接着能够接收和储存仓库外来的物品，最后能够解决问题。因为基于技能的薪酬随着时间的推移通常会比基于固定职位设定的工资更高，所以管理层必须考虑效率提高是否可以抵消转换到基于技能的薪酬所增加的成本。

我们注意到，职位评价中的一个重要问题是，薪酬究竟是基于一个人做了什么（传统观点）还是一个人知道什么。我们更认同传统观点，但有些人可能会指出，现在组织中普遍存在动态、多变的工作。因此，他们可能会建议根据员工知道什么或能做什么支付薪酬，而不是为员工在某个特定时间实际从事的工作付钱。职位评价中更基于知识的方法与本书所述方法类似（即依赖判断或数据分析方法）。然而，该方法的内容（即评价内容）侧重于员工拥有的不同知识、技能或能力的（对组织而言）相对价值。

7.3.4 职位评价研究

有没有最佳的职位评价方法？虽然还没有太多的研究直接比较职位评价方法，但似乎大多数方法在职位价值的全球排名顺序上意见统一。换句话说，一个职位评价系统提供的职位价值往往与另一个系统提供的职位价值高度相关。因此，至少在总体水平上，职位评价方法的准确性可能不是选择评价系统的决定因素。成本和公平感等实际问题同样重要。

能否改进职位评价系统？正如我们前面提到的，为了发挥作用，职位评价有两个主要要求：提供关于职位的准确信息；以相同的标准评价获得的职位信息。虽然我们不知道直接（成分）评价和职位描述（评审委员会）评价结果的比较情况，但逻辑分析促使我们假定直接评价方法在维持职位和环境的一致性方面具有优势，专家小组法在考虑更具体和多样的信息方面更胜一筹。

之前的一些研究已经验证了评估人在评价报酬要素分数方面的可靠性。研究结果一致表明，组建评审小组是可靠的（Spector, Brannick, Coovert, 1989）。Snelgar（1982）发现，不同公司对同一组职位的评价得出了非常相似的职位价值排序。因此，尽管职位评价涉及大量的判断，但迄今为止我们掌握的证据仍然表明，职位评价系统可以对职位的相对价值进行可靠和有效的评估。

7.4 职位设计 / 再设计

大部分职位设计工作更接近工业工程学而不是工业心理学范畴（Salvendy, 1982）。如果你打算设计或再设计职位，你可能希望工业工程师能参与。在本节中，我们将描述与工业与组织心理学密切相关的职位设计 / 再设计的某些方面，并介绍一些可能有助于满足心理需求的方法。

7.4.1 职位设计 / 再设计的目标

职位设计旨在满足三种组织需求：生产系统需求、社会组织需求和员工个人需求。设计师在考虑可能的物理和职能工作布局时，需要照顾到所有需求。

1. 生产系统需求

尽管生产系统的逻辑最容易可视化（如果考虑到装配线），但它适用于所有类型的组织。其理念是，职位的设计应该是高效的，这样才能从尽可能低的投入中获得最大的产出。设计的职位还应能够处理技术不确定性，以便应对不可靠的设备、自动化程度等。近年来，提高产品和服务质量变得越来越重要。从本质上讲，职位需要对达成组织的使命有所贡献。

2. 社会组织需求

任何组织都有一个社会结构。这种结构包括角色、传统、汇报关系、职业路径、员工之间的互动等。组织需要招聘和培训员工，以便个人加入和离开组织时维持这种结构。职位设计 / 再设计需要考虑职位结构如何更普遍地影响组织社会结构。具体而言，职位设计 / 再设计的过程需要考虑对离职、培训和选拔的影响。

3. 员工个人需求

员工加入组织不仅是为了有钱付账单，也是为了满足成长、地位、归属感和对不同职位类型的偏好等需求。职位设计可能考虑以下因素（补充示例请见 Davis, Wacker, 1988）：

（1）物理环境因素，包括：安全、舒适。

（2）工作内容因素，包括：自主性、反馈、技能多样性、任务多样性、任务重要性。

（3）内部社会关系因素，包括：成就认可、员工之间的社会交往/相互依存、领导力和指导、社会支持。

（4）职业道路因素，包括：职业路径、个人发展。

接下来，我们转向介绍设计或再设计的过程。

7.4.2 设计决策

在为职位设计分配任务时，必须做出三种类型的决定：人员要完成何种任务，为职位分配什么任务，以及决定职位间如何相互关联。这些决策代表了职位设计的过程。

1. 人尽其才

当工作很简单并且可以通过遵循明确的规则来完成时，用机器比用人有明显的优势，因为机器往往更可靠，更不易疲劳。当工作需要设计出解决问题的方法而方法在规则之外，或者工作复杂时，用人优于用机器，因为是人提出了解决问题的原始方法。（我们意识到，随着人工智能的出现，这种独特的优势正在削弱。人工智能对未来职位设计的影响是一个悬而未决的问题，在许多人看来，它可能会带来威胁或危险。无人驾驶汽车就是一个很好的例子。它们究竟是危害还是利好尚没有定论。）

职位设计总是涉及给人和机器分配何种任务的选择。生产成本最低或技术最先进的产品既可能是最好的选择，也可能不是。一个除了看机器什么都不用做的操作员很可能会在工作时睡着。例如，在商业航空领域，可以对飞行管理计算机进行编程，使其能够驾驶飞机并在无需额外人力投入的情况下让飞机着陆。然而，这样做将使人远离循环操作，如果计算机出现故障，驾驶舱中的人很可能无法安全地接管飞机。飞行员和计算机对飞行的联合监护有助于飞行员在飞行过程中了解最新情况，以便在需要时随时掌握对飞机的全部控制权。

2. 任务分配

任务组合在一起便形成了职位。在某些情况下，职位在很大程度上取决于工作中使用的设备。大型设备，如起重机、推土机和卡车，都被设计为单人操作。即使坦克、一些飞机和潜艇等大型设备由多人（通常被组织成团队）操作，这些设备仍然在很大程度上决定了每个员工的工作内容。例如，喷气式飞机的驾驶舱通常最少有一人、最多有三人。工业与组织心理学家可能会与工程师合作，帮助决定飞行员数量。如果飞机内有两位飞行员，选择可能涉及：①他们是并排坐还是一个在前一个在后；②每位飞行员面对的特殊仪表显示器的功能相同还是不同；③显示器相对于其他控制装置的位置。

我们可以使用技术来增加为职位分配任务的灵活性。例如，在沃尔沃装配厂，生产线被一个大型机动底座所取代，装配人员可以从一个地方移动到另一个地方。设计此举是为了对机组人员进行交叉培训，最终每位员工都可以制造出一辆几乎完整的汽车。组织系统因素也会影响这种设计。如果没有激励成员相互培训，则可能无法实现交叉培训。在此类团队中，通常会根据员工掌握的技能支付工资，这样，员工学到得越多，工资就越高。

Ford（1969）建议，在考虑为职位增加责任时，应思考以下问题。

（1）一旦确定员工胜任工作，主管可以为该员工做些什么？
（2）员工工作之前的哪些步骤可以包含在职位中，以使其更有意义、更可靠？
（3）员工完成工作后，可以在职位中包括哪些步骤，以使其更有意义、更可靠？
（4）哪些任务应该下放到较低级别的职位中？
（5）什么可以完全自动化？
（6）是否曾经有一种处理某项工作的方式在某些方面更有意义或更令人满意？
（7）在紧急情况下或领导不在的情况下，应该让员工做出什么举动？这种举动应该是其在常规情境下才会做出的？
（8）是否可以将客户或顾客划分为有意义的类别（所有电视或广播客户、所有百货公司客户、所有酒店顾客等），以便让员工负责服务某类客户？
（9）是否有被忽略的验证者或检查者？
（10）员工之间可以进行哪些培训？可以鼓励员工积累哪些专业知识？通过学习别人在做的事情，员工能学到什么新知识？

我们注意到，许多问题都与任务内容有关。例如，第一个问题涉及自主性，第二个和第三个问题涉及任务同一性，等等。

3. 职位关系

员工之间的许多关系都是由于物理位置上的接近产生的——人们开始认识附近的其他人。工作职能也可能将员工联系在一起。例如，赛车手必须依靠维修站工作人员才能更换轮胎、补给燃料等。这种相互依赖可能会导致团队负责人开始探讨将他们组成团队会如何。现代通信技术也会影响员工之间互动的数量和类型。职位设计通过任务分配、机器和设备的物理设计（例如，使用玻璃代替钢做办公室隔断材料可以让人们看到彼此）以及设备的功能设计（例如，电子邮件和闭路电视）影响员工之间的关系。

4. 残疾人士的职位设计

职位有时会为残疾人士进行调整，这可能是响应《美国残疾人法案》要求中某个合理照顾的方面。这种情况下的职位分析过程比我们提到的典型方法的过程更为集中（Brannick, Brannick, Levine, 1992；Kochhar, Armstrong, 1988）。职位分析将考虑残疾员工及其残疾类别，残疾是否对当时完成的工作造成了麻烦，如果存在问题，问题是否可以在合理的范围内补救。

Kochhar 和 Armstrong（1988）讲述了一个例子：一名下肢瘫痪的男子申请了医院的一个跑腿工作。这项职位的工作内容包括从一台冰箱中提取血液和血浆样本，然后将其送到医院内的另一台冰箱。它需要员工沿着走廊移动，打开和关闭冰箱门，举起和手握样品，并使用电梯。但该名申请人只能坐轮椅。职位分析的第一部分会测试申请人的手能接触到的范围、胳膊和手部的力量以及抓握能力。将测试完成后的结果和职位要求进行比较后，他们发现申请人足够强壮，能够快速地乘轮椅穿过医院走廊，能够满足职位要求。他们还发现，申请人可以成功地打开冰箱门，伸手够到冰箱内足够远的地方、取出样品。虽然申请人手部力量比正常人弱，但他的力量足够应对这项职位（举起血样）。只有一件事申请人不能做到：按电梯里的紧急报警器。因此，分析师给了这名男子一根可以用来按下电梯报警器的棍子，成功解决了这个问题。

7.4.3 关键因素

1. 信息种类

对于职位分析的大部分应用而言，有一种最重要的信息类型必须由职位分析提供。例如，对于职位描述，职位分析需要提供职位肩负的职责和任务，以传达工作要点。职位设计的范围通常非常广泛，因此很难指定所需的信息必须是什么。然而，职位设计/再设计的职位分析很可能需要提供关于任务之间关系和预期目标之间关系的信息。例如，流程图很有可能被证实有用，因为我们必须从众多任务中选择合适的任务分配给职位。显示一项任务绩效如何影响另一项任务绩效的矩阵也可能发挥作用（Engelstad, 1979）。在软件开发中，某些模块可能只影响其他特定的某些模块。将相互作用的任务分配给同一个职位通常是有效的，这样单个员工就可以负责相关的任务。

不考虑顺序和依赖性，职位分析方法，如工作设计问卷（第4章"混合法"中介绍的方法）非常有用，因为它们提供了许多与本节开头提到的个体结果相关的信息。多方法职位设计问卷涵盖效率、安全性、舒适性以及包括任务重要性在内的职位内容。工作设计问卷涵盖工作的任务、知识、社会和情境领域。Campion（1988；Campion, Thayer, 1985）指出，职位设计可能会权衡结果。如果工作变得更有效率，任务的重要性也可能会随之降低。关键事件技术（详见第2章）可以有效地指出工作绩效中的问题。而绩效问题会帮助我们发现改进职位设计的机会。

2. 再设计流程

Morgeson 和 Campion（2002）认识到职位设计中可能存在权衡后，开发了一个可用于职位再设计的四步流程，并明确承认权衡，以尽量避免或最小化它们。

步骤1：定义任务集。任务集是单人完成的逻辑相关任务的最小集合，集合后会形成一个完整或自然的工作流程，通常由一个人执行。Morgeson 和 Campion（2002）描述了数据输入分析师的工作，该职位在工作再设计后包含13个任务集（最初有12个）。13个任务集又包括10个相对常规的数据输入任务集（例如，定义数据收集要求、构建和测试系统、完成文档）以及三个参与型任务集（参与设计的创建/修改，参与绘制数据和参与基础框架变更的设计、建设与实行）。使用任务集作为分析单元有一个优点，即一旦定义了任务集，就可以以多种不同的方式将它们组合或分组，以便对备选职位结构进行评价。

步骤2：评价任务集。因为任务集可以重新组合到新职位中，所以有一个显而易见的问题是如何为职位分配任务集。这一步需要主题专家以一种有助于职位再设计的方式对任务集进行评价。在 Morgeson 和 Campion（2002）的方法中，评价涉及任务集的动机和机制、集群之间的相互依赖性、其他工作集群整合到核心职位的程度，以及选择将集群作为职位的一部分保留还是分配给另一个职位（或根本不执行）。表 7-9 提供了一个评价表格示例，该表格用于评价数据输入分析师一职的一个特定任务集。因为最初数据输入分析师一职有 12 个任务集，所以主题专家被要求对每个任务集分别进行评价，然后找出任务集间的联系，而这显然需要主题专家们有一定的耐力。

表 7-9　任务集评价示例

任务集 #1：_____
满意度和效率评价量表：
5= 完全同意
4= 同意
3= 不确定或中立
2= 不同意
1= 非常不同意
说明：请对列出的任务集在**满意度**方面进行评分
1. 任务集在方法、排序或决策方面允许员工具备自主或自由　　　　　　　　　　　　　5 4 3 2 1
2. 任务集包括各种各样的活动　　　　　　　　　　　　　　　　　　　　　　　　　5 4 3 2 1
3. 任务集对实现组织使命很重要　　　　　　　　　　　　　　　　　　　　　　　　5 4 3 2 1
4. 任务集提供了技能和能力方面的学习与成长机会　　　　　　　　　　　　　　　　5 4 3 2 1
5. 任务集很有趣，能激发人们的工作热情　　　　　　　　　　　　　　　　　　　　5 4 3 2 1
说明：请对列出的任务集在**效率**方面进行评分
6. 任务集非常简单，执行起来也不复杂　　　　　　　　　　　　　　　　　　　　　5 4 3 2 1
7. 任务集允许通过重复提高效率　　　　　　　　　　　　　　　　　　　　　　　　5 4 3 2 1
8. 任务集只需要很少的技能和培训经验　　　　　　　　　　　　　　　　　　　　　5 4 3 2 1
9. 任务集需要其他人快速完成自己的工作　　　　　　　　　　　　　　　　　　　　5 4 3 2 1
10. 任务集的执行效率很高　　　　　　　　　　　　　　　　　　　　　　　　　　　5 4 3 2 1
相互依存度评定量表和说明：
请对上面列出的任务集与下面列出的其他任务集之间的相互依赖性打分。换句话说，这两个任务集是否相关，即一个任务集的绩效是否以某种方式影响另一个任务集的绩效（如工作流程、信息需求、质量影响等）？
3= 高度相关
2= 中度相关
1= 不相关
任务集 2　　　　　　　　　　　　　　　　　　　　　　　　　　　　　　　　　　　3 2 1
任务集 3　　　　　　　　　　　　　　　　　　　　　　　　　　　　　　　　　　　3 2 1
任务集 4　　　　　　　　　　　　　　　　　　　　　　　　　　　　　　　　　　　3 2 1
任务集 5　　　　　　　　　　　　　　　　　　　　　　　　　　　　　　　　　　　3 2 1
任务集 6　　　　　　　　　　　　　　　　　　　　　　　　　　　　　　　　　　　3 2 1
任务集 7　　　　　　　　　　　　　　　　　　　　　　　　　　　　　　　　　　　3 2 1
任务集 8　　　　　　　　　　　　　　　　　　　　　　　　　　　　　　　　　　　3 2 1
任务集 9　　　　　　　　　　　　　　　　　　　　　　　　　　　　　　　　　　　3 2 1
任务集 10　　　　　　　　　　　　　　　　　　　　　　　　　　　　　　　　　　　3 2 1
任务集 11　　　　　　　　　　　　　　　　　　　　　　　　　　　　　　　　　　　3 2 1
任务集 12　　　　　　　　　　　　　　　　　　　　　　　　　　　　　　　　　　　3 2 1
保留任务集评价量表和说明：
请说明是否应将上面列出的任务集作为职位的一部分保留。
1. 是否应将此任务集作为职位的一部分保留？　　　　　　　　　　是　　不是　　不确定
2. 如果你认为不应该保留此任务集，或者还没有做出决定，那么应该在哪个职位中执行此任务集？

注：此表单被修改过，删除了标识信息。当用于职位再设计时，实际任务集和其他潜在职位将为评分参考列出。

步骤3：合并任务集。第三步涉及同时考虑任务集评价、再设计项目的目标、主题专家的建议和逻辑分析，将任务集重新组合到职位中。Morgeson 和 Campion（2002）根据以下方面思考了替代性的职位配置。

（1）它们有能力增强所期望的职位特征（例如，动机设计、机械设计或两者兼有）。

（2）它们的组成，即最终职位必须由至少在一定程度上相互依存的任务集组成。

（3）它们从其他职位中吸收任务集的能力。例如，制药公司的数据输入分析师一职最初是被设计来收集和输入临床药物试验的数据的。这个职位被认为过于常规，因为它主要是在处理数据输入。调查后我们发现该职位包含12个任务集，最后保留了其中10个，增加了三个新的分组，分组涉及数据输入系统的开发或运行。新的集群被认为更具吸引力和自主性，强化了职位的动机特性。

步骤4：评价结果。Morgeson 和 Campion（2002）的方法的第四步涉及评价重新配置的工作（职位级别）。在任务集群变化前后，对担任数据输入分析师工作的在职人员进行了关于其工作动机和机械特性的调查。调查显示，员工认为再设计的职位比原来的职位具有更高的激励性。员工对再设计的职位也更满意。

3. 实施

职位再设计对本章和第8章中介绍的其他组织系统有影响。更改职位性质将影响职位描述、绩效评价、薪酬、人员配备和培训。在再设计职位时，除了工业工程师外，还应该鼓励多方参与。那些可能受到影响的员工、他们的上司和从事人力资源的专业人士也应该参与到变革的规划和实施中来。最近，工业与组织心理学家对健康和安全问题越来越感兴趣。因此，纳入其他因素可能很重要。例如，如果当前需求规定的性能要么太快（会对身体素质有要求），要么太慢（会很无聊），那么就可以通过评价寻找任务集的工作节奏或速度的适当水平。或者，也可以评价任务集是否会使员工或团队暴露于环境危害中。

本章小结

在本章中，我们介绍了职位分析在人力资源方面最为常见的一些用途，包括职位描述、绩效管理和评价、职位评价，以及职位设计/再设计。

职位描述

职位描述是对现有职位的简要书面描述或概括。职位描述最重要的功能是传达该职位的本质，内容通常包括标识，如职位名称、说明职位存在原因的摘要陈述，以及一份职责或全局任务清单，解释该职位需要做什么、如何做以及（通常）为什么做。职位描述中可能包含一些因组织而异的信息。职位描述应描述职位的现状，而不是职位希望达成的样子。在当今动态的商业环境中，关于职位描述是否有用仍存在一些争议。

绩效管理和评价

绩效管理和评价系统旨在依据过去的工作绩效帮助管理层实施奖惩,指导未来的工作绩效改进,以及规划员工未来的职业发展。为了进一步推进绩效评价流程,职位分析需要提供当前职位的信息来确定由员工主导的工作行为,并找出何种行为往往会导致好或不好的工作结果。专注于工作活动或任务的职位分析方法适用于此目的,关键事件技术法尤为合适。关键事件技术法关注的是员工主导的行为,以及过去与好的或坏的结果相关的行为。我们还讨论了几种绩效评价方法,包括图尺度评价法、行为锚定等级评价法、行为观察评价法和强制选择法。尽管图尺度评价法易于开发和理解,但它常常会因为法律问题无法应用,而且反馈效果可能也较差。其他量表都需要认真研究才能开发出来。尽管强制选择法可以提供高质量的信息,但那些必须使用它的人又往往不接受它。因此,行为锚定等级评价法和行为观察评价法的效果通常优于强制选择法。另外,从职位分析中得出的标准评分量表也可以发挥作用。选择量表时考虑政治因素可能比考虑量表格式更有效,但职位分析不仅是所有良好绩效管理体系的核心,也是其具备法律辩护性的关键因素。

绩效管理不仅包括评价,还可以根据需要培训员工,而不是等待一年或半年一度的评价会议来指导改进。行为职位描述和胜任力模型在这方面可能大有用处。此外,绩效管理包括培养员工,让员工能够竞争级别更高或责任更重大的职位。跨职位胜任力模型应该有助于更有效地实现这些发展目标。

职位评价

职位评价是评价组织中职位的价值或意义的正式过程,主要应用于大型组织。职位评价之所以重要,部分是因为它通过平衡职位所需的技能、精力、责任和工作条件与工作报酬来建立公平。职位评价的方法很多,有些方法同时对整个职位进行评价,另一些方法则将职位视为一组名为报酬要素的属性。目前最常用的方法称为要素计点法。这种方法通常通过检查职位描述并将职位描述与一组报酬要素进行比较,从而得出职位中每个要素的水平或程度。这些水平或程度会为此要素设定一个点值。所有要素的点值相加,就能得出职位的总点值。由职位的点值可以确定其薪酬等级。还有一些职位评价方法可以通过职位分析直接比较职位属性,并通过统计手段与薪酬挂钩,代表方法是岗位分析问卷。为了有效地工作,职位评价需要掌握可跨职位比较的职位信息,例如技能和努力;还需要有将这些信息与价值或意义联系起来的对应原则。现有研究表明,要素计点法和直接评价法似乎都能对职位价值做出可靠和合理有效的评定。一些职位分析方法和胜任力模型为跨职位比较提供了明确的属性。有些职位分析方法提供的任务信息在不同职位之间无法直接比较,因此需要人们进行主观评估。在未来,我们可能会看到根据员工所掌握的知识和能力,而不是他们在特定职位中被要求做什么来设计的薪酬系统。

职位设计/再设计

本章中提到的其他人力资源用途通常认为职位是一成不变的或至少是缓慢变化的实体。然而,职位设计/再设计是在有意识地考虑已经改变的或全新的职位。职位设计/再设计时必须做出三种决策:①哪些任务将由人来完成(而不是机器);②何种任务将被分配到何种职位中;③这些任务如何相互联系。必须根据三个组织的标准做出决策:生产系统需求,社会组织需求,员工个人需求。由于职位设计/再设计创建或更改了职位本身，因此会影响其他所有的人力资源用途。职位设计/再设计通常会对组织中的多种职位产生影响，所需的信息往往是多样的和复杂的。职位设计/再设计可能涉及对结果的权衡，如产出质量、效率、技能要求、工人健康和安全以及职位的动机特性。此外，企业可能会对残疾人从事的职位进行调整，特别是在《美国残疾人法案》要求提供合理照顾的情况下。最近工人的健康和安全问题也引发了广泛关注。

开发绩效管理和评价系统或再设计职位等活动要求同时掌握职位分析和特定活动细节的专业知识。然而，掌握知识是一个历程，而不是终点，因为我们还没能为所有必须考虑的问题找到科学的答案。

第 8 章
CHAPTER 8

人员配备和培训

本章我们将描述工业与组织心理学家最关心的两个应用,即人员配备和培训。有些人将这些职能活动定义为更广泛的人才管理。人员配备包括吸引员工加入组织,并将他们安排在对组织有益的职位上。在大公司中,人员配备也与未来计划挂钩。重要的是我们为职位培养出的众多人员具备更多的责任心。在人员配备方面,职位基本上是固定的或给定的,人员的选择要与职位匹配。

在培训中,人们获得的经验可以增强他们的知识、能力和技能。因此,人们不是因为与职位匹配而被挑选出来,是为了更好地适应职位而改变。培训具备从设计到评估的整个流程的完备系统,它比人力资源方面的任何其他目的的系统方法都要完善。

8.1 人员配备

没有人员的公司只是一个空壳。创造职位(Schneider,1987),找到合适的人来填补公司的职位空缺是人员配备的重点。

人员配备主要包括三个职能:招聘,选拔,安置(其中的某些方面被归为"入职")。

招聘通常是让组织外部的人申请组织内部的职位。然而,在大公司中一般还有一种制度,即相关人员会首先在公司内部发布广告,如果找不到合适的内部候选人再转向公司外部。也就是说,可以从公司内部和外部开展招聘。招聘是为了吸引申请人。选拔是从申请人中选择要雇用的人。组织会试图发掘能告诉公司谁最适合职位的申请人的信息。申请人则尝试发现在该组织工作意味着什么。如果一切顺利,组织和申请人会选择彼此,申请人将成为员工。选拔就是选择适合职位的人,而安置则包括为员工选择合适的职位或岗位,以及采取必要的行动使员工从局外人顺利过渡成为高效的员工。

如果组织雇用了一个可用之才,但同时又在他能从事的多个职位中纠结,那么安置就是一个问题。在军队之外，跨职位的安置通常不受关注，因为人们被雇用是为了从事特定的职位而不是一系列职位。因此，在本章中，我们很少谈论这种类型的布局。我们也不会讨论入职问题，因为这涉及职位分析以外的各种行动，例如让新员工了解公司福利以及见同事和公司高管。我们将在本章其余部分更详细地介绍招聘和选拔。在此我们只描述招聘达成的职能，并展示职位分析如何提供必要的信息以编写职位规范来向申请人传达职位要求。

选拔在工业与组织心理学中有着深远的研究历史。对此 Gatewood、Feild 和 Barrick（2016），Guion（2011），Heneman、Judge 和 Kammeyer-Mueller（2019），Polyhart、Schneider 和 Schmitt（2006）以及 Schmitt 和 Borman（1993）的文献提供的细节比我们这里呈现得要更多。选拔与测试密切相关，因此我们将概述用于选择和构建测试的程序以及了解测试是否符合预期目的的方法。我们还将区分测量特定结构（如色觉）的测试和提供工作样本的测试（例如，打字测试）。最后，我们会展示几种不同的职位分析方法如何有效地支持人员选拔活动。

人员配备是人员与职位的匹配。从人员配备的角度来看，通常认为职位是固定的。人们会发现适合职位的人，而不是适合人的职位。人员配备的诀窍是了解职位对人的知识、技能、能力和其他特征（KSAOs）的要求。一旦我们知道了职位需要什么，我们就能找到具备满足这些要求所需特征的人。但是找到适合职位的人员并不是提高绩效的唯一途径；培训改变人，领导者激励人，职位再设计改变职位等（见第 7 章）都能达成此目的。

由于许多工业与组织心理学家（以及许多企业人士）多年来一直在研究人与职位之间的匹配，因此你可能会认为创造稳固匹配的技术已经问世。你可能会期望有像词典一样的参考内容，可以在其中查找职位并查看相关的人员要求（职位需求）。虽然人们已经设计了几个这样的系统（例如，能力要求量表、职位要素法），但没有一个系统是权威的。部分问题在于，尽管人们对许多人类能力（例如，对长度和颜色的感知）都有很好的了解，但它们的具体应用千差万别，以至于无法分类。例如，橱柜安装人员和图形艺术家都会运用对长度与颜色的感知，但安装人员使用这些信息将木块装配在一起，而艺术家则使用这些信息绘制引人注目的构图。

一些重要的人员特质没有得到很好的理解或测量。以抵制单调或无聊为例，此类特质在绝大多数产品都能通过检验，但例外情况会带来恶劣后果（仅举两个例子，家禽和轮胎）的检验工作中非常重要。理论上，所有职位都可以用需要一定人类能力的要素来描述。但实际上，职位是动态的抽象事物。想想在几年前是不存在无人机操作员和社交媒体经理的。因此如果有一本将职位与职位需求联系起来的词典，它要么是不完整的，要么需要不断修订。

当我们偏离任务本身的性能，考虑任务在 KSAOs 方面的要求时，我们必须进行从任务到 KSAOs（Dierdorff, Mysgeon, 2009）的推理性跳跃。KSAOs 越抽象，与任务本身的相似性越低，推理跳跃性越大，脱离基础的可能性越大。一方面，推断"会计师必须具备数字加减的知识"需要相当小的飞跃。另一方面，推断"会计工作需要一定年限的经验、高水平的语言能力或抗压能力"是一个相当大的飞跃。我们需要的是一个能同时处理职位和人的基本属性的分类系统。尽管有一些值得注意的尝试，但我们所需的分类法还不存在，因此我们必须在个案基础上尽可能地推进。

Harvey（1991）对这个问题进行了广泛讨论。他描述了在选拔过程中通常会做出的两个主要推断：从职位到 KSAOs；从 KSAOs 到用于评估申请人在 KSAOs 上的差异的测试或其他方法。另一个复杂的问题是如何综合和利用申请人的这些差异来做出实际的招聘决定。除此之外，有时还有一个令人迷惑的过程，通过这个过程，被选中的人会选择接受这份工作。尽管人员配备确实提高了选拔成功的概率，但因其涉及额外的复杂问题，所以即使是最完美的职位分析也不能保证选拔成功。

8.1.1 招聘

当雇主有职位要填补时，他们会鼓励人们申请该职位，即他们会招聘申请人。招聘方式和公司种类一样多种多样。有些公司依靠口碑招收员工，有些则按法律要求在特定出版物上刊登书面广告。公认的招聘方法包括在报纸或行业杂志上刊登分类广告、举办旁听会、招聘会、大学校园招聘活动、在线招聘板块，以及招聘人员设计出的任何巧妙的活动。例如，软件公司的一位招聘人员把她的名片放在了书店的 C++（一种编程语言）丛书中（Harris, Brannick, 1999）。另一位则把招聘广告放在一家餐馆的饮料杯垫上，这家餐馆常常有潜在的优秀应聘者光顾（Harris, Brannick, 1999）。有时公司会鼓励现有员工推荐他们认为能为公司做出良好贡献的应聘者。现在还有许多基于网络的招聘和求职网站，包括 Indeed.com、CareerBuilder.com、Glassdoor.com、Google for Jobs、LinkedIn.com 和 Monster.com 等。招聘至少要具备以下功能：

（1）作为平等就业机会努力的一部分，让不同背景的人知道有工作机会。

（2）吸引人们（特别是那些适合职位的人）申请（即将公司包装为一个良好的工作场所）。

（3）告知潜在的申请人职位要求以及公司或机构的性质。

只要信息清楚，第一个功能可以采用多种方法轻松实现。注意上述提到的任意一个招聘网站上的招聘广告，最近的一份如下：

诚聘持有 A 级商业驾照的卡车司机，开放式专属岗位——薪酬给力、下班时间灵活、福利丰厚。

这则招聘广告清楚地告诉我们，雇主希望雇用一个人来驾驶卡车（18 轮半挂车）。"薪酬给力、下班时间灵活、福利丰厚"的部分旨在吸引申请人。职位要求持有 A 级商业驾照。尽管没有明确说明（但可能包含在驾照要求中），职位名称已经清楚地表明了需要驾驶技能和经验。广告或职位清单等正式沟通最好既能吸引申请人，又能筛选。招聘具有一种营销功能（将组织推销给潜在的申请人），这一功能受到了工业与组织心理学家的一定关注，但关注度仍需提高。缺乏关注的部分原因可能是吸引功能更多地与公司（其文化、薪酬组合、地点等）挂钩，而不是与职位本身相联系。职位分析往往与招聘中职位要求的发现和沟通密切相关。此外，尤其在失业率较低的情境下，招聘非常重要。心理学研究应该能够帮助雇主找到接触或打造合格申请人的途径。

1. 职位规范

职位规范是对职位要求的书面描述,它提供了一种组织需要的沟通方式。职位规范通常根据职位说明编写(Wernimont, 1988),它包括的 KSAOs 可能和测试使用的完全相同(将在本章的选拔部分讨论),如语言能力或抗压能力。它还可能包括所需的学位和工作经验或其他必要条件,如卡车司机所需的保险。

职位规范中包含的声明应告知申请人和招聘人员该职位对 KSAOs 的要求。公认的描述符包括授权、职位情境、个人职位需求、员工活动,特别是人的属性需求。然而,在美国(以及一些其他国家),人员选拔受到法律的严格监管,支撑人员要求所需的职位分析类型也受到法律因素的影响(Gatewood, Feild, Barrick, 2016;Gutman, 2000;Thompson, Thompson, 1982)。只要对基于特质(即基于 KSAOs 的职位适合性,而不是种族、性别或民族特点等通常与职位成功无关的属性)的人员选拔感兴趣,人们就会采用职位分析。

2. 招聘的关键问题

用于招聘的职位分析必须传达职位的必要性质和最重要的职位要求(员工属性)。招聘广告几乎都会给出职位名称,但通常给出的职位描述较少。一方面,招聘广告通常会寻找有相关任职经验的人,招聘人员会假定合格的申请人对职位性质有充分了解。另一方面,校招负责人员通常会提供更多关于公司待填补职位的信息。招聘人员和潜在的求职者都希望获得更多的信息,以评估个人与职位之间的契合度。

一份像样的职位描述会提供一个描述性的职位名称和对职位目的和主要职责的描述。然而,除非一开始就设计好职位分析,否则职位描述不太可能提供良好的员工要求列表。在实践中,人们可能不观察职位本身,仅通过查看任务陈述来编写职位规范(Wernimont, 1988)。这种做法是有风险的。如果职位规范中的要求不能直接链接到职位分析,则可能会出现问题。例如,很难满足学位和经验年限的要求(例如,要求至少具备高中学历或持有高中同种学历证书以及 2 年的经验)。Levine、Maye、Ulm 和 Gordon(1997)详细探讨了这些要求。如果你还记得第 1 章中给出了一个如何设置这些规范(也称为任职资格)的示例,那就奖励一下自己吧。员工导向的职位分析(见第 3 章)的结果可以总结出最重要的员工要求,人们可以凭此创立职位规范。这种用于确定所需 KSAOs 的"直接估计"方法越来越流行(Morgeson, Campion, 2000),并且是 O*NET 中大多数 KSAOs 测量方法的基础。在任何情况下,良好的职位规范都鼓励申请人自我筛选。如果潜在的申请人看到自己和职位的匹配之处,他会欣然应聘;如果没看到,他会转寻下家。

8.1.2 选拔

选拔就是选出最佳申请人,更正式地说,它是从申请人中选择公司希望雇用的人的过程。其逻辑是先检查职位以找到任务和 KSAOs,再检查申请人在任务或 KSAOs 上的排名,然后将职位提供给那些具有最佳的(或至少是具备最低资质的)预期工作绩效的人(如果申请人是公司总裁的亲戚,事情会好办些,但那就是另一回事了)。虽然在理论上这个过程非常简单,但在实践中它变得相当复杂。实际困难的一部分源自有关雇用行为的法律，另一部分来自我们对心理测试及其使用的了解。

8.1.3 效度验证

你会想："那么什么是心理测试？"它们种类繁多。最常见的是纸笔类测试（但现在大多数是通过计算机呈现的，所以改为点击类可能更恰当）。点击类测试主要可分为两种：评估最高性能型和挖掘典型性能型。最高性能型包含各种各样的能力测试，比如声名狼藉的 SAT 或专业人士开发的类比、词汇、算术推理等测试。对特定知识体系（如房地产经纪人了解的房地产法律、出租车司机掌握的当地地理知识）的测试也属于这一类。项目测试通常会提出一个问题，并要求考生从选项中选择最佳答案。项目类似于"济慈对雪莱来说就像拜伦对［空白］一样①"，正确答案应该是"另一位已故的英国诗人"。典型性能型包括人格、兴趣等方面的测试。该类型的测试项目会提供一些陈述，要求考生以某种方式表明其适用性。比如有个项目给出的陈述是"我是聚会的核心人物"，指出这句话对你而言是否贴切。另一种流行的测试类型是工作样本法。按此方法焊工可能会被要求焊接一些东西，然后再被查验（可能利用 X 射线）焊接情况。各种各样的模拟也适用于此，如评估中心，它包括一系列通常用于选择高层管理者的业务模拟。尽管面试一般不是一种专业开发的心理测试（如果要设计结构化面试，则可能为此类型），但它是一种依照法律进行的测试，因为它是一种收集和评估信息以做出选拔决定的方法。因此，适用于心理测试的规则也适用于结构化和非结构化面试。

除非测试涉嫌歧视受保护阶层（如种族和性别）的人，不然法律是允许雇主借助心理测试帮助其做出雇用决策的。（我们在第 6 章中详细介绍了职位分析的法律基础。我敢打赌你一定很想回到那里再看一眼！）不过，测试的实际工作原理有点复杂。最初，雇主可以使用他们想用的任何测试。但如果该测试显示出"负面影响"，也就是说，它往往会不成比例地将受保护群体的成员排除在就业机会之外，那么除非雇主能证明该测试与职位相关且符合业务需要，不然他们就会惹上麻烦（他们可能会输掉一场代价高昂的诉讼）。许多测试可能对某一群组产生负面影响。例如，词汇测试比起黑人更照顾白人。握力等身体测试倾向于男性多于女性。雇主可能会选择不使用此类测试，或者试图从职位相关性和业务必要性的角度证明使用此类测试的合理性。

心理学家往往只谈论效度而不提及职位相关性。效度实际上是一个更大的概念，但它也是证明职位相关性的关键。效度验证正是心理学家所说的发现测试分数意义的过程。在就业测试的情境中，效度验证是调查职位测试的职位相关性。例如，我们可以调查词汇测试是否与银行职员工作绩效的个体差异有关，或者握力测试是否可以预测汽车修理工的工作绩效。心理学家设计了几种不同的效度验证方法，但它们都聚焦于理解测试分数的含义。接下来，我们将介绍就业测试中最常用的效度验证策略。请试着把效度验证看作一个有理论和数据支持的论点。有些论点比其他的更有力，有些比其他论点更适合某些情况。

1. 内容导向策略

内容导向的效度验证旨在将测试内容与职位内容联系起来。当职位任务和测试之间

---

① 济慈、雪莱和拜伦均为浪漫主义诗人代表。——译者注

存在明显的联系时，这点最容易做到。

当基于工作样本、模拟或职位所需任务知识的测试开展选拔时，最好使用内容导向法提供的测试。在这种情况下，可以根据感兴趣的任务来定义 KSAOs，并且不需要很多从任务到测试的推理跳跃。例如，如果职位需要焊接，则相关人员可以以职位中的重要任务为例设计一种焊接试验。当效度证据源自对测试内容的判断时，职位分析通常应该关注任务，重点应为工作活动。也可以关注其他描述符，如产品和服务，机器、工具、设备和辅助工具，工作绩效指标和标准。职位分析师应参与其中，并且从法律角度来看，理想状态下应采用大量任职者和管理者作为样本。有几种可行的数据收集方法，包括观察、访谈、技术会议、问卷调查和工作实操等方法。分析单元应囊括任务和用于评定任务的评分量表。根据《员工选拔程序统一指南》，选拔应根据重要性或临界性评定任务，并应包括大部分或所有关键任务。其基本思想是显示人员需求匹配或代表职位中的重要任务。

如果你愿意的话，请回忆一下接管员一职（见表 7-3）。职位分析师首先在观察和约谈任职者的过程中列出了 10 项基本职责和责任的清单；此外，他也实操了部分工作（除了驾驶叉车）。然后职位分析师列出来一份任务清单，并分享给公司的配送中心经理和人力资源专家，由他们修改并批复。

接管员一职的要点可概括为：接管员的职能是接收来自制造商的商品，并将商品储存在配送中心。这项职位有以下五个主要步骤（如果你跳到表 8-5，就能看到细分后的各个步骤）。

（1）卸货。接管员必须使用叉车从卡车上卸下货品。

（2）打开滑木箱。接管员需要根据配货单核实货件数，以确保装卸处的货件是其购买的、需要支付货款的那部分。

（3）将货件信息录入计算机系统中。然后接管员会将代码输入计算机，以便更新仓库库存信息，计算机系统可以确定每个货件存放储物箱的位置并列出清单。

（4）做文书工作并贴标签。接管员会使用计算机和打印机打印标签，然后将标签粘贴到货件上。

（5）把货件收起来。最后，接管员将货件从装卸处转移到计算机系统指定的配送中心的箱子处（货件随后将被取出并运送到零售店，但这是另一职位的任务了）。

假设我们已经决定使用两个工作样本测试来选拔接管员：第一项测试将涉及根据装箱单验货。申请人会收到一份配货单，该配货单上写有一系列货件的名称、识别号和数量，货件会被放置在装卸处。申请人必须计算每种货件的数量，并将其与装箱单进行对照，注意有无任何差异。有些货件将会用收缩塑料薄膜包装捆扎，这要求申请人用包装数量乘以每个包装中的货件数量，以确定正确的货件数。有些货件将被正常捆绑，因此申请人必须从总数中减去这些货件的数量，以获得正确的计数。还有一些货件在装卸处，但没有被记录在装箱单上，还有一些情况刚好相反。随后将检查申请人所犯错误的数量和性质（如果有的话），凭此为测试打分。

第二项测试是叉车操作测试。该测试要求申请人使用叉车举起一个完整的托盘，并将托盘移动到贴好标签的箱子中。到达箱子处后，申请人必须使用叉车将托盘存放在货架顶部。操作叉车将货物放在高处是很难做到的，任何常做这种工作的人都可以通过观察这种操作来判断叉车操作员的技能水平。随后将根据对申请人操作叉车能力的评定来为该测试打分。

我们从表 7-3 中的职位描述中复制了接管员的基本职责，收录在表 8-1 中。我们用"X"表示同时出现在两个测试中的职位内容。可以看到，这些测试呈现了职位的部分但非全部内容。由于工作样本测试与职位明确相关，因此它受到了管理者和申请人的欢迎。此类测试相对而言不太可能招致法律问题。然而，从指南的角度来看，要根据测试内容验证其是否合理，必须对职位的全部或大部分内容进行抽样。但这样对我们来说毫无意义，因为测试与职位本就有着明显的相关性。职位的一部分（特定的计算机程序操作知识）将充当培训内容而不是选拔依据，因此在选拔测试中表示这一点没有什么意义。然而，科学实践和法律实践并不总是一致的。我们还注意到在上面的示例中，测试未收集临界性或重要性的定量评级，而是将在职位描述中使用的一系列基本职能视为重要职责。

表 8-1　接管员一职示例中重要职责和测试的内容效度联系

重要职责	装箱单	叉　车
通过对装运物品进行计数、相加、相减和相乘，比较运单和装箱单中的识别信息	X	
开箱并检查产品的损坏和缺失情况		
联系发货人，告知损坏和缺失情况		
将产品数量和识别信息录入电脑		
核对电脑记录与实物统计，调查并报告任何不符之处		
识别接收物品的存储位置		X
使用电脑和打印机打印条形码标签并储存凭证		
操作叉车和其他机器将货物从收货区搬运到仓储区		X
记录手动或使用扫描枪登记的物品数量和位置，并将信息输入电脑		
同打包部门密切合作，通过正确处理产品订单确保客户满意		

我们思考第二个例子：开发一个测试，内容与职位的内容相关。一家保险公司有意开发一种索赔主管决策测试（即对员工技能的反馈）。在与客户协商后，组织顾问决定开发情境判断测试（situational judgment test，SJT）。SJT 可以呈现出现问题的工作场景，然后列出几种可能的行动方案。参加测试者必须决定哪些行动方案是最好的，哪些是最差的。SJT 项目示例如下所示。

你接到一个脾气暴躁的客户打来的电话。她的保险索赔并未办完，但处理她索赔的代表已不在公司。你该怎么办？

A. 找到原来的索赔代表以了解发生了什么，然后自己处理索赔；

B. 向客户道歉，将索赔转交给最好的索赔代表处理；

C. 将索赔交给新招的索赔代表作为学习机会；

D. 查看该文件以了解需要哪些其他信息。请索赔代表收集所需信息，然后自己解决索赔问题。

如果你参加这个测试，你会被要求选出最好和最坏的处理方法（这是一个实际项目的解释版本，很抱歉，我们不知道参考答案，但我们猜测答案 C 是最差的选择）。

专家会提供参考答案（即实际情况下的最佳和最差选择），用于给测试者的答案打分。之所以选择他们，是因为人们认为他们是最优秀的或对主题最了解的相关人士。在上述示例中，就应由有索赔主管经验的公司高管来生成参考答案。

对于项目的职位分析部分，两位职位分析师首先审查了职位描述。然后，他们采访了 12 名任职者和 4 名主管。职位分析师询问了任职者和主管有关该职位的情况，把提问重点放在每天、每月、每季度和每年做出的各种决定上。他们记录了许多例子并对这些例子进行了主题分析，最终基本上形成了索赔主管决策的分类法。其中决策类型被归类为：①识别人才；②开发人才；③实现业务成果；④创造积极的工作环境；⑤处理索赔。职位分析师至少编写了 10 个场景来表示五种决策类型中的每一种。分析师们将彼此列出的情境分为五类，以确保情境符合决策类型。该职位的主管和人力资源部的代表对通过职位分析师审核的情境进行了编辑和修订。最终生成的 SJT 每个决策类型有五个项目，可以通过职位分析将 SJT 连接到职位内容中。其思路是用测试中的场景表示职位中遇到的场景。

在这两种情况下（即接管员和索赔主管的示例情境下），测试代表了相关职位内容的一部分，但都不能囊括全部。这两种类型的测试在其代表焦点职位的精确性方面也有所不同。通过对实际货件和装箱单进行抽样，使用实际配送中心、叉车品牌和型号（它们的形状和尺寸确实各不相同）等，可以进行接管员工作样本测试，以确保其能真实反映职位。索赔主管 SJT 抽象了问题情境，而不是呈现在工作场所中实际出现的问题。

在一些测试内容有争议的验证工作中，会由专家判定测试内容代表职位的程度。当工作样本构成相关测试的基础时，此类技术并不经常使用，但在测试知识领域的职位时可以发挥作用。例如，在高中教历史的老师必须非常了解美国历史。有人可能会认为应借助历史测试来测试潜在的历史教师（但实际上，教师是通过其他方式认证的，但这个例子有助于明确验证工作的意图）。可以由专家判断美国历史测试内容在多大程度上代表了感兴趣的领域（即可能会被讲授的美国历史知识体系）。一项能代表美国历史领域的测试可能会得到内容导向证据的支持。

在我们看来，当测试内容直接从职位中取样时，基于测试内容的效度的论据最有力。例如，接管员显然需要一些算术技能——为了验证装箱单，接管员需要计数、进行乘法和减法运算。如果我们借助让申请人核实装箱单来测试这些技能，则内容效度论据的效力最大。然而，如果开发了一个非常好的算术测试，并将其交给申请人完成，那么内容效度就不那么有说服力了，因为此时职位分析师已经对完成这项工作所必需的素质做出了推断，且测试正是基于该推断而不是任务本身来进行的。有时，职位并不需要"显然"重要的 KSAOs。例如，我们曾经分析过图片处理的职位，发现职位分析结果与我们认为的相反，色盲也可以胜任这项职位。

尽管测试的论据在以内容为基础、应用于从职位中取样的任务时最有力，但这种论据从未像预期那样令人信服，因为在这种情况下是基于测试分数对人员做出推断，组织则根据测试成绩决定雇用谁。然而，内容论据仅适用于测试刺激（即测试内容或项目），不适用于根据对项目的反应得出的分数。我们推测分数可能是有意义的或有效的，因为测试内容反映了职位的重要组成部分。因此，当基于内容导向策略的推理得到准则导向策略的补充时，对测试效度的支持作用更强，当根据从职位中推断的 KSAOs 而不是从职位中取样的任务来选择测试时尤其如此。准则导向策略涉及检验测试分数和重要结果（如工作绩效）之间的经验关系。

2. 校标导向策略

在许多情况下，人员要求不仅仅作为职位任务的一个样本。例如，我们可能对修理工的尽责性特质感兴趣。调整制动器所涉及的步骤本身并不能表示尽责性的特质，但调整制动器时的疏忽可能会产生可怕的后果。由于不当操作的后果，工作信息和工作员工信息之间存在着天然的联系，即从任务到 KSAOs 存在联系。在这种情况下，仍然需要收集有关任务的信息。但是，仅凭任务信息已不足以满足人员要求。在这种情况下，可以使用从效度研究中获得的校标关联效度证据。

校标是任何引人关注的性质的结果衡量标准。在人员选拔中，它常作为衡量工作绩效的一个指标。在校标导向的效度检验策略中，研究者展示了测试分数与准则测量分数的关系。例如，对于第 7 章中的医疗助理一职（见表 7-2），我们可能（秘密地）审查一段时间内的患者记录，以确定记录信息的准确性。我们可能会对每位医疗助理进行尽责性程度测试（注意细节、守时、个人纪律），以此判定测试分数。然后我们可以计算相关性（通常是相关系数；参见第 9 章），以显示测试和校标分数之间的联系。我们希望看到的结果是更尽责的医疗助理犯的错误更少。或者，我们可以根据患者回顾的和医疗助理的共处经历开展机密性评估。患者的反馈可能提供一种不同的校标，并且可能与不同属性测试的分数相关，例如外倾性。

3. 构念导向策略

我们还没有介绍工业心理学家最喜欢的验证方法——构念效度。这是我们的最爱，因为我们可以凭良心说，新手不应该在家里尝试这种方法。在构念效度中，我们要试着做出几个复杂的判断，比如构念作为存在于心理学家想象中的变量，是否能完美契合一个好的理论。例如，在我们的理论中，焦虑可能与愤怒或抑郁以及某些工作表现和工作满意度有关。然后我们可以收集数据来检验从理论中得出的假设。例如，根据焦虑程度是否能预测工作中会爆发愤怒？

构念效度通过检查核心测量和与其理论相关的测量之间的关系模式来表示测试分数的意义。比如说，假定我们为外科医生开发了一种焦虑测量法，方法包括"我看到血液时会感到紧张"和"其他人看着我工作时我会分心"等项目。我们既可以给一组外科医生提供新的焦虑测量法，也可以给他们提供另一种更久、更成熟的焦虑测试。我们预计这两个焦虑测量方法之间存在着实质性的关联。我们还可以对外科医生们做工作满意度调查，在调查中对他们获得的社会支持等设置索引。我们预计焦虑与工作满意度之间负向相关，因为高焦虑与低工作满意度相关。因为构念导向的效度证据涉及变量之间的关系模式，所以此类证据也包含效标关联的证据。也就是说，你可以将校标关联证据视为构念导向策略的特例。我们推测焦虑的测量与工作绩效的测量相关。例如，高度焦虑的外科医生可能手不稳。我们可以从一家医学院的模拟手术中检查焦虑与手术表现（直切、干净缝合、完成时间等）之间的关系（手术就是这样进行的，因为我们想避免借助真实的患者开展测试）。目光敏锐的读者会认为，我们在这里描述的证据类型属于《原则》中"以与其他变量测量方法的关系为基础的效度证据"的范畴。尽管出于某种原因，我们描述的证据类型不能被称为构念效度，但它也属于《原则》和《标准》中描述的效度证据的公认来源之一。我们再次强调，不存在不同类型的效度，只存在不同类型的证据，这些证据能够为测试和其他评估人的属性的方法的分数带来意义。

从科学的角度来看，产出与心理构念有关证据的研究是最有趣的。它提供了大部分有助于发展心理学理论的信息，并因此成为工业与组织心理学家最喜欢的方法。由于存在实际限制，故而我们很少在组织中开展构念导向的研究。组织希望改善员工队伍素质并提高组织的底线水平。但通常来说，组织对学习更多关于测试分数含义的知识不感兴趣，只是想凭借分数了解自己是否能成功预测工作绩效。

4. 申请人的任职经历和验证

申请人的任职经历各不相同。我们打出招聘卡车司机的广告是为了吸引有执照的卡车司机前来应聘。在其他情况下，大多数或所有申请人可能都缺乏相关工作经验。很多新任管理和专业工作（实习经理、住院医师等）的人在被聘用时都不具备工作经验。卡车司机等职位的职业培训计划也是针对经验不足的申请人的。当申请人中有很多有经验的人时，就有必要评估他们对职位所需特定知识和技能的掌握程度。在这种情况下，内容导向的验证策略是合理的。当申请人均缺乏经验时，他们也不具备该工作所需的特定知识和技能。在这种情况下，评估他们的一般能力和职位所需的其他特质是有意义的。对卡车司机一职，我们可能会关心申请人的多肢体协调能力及其对需要驾驶车辆的现实职业的兴趣。运输方面的一般知识也可以作为一个很好的衡量标准——与其说是因为需要特定的职位技能，还不如说它表明了人们对卡车运输的一般领域感兴趣。

5. 预测和并行设计

有两种校标导向的策略：预测策略和并行策略。它们的主要区别在于收集数据的方式，即验证研究的"设计"。在预测设计中，申请人会接受测试。在选拔过程中幸存下来的申请人将被录用，不久后，管理者会对被录用者的工作绩效进行评估。Levine 和 Weitz（1971）根据他们的研究提出了建议，他们的研究解释了在衡量工作绩效之前需要等待多久。对于简单的职位，只要等很短的时间；更复杂的工作，等的时间也更长。但无论如何，等待时间过后，我们都会衡量工作绩效，然后计算测试成绩与工作绩效之间的相关性。在预测设计的一种形式中（我们称之为选项 A），研究中的测试并不作为选拔过程的一部分。相反，测试反应表会被保存在某个地方，并在获得校标度量后进行评分。如果使用这种设计，那么我们就可以看到测试可能产生的影响。请注意，一些未通过测试的人也可能被录用，如果测试与职位相关，那么这些人就不可能在任职期间表现出色。还要注意的是，如果测试被锁定，那么它们就不会对任职者的主管或任职者本身产生影响。另一种（更常用的）设计方式即预测设计（我们称之为选项 B）是将测试用于选拔目的，从而使一些申请人因测试成绩不佳而被拒绝。工作绩效指标将在稍后收集，并与测试分数进行比较。这种设计提供的选拔测试值信息质量较差，因为预计表现不佳的人会被拒绝，导致了无法进行工作绩效测量。你可能会想，"但这就是测试的全部要点！你想避免雇用表现不佳的人！"这一论点有一定的说服力，这就是为什么我们不经常使用选项 A。我们只是注意到，测试进行与显示测试运行之间存在差异。如果使用选项 A，将更容易证明测试有效。此外，在预测设计中，主管可能知道测试分数，因此可能会以不同的方式对待任职者。工作绩效衡量标准的一个常见来源是管理者评分，这种评分可能会受到任职者测试分数的影响。

在并行设计中，研究者会测试任职者，同时从任职者那里获得工作绩效指标（由此产生了术语"并行"）。并行设计很好，因为它使研究者能在相对较短的时间内收集和分析测试效度数据。然而，由于测试的是当前员工而不是申请人，因此研究结果可能不会像预测研究的结果那样适用于未来的申请人。一方面，出于实际原因，并行设计比预测设计更常用。另一方面，除非迫于实际或潜在的法律质疑，否则雇主不太可能进行效度研究。这一点对喜欢做此类研究的工业与组织心理学家来说并不是个好消息。

6. 综合效度

所有校标导向策略都需要为测试和校标收集多人数据。数据通常用相关系数概括。结果表明，基于少数人得出的相关系数在统计学意义上不是非常稳定或准确。尽管统计书籍不愿意给出样本量的最低值，但根据我们的经验，基于不到 100 人的验证研究是值得怀疑的，最好有 250 人或更多的人参与校标关联效度研究。典型的效度研究围绕从事同一职位的员工展开。正如你可能猜到的，一家公司有 100 多人任同一个职位是很反常的。当然，这样的职位确实存在，包括银行出纳员、文员助理、收银员等。然而，对于许多职位和众多公司来说，针对单个职位的效度导向战略是不可行的。综合效度的观点是，不同职位或任务的绩效需要一些相同的个人属性。例如，数扣子和数钱都需要计数；培训银行出纳员和服务人员都需要一些人际交往技巧；平面设计和手表维修都需要良好的视力；手表维修和手术都需要精确控制手掌与手指的运动；等等。因此，综合效度的思想是使用不同的职位或任务来表示相同人类属性下的个体差异。增加不同职位的人员可以创造足够多的任职者样本，从而使效度导向的研究变得可行。

当测试在目标职位以外的环境中进行验证时，就会产生一种完全不同的综合效度。如果验证测试的职位与目标职位非常相似，那么《员工选拔程序统一指南》就允许这样做。《指南》中未预期的更抽象的方法称为效度概括。在效度概括中有许多关于测试类型效度的研究（比如认知能力测试）是在不同的职位和环境中进行的。如果测试类型能够全面预测绩效，那么我们就可以判断测试类型是否也适用于我们的工作。但显然，这是一种有争议的做法，保守点的科学家们不会相信这些结果，除非验证测试的职位和环境与我们感兴趣的非常接近。另一种可能被归类为综合效度的方法是第 3 章中职位要素法部分的 J 系数。

7. 标志和样本

再次联想接管员一职。假设我们正在考虑两项测试：一项是尽责性（大五人格维度之一）程度的纸笔测试和一项叉车驾驶工作样本测试。先来考虑尽责性测试。假设由配送中心处理各种计算机和相关的计算机配件，如显示器和打印机。显然，我们希望搬运和储存昂贵计算机的配送中心员工在工作中要小心谨慎，而不是马马虎虎。如果犯了错误，不单是令人恼火，也可能代价高昂。尽管测试被贴上了"尽责性"的标签，但参加测试时所涉及的活动同接收、放置电脑并无相像之处。因此，测试只是一种尽责性的标志或指标，它总结了许多不同的行为，例如准时上班和准确地清点零件。然而，参加测试需要阅读一些材料，并用笔在答题纸上做标记。此外，叉车驾驶测试看起来就像接管员在职期间做的一样。可以说测试很好地对应了工作中的特定任务。从某种意义上说，测试是接管员一职所需工作的样本。

许多人认为这两种类型的测试（标志与样本）之间存在质的差异。特别是人们通常更喜欢用样本而非标志作为人员选拔测试。虽然不是一种正式的验证策略，但我们有时使用表面效度一词来表示测试和职位之间的显著相似度。在实践中，更常见的做法是用内容导向策略来证明样本的合理性，用校标导向策略来证明标志的合理性。例如，对于接管员一职，我们可以借助内容导向策略来验证叉车驾驶测试的职位相关性，用校标导向策略来验证尽责性测试的职位相关性。

尽管这两种测试有明显的不同，但对两者的解释基本上是相同的，即用测试成绩的差异预测工作绩效。因此，在示例中，表示高度尽责行为的分数和表示叉车驾驶技能的分数将被解释为表示（预测）了接管员具有良好的工作绩效。关于这两种类型的测试是否真的需要不同的验证程序的问题有些争议。例如，可以通过比较 Harvey（1991）和 Wernimont（1988）的观点得出。

8. 设计的比较

正如我们前面提到的，在用于选拔的职位分析过程中有两个主要推论：①从工作到 KSAOs；②从 KSAOs 到选拔中使用的测试或其他方法（Harvey，1991）。校标导向的验证设计提供了一种使用数据验证上述推论准确性的方法。通过将测试成绩与工作绩效指标进行比较，我们可以从根本上看出推断是否正确。如果测试成绩和工作绩效之间存在关联，这就支持了我们的论点，即我们已经了解了职位要求，并制定了衡量这些要求的测试。

内容导向法和校标导向法各有利弊，具体取决于你看待的角度。内容导向法尝试将测试直接与职位匹配。因此，它实际上可以绕过 KSAOs 的测定，针对工作样本时尤其如此。例如，采用此方法时如果我们设计了一个叉车驾驶工作样本，则不必指定执行该任务所需的 KSAOs，工作样本就是在工作中和测试时完成任务所需的一切。一方面，这点很有帮助，因为它基本上消除了选拔过程中的一个推论。另一方面，效度也涉及理解测试分数的含义。内容验证策略不直接涉及测试分数。相反，它们处理的是测试刺激材料。因此，我们可以设计两种不同的测试来判定接管员驾驶叉车的知识。在一个测试中，我们可以使用多项选择格式，而不是像驾照测试一样询问关于叉车的安全性的事项（最大负载是多少？最快速度是多少？）。或者我们可以创建一个模拟实验，要求接管员快速移动一些托盘，然后根据他们的表现或失误数量进行评分。内容策略在两种测试中的执行方式基本相同。因此，内容导向法可以避免采用职位 KSAOs 推断，但它需要对测试分数和工作绩效之间的关系进行推断（或假设），而这一推断（或假设）未经数据验证。即使有很好的模拟结果，也不可能使用测试复制职位的所有细节，因此我们仍然必须假设职位所需的任何KSAOs都会在我们使用的测试中体现出来。

9. KSAOs效度判断方法研究

选拔的核心问题是人与职位的匹配，而这样做的关键是推断高工作绩效所需的KSAOs。人们在推断KSAOs方面做得有多好？这个问题的答案很复杂，而且是基于相当粗略的数据得出的。总的来说，我们可以认为对职位有充分了解的人以及在做出判断时使用系统程序的人能够比较准确地推断KSAOs。

（1）信度。KSAOs判定的信度（特别是判断间一致性）非常重要，因为此类判定的信度给判定的效度或准确性设定了限制。换句话说，如果两个人对一个职位要求的KSAOs做出独立判断，并且他们意见一致，那么皆大欢喜。但如果这两个人对某项职位所需的KSAOs做出判断后意见不一致，那么问题就出现了。尽管有关该问题的数据很少，但现有数据表明，个别判定者对所需KSAOs的判断并不十分可靠。例如，Hughes和Prien（1989）召集职位专家检查了343份关于职位的任务陈述，然后对KSAOs进行评分。他们发现KSAOs的平均重要度一致性相当低，仅为0.31，为此他们得出结论：判断信度是一个亟待解决的问题。Cain和Green（1983）研究了《职业名称词典》中提供的特质评级，发现评级的信度也相当低。由于判定者之间的差异，评分的信度在很大程度上可以通过采用判定小组而不是单个判定者来控制（Van Iddekinge，Putka，Raymark，Eidson，2005）。如果能够组建一个由大约10名专家评审组成的小组，他们对KSAOs重要性的平均判断将比个别判定者的判断更为可靠。例如，如果两名法官之间的相关性为0.30，那么我们需要10名判定者才能使平均重要性评级的信度达到0.80（适当的计算指导请参见Nunnall，Bernstein，1994）。与此相关的是，Langdale和Weitz（1973）发现，与只知道职位名称相比，面试官掌握职位描述时更容易就申请人的适合性达成统一意见。

（2）KSAOs判定的效度。Trattner、Fine和Kubis（1955）通过研究考察了职位分析师在10种不同职位中预测任职者测试分数的能力。研究共设有两个小组，共有八名职位分析师。每个小组都审查了10个职位的信息并评估了能力倾向测试分数。其中一组审查了职位描述，另一组也观察了相关职位。随后对各小组内职位分析师的评分取平均值，然后与10个职位中每个任职者的平均测试分数关联起来。最终发现小组能够很好地预测心理和知觉测试的平均分数，但预测身体测试分数的能力较差。观察任职者似乎有助于分析师做出比简单地阅读工作描述更准确的判断。我们必须将这些结果视为初步的替代品，将其与分析师是否能够估计测试分数与工作绩效的实际关系做比较。

Parry（1968）要求职位分析师估算效度系数，而不是平均测试分数。他发现相关判定效度有限。Schmidt、Hunter、Croll和McKenzie（1983）后来的研究表明，专家组可以在一定程度上评估测试的效度。他们指出，实际情况下很难预测测试—校标相关性，因为基于较小的样本量（常见于工业情境中）得出的结果与实际差距很大。

美国空军（USAF）主导过几项与人员选拔的职位分析相关的研究（McCormick，1979）。研究人员发现，心理学家和指导者可以评估各种预测的关联性，以预测技术培训的成功。他们还发现，心理学家可以判断任务的能力倾向要求，可以汇集这些判定，以评估职位的能力要求。请注意，这点与职位要素法背后的逻辑相同。

据我们所知，没有研究能检验人们在判断一个人胜任力方面的实力。请注意，能力所需的判断与典型职位所需的判断在性质上是不同的。人们通常根据业务目标来考虑胜任力。例如，一家被认为具有创新精神的公司可能重视创造力。因此，我们通常不把胜任力归为职位要求，而更多地将其视为判断个人是否适合组织的属性。

为了检验这些判定的效度，我们需要横跨多个组织进行研究。一方面，研究需要证明，A公司的创意人员比B公司的更成功、生产力更高或更令人满意。另一方面，正如我们所看到的，胜任力通常作为管理职能（如计划、财务管理和向组织外的人员陈述）的简称。在大多数管理职位中，获得成功似乎都需要具备这些胜任力。

（3）岗位分析问卷（PAQ）研究。McCormick（1979）报告了一项PAQ研究，该研究用于预测163份不同职位样本的一般能力倾向测试组合（主要是认知测试组合，组合后应用于联邦政府）分数和效度系数（测试－校标相关性）。数据库将每项职位的维度分数作为预测因子，并将平均测试分数或效度系数作为校标。结果表明，在认知测试（智力、语言、数理、空间、形状知觉和文书知觉）中我们可以预测任职者在不同职位上的平均测试分数。PAQ和平均认知测试分数之间的相关性在0.61到0.83之间。PAQ和平均运动协调测试分数之间的相关性也令人印象深刻（0.73）。然而，PAQ与手指和手部灵活度测试分数之间的相关性较低（分别为0.41和0.30）。PAQ和效度系数之间的相关性要小得多，介于0.04到0.39之间。认知测试和运动协调测试的效度系数在PAQ中的预测性远低于平均测试分数。手腕和手指灵活度测试的PAQ和效度系数之间的相关性分别为0.15和0.39。

Gutenberg、Arvey、Osburn和Jeanneret（1983）报告了一项类似的研究。他们查看了一个测试效度研究数据库，使用PAQ的维度分数来预测测试—校标相关性。研究的逻辑是，如果PAQ结果显示一项职位需要大量的认知能力，那么该职位的校标和认知能力测试之间的相关性应该很大，反之亦然。研究结果表明，PAQ确实预测出了认知测试的相关性大小，但难以预测感知和身体测试的相关性。正如我们前面提到的，因为大多数研究是基于小样本数据得出的，所以效度系数很难预测，这也使得PAQ的发现令人印象深刻。

（4）KSAOs判定小结。拥有良好职位信息的职位分析师小组可以给出可靠有效的职位需求评定。与判断测试的效度相比，职位分析师更擅长判断任职者的平均测试分数（除了判定任务本身之外，可能还有一些技术原因）。尽管关于该问题的经验数据很少，但我们猜想当KSAOs相对具体且与特定任务紧密相关时，KSAOs判定的信度和效度将增加（Dierdorff，Morgeson，2009）。想想外科医生一职及其KSAOs中"手部和手指灵活度"与"口头推理"等内容，尽管口头推理测试可以很好地预测手术的表现，但从你最喜欢的医疗电视剧中看到的某个手术中发生的情况来看，这点并不明显。

10. 人员选拔的关键因素

对于人员选拔，你需要有关员工属性的信息，即胜任职位所需的KSAOs。KSAOs的一个变体是"胜任力"，它有时会被视为KSAOs中更具业务导向和更宽泛的版本。无论选择哪种描述符类型，员工信息都会被用于选择测试、创建面试问题和传达胜任职位所需的信息。然而，要完成效度研究，主要需要工作属性中的任务信息。任务信息至少可以用于以下四个项目中的一个：首先，如果我们要进行内容导向的效度研究，我们必须知道职位的任务内容，以便我们能够将职位中的任务与测试中的联系起来。其次，如果我们要进行校标导向的效度研究，我们必须知道职位的任务内容，以选择一个或多个校标。再次，如果我们打算编写一个工作样本测试，任务可以提供必要的内容。最后，我们需要收集任务信息，以满足进行效度研究的联邦法律要求（指南内容）。但也有例外，如果校标是一个客观指标，如辞退率或离职率，则可能不需要任务信息。

组合职位分析法（C-JAM；详见第4章混合法部分）是一种满足人员选拔要求的职位分析方法，它会先给出完整的任务列表，然后列出成功完成任务所需KSAOs的列表。相关任务和KSAOs由专家评审小组开发，其中任务可用于校标制定或构成内容效度判断的基础，KSAOs可以充当选拔中使用的测试的基础。

另一种用于人员选拔的方法是关键事件技术法（参见第2章工作导向法）。关键事件技术要求职位专家回忆员工在职时表现得非常好或非常差的特定事件。每一个事件都以背景陈述（事件发生的原因）开始，接着介绍员工做的事情，最后交代员工行动的结果。当编译了大量事件时，可以将其汇总为代表任务、KSAOs或兼有两者的维度。任务维度可用于创建评分表，用于收集管理者或同事对员工工作绩效的判断；这些工作绩效判断可充当测试效度研究的准则。KSAOs维度可用于人员选拔或开发选拔测试。

职位要素法（参见第3章员工导向法）与关键事件技术法类似，因为它也将工作的特定部分结合起来形成维度。由于职位要素中应用的是员工或工作专家使用的术语，因此产生的维度可用于选择或设计测试以及创建评分表。

关键事件技术法和职位要素法的主要区别在于，前者始于良好和较差绩效的示例，而后者直接从判断职位成功所需的条件开始。

11. 一般特质

结构化方法，如岗位分析问卷（PAQ）、临界特征分析系统（TTAS）和能力要求量表（ARS；参见第3章员工导向法）也被用于选拔，特别是证明测试选择的合理性。（虽然O*NET问世得更晚，但是也同样适用。）这些方法要求职位分析师审查职位，然后完成一份标准化的调查问卷，问卷主要根据员工要求来描述职位。由于PAQ、TTAS、ARS和O*NET提供了大量员工方面的信息，并且提供的信息在不同职位之间可直接比较，故而此类方法有望进一步完善选拔的科学依据。与组合职位分析法（C-JAM）、关键事件技术法或职位要素法不同，PAQ、TTAS、ARS和O*NET相关部分（如基本技能和跨职能知识）不适合特定的职位，因此对每个职位应采用相同的属性。因为这些属性的结构是跨职位标准化的，所以它们提供的信息在各个职位之间更具可比性。

此外，上述方法对工作本身的描述并不多。表8-2显示了研究接管员一职所需的一般特质的KSAOs列表，我们注意到表中列出了大量KSAOs。但是并非在职位分析期间确定的所有KSAOs都将用于人员选拔。KSAOs和相关测试的子集如表8-3所示。此表突出显示了一个有趣的事实：可以使用几种不同类型的测试来测量单个KSAO。

表 8-2　接管员一职的 KSAOs 示例表

知　识	技　能
产品标识 计数需要的算术知识（数、加、减、乘） 供应商和零件标识 **文书知识** 装箱单上项目的含义（如货件号、付款号） 货运单上项目的含义 存放文件上项目的含义 **机器知识** 计算机系统操作知识 　• 不同界面的名称和命令 　• 界面位置（如货件号） 　• 报错消息 关于操作打印机的知识 关于叉车操作（规则）的知识 关于扫描仪操作的知识 **关于华盛顿特区布局的知识** **关于安全法规和程序的知识**	操作叉车 读写文字和数字

能　力	其他特征
感知速度和准确性（视觉） 视力（敏锐度） **身体的** 力量 　• 托举力 　• 拖动力 　• 拉动力 敏捷性 　• 俯身和弯腰 　• 攀爬 　• 伸展 　• 扭动 深度感知（驾驶车辆） 空间定位和可视化（包装和储存） 多肢体协调（驾驶车辆） 听觉（警告信号）	尽责性 出勤 守时性 关注细节 工作动力（速度和耐力） 自信（签署货运单） 正直 不偷盗 不酗酒、不染毒 交往时友善、不提倡暴力 警觉（反对千篇一律） 团队导向（宜人性和顾客导向）

表 8-3　接管员一职的 KSAs 示例和相关测试

	应用/采访	纸笔测试	模仿	其他
知识： 计数需要的算术知识（数、加、减、乘）	采访	1. 定制的 2. SHL 测试① （已发表的测试）	1. 纸箱中的物品数量 2. 纸箱中丢失的物品数量	
技能： 读写文字和数字	1. 应用 2. 采访		1. 阅读配货单 2. 读懂电脑界面	
能力： 视力（敏锐度）		数字检查		眼部测试
能力： 感知速度和准确性（视觉）		1. 数字检查 2. 吉尔福德-齐默尔曼气质调查② （已发表的测试）	从货件号与订单匹配的箱子中查找并挑选货件	

① SHL（Saville and Holdsworth Limited）是一家世界知名的心理测试提供商，该公司于 1978 年发布了一个认知能力测试，并于 1984 年发布了职业人格问卷（OPQ）。——译者注

② 吉尔福德-齐默尔曼气质量表是一份客观的自我报告量表，旨在测量正常的人格和气质。它提供了个人个性特征的非临床描述，用于职业规划、咨询和研究，包含 10 个性格和气质因素：一般活动、克制、优势、社交能力、情绪稳定性、客观性、友好、体贴、人际关系、男性气质与女性气质。——译者注

12. 用于人员选拔的职位分析方法效能的比较研究

有人可能会认为，有许多研究都是为了了解哪些职位分析方法最适合人员选拔。不幸的是，情况并非如此，原因可能是这类研究成本高昂，难以开展。幸运的是，Levine 和他的同事进行了几项研究来应对这一挑战。亲爱的读者，我们希望你们也能受到启发，接受这些挑战。

Levine、Bennett 和 Ash（1979）调查了相关专家，以比较岗位分析问卷（PAQ）、关键事件技术、认知任务分析和用于人员选拔的职位要素法。他们发现，专家们最常使用认知任务分析法和职位要素法。然而，专家们对这两种方法的评价都不是很好。Levine、Ash 和 Bennett（1980）对这四种方法的进一步研究表明，关键事件技术产生的测试计划略好于其他方法，但 PAQ 的使用成本最低。PAQ 在测试计划的开发中并不流行，也许是因为它并不提供任务信息。Levine 等（1980）进一步指出，所有方法均未提供有关任职资格的信息。

8.1.4 关于人员配备的几点思考

在本节中，我们讨论了开发有效测试的几种策略（希望能做到），每种策略都以某种方式依赖着职位分析产生的信息。然而，这些不同的策略之间不是非此即彼的关系。人员选拔是一个高风险的过程，对组织的成功以及申请人的职业成功和幸福有着重大影响。因此，对于人员选拔和基于工具做出的决策来说，对所用工具的效力和心理测量质量的判断至关重要。收集到支持这一信息的证据越多越好。因此，在可行的情况下，使用我们所描述的多种或所有策略（即内容导向、标准导向和结构导向策略）有助于我们做出更合理的判断。当采用多管齐下的策略来评估测量质量（尤其是效度）时，使用职位分析方法的组合是最合适的。

8.2 培训

与人员配备一样，培训通常将职位视为人们适合的固定实体。人员配备方面，我们通过选拔最符合职位要求的人来实现职位与人之间的良好契合。在培训中，人们被培养以适应职位，也就是说，人们接受培训，以便掌握职位所需的知识、技能或其他要求，例如持有证书。因为能力和个性特征经久不变，所以我们很少培训这两方面。

想想接管员一职：收货人必须快速准确地将配货单上的名称和编号与交付商品上的进行比较。因此，我们可能会根据感知速度和准确性（一种能力）来选择他们。因为接收者必须将装箱单上的物品数量与收到的数量进行比较，所以他们需要能够快速准确地进行计数、做加减法和乘法（通常，装货件的箱子不是被完全塞满的，因此乘法和减法比计数更有效）。我们可以选拔出算术（一种知识）能力强的人或培训人们的算术能力，但在这个例子中，最有可能采用的方法是前者，因为我们可以合理地假设申请人具有所需的算术背景。此外，许多接管员将接受操作叉车（操作知识和实际驾驶技能）的培训和认证，因为大多数申请人可能会驾驶汽车，但不会驾驶叉车。

我们在本书中谈论的培训是专为工作中的职位而设计的培训。此类培训并非针对一般工人，而是旨在促进任职者从事或渴望从事的职位的工作绩效。例如，一方面，给银行所有员工开展的人际关系技能综合课程不太可能是我们所描述的那种培训。另一方面，在有关如何为同一家银行的管理人员举行绩效评估会议的指导中提到的人际关系技能将被视为培训。两者的区别在于，是针对受训人员当前担任还是即将担任的职位的特定任务进行定制培训。我们赞赏企业借助通识教育和技能发展（例如人际关系技能课程等）促进员工发展的努力。然而，这种指导通常不基于对职位的仔细分析开展，也不在职位感兴趣的行为中定义指导目标。尽管通识教育可能使员工受益并最终被证明对雇主有利，但它的设计目标并不是立即转移到职位上的。

几乎每项工作都需要某种形式的培训。如果不出意外，人们必须知道他们的工作站和工具在哪里。与招聘一样，培训也有各种各样的形式，或正式或非正式。正式培训可能会在很长一段时间内远离工作场所进行。例如，用机械飞行模拟器培训飞行员如何应对发动机起火等紧急情况。培训也可能是非正式且在职进行的。例如，主管可能会要求下属指导新员工如何使用电话系统。

一方面，培训成本很高。可能有参加异地培训的员工离职，但仍获得了相应报酬。要给培训讲师发工资，培训中使用的任何空间和设备也都必须得到支持。例如，使用机械飞行模拟器进行培训的成本可能超过每小时 1 000 美元。如果培训是在职时完成的，那么其他人通常不得不从自己的日常工作中抽出时间来提供培训。这样做会降低效率，要么某些工作无法完成，要么完成得更慢。

另一方面，未能提供培训带来的成本通常超过培训付出的成本。不经培训，许多工作将进展糟糕，或者无法完成：被拒绝访问账户的计算机程序员将束手无策；未经培训的销售代表可能会在很多方面失去业务；处理危险材料的人员可能会伤害自己或同事；操作强大机器的人可以制造出真正的危险……因此，培训对于促成高工作绩效和避免灾难是很有必要的。从员工的角度来看，培训可以通过增强信心和能力来减轻其压力。

接下来我们会先介绍"培训周期"，它是一种通过培训解决组织问题的宏观方法。培训在其全面解决问题的方法上是不寻常的。培训周期是一种很好的方式，可以顾及职位分析的所有应用（例如，人员配备、薪酬和职位设计），而不仅仅是培训。在介绍完培训周期之后，我们会描述职位分析需要提供的信息类型，以便回答有关培训的问题。正如你将看到的，在所需的职位信息类型方面，培训和人员选拔很相似，但培训通常需要比人员选拔更具体的任务（工作属性）信息。

8.2.1 培训周期

不同的作者开发了各种不同类型的培训周期（例如，Gagné，Briggs，1979；Goldstein，Ford，2002）。这些培训周期的相似之处在于它们提供了实现组织目标的手段 – 目的分析。我们此处介绍的培训周期是由 Goldstein 和 Ford（2002）开发的，其建立在 Goldstein

（1993）成果的基础上，如表 8-4 所示。该表包含四列，分别为需求评估、培训与发展、评价和培训目标。下面我们将简要介绍这四部分。

表 8-4　培训周期

需求评估	培训与发展	评　价	培训目标
1. 需求评估 　a. 组织支持 　b. 组织分析 　c. 任务和 KSAs 分析 　d. 人员分析 2. 指导目标	1. 选拔和教学大纲设计 2. 培训	1. 准则开发 2. 评价模型的使用 　a. 个体差异 　b. 实验 　c. 内容	1. 培训效度 2. 转换效度 3. 组织内效度 4. 组织间效度

注：KSAs= 知识、技能和能力。

资料来源：Republished with permission of Cengage Learning, from Goldstein, I. L. (1993). *Training in organizations: Needs assessment, development, and evaluation* (3rd ed., p. 21). Pacific Grove, CA: Brooks/Cole Publishing Company. Copyright; permission conveyed through Copyright Clearance Center, Inc.

1. 需求评估

负责培训的不同人员对需求评估的称谓不同。需求评估有时被称为"前端分析"，因为它必须在开发培训之前完成。需求评估对于制订良好的培训计划至关重要。在培训周期的四个阶段中，需求评估是与职位分析最密切相关的阶段。其基本思想是在开始培训之前，我们需要对培训应该完成什么有一个很好的想法。如果在培训之前没有明确培训的最终目标，则很可能无法实现它们。例如，Goldstein 和 Ford（2002）指出，消防员在高层建筑中与在码头灭火时，可能面临着截然不同的条件并且必须做不同的事情。未能指定两种类型火力战斗的目标将导致培训计划不充分。

需求评估涉及三个主要实体：组织、任务和 KSAs，以及要培训的人员。组织分析认为职位是更大组织的一部分，职位的存在是为了实现某些功能。例如，医疗助理会为患者检查准备治疗室，如果我们的客户（即患者）抱怨房间脏乱，那可能是因为医疗助理不知道如何正确规划和清洁房间。还有许多其他原因也可能造成房间杂乱无章，但重点是医疗助理一职提供了供另一项职位使用的输出（医生使用房间）。输出提供了一些可用于培训的目标。

另一种说法是考虑管理层希望培训达到什么目的，并考虑培训是不是最佳选择。例如，与张贴标志或简单地要求任职者以不同方式完成某些任务相比，组织分析应该告诉我们如何知道培训是否有效。比如，杂货店店员的组织分析可能指向客户对服务速度的满意度。组织分析能提供关于培训目标的信息；换句话说，组织分析回答了为什么（why）要进行培训的问题。

任务和 KSAs 分析提供了培训内容。所有职位导向的培训都必须考虑职位本身，即职位中包含的任务或几个职位的共同任务。例如，驾驶叉车的某些方面取决于机器及其用途。叉车司机需要做到驾驶叉车将叉斗的叉齿放入托盘中以便操作提升托盘的控制装置等。对于简单的职位，通过职位描述中的任务可能足以了解需要培训的内容。然而，对于大多数任务，必须培训额外的知识、技能或能力才能确定如何培训。例如，叉车操作人员需要了解叉车安全操作的规则，如速度限制、提升负载的最大重量、最大提升高度和角度等。许多年前，我们见证过如果不遵守这些规则会发生什么。在苏打水装瓶厂，叉车司机堆放托盘，每个托盘都有 5 个苏打水箱子那么高，摞了 3 个托盘那么高。一位没有经验的司机未能使用正确的角度将顶部托盘放置在一排的末尾。结果，一整排软饮料就像多米诺骨牌一样滚落下来。耗费了 3 个工人两个完整班次的时间才收拾干净。任务和 KSAs 分析提供了培训的内容；也就是说，任务和 KSAs 分析（部分）回答了要培训什么（what）的问题。

人员分析涉及受训人员具备的 KSAs。母语为法语的人上法语会话课毫无用处。没有先掌握代数就上微积分课的学生将无法应对新知识。一方面，用人们已经知道的东西来培训是浪费时间。接管员一职不包含算术培训模块，任职者在被聘用之前应该知道如何进行加减乘除运算。另一方面，如果培训错误地假设受训者拥有本身并不具备的技能，那么培训将无法发挥作用。如果大多数任职者的母语是西班牙语，几乎没有接触过英语，那么精心制作的英语说明手册可能会在很大程度上被浪费掉。人员分析要求在开展培训之前收集有关潜在受训者的信息。它通过提供不超过或少于受训者实现培训目标所需的内容，确保培训有效。人员分析有助于（部分）回答要培训什么（what）的问题。它还可以帮助我们了解谁（who）缺乏哪些技能，因此也解决了谁应该参加培训课程的问题。

组织分析、任务和 KSAs 分析以及人员分析共同帮助确定了培训的教学目标。教学目标是对受过适当培训的人的行为的陈述。精心编写的教学目标包含足够的背景信息，以便使培训环境和适当的响应都清晰明了。此外，良好的教学目标还包含有关标准的声明，即指定最低可接受性能水平的声明。例如，在叉车操作课程中，培训的直接目标是让学员通过认证考试并获得操作叉车的证书（执照）。课程的教学目标是一个人为了通过测试必须做的事情。例如，操作员可能必须使用叉车在 2 分钟内举起一个托盘并将其从仓库的一端移到另一端而且不会发生碰撞或使托盘上的物品丢失。

你在想表 8-4 中出现但没有描述的组织支持这个词吧（在此处才变得敏锐太晚了）。Goldstein 和 Ford（2002）指出，获得高层管理人员和其他组织成员的接受与支持以及他们愿意为培训投入时间和资源对整个需求评估企业来说至关重要。然而，我们的使命并不是专注于职位分析所扮演的角色。

2. 培训与发展

培训与发展活动是培训本身的核心。需求评估提供了教学目标，教学目标说明了受过适当培训的人应该做什么。培训与发展提供环境和活动，使受训者借此学习他们应该做什么，如果培训计划运作良好，相关学习将被保留在职位中。培训与发展阶段涉及教学计划的选择和设计以及培训本身。在教学设计中必须回答很多问题：

- 将在哪里进行教学？
- 将使用什么媒体？
- 由谁来提供培训？
- 有什么可用的教学资源？它有多合适？它的成本有多高？
- 有多少时间和资金可用于培训？

做好培训方面的决定后，培训将以某种方式发展。正如我们之前提到的，培训计划千差万别。对单个主题的指导可以通过讲座或电影、小组讨论、与计算机或模拟器等机器互动、阅读书籍或其他印刷材料、借助其他媒体（如闭路电视）、观察员工在职完成任务或练习的情况（最好伴有适时的反馈），或综合运用上述方法。

3. 评价

说出我们喜欢有效且高效的培训很容易，知道如何达到这个目标很难。我们如何展示培训的有效性？这正是评价解释的问题。此类问题的部分答案是由教学目标提供的。目标应提供关于以下内容的陈述：

- 背景或刺激情况；
- 行为要求（此人做什么）；
- 可接受响应的最低限度。

培训应包括测试，以便受训者可以展示所学内容。如果受训者正在培训自信，则其应该在社交场合表现出自信的行为。如果培训关于如何操作叉车，则受训者应使用叉车完成任务。

评价模型。 本阶段培训周期列出的评价模型包括个体差异模型、实验模型和内容模型。每个模型都提供了一种数据收集策略，可以生成有关培训质量的信息。个体差异模型收集关于受训者在培训和工作绩效方面相对地位的数据，并将培训数据与工作绩效数据相关联。例如，我们可以将警察学院的成绩与随后的巡警绩效指标进行比较。如果这两个度量是相关的，则可以使用培训评价开展选拔。但是，这种相关性并不一定意味着受训者在培训中学到了很多东西。

实验模型使用培训组和控制组或前测-后测设计来显示培训效果。我们希望在培训开始和结束时进行的知识测试会有所收获。例如，我们可能会在培训之前和之后对银行出纳员开展测试，测试围绕兑现支票的所需信息展开。如果培训有效，我们希望在培训后的测试中看到比培训前更好的绩效。可以将刚刚接受新类型培训的组的测试表现与接受旧（现状）培训形式（或未接受培训）的组的表现进行比较。这样做我们可以看到新的培训与先前的方法相比如何。请注意，在个体差异模型和实验模型中，比较是在人与人之间开展的（相关性显示相对于平均值的排名；方差分析显示组之间的平均值差异），这点不同于与我们为达到教学目标所要求的任务本身的表现标准的比较。

例如，假设我们正在教人网球如何发球。我们会让人们练习发球并提供反馈，熟练程度测试会统计在20次发球中从底线后面以至少每小时50英里①的速度进入发球区的发球次数。在培训结束时，每个受训者都会发球20次作为测试，发球速度由测速枪计时，并由线路人员判断球是射进还是偏航。然后我们计算以每小时50英里以上的速度"落入"的球的数量。个体差异模型会将发球分数与后来的网球熟练度指标进行比较，例如锦标赛排名、得分、发球得分等。实验模型可能会在培训前后使用相同的测试来验证发球水平是否在教学过程中有所改善。一个好的教学目标可能会说明，在完成培训后，受训者必须在测试中获得10分（满分20分），否则他或她将无法通过培训。请注意，对于个体

---

① 1英里=1.61千米。——译者注

差异和内容模型，完成培训不需要设定最低分数。内容模型仅要求将培训与职位分析发现的 KSAs 相关联。

4. 培训目标

因为培训是为了实现组织目标而开发的，所以检查培训是否达到预期结果是一个好主意。例如，在培训课程中，受训者可能已经学会了如何更加自信并表现出适当的自信行为，但受训者可能不会表现出这些自信的行为，因为工作组规范并不鼓励这样做。不同的人组织培训的目标不同。Kirkpatrick（1959a，1959b，1960a，1960b）建议评估以下内容：

- 反应：受训者对指令的反应；
- 学习：在培训结束时对熟练程度的衡量；
- 行为：培训后对工作绩效的衡量；
- 结果：对据信可以显示工作效率提高的结果开展的组织有效性度量。

例如，如果培训数据处理主管管理下属的技能，我们会在培训结束时首先询问学员对培训的看法——培训有用吗？愉快吗？其次，我们会根据课程内容对他们进行测试，看看他们是否学习了课程中教授的原则（例如，平衡正面和负面反馈）。再次，我们会检查其在职表现，以确定他们在培训后如何管理下属。最后，我们将查看数据处理服务记录和其他部门对数据处理的投诉等指标，这些指标将为整个部门的运作提供依据。

Goldstein 和 Ford（2002）给出了四个培训目标：

- 培训效度；
- 转移效度；
- 组织内效度；
- 组织间效度。

其中前两个与 Kirkpatrick 的两个有效性类别相似。培训效度关注受训者在培训期间是否学到了东西。培训效度类似于 Kirkpatrick 的"学习"，即培训结束时对熟练程度的衡量。可以使用实验法或教学目标法来评估培训效度。确定培训效度的最有用信息是受训者在本应接受培训的任务中的表现质量。转移效度涉及在培训中学到的内容在职位环境中的应用程度，类似于 Kirkpatrick 提出的"行为"，或工作绩效的衡量标准。在这里，我们关注会受培训影响的工作绩效。

Goldstein 和 Ford（2002）的后两个目标与 Kirkpatrick 的类别不同。组织内效度涉及一组受训者的培训评估结果如何适用于同一组织中的另一组受训者。当培训计划是新的或正在接受正式评估时，培训师和受训者可能会面临压力，以原本不会采取的方式行事。例如，当根据学生的考试成绩对课堂教师进行评分时，教师就会有动力搞"应试教育"。组织内效度提出的问题是培训评估工作的结果是否适用于正在进行的培训计划。在组织间效度方面，问题是在一个组织中评估的培训在另一个组织中使用时是否可能产生类似的效果。回到数据处理主管一例，假设我们有一个新的下属关系培训计划，并且教练和主管都知道将通过查看主管在培训结束时的测试分数，以及查看主管后来的工作表现来评估该计划。组织内效度关注当培训结束后不再涉及评估学员的分数时，培训的评估结果是否还适用。如果我们从另一家公司借鉴主管培训，并希望将该公司培训评估研究的结果应用于我们公司，则将适用组织间效度。

我们之所以用循环来描述培训评估，是因为评估结果可以纳入新的需求评估以改进培训。继续循环将产生以下数据：①表明培训是有效的数据；②表明培训需要改进的地方；③表明培训不是解决问题的最佳方式。

显然，培训故事比我们可以在这里介绍的要多得多。仅举一个例子，我们的评价方法侧重于最终结果或培训和职位内容的比较。但是，如果因为培训师开始遗漏程序的大部分内容，导致培训效果随着时间的推移而衰减，该怎么办？这时人才发展协会的网站（www.td.org）就是一个很好的资料来源了。

5. 培训的关键问题

培训的核心是工作本身的内容，即任务。KSAs 对培训也很重要，因为它们支持任务绩效。例如，采访患者并测量他们的生命体征（一项任务）是医疗助理职位的核心。为了执行任务，医疗助理必须知道如何操作血压计。为了有效地操作该设备，医疗助理需要具备特定的设备知识，满足能够始终如一地操作它等条件。任务所需的细节程度取决于预期目的。任务陈述的一个目的是确定是否应该围绕任务开展培训，如果需要的话在哪里培训。在这种情况下，任务陈述可以写得相当广泛，就像为职位描述和人员选拔目的所做的那样。此类任务陈述语句通常会由专家进行评分，评分将用于决定是否要针对任务展开培训等问题。

当要围绕任务开展培训时（即当职位分析为培训内容提供基础时），任务陈述的层次必须更加详细。否则，培训必须由一名或多名职位专家开发（不管怎样这是个好主意，但并不总是实用）。表 8-5 显示了为协助开发接管员一职的培训内容而编写的任务列表。如果将表 8-5 中的任务与表 7-3 职位描述中的基本职责和责任进行比较，你会发现表 8-5 包含更多的任务，并且任务往往更加详细。请注意，表 7-3 中的职位描述旨在传达职位的要点。然而，在表 8-5 中，职位是根据通常发生在职位中的一系列步骤来描述的。这样的任务列表可告知新任接管员一职的员工有关培训的内容，以确保整个职位都包含在培训中。

表 8-5　接管员一职的步骤示例和详细的任务清单

步骤 1：卸货
1. 收到卡车司机的货运单
2. 操作叉车将托盘从卡车移至仓库
3. 清点托盘和纸箱
4. 如果滑木箱数量与货运单上的一致，则签署货运单
5. 如果滑木箱数量与货运单上的不一致，则通知卡车司机一起重新计数
6. 如果卡车司机和接管员就新的计数数量达成一致，则启用异常处理机制
7. 如果卡车司机和接管员就新的计数数量未达成一致，则联系上级主管
8. 将超出或缺损的货件数传真给航运公司
9. 致电航运公司，告知其超出或缺损的货件数
10. 如果遇到异常情况，致电运输公司通知其搜寻丢失的货件
11. 检查所有货件上的标签，然后打电话给运输公司，询问其是否希望签收（接收）货件，或者在遇到异常情况时将其发回

(续)

步骤2：打开滑木箱
1. 在货运单上签字以进行计件
2. 查看航运公司的装箱单
3. 如果装箱单丢失，则填写备用装箱单
4. 如果装箱单丢失，需在计算机和打印界面中查找采购订单以创建装箱单
5. 用调色刀切割塑料薄膜热缩包装
6. 拆下盒子外的塑料薄膜热缩包装并丢掉塑料膜
7. 布置托盘以放置拆掉包装的订单货物
8. 检查箱子和产品是否损坏
9. 如果只有箱子损坏，则将损坏的箱子和产品放入指定的"坏箱子"部分进行重新包装
10. 如果产品已经损坏或即将损坏，则将产品放在一边进行检查
11. 检查箱子是否有标识
12. 如果托盘上堆放了多个货件，则应将货号相同的箱子移动到公共位置
13. 打开装有多种货件的箱子
14. 将货件按编号进行分离和汇总后，做好计算以确定订单中每种货件的总数
15. 在供应商货号下面划线，如果发现配货单则应圈出或填写收到的数量
16. 如果未找到配货单，则在备用配货单上填写供应商货号和收到的每种货件的数量
17. 堆好包装箱，以便条码员可以看到供应商货号
18. 将外观相似但货号不同的箱子堆放在不同的位置

步骤3：将货件信息录入计算机系统中
1. 输入登录系统的密码
2. 按下主菜单上接收界面的选项
3. 在接收界面上输入订单号以查找相应订单
4. 订单出现时，根据供应商货号和其他识别信息识别本地货号
5. 输入收到的每个货号的数量
6. 将订购数量（未出货数量）与到货数量进行比较
7. 查询未出货数量和到货数量之间的差异
8. 如果发现额外货件，则填写说明差异的备用配货单
9. 将计算机界面与纸上记录进行比较，以验证所有收到的记录是否正确（核实）
10. （使用计算机）识别产品的当前存储位置
11. 对全部计算机报错消息（红色警示框）进行故障排除
12. 将装运信息输入计算机（即在运单界面输入包裹数量、发货人、重量、运费、邮政编码等）
13. 使用计算机检索栏查找货号
14. 通过致电制造商查找货号
15. 为不同订单分配货号
16. 重新计算项目以避免接收错误
17. 对与货号不匹配的待接收货件进行排查
18. 如果排查失败，则致电主管

步骤4：做文书工作并贴标签
1. 打印条形码标签并存放文档
2. 重印破损的条形码
3. 为特殊条形码标签加上标记，以帮助条形码编码人员正确应用标签
4. 从打印机收集条形码标签
5. 在装箱单上贴上订单号标签
6. 首字母和日期标签
7. 从打印机收集并保存文档
8. 将条形码标签和相关收纳文件一起放在地板上的单独位置
9. 取下条形码标签，并将文件存放在装卸区（存储区域）接收的货件处
10. 更换条形码打印机中的标签
11. 更换存放在文档打印机中的纸张
12. 对照条形码和箱子，以确认条形码标签是否贴在正确的箱子上（抽检）

(续)

步骤5：把货件收起来
1. 操作叉车，以拾取托盘
2. 操作其他机器（以移动托盘）拾取托盘
3. 从存放的文件中确定货件的存放位置
4. 操作叉车存放托盘
5. 把箱子放在托盘上
6. 把箱子从托盘上取下，放在储物架上
7. 放置箱子并使条形码面向选择器处
8. 扫描产品编号条形码和存储位置条形码以记录位置
9. 输入存储在扫描枪特定位置的产品数量
10. 使用计算机记录新的存储位置
11. 将扫描枪放在计算机托架中，以便将存储订单从扫描枪传输到计算机上
12. 打印出已传输货件的存储订单
13. 检查原始配货单与转移后货件的存储订单以保证正确性
14. 将存储订单发送给公司，以便对其进行核验

　　培训本身需要的细节程度通常远高于任务陈述提供的。这是因为学习任务的表现需要将特定的刺激条件与特定的期望反应联系起来。任务陈述并未明确列出医疗助理面临一职面临的具体困难，但是当你看到医疗助理抽血或收集各种样本进行检测时困难就体现得很明显。接管员用来录入库存和排除故障的计算机页面的数量和复杂性在任务陈述中没有得到很好的体现。任务陈述中的详细信息不足以使人们能够在职使用屏幕。对接管员一职，一个人可以通过观看另一个人浏览计算机屏幕的过程来在职学习。人们还可以借助一本工作簿或计算机模拟来学习。如果培训是在职位之外进行的，则需要非常小心，以确保提供正确的刺激，避免培训错误的行为。我们乐于重述百货公司新收银员在顾客用信用卡购物方面遇到困难的故事。收银员告诉她的主管，她会完全按照培训中的指导去做，而她的主管回答说："忘记你在培训中学到的一切，看我怎么做的。"

　　评价量表。 通常情况下，培训并不涵盖整个职位而只培训部分职位任务。培训是昂贵的，而且许多任务可以在工作中以最小的风险快速学习。评价量表通常用于帮助决定如何处理不同的任务。常用的评价量表示例如下：

- 重要性或临界性；
- 错误的后果；
- 学习的难度；
- 发生频率；
- 培训地点。

　　如果任务很重要或很关键、经常发生、难以学习或者错误严重，那么这些任务就是很好的培训候选对象。警察在工作中不经常开枪。但是他们的任务很关键，一旦出现错误后果很严重，所以必须训练射击。消防员很少灭火，但这是他们职位的本质。销售一职可能涉及使用计算机系统来预订和跟踪运送给客户的订单，如果计算机系统需要一些复杂的操作，则可能会在实际工作之前培训员工。可以直接询问培训的地点（例如，"应该在哪里学习任务？"）。

8.2.2 选拔与培训

选择和培训都倾向于关注关键的、频繁发生的、难以学习或执行的任务，或者有严重错误后果的任务。简而言之，两者都与职位中最重要的任务有关。选拔和培训之间的一个主要区别与申请人群体的特征有关。一方面，如果大多数申请人具备相关知识或技能，那么在入职时要求具备该技能而不是培训该技能是有意义的。另一方面，如果大多数申请人不具备相关知识或技能，或者公司专门寻找初学者学习"公司经营之道"，那么进行知识或技能培训就是有意义的。这就是职位分析师试图确定期待申请人具备一项技能是否切实可行以及新员工是否需要立即获得该技能的原因。组织的管理和文化通常会决定组织是更愿意雇用已经拥有所需 KSAs 的申请人，还是更愿意雇用热切但"青涩"的申请人。这当然会影响所采用的职位分析方法的重点。请记住，在选择职位分析方法时，目的是最重要的。

本章小结

人员配备

我们介绍了职位分析与人员配备三个主要职能中的两个——招聘和选拔之间的联系。用于招聘的职位分析必须提供信息，以便向招聘人员和申请人传达职位要点及其基本要求。用于选拔的职位分析必须提供推断高工作绩效所需的知识、技能、能力和其他特征（KSAOs）所需的信息。有几种方法（例如，组合职位分析法、岗位分析问卷、能力要求量表、职位要素法、关键事件技术法）可用于提供员工属性或 KSAOs。一旦确定了 KSAOs，就可以使用它们来设计或选择测试或其他方法来评估申请人。在可行的情况下，（应该）可以进行效度研究，以确定所选测试的职位相关性。为此，职位分析必须提供工作（任务）导向的信息。对于内容导向的效度策略，任务信息在用于判断测试内容的适当性或相关性时，通常能为推断效度提供最强的基础。KSAOs 信息虽然相关，但需要风险更大的判断，即仅根据测试内容就可以判断分数是否有效的判断。对于校标导向的效度策略，任务提供了建立校标的基础，用于评估测试分数和工作绩效之间的经验关系。对于构念导向的效度策略，职位分析为判断理论上与焦点测试和工作绩效相关的测量方法之间的关系提供了基础。当有更多支撑信息时，可以改进对测试和评估质量的判断，以及基于此类测试和评估做出的组织决策，而且还具有降低测试开发人员和申请人压力水平的附带好处。这表明我们应该采用多管齐下的策略来确定测试有效性，并且可能需要结合职位分析方法。当然，实际问题会影响策略的选择。

培训

培训与选拔一样，将职位视为固定实体。培训和选拔都最关心职位的核心或关键任务。选拔是根据职位选择人员，培训则借助指导来改变人员以适应工作。培训周期是用于确保培训有效实现组织目标的过程，它会调整培训以适应组织的目标。在需求评估阶段，将组织和职位的要求与潜在受训者的可用技能进行比较。培训周期的后期阶段有助于评估培训的有效性。职位分析通过指定职位的任务内容为培训提供输入。它还提供有助于决定哪些任务应该和不应该培训的信息，以及如果要培训任务，应该在哪里进行。除了提供任务知识，培训还可以增强 KSAs 以支持任务绩效。

第9章
CHAPTER 9

进行职位分析研究

职位分析研究与职位分析一样有趣，做起来更有趣，即使是任职者往往也喜欢它。一旦人们不再怀疑你真的想知道他们工作的细节，他们就会变得非常愿意分享。然而，这种积极的情况也有例外。当任职者怀疑职位分析是为了裁员或减薪时，他们的愤怒值就会增加（一方面，我们不能说这从来没有发生过，但我们对以这种方式使用职位分析表示无辜；另一方面，企业需要盈利，有时它们认为这些行为是提高底线的必要条件）。

本章我们将讨论如何进行职位分析研究。在你实际分析一项或多项职位之前，必须做出一些决定。首先，你必须决定要进行什么样的职位分析。你将使用哪些描述符？职位分析数据的来源有哪些？有哪些数据收集方法？你将如何分析数据？谁会得到信息？在很大程度上，职位分析的目的或职能应该为这些问题提供答案。如果你的目标是进行职位评估，那么你需要的信息就和针对特定任务进行培训时所需的不同。

除了目的问题，研究开始之前你还需要回答一些实际问题：谁将负责职位分析？谁来执行？你可能使用的技术的成本是多少，限制是什么？这些与你的预算和资源相比如何？如果你想观察这项职位，而且你观察的任职者都近在咫尺，那就太好了，但如果他们分布在世界各地呢？诚然，去拜访每个观察对象是很不错（尤其是去那些你一直想去的地方，比如巴厘岛、中国香港、巴黎和新加坡），但很可能你的老板不会让你具备相应的时间或资金。

决定如何进行职位分析需要你回答两组问题（职能性和实用性）。然后就是通过观察、采访、问卷调查或任何方式收集数据，我们提供了有关这些方法的提示。收集完数据后，应解决有关数据质量的问题（有些好问的人会想知道数据的信度）。随后必须对数据进行分析，以提供可用于职位分析最初目的的信息。在研究结束时，应根据职位分析的最初目的进行报告或采取其他行动。过程以回答信息将如何传播、存储和检索以供将来使用的问题结束。我们将依次介绍各个步骤。

9.1 匹配目的和职位分析属性

9.1.1 目的

选定的职位分析方法应当能够提供实现一个或多个目的或目标所需的信息。我们在第 1 章中介绍了职位分析的主要目的，又在第 7 章和第 8 章中再次强调。为了便于回顾（并避免你返回查找所有内容的麻烦），我们列出并稍微扩展了由 Levine、Thomas 和 Sistrunk（1988）确定的目的。（读者可能会注意到，下面的列示与第 1 章中的列表很像，但不完全相同。）前文已经针对未涵盖的目的提供了简要说明。

（1）职位描述（见第 7 章）。

（2）职位分类。职位分类是将目标职位分配给在某些方面相似的其他职位类别。职位分类生成了职位族，即一组密切相关的职位。我们已经使用了多种定义职位相似性的方法，包括根据具有相似的职位成果和产品、职位所需的相近知识和技能以及相像的职位报酬等进行界定。

（3）职位评价（见第 7 章）。

（4）职位设计 / 再设计（见第 7 章）。

（5）人员要求 / 规范（见第 8 章）。

（6）绩效管理和评价（见第 7 章）。

（7）员工培训（见第 8 章）。

（8）员工流动性。组织中的员工流动性涉及人员通过一系列职位的有计划流动（有时也被称为继任计划）。这样的系列通常被称为职位阶梯、职业阶梯或职位格。员工流动与职业发展密切相关。比如员工会从一种职位类型过渡到另一种类型，对于那些因残疾而无法从事原来职位的人来说可能就是这种情况。有时，员工流动可能是计划外的流动，例如离职，这可能是某种职位特征造成的结果。在社会层面（不是这里的重点），我们会考虑更大的群体迁移到一种或另一种职业的情况。社会需求，例如科学、技术、工程和数学职业中的员工短缺，可能会促进涉及职业分析的项目的发展以满足需求。

（9）效率 / 安全 / 健康。可以制订各种计划来提高工作安全性，包括职位再设计、选择"安全"的人员以及实施激励安全行为的计划等。可以调整职位以增强员工积极情绪、减轻压力或提高工作满意度，进而促进员工福祉。

（10）人员规划。人员规划包括组织通过员工流动来招聘、选拔和培养人员的明确计划，以确保满足组织对技术工人的需求和个人在职业发展方面的需求。

（11）法律 / 准法律要求。雇主需要向联邦政府提供一些报告，例如 EEO-1 报告。职位分析还支持许多其他目的的法律要求，例如人员选拔（见第 6 章）。

此处列出的目的并不相互排斥。例如，职位分类就与职位评价密切相关。我们试着提供一份相当全面的用途清单，将职位分析信息用于这些用途。

9.1.2 属性

我们在第 1 章中介绍了职位分析的许多属性（即组成部分）。请花点时间回顾一下表 1-3，回忆一下众多的描述符、职位分析数据的来源、数据收集方法和分析单元。想获得更多详细信息，你可能需要咨询 Levine、Thomas 和 Sistrunk（1988）。这些属性适用于由个人完成的工作。分析团队的工作可能需要更多的选项（见第 5 章）。当你考虑使用多个属性时，你应该清楚单个职位分析项目可能会包含大量的组合。

9.2 选择方法

本节我们将评论特别适合或特别不适合特定用途的职位分析属性。这些评论是基于对方法的实证研究，开发该方法的既定目的，以及我们的经验的某种组合。尽管实证研究是要考虑的最重要的信息来源，但我们仍缺乏针对同一目的比较不同职位分析方法结果的研究。目前已经有了关于各种技术实用性的专家意见。Levine、Ash、Hall 和 Sistrunk（1983）调查了职位分析专家对 7 种常用职位分析方法中需要考虑的 11 个问题的意见。表 9-1 呈现了专家打出的平均分的总结。该表中量表范围从低（1）到高（5）。令人高兴的是，表 9-1 中的所有方法都已在第 2 章到第 4 章中介绍过了。

表 9-1　针对不同人力资源目的的职位分析方法的有效性评价

人力资源目的	TTA	ARS	PAQ	CIT	TI	FJA	JEM
职位描述	2.95	2.15	2.86	2.59	4.20	4.07	2.66
职位分类	3.11	2.61	3.67	2.19	4.18	3.81	2.73
职位评价	2.80	2.44	3.70	2.37	3.46	3.52	2.72
职位设计	2.73	2.28	2.99	2.52	3.72	3.64	2.59
人员要求/规范	3.68	3.51	3.36	2.86	3.19	3.58	3.64
绩效评价	2.80	2.75	2.72	3.91	3.24	3.58	3.07
员工培训	2.74	2.78	2.76	3.42	3.65	3.63	3.33
员工流动性	2.67	2.47	2.78	2.20	3.34	3.07	2.62
效率/安全	2.34	1.90	2.46	3.08	2.79	2.81	2.30
人员规划	2.61	2.32	2.83	2.24	3.41	3.11	2.60
法律/准法律要求	2.65	2.44	3.03	2.66	3.67	3.38	2.79

资料来源：Republished with permission of Academy of Management, from Levine, E. L., Ash, R. A., Hall, H., & Sistrunk, F. (1983). Evaluation of job analysis methods by experienced job analysts. *Academy of Management Journal*, 26, 342; permission conveyed through Copyright Clearance Center, Inc.

注：TTA=临界特质分析；ARS=能力要求量表；PAQ=岗位分析问卷；CIT=关键事件技术；TI=任务清单/综合职业数据分析程序；FJA=职能型职位分析法；JEM=职位要素法。评分是采用从 1（低实用性）到 5（高实用性）有效性量表得出的。在 1983 年，对于工业与组织心理学家来说，健康和幸福并不像现在这样是热门话题，因此效率/安全并没有将健康作为人力资源的目的。

表 9-1 显示了职位分析专家对针对不同人力资源目的的各种职位分析方法的有效性问题的平均响应。例如，它表明专家认为任务清单和职能型职位分析法对于职位描述最有效，而能力要求量表对于职位描述不是很有效。再比如，关键事件技术被认为是开发绩效评价材料最有效的方法。本章我们将介绍第 7 章或第 8 章未涵盖的人力资源目的。

如果我们能知道你的目的，然后给出唯一正确的职位分析方法，那就太好了。真能这样会很好，但这是不可能的。在某些情况下，我们可以排除一些职位分析方法。例如，我们可能会避免将临界特质分析系统（TTAS）或岗位分析问卷（PAQ）作为开发培训计划的主要手段，因为这些方法侧重于人的属性而不是基于任务的技能发展。但是有几种方法确实专注于任务，例如关键事件技术、任务清单和观察法/采访。当你专注于职位任务时，其中任何一种方法都可能有用。在与你的目的最相关的那些方法中，你需要考虑语用学（pragmatics）的内容。你有多少时间和资金用于你的职位分析项目？如果你的回答是"很多"，那么你的选择就很多。你可用的时间和资金越少，你的选择也就越少。有可能与就业者（或主管）进行什么样的接触？也就是说，职位分析师可以尝试自己完成一些职位任务吗？你想要量化的临界性评价吗？有一天，我们也许可以与人工智能程序进行对话，该程序将为你提供有关这些问题的专家建议。但现在，你需要密切关注自己的目的，并仔细考虑职位分析方法将如何帮助你实现目标。通常情况下，会有不止一种方法是可行且有效的，选择可能被归结为语用、政治维度或你对该方法的舒适程度。我们再次强调，如果你即兴创作和发明自己的职位分析构建组合，那么试点、测试和评估应该成为组合过程的一部分。换句话说，谨慎点。

9.2.1 职位分类

职位分类要求根据相似性将每个职位归入一个类别；也就是说，每个职位都属于与它最相似的类别。有几种方法可以根据职位属性定义相似性。McCormick（1976）介绍了四种类型的属性（我们又提出了第五种）。

（1）职位导向系统。重点是职位的输出结果，例如产品或服务。

（2）员工导向系统。重点是可观察到的人员需求或职位提出的要求，例如员工活动和基本运动以及生理需求。

（3）属性要求。重点是职位所需的（不可观察但可推断的属性）知识、技能、能力和其他特征（KSAOs），例如个人职位需求和人员属性要求。

（4）整体职位制度。重点是职位名称和所从事的工作类型。

（5）薪酬。重点是根据薪水将职位分为多个级别或层级。

由于职位分析描述符差异很大，因此有大量适用的数据来源和数据收集方法。有一个重要的要求是描述符在职位之间是通用的，以便可以评估基于相同描述符之间的相似性的分类。有时，描述符可能是职位特定的；在这种情况下，主题专家们必须推断出描述符的相似之处。分类操作可以通过判断或聚类分析等数值算法进行。聚类分析将根据指定的规则将每个职位归入定义的最相似的类别中。分类有许多可能的规则，因此一项职位可能属于多个不同的类别，具体取决于聚类分析的完成方式。然而，研究表明聚类分析的类型不如描述符的类型重要（Levine，Thomas，Sistrunk，1988）。

9.2.2 员工流动性

员工流动性指组织内人员在不同职位之间的流动。通常，流动性研究会涉及大量职位。因此，任职者和主管很可能作为数据来源。职位分析师也能发挥作用，但请他们通常花费高昂且无法完成整个研究。因此我们可能会分发问卷以收集所需的信息。诸如聚类分析之类的定量分析很可能基于应用于工作或特质要求的量表来计算。网络提供的有关职业阶梯、职位投标程序和相关职位描述的信息有助于职业规划。

9.2.3　效率/安全/健康

用于效率/安全/健康目的的最合适的职位分析描述符取决于相关职位（Levine, Thomas, Sistrunk, 1988）。例如，对生产和装配职位的分析通常侧重于提高工人效率。这种职位分析通常由熟练的职位分析师完成，职位分析师会观察任职者在时间与动作研究中的工作情况（见第2章）。在这些类型的职位分析中，职位分析师经常使用特殊的记录设备，例如用视频或特殊的转录符号来记录任职者的身体动作。

其他常用的方法（例如，职能型职位分析法、岗位分析问卷）侧重于职位所需的机器、工具、设备和辅助工具。对职位所需设备的分析可以通过采访分析师或其他技术专家、审查技术文件或采访任职者来完成。任务信息还可用于创建更高效或（出于健康目的）压力较小的任务序列，也可开发辅助工具，例如可最大限度减少错误的清单。

提高安全性的主要方法有以下三种（Landy, Trumbo, 1980）。

（1）工程方法，涉及为完成任务而设计设备和流程（即预防伤害和提高效率的人类工效学；参见 MacLeod, 2000；Mital, Kilbom, Kumar, 2000）。

（2）人事心理学方法，涉及选择具有合适工作的特质的人。

（3）工业/社会方法，包括制订激励员工安全行事的计划（Geller, 2001）。

我们之前介绍的程序对于工程方法可能有一定用途。此外，关键事件技术可能发挥作用，因为该技术可以突出不安全的行为或避免、减轻事故的行为。人事心理学方法需要根据安全执行相关职位所需的人员属性（例如，尽责性、体力）对职位进行分析。工业/社会方法似乎不太以职位为导向，因此职位分析可能需要针对特定职位内容定制或调整方法。在关注健康的情境中，可以考虑生理措施和轮班、工作过载/欠载以及监管不足的成本。

9.2.4　人员规划

人员规划是对员工流动性的补充。通过规划，组织努力确保现在和（特别是）将来有具备所需技能的人员。为了制定人员规划，组织必须既评估其所处的位置以及预期的职位及其要求，又评估人员及其技能。尽管为此目的可以将任务用作描述符，但最有可能的描述符是员工特质，尤其是技能。可能的数据来源包括主管、专家和任职者。数据收集的方法包括小组和个人采访以及问卷调查。最可能的分析单位包括员工特质要求和适用于此类要求的量表。

9.2.5　法律/准法律要求

法律要求因目的或人力资源应用而异。但是，组织应分析法律要求以应对法律挑战。需要考虑的领域包括集体谈判协议、公平劳动标准、机会均等要求（包括1990年《美国残疾人法案》中针对残疾人的要求）、许可要求和职业安全与健康管理局法规（Gutman, Dunleavy, 2012；Levine, Thomas, Sistrunk, 1988）。因为人们通常根据任务来考虑工作，所以任务和工作活动作为一般规则，成为法律要求的有用描述符（Ash, Levine, Sistrunk, 1983）。

9.2.6 实际考虑事项

正如我们多次说过的，职位分析方法的选择应该符合分析的目的。但是，完成任何项目都需要资源。本节我们将描述在职位分析项目开始之前或开展期间必须做出的实际考量和选择。

1. 需要考虑的问题

Levine、Thomas 和 Sistrunk（1988）列出了选择职位分析方法时需要考虑的 11 个实用问题。

（1）运行状态。该方法是否经过足够的测试和改进使其可以以当前形式应用？

（2）现成可用性。该方法是否可以使用，还是必须首先针对正在分析的特定职位进行再设计或定制？

（3）职业通用性/适用性。该方法是否适合分析各种职位，或者是否至少适用于人们希望分析的各项职位？

（4）标准化。该方法是否能够产生规范，从而能够对从不同来源在不同时间获得的数据进行比较？

（5）受访者/用户可接受性。该方法及其各种信息收集要求和报告格式是否为职位分析的受访者和用户所接受？

（6）所需的职位分析师培训的数量/可用性。职位分析师需要多少培训才能独立使用该方法，培训的可用性如何？

（7）样本量。为了确保数据足够可靠，该方法需要多少受访者或信息来源？

（8）信度。重复该方法时会产生类似的结果吗？

（9）成本。该方法的预期成本是多少？成本包括材料成本、所需培训费、咨询协助费以及职位分析师、受访者和文职人员按薪水计算的工时成本。

（10）结果的质量。与其他方法相比，特定方法是否通常会产生高质量的结果（即具有法律依据的、有效的测试，有效的培训计划）？

（11）完成时间。收集数据并生成最终书面报告需要多少天？

Levine 等（1983）还调查了职位分析专家对几种常用职位分析方法的实用性的看法。表 9-2 汇总了平均实用性得分。量表范围从 1（低实用性）到 5（高实用性）。在查看表 9-2 时，请记住，分数越高表示实用性越高，而不是实用性问题本身的级别越高。例如，成本问题的实用性水平越高，表明该特定职位分析方法的成本越低（即更实用）。专家指出，职位分析方法在 4 个实用性问题（即标准化、完成时间、现成可用性和信度）上差异最大。不同职位分析方法之间差异最大的第一个实用性问题是标准化。相对标准化的方法包括岗位分析问卷和任务清单，而关键事件技术相对非标准化。第二个差异大的实用性问题是完成时间，其中相对快速的方法是岗位分析问卷、能力要求量表和临界特质分析。相对较慢的方法是任务清单、职能型职位分析法和关键事件技术。第三个差异大的实用性问题是现成可用性。在这方面，我们认为岗位分析问卷是非常实用的，而关键事件技术是最不实用的。第四个差异大的实用性问题是信度。任务清单和岗位分析问卷的信度评分最高，其次是职能型职位分析法。

表 9-2 针对不同实用性问题的职位分析方法的实用性评分

实用性问题	TTA	ARS	PAQ	CIT	TI	FJA	JEM
职业通用性/适用性	3.74	3.61	3.82	3.86	4.13	4.06	3.58
标准化	3.37	3.40	4.28	1.99	3.97	3.54	2.88
受访者/用户可接受性	2.96	3.00	3.12	3.19	3.43	3.44	3.16
所需的职位分析师培训的数量	2.73	3.00	2.78	3.04	2.39	2.57	2.68
运行状态	2.96	3.09	4.20	3.42	4.04	3.85	3.52
样本量	2.78	2.51	3.53	3.04	2.08	3.26	3.16
现成可用性	3.20	3.27	4.51	2.43	2.98	3.28	3.03
信度	3.04	3.10	3.84	2.67	4.05	3.49	2.93
成本	2.87	3.23	3.29	2.57	2.29	2.80	2.96
结果的质量	2.67	2.61	3.17	2.74	3.63	3.53	2.76
完成时间	3.31	3.36	3.43	2.17	1.93	2.57	2.93

资料来源：Republished with permission of Academy of Management, from Levine, E. L., Ash, R. A., Hall, H., & Sistrunk, F. (1983). Evaluation of job analysis methods by experienced job analysts. *Academy of Management Journal*, 26, 344; permission conveyed through Copyright Clearance Center, Inc.

注：TTA=临界特质分析；ARS=能力要求量表；PAQ=岗位分析问卷；CIT=关键事件技术；TI=任务清单/综合职业数据分析程序；FJA=职能型职位分析法；JEM=职位要素法。评分是采用从 1（低实用性）到 5（高实用性）有效性量表得出的。

2. 组织问题

Levine 等（1983）提出的有效性和实用性问题与职位分析方法相关。例如，方法的信度和完成时间不同。职位分析中的其他实际问题涉及与组织而非方法本身更密切相关的选择，此类问题包括：

- 时间和预算；
- 项目人员配备；
- 过程和结果的可接受性。

（1）时间和预算。完成项目所需的时间量和完成项目所需的预算可与管理层协商，或由比实际完成项目人员的级别高的管理层设定。也就是说，你可能会发现自己有一个给定的预算和截止日期，并被告知要按时在预算范围内完成工作。显然，这些约束会影响选择的职位分析方法。例如，问卷需要更长的时间来开发和管理，所以如果时间很短，除非市面上的问卷能满足你的需要，不然使用问卷就是个糟糕的选择。

（2）项目人员配备。必须有人领导职位分析项目，有人落实工作。有时，同一个人可以同时做这两件事；但通常，项目负责人会负责多个项目，而职位分析只是其中一个。正式的项目负责人几乎肯定属于主办方。但是，负责执行项目的人员可能会因其专业知识而被聘为顾问。可以查阅 Van de Voort 和 Stalder（1988）的文章以决定是否聘请顾问或在内部为项目配备人员。

（3）过程和结果的可接受性。Levine 等（1983）提出的实际问题至少有三个与职位分析项目的组织可接受性相关：受访者/用户可接受性、结果的质量和完成时间。Hakel、Stalder 和 Van de Voort（1988）讨论了其他组织问题。他们指出，职位分析项目需要有一个发起人（即无论出于何种原因都想要完成该项目的人）。发起人的知名度和影响力越大，项目就越容易完成。在与组织的高层沟通时，重要的是要展示职位分析将如何促进组织的目标，但要避免夸大项目的好处。

数据收集将涉及与组织成员的接触，但不能保证他们的接受情况。例如，方法的接受程度将受到所需时间的影响。如果使用调查，那么调查的表面事物会影响接受度。无论是哪种方式，都必须向那些受项目影响的管理者告知项目。当有任职者或专家参与时，应告知相关联系人职位分析的目的和组织成员在此过程中扮演的角色。当目的对可能直接影响职位任职者的决策有影响时（例如，职位分析对薪水、员工部署或完成工作所需的员工数量有影响时），接受变得更具挑战性。有时在这种情况下，组织会对职位分析的目的采取保密措施，我们则认为保持透明度是更好的做法。在可能的情况下，组织应提供明确的解释以解决潜在的任职者问题。此外，如果职位分析出现任何负面结果（例如，对于因职位分析而被解雇的任何人来说），将有助于解释采取哪些保护措施。这将有助于避免谣言和潜在的破坏。

收集完数据后，我们的主要目标是确保以有利于预期目的的方式分析和报告数据。报告必须清晰且相关，如果职位分析的产品是数据库，则它必须易于访问并随时可用。如果可能的话，应邀请任职者或专家参与审查报告并核实产品内容，以确保得到他们的支持。报告还应符合项目发起人的需求。

9.3 观察和采访

有时，职位分析项目涉及人员和费力的数据收集工作，但在其他时候，职位分析师会在短时间内完成整个项目。在后一种情况下，职位分析师通常会观察任职者的工作、采访任职者，或两者兼而有之。最好在观察任职者的同时采访他们，因为这样你可以立即询问有关如何以及为什么要做某事的问题。但是，有时在工作期间采访任职者并不是一个好主意。采访可能会影响员工的工作绩效，导致员工（例如外科医生、赛车维修人员、计件工人）的做法不安全或使其生产力低下。在这种情况下，可以在观察之后进行采访。观察过程可能会被摄录并在随后的采访中用作参考。

9.3.1 准备观察／采访

在你去观察或进行采访之前，请尽可能多地了解这项职位，切入点包括：

- 来自组织先前的职位描述；
- 培训手册和其他培训材料；
- 《职业名称词典》（美国劳工部，1991）、O*NET 或专业文献报告的研究中的职位描述；
- 可以告诉你职位要点的运营经理或人力资源专业人士。

试着学习职位中使用的任何特殊术语，以便了解任职者或专家告诉你的内容。在参加会议之前写下你不明白的事情，以便你可以在采访时解决。然后观察／采访将提供一个机会来检查你认为自己对该职位了解多少。

你的服装不应该成为选定观察/采访地的话题；无论你要去哪里，都要穿得像在场的人一样。如果你要去仓库，工人们可能会穿着T恤或运动衫、牛仔裤或工作服以及工作鞋。如果你要去银行，工作人员将穿着夹克、打着领带。安全帽和护目镜等安全设备通常由在场人员提供，但你应该提前查看需要什么以及如何获取它们。

你需要保留观察/采访的记录。大多数人使用笔记本或剪贴板和笔来做笔记。我们通常会直接在纸上打印一系列问题并写下答案或做观察笔记（或者，你也可以使用笔记本电脑、平板电脑或智能手机）。如果你要提前写出问题，请为答案留出空间。你还可以使用视频或录音设备进行观察和采访。如果你这样做了，请确保任职者或专家知道你在做什么，并且他们同意你记录相关事项。但录像和录音往往让人紧张。

提前安排你的会议，通常是访问现场前1到2周。任职者或专家及管理者都需要知道你将进行观察/采访。如果你将在远离任职地点的地方进行采访，请尽量安排合适的采访房间；也就是说，房间应该干净、光线充足、不受干扰。一方面，同时观察与采访是很好的，因为你可以就正在观察的事物提出问题。另一方面，远离任职地点的采访效率更高，因为任职者或专家会专注于职位分析，而不是试图完成工作。

9.3.2 联系相关人员

当你去现场进行观察或采访时，通常会先与主管取得联系（但如果你正在采访接待员，则情况并非如此）。主管通常会直接介绍你或安排介绍会将你引荐给任职者或专家。当你遇到主管和任职者、专家时，应该做以下几件事情（Hakel, et al., 1988）。

（1）自我介绍。告诉他们你在项目中的角色。

（2）告诉他们你为什么要进行职位分析以及将如何处理相关信息。如果你收集数据的目的不是职位评价，那么这一点就尤其重要，这样做受访者就不会试图夸大其职位的各个方面，以试图向有利的方向影响他们的薪水。当涉及更多有争议的目的时，我们再次建议保有透明度，并说明为什么分析对公司的存在或盈利能力至关重要。

（3）解释你想从他们那里获得什么信息。如果你有书面问题，请向他们展示你所写的内容，并让他们知道这就是你要问的问题。

（4）如果任职者或专家可以预测项目会带来的变化，请让他们知道预计何时他们会看到变化。

（5）询问他们是否有问题；如果有，请尽你所能回答他们。

你试图做的是在你和任何被观察或采访的人之间开展一种公开、诚实、无威胁的对话。因为害怕负面评价，所以员工经常把来自组织外部、看着他们工作的人视为威胁。但是一旦员工相信你是来分析职位而不是评估他们的表现，他们通常会合作。

9.3.3 进行观察/采访

在观察和采访期间可以使用多种策略来收集信息，包括典型工作日策略、任务周期策略和按重要性列出任务策略。典型工作日策略需要请任职者或专家带你完成他们典型的工作日，从他们到达工作地点开始。一方面，此方法有助于提供完整的任务列表。另一方面，任职者可能会陷入细节——"首先，我把钥匙插进锁里。接下来，我会转动它。

然后，我能打开门。随后，我打开灯……"任务周期策略反映了"大多数职位都有一个重复的任务周期"的现实。例如，对计控机床操作员一职，操作员的操作如下：获取原材料（一块指定的金属），将材料插入机器中，循环运转机器，清洁刚刚制造的零件，将零件从机器中取出并检查零件以确保其符合规格。对于此类职位，请尝试观察一两个完整的周期。在采访中，让任职者或专家按照一系列步骤告诉你这个职位的情况，解释一个步骤如何通向下一个步骤。涵盖主要周期后，请查看或让受访者解释工作中不那么频繁的部分。例如，在机床操作员的工作中，不太频繁的任务包括通过补充切削液来维护铣床、更换磨损的刀具、校准机器等。如果职位没有明确的周期，你可以使用按重要性列出任务策略。它涉及获取任务列表，其中应首先列出最重要的任务。例如，机床操作员可能首先列出安装零件，或者可能运行机床程序，然后再进行下一个最重要的任务。按重要性列出的任务列表有助于确保在采访期间涵盖最重要的任务。

根据我们的经验，对任职者和技术专家的采访最适合收集任务或工作导向的信息。任职者很少考虑区分成功与不成功任职者的员工要求或特质。然而，主管确实会考虑员工导向的信息，尤其是当主管负责员工的选拔或培训时。如果你需要收集员工特质要求，请继续询问主管和任职者的意见。但是，如果你从主管那里获得了有关员工特质要求的更佳信息，请不要感到惊讶。此外，任职者通常比主管更了解当前工作的完成情况（任务要求）。

采访或观察后，你可能想与主管核对，报告你掌握的情况，并让他/她知道你已完成观察或采访。

请记住，要感谢联系人愿意腾出时间和所做的配合，但要避免花在他们身上的时间超过计划的时间。

9.4 问卷

9.4.1 计划和准备

除非你使用现成的产品，如岗位分析问卷，否则就需要耗费时间和精力来开发任务清单或其他调查问卷。所有调查问卷都需要时间来分发、收集和分析。调查问卷分发后产生的错误几乎是永久性的，因此提前花时间将错误改正是有意义的。应只收集你需要的信息，而不是所有可能用到的信息。当你从一个组织成员那里收集数据时，你会设定一个期望，即会对这些信息做些什么。如果成员了解到调查信息没有被使用，他们将不会有动力完成调查问卷。因此，请避免收集多余的数据，只收集你需要的信息。问卷可以帮助你收集大量精确的定量数据。此类数据可用于表示各种任务在临界性、花费的时间或其他属性方面的微小差异。但是调查问卷不会告诉你忘记填写的内容，而且你通常无法回头并收集丢失的数据。因此，第一次就要问清你需要的所有信息。

任务列表应该是完整的。任务应该按职责来组织，或按字母顺序排列，或按职位要求的顺序排列。职责应该从任务中突显出来，无论通过字体大小、黑体格式还是排版布局。在每项任务结束时，应有空间让任职者列出问卷中未包含的任务。任务组织的原因是，受访者（通常是任职者）无须搜索整个列表就可以轻松判断给定任务是否包含在任清单中。任职者通常不会填写遗漏的任务，但偶尔有人会写下一些重要的东西来表明问卷中有遗漏。

1. 写作技巧

编写一份好的任务陈述既困难又耗时，可以称之为一种艺术。从各种来源收集的关于编写它们的提示包括以下内容。

（1）说清楚。如果受访者无法理解任务陈述，则结果将毫无价值。

（2）简短些。受访者可以快速阅读较短的任务陈述。当使用资格声明时，应将它们用于某种目的。在查看任务说明时要考虑职位分析的目的。

（3）遵循标准的职位分析语法。任务语句中的第一个词是一个行为动词，后跟一个直接宾语，再加上可选的限定词。

（4）要具体。应说明任务，以便明确受访者是否完成了任务。这意味着语句包含单个动作和单个对象，以及任务范围足够窄，以至于受访者执行全部或不执行所有操作，而不是执行其中的一部分。

（5）使用员工熟悉的常用词或行话。受访者必须理解任务陈述内容。

2. 选择响应量表

选择调查中包含哪些响应量表取决于职位分析的目的。例如，如果培训是目的，那么关于该任务应该在工作中还是在工作外进行培训的问题就是合理的。如果职位分析的目的是选拔，同样的问题就不合理了。另一个问题可能会询问一项任务的学习难度。在收集数据之前，请考虑如何单独或组合使用这些量表。响应选项的数量应该适合问题，因此我们不会为有关任职者是否完成任务的问题选定四个回答项。对于分级响应选项，例如临界性或花费的时间，通常要提供五个、七个或九个响应项。我们应为人们提供他们能可靠且有意义地使用的最大数量的响应选项。如果你提供给他们的选项数量少于他们可以可靠使用的数量，那么你就是在丢弃信息。如果提供的响应选项数量超过了他们可以可靠使用的数量，那么你获得的将不是更细微的区别，而是更多的错误。

3. 分发

调查问卷是一项重大的开发工作，可能需要每个主题专家利用几个小时来回答问卷。因为调查问卷通常通过邮递或网络发送，所以通常没有人回答主题专家在填写问卷时可能提出的任何问题。因此最好先对问卷进行试点测试，以确保任务陈述清晰、任务列表完整，人们能理解关于如何完成问卷的说明。

请注意问卷的外观。问卷应该看起来很专业，没有印刷错误或格式问题，方向应该是明确的。如果你有100名或更少的受访者，那么任职者直接在问卷上圈出数字是个不错的选择。可以先与少数人一起试点测试问卷，然后测试将回答录入计算机数据库需要多长时间。这能让你估计输入问卷数据需要多长时间（如果你不使用基于网络的调查）。

如果你要对大量人员进行调查，你可能希望打印一份可由计算机扫描的文档。针对非常大的样本量，你可能需要聘请一家为企业开展调查的公司。通过基于网络的平台管理调查也相当容易，任职者可以直接回应调查。传统计算机（台式机或笔记本电脑）或移动设备（智能手机或平板电脑）可实现高效的数据收集。对于大样本量，设置在线调查的成本低于分发纸笔调查然后再将答案手动输入计算机的成本。然而，对于某些职位，传统的纸笔调查仍然最有效。这主要是由于某些类型的员工在日常工作中无法随时使用计算机。

9.4.2 收集数据

虽然大多数人喜欢谈论他们的工作，但他们不喜欢为此填写调查问卷，尤其是长问卷。如果可能的话，把你的受访者聚集在一个房间里，分发调查问卷，让他们填写，然后再上交。如果你这样做，你会得到一个极好的回复率。如果任职者无法聚集到房间填写调查问卷，他们通常会在工作时收到邮递到的或电子邮件发送的主题问卷，或者他们可以通过计算机网络访问调查问卷。如果问卷不是在小组会议中完成，而是在公司上班时间填写的，则任职者应被允许利用工作时间来完成调查问卷。如果任职者被告知要将调查问卷带回家并自行完成，那么响应率将非常低，并且完成调查问卷的人可能不能代表所有人的情况。如果调查问卷是在他们自己的时间（例如，在家的时间）里完成的，应为任职者设定一个完成问卷的截止日期（通常是从收到调查问卷开始后大约1周）。有时，可以将问卷副本发送给主管，主管可以分发问卷并促进问卷的完成。如果要考虑保密性，则应将完成的调查问卷直接返给进行调查的人员，不让主管先看到。这点可以通过使用信封或提供一个安全的收集箱（稍后由职位分析师在场外打开）来实现，受访者可以在那里放下他们的问卷。

问卷应该是匿名的，以促进对项目的公开回应。但是，应收集人口统计数据以记录受访者的特征。理想情况下，职位分析的受访者应该在人口统计上具有多样性。这将包括男性和女性受访者、具有不同职位任期和工作经验的受访者以及不同种族的受访者。然后可以将样本的人口统计特征与组织提供的有关其劳动力的信息进行比较。例如，如果组织中80%的任职者是女性，则可以通过调查问卷来确定职位分析受访者中女性接近80%的程度。

9.5 分析数据

本节我们探讨的是对调查收集的或由职位分析师提供的定量数据的分析。更具体地说，我们讨论的是对应用于任务或人类属性的量表的响应分析。如今，在提到这方面时，如果你提及"数据分析"就可以大赚一笔。有两个主要事项会影响对职位分析数据的解释：信度和效度。信度反映了回答中包含的错误或分歧的数量。例如，我们往往想知道两个职位分析师对相同职位的回应有多一致。他们对相同职位的分歧越多，信度就越低。效度是与我们想要知道或推断的内容相关的响应质量。例如，我们可能想使用岗位分析问卷中的维度分数来预测一组职位的薪水。岗位分析问卷维度与工资的关系越密切，预测工资的效度就越大。

信度分析可以借助电子表格、桌面计算器或统计软件程序开展。对理解信度的统计学方面，修习本科水平的统计学入门课程或阅读统计学入门书籍（例如Gravetter, Wallnau, 2008）会有所帮助。许多效度分析更为复杂，在此我们仅描述它们的作用。我们可以通过修读社会科学研究生课程或高级本科统计学来正确理解更复杂的统计学。现在，我们描述的几乎所有应用都可以借助计算机软件达成。对希望了解更多细节的读者，本章也提供了方法论论文的参考资料，这些论文报告了我们所描述的技术的发展和应用情况。

9.5.1 报告研究结果

假设我们已经开发了一个任务清单问卷。我们共收到了 50 位任职者的回复。我们有每个任务的"时间耗费"信息，即每个任职者都回答了时间耗费量表，其中，1= 远低于平均水平，2= 低于平均水平，3= 大约在平均水平，4= 高于平均水平，5= 远高于平均水平。我们至少要报告均值、标准差和 N（受访者人数）。表 9-3 显示了应报告的结果类型。

表 9-3 任务清单结果示例

任　务	均　值	标准差	N	*SEM*
1.	3.5	1.4	49	0.2
2.	4.2	1.4	49	0.2
3.	2.5	1.2	36	0.2
4.	4.5	0.5	25	0.1
5.	2.5	2.0	25	0.4
6.	3.5	1.0	25	0.2

注：SEM = 均值标准误。此例中任务列有意留了空间。在实践中使用时，任务列将纳入任务陈述。均值和标准差列中的数值代表从 1（远低于平均水平）到 5（远高于平均水平）的时间耗费量表的评分。

在任务一列中，我们将列出任职者响应的任务。针对计算机控制的机床操作列出的第一个任务可能是"识别要加工的特定零件"。想得到均值，我们只需将每个受访者对任务的评分相加，然后再除以回答人数，用符号表示如下：

$$M = \frac{\Sigma X}{N}$$

其中，M 是均值，Σ 表示将右边的值（即 X，受访者评分）相加，N 代表受访者人数。每个人的评分不都是一样的，有些会高于均值，有些则低于均值。为了汇总这些差异，我们需要一个关于评分变化程度的指数。标准差正是用于此目的，它本质上是评分与均值的平均距离。标准差越大，评分分布越分散。标准差由下式计算：

$$SD = \sqrt{\frac{\Sigma(X-M)^2}{N-1}}$$

其中，根号表示取平方根，其他符号的定义与均值方程相同。在表 9-3 中，还有第五列 *SEM*，用于表示均值标准误。统计学家已经计算出在给定数据的效度（通过标准差估计）和样本大小（记为 N）的情况下，以均值形式存在的研究结果可能会发生多少变化。均值标准误的公式为：

$$SEM = \frac{SD}{\sqrt{N}}$$

这表示均值标准误即变量的标准差除以样本量的平方根。均值标准误随着标准差的增加和样本量的减少而增加。大量的、正确选择的人员样本往往会产生精确的结果。均值标准误的实际好处是，它可以作为结果精度的索引。我们建议定期准备如表 9-3 所示的数据汇总，并将其包含在职位分析报告的技术部分。

9.5.2 评估信度

1. 为什么要估计信度

信度与数据中的错误量有关。每当我们收集数据时，我们都需要收集一些关于信度的证据。如果数据充满错误，那么我们根据数据做出的决策很可能是错误的。通常，花费精力返回并获得更好的数据比对已知充满错误的数据采取行动要好。如果我们不估计数据的信度，那么我们就无法知道这些数据有什么样的置信度。因此，对职位分析数据的信度进行评估具有科学和实用意义。

职位分析数据中存在多种误差来源，包括人为判断、量表的具体项目内容（例如，在岗位分析问卷中形成决策量表的决策项目）以及职位内容随时间的变化。职位分析研究中最常见的错误来源是人为判断。人为判断通常是职位分析的核心。例如，我们可能会要求受访者判断花在一项任务上的时间或空间能力对完成工作的重要性。因为我们要求人们做出这样的判断，所以我们需要知道人们的判断有多大差异。通过收集显示错误量和信度的数据，我们可以判断数据的准确性以及是否需要采取一些纠正措施（例如，收集更多或更好的数据）。评估职位分析数据的信度有几种不同的方法。我们在接下来的部分中介绍最常用的方法。

2. 判断间一致性

有两种衡量一致性的常用方法：百分比一致性和组内一致性。百分比一致性只是用受访者同意的评定数量除以做出的评定总数。假设我们有两个任职者响应相同的任务清单，再假设第一个任职者将第一个任务花费的时间评为 3（评分范围为 1～7）。如果第二个任职者也将第一个任务评为 3，那么我们就有了一个一致的实例。如果第二位任职者对第一个任务的评分不是 3，那么我们就遇到了不一致的情况。为了找到两个任职者的百分比一致性，我们只需计算任职者一致的任务数量，然后用它除以清单中的任务总数。

尽管百分比一致性易于计算、理解和与他人交流，但由于此种方法遭受到了猛烈的批评，因此并不经常被使用。你可能认为它当然会遭受批评，如果它简单明了，那么统计学家将与此无关了。但不幸的是，这点不是问题。百分比一致性的一个问题是，即使受访者的评分差异很小或没有差异，得到的一致性也可能非常高。比如，如果我们的一位受访者将所有内容评为 2，而另一位受访者在 80% 的情况下将任务时间评为 2，那么一致性百分比将为 80%。这点之所以成为一个问题，是因为从某种意义上说，如果受访者总是使用相同的评分，则无法预测。

对百分比一致性提出批评的另一个原因是，我们观察到的结果与我们期望偶然得到的结果之间没有可比性。一方面，如果每个受访者只使用两个类别并且他们都随机回答，则对于约一半的任务时间他们仍然会给出相同的答案。另一方面，如果每个受访者都使用大量类别，那么随机回答导致的百分比一致性会低得多。如果你想报告百分比一致性，你可能应该使用一种根据机会一致性进行调整的方法。有种叫 kappa 的好方法可以做到这一点，Siegel 和 Castellan（1988）对此进行了描述。

还有一种情况是我们在分析一个职位时希望估计其信度。例如，如果我们要求 50 名担任相同职位的任职者估算一系列任务所花费的时间、重要性、临界性或学习难度，就会发生这样的情况。在这种情况下，我们可以使用组内一致性（James，Demaree，Wolf，1984）来估计 50 位评分者的一致性，并将其与我们预期的一致性情况进行比较。组内一致性的作用是将观察到的标准差与在任职者随机填写量表（即具有均匀或矩形分布）时观察到的标准差进行比较。如果观察到的分布与随机分布相比具有较小的幅度，那么我们可以得出结论：评分者之间存在相对较好的一致性。组内一致性和 kappa 都将观察到的一致和不一致与随机的理论分布进行比较。Kappa 将用于分类数据。当只有一项职位但有多个评分者时，组内一致性将与连续型数据（例如，任务清单评分量表）一起使用。不幸的是，即使评分变化很小，组内一致性也可能非常高，就像百分比一致性一样。从技术上讲，组内一致性并没有真正评估信度，因为它是在心理测量学术语中定义的。

3. 判断间信度

在心理测量的专业文献中（例如，Nunnally，Bernstein，1994），信度和一致性之间存在差异。一致性是由评价之间的相似程度与差异程度构成的函数。而信度涉及两个差异来源：由随机误差引起的差异和项目之间的系统差异。除非项目之间存在某种真正的差异，否则无法对信度进行有意义的评估。对我们来说，感兴趣的项目通常是关于职位的评分。假设我们想评估工作中空间能力重要性评分的信度。为了研究这种判断的信度，必须有：①几项职位（理论上最少需要三项职位，但好的估计需要更多的职位）；②就空间能力的重要性而言，职位的真正差异；③至少两名受访者。

最简单的真实的信度指标是相关系数 r（你可以在任何入门统计学教科书中找到有关此统计量的详细说明）。假设我们有两个职位分析师，他们都为一组职位评估空间能力的重要性。如果我们将评分表按职位并排排列，那么我们将得到两栏信息，每个分析师对应一栏。然后我们可以计算两栏之间的相关性，即两位职位分析师对职位的评分。这种相关性将用于估计由职位分析师造成的错误量。一般来说，高相关性表明误差很小，也代表信度很好。

普通相关性之外的另一种选择是组内相关性。组内相关性与一种广泛而灵活的测量理论——概化理论有关（例如，Crocker，Algina，1986；Cronbach，Rajaratnam，Gleser，1963；Shavelson，Webb，1991）。该理论的基本思想是查看在不同条件下采取的措施之间的相关性，以了解一组采取的措施如何推广到另一组。例如，我们可能想知道职位分析师评分与任职者评分或职位主管评分相比如何。一方面，如果职位分析师评分和任职者评分之间的相关性很高，那么我们就可以确定一组评分能预测另一组，也会很乐意拥有任何一组的评分数据（我们可能会采用最快或最经济的方式收集数据）。另一方面，如果职位分析师评分和任职者评分之间的相关性很低，则表明我们从两个来源获得了不同的信息，我们会想知道哪一组更适合特定目的。

尽管已被提倡使用（Cornelius，1988），但组内相关性并未被大量用于评估职位分析数据的信度（例外情况请见 Webb，Shavelson，Shea，Morello，1981）。除了考虑组内相关性对职位分析数据的适用性之外，我们将其引入这里还有两个原因。首先，组内相关性使我们能够处理评分者之间均值的差异。其次，它们提供了一种方便的方法，该方法可以估计达到我们希望研究的信度水平所需的评分者数量。

我们之前提到过百分比一致性受到了批评，批评的原因是在评级没有任何差异的情况下也可能有良好的一致性。此外，相关系数作为衡量信度的一种方法也被人抨击，因为它无法解释评估者之间平均值的差异。一致性指数的支持者抱怨说，当根本没有实际一致性时，相关系数表明"一致性"（实际上是信度）很高。只要两组评分的关系模式相同，相关系数就可以非常高，即使个别数字可能大不相同。细想两个任职者使用5点式时间耗费量表（1=低，5=高）给出了以下评分：

	任职者A	任职者B
任务1	5	3
任务2	4	2
任务3	3	1

即使没有达成一致性，这些评分的相关系数也是完美的（$r=1.0$）。这正是组内相关性有所助益的地方。

当评分者提供定量的、相对连续的评分或判断时，使用普通相关性和组内相关性。时间耗费或学习任务难度的评分是适用于此类技术的量表类型。组内相关性在有多个评分者或任务需要汇总的情况下特别有用，而且我们想知道结果汇总的信度。当我们想要解释评分者的平均评分差异时，组内相关性也很有帮助。

4. 内部一致性和时间稳定性

正如我们前面提到的，人为判断是职位分析数据错误的重要来源。但职位分析数据的另外两个错误来源通常更值得研究，即由于特定项目内容引起的错误和由于时间变化引起的错误。为了调查由于特定项目内容引起的错误，我们评估了内部一致性。内部一致性描述了由几个项目组成的度量如何"挂在一起"或具有连贯的结构的。对内部一致性的大量估计表明，某些特定项目内容导致了少量错误。评估内部一致性的一种方法是分半估计。要计算内部一致性的分半估计，你可以将一个量表的项目分配给两个不同的部分，将每个部分分别相加，然后计算这两个部分之间的相关性。例如，假设我们对一组100项职位的岗位分析问卷中的四个决策项目进行评定。我们可以将项目1和3分配给量表A，将项目2和4分配给量表B。对100项职位中的每个职位，我们现在都得到了两个分数：A和B。我们可以通过计算A和B之间的相关性来估计内部一致性。

请注意，我们还可以将项目1和项目2分配给量表A，将项目3和项目4分配给量表B。但如果这样做，我们将对内部一致性进行不同的估计。对于大量项目，可能会产生一个问题，即产生大量不同的内部一致性估计。虽然分半估计法已经不再被广泛使用，但当一个度量由不同因素混合组成时，分半估计法仍能发挥作用。现在我们使用一种名为alpha的方法作为替代。

当我们要比较两个判断、项目或测试时，会经常用到相关系数r。然而，我们通常会有多个判断或项目，并由它们的总和得出一个分数。例如，我们可能让三名职位分析师打分；我们也可以通过总结任职者对几个不同任务的反应，为一项职责打出一个分数。

在这种情况下，我们需要一个汇总总分信度的信度指标，而不是成对地汇总数据。alpha（Cronbach，1951）就提供了我们需要的总结（与用于量表中多个项目的 alpha 相同）。

alpha 可能是最常用的信度估计。我们在有多个受访者评价多个职位时往往会使用它。但是，alpha 不仅限于个体范畴，它也适用于项目或量表。因此，在生成评价量表时（例如，在绩效评价评定中），alpha 也用于项目。在单个测试项目相加得到总分时，alpha 也常用于测试。在这些情况下，测试项目代替了评分者。当预计所有测试项目或评分者给出类似的结果或评分时，alpha 就得到了合理的使用。如果我们预计任职者和主管之间存在差异，那么就需要一种方法来解释这种差异，方法之一是借助我们之前提到的组内相关性。

当我们先测量一次某个事物并在稍后测量同样的事物时，就是在评估时间稳定性。例如，我们可以先在 1 月让一组任职者告诉我们构成其职位的时间耗费或任务重要性。然后到 6 月再要求相同的任职者进行上述评定。对于每项任务，我们将在两个不同的时间对重要性或时间耗费进行平均评定。然后计算这两个度量之间的相关性。相关性将显示平均评定随时间的相似程度，由此得出术语稳定性（stability）。当时间稳定性高时，随时间变化而导致的误差很小。

9.5.3 效度

如前所述，测量的效度与数字或分数的含义有关。在职位分析中，衡量标准的效度通常与数据收集的用途或目的有关。例如，如果使用岗位分析问卷进行职位评价，我们会预计岗位分析问卷的分数与一组关键职位的薪酬数据高度相关。本节我们将介绍与职位分析数据效度相关的几种数据分析技术。在大多数情况下，这些技术需要使用计算机且无法在任何合理的时间内手动完成。

1. 相关性和回归

当我们想用一个数字总结两个变量之间的关系时，我们会使用相关性。例如，我们可以使用相关系数来表示学习任务的难度等级与熟练掌握一组任务的平均训练时间之间的关系。回归与相关性密切相关。两者的主要区别在于，如果我们想在给定一个变量的值时对另一个变量的值进行数值预测，就会使用回归。相关性可以告诉我们岗位分析问卷分数是否与一组职位的薪资数据密切相关。然而，当给定岗位分析问卷分数时，回归可以为我们提供职位的预计薪酬。回归对于职位评价非常有用。尽管我们仅在两个变量的情境中介绍了相关性，但相关性和回归可以扩展到任意数量的预测变量中。例如，可以同时使用来自岗位分析问卷的几种不同量表来预测薪酬，也就是采用多元回归（multiple regression）。有关此类技术的深入介绍，请参见 Pedhazur（1997）或 Cohen、Cohen、West 和 Aiken（2003）。

2. 因子分析和聚类分析

因子分析和聚类分析都有助于我们对事物进行分组。一些结构化的职位分析技术（例如，职位构成清单、岗位分析问卷）有大量的项目。使用大量项目可确保相对完整地覆盖职位内容。然而，如此大量的项目有一个缺点，即面临着管理和处理如此多的职位相关信息的挑战。将多个项目组合成具有某种概括意义的全面量表会简单得多。例如，可以将几个岗位分析问卷项目组合成一个问题解决量表，或将几个职位构成清单项目组合成一个运算量表。因子分析通常用于创建此类量表。如果要测量大量职位在每个项目上的水平，我们可以计算项目之间的相关矩阵。相关矩阵将显示跨职位的项目之间的相似性。因子分析将从这样的矩阵中提取几个因子变量，以显示哪些项目组合在一起。对于少量项目，人们可以简单地检查相关矩阵，了解各个项目之间的关系。然而，随着项目数量的增加，对相关矩阵的手动检查很快就会失控（计算机程序在这种情况下非常有用）。因子分析常用于等级体系开发，尤其是结构化职位分析技术的开发。有关因子分析的更多详细信息，请参见 Kline（1994）。一种名为多维标度（multidimensional scaling）的技术与因子分析非常相似，可用于与因子分析相同的目的。有关多维标度的更多信息，请参见 Borg 和 Groenen（1996）。

聚类分析也用于对事物进行分组。但是，聚类分析通常用于对职位而不是对项目进行分组。聚类分析会分析一组项目的相似性（在职位分析中，它会以某种方式描述职位），然后创建较少数量的同质职位组。给定组中的职位既彼此相似又不同于其他组中的职位。这些相似性数据可以是职位相互关联的相关矩阵，或者是职位在各种属性上的概况，例如在各种任务上花费的时间。在任何一种情况下，聚类分析都通过职位之间的相似性将职位分配给聚类，并由此构建职位组。最相似的职位会首先被划为一组，然后再划分次级相似的职位，依此类推。聚类分析从自己组中的每个职位开始，最终到单个组中的所有职位。在中间的某处，通常会有一个有意义的分组，并且具有合理数量的集群（可能是 3~10 个或更多，具体取决于职位的差异程度）。计算机能提供各种集群解决方案，但决定哪个方案最能代表数据的是研究人员。聚类分析对职位分类很有用。出于选拔和培训的目的，它也可用于对职位进行分组。有关聚类分析的更多详细信息，请参阅 Bailey（1994）。

3. 其他多元技术

有时也会用其他多元技术分析职位分析数据。相关技术包括多元方差分析（MANOVA）、典型相关分析和判别分析。当有多个因变量时，可以使用 MANOVA 和典型相关分析。可能有两组或更多组职位，如一级经理、中层经理和执行人员，我们希望对它们就管理岗位描述问卷中的多个项目进行比较。在这种情况下，可以使用 MANOVA 开展比较。当因变量是分类变量而不是连续变量时，要使用判别分析。例如，如果我们试图预测一项职位是专业的、管理的、白领的还是蓝领的，就可以使用判别分析。多元技术在参考文献中有所描述，如见 Flury（1997）。

4. 结果效度

围绕职位分析的效度意味着什么，学者们展开了很多讨论。Sanchez 和 Levine（2000）认为，当我们使用职位分析来帮助我们实现目标时，需要的是对我们取得的成功程度的估计。例如，我们需要将使用基于职位分析测试时选拔员工的结果与使用其他不基于职位分析测试时选拔的结果进行比较。Levine 和 Sanchez（2012）将其称为"结果效度"，他们将其定义为"职位分析在多大程度上增加了个人级或系统级干预的效果或效率（另见 Levine, Sanchez, 2000)"。换句话说, 关键问题在于职位分析为我们的人力资源计划增加了多少价值。

Sanchez 和 Levine（2012）引用了 Levine、Ash 和 Bennett（1980）以及 Manson（2004）的成果，详细讨论了这个问题。Levine、Ash 和 Bennett（1980）的研究表明，与在相同职位中使用的其他方法相比，当采用关键事件技术法时，对根据职位分析报告制订的考评计划或选拔大纲，人力资源专家给出的评分略高。Manson 的研究比较了职位分析方法，这些方法或多或少地介绍了从这些方法中制订的选拔考评计划。结果表明，与从更一般的信息中得出的计划相比，相对更详细的信息产生的计划，人力资源专家的评价更高。Sanchez 和 Levine（2012）还发现，使用职位分析数据来支持导致考评计划或其他结果的推断的方式会影响结果。例如，与使用无规则专业判断的推断相比，使用职位分析数据做出的推断会产生更好的选拔或培训计划、考试计划。我们希望作为有动力的读者的你现在会受到启发，进行更多必要的研究。

结果效度是一个非常复杂的问题，它解释了为什么我们没有很多优质信息，甚至缺乏很多好的方法来解决这个问题。但我们确实需要对职位分析的投资回报进行评估。职位分析通常是一项代价高昂的工作，如果可以证明利用职位分析制订人力资源计划（如选拔、培训或职位评价）会带来高回报，则人们会更支持和依赖职位分析（我们认为这是好事）。希望在未来能看到更多关于这方面的研究。

9.6 关于职位分析准确性的说明

职位分析数据必须具有足够的信度和效度。然而，由于几乎所有的职位分析数据都依赖于人员判断，而且这种判断在许多不同的方面被证明是错误的，因此职位分析可能会受到各种不准确来源或某些人口中偏见的影响。认识到这一点，Morgeson 和 Campion（1997）通过借鉴社会和认知心理学的基础研究以及有更多应用的工业与组织心理学研究，确定了 16 个不同的潜在不准确来源。

表 9-4 显示了不准确的不同来源以及潜在的缓解策略。其中社会来源是由来自社会环境的规范压力造成的，反映了个人存在于社会环境中的事实。社会来源被细分为由社会影响过程与自我呈现过程导致的不准确。就上述过程而言，不准确的认知来源反映了"人们在处理信息时有明显的局限性"这一事实而导致的问题。认知来源被进一步细分为由信息处理中的限制和偏见导致的不准确。嵌套在这些社会和认知来源中的是 16 个心理过程，它们构成了不准确的具体来源。

表 9-4 职位分析不准确的来源和潜在的缓解策略

社会来源	潜在的缓解策略
社会影响过程 1. 合规压力 2. 肢体移位 3. 动机丧失	• 在小组讨论前后收集信息以检查社会影响过程 • 验证从多个来源（例如，任职者、主管、职位分析师）收集的数据 • 采用由同等地位成员组成的团体/委员会 • 探索一致决策规则的替代方案（例如，匿名响应、平均决策规则） • 组织会议以确保人员充分参与（例如，轮换、单独收集判断、强调个人贡献的重要性）

(续)

社会来源	潜在的缓解策略
自我呈现过程 4. 印象管理 5. 社会赞许性 6. 需求效应	• 从不同来源收集数据，这些来源的自我呈现动机可能各不相同 • 使用客观度量（如档案记录或可观察行为的计数） • 传达职位分析结果，将由其他人验证的信息 • 将注意力集中在职位上，而不是履职的人身上
认知来源	**潜在的缓解策略**
信息处理中的限制 7. 信息过载 8. 启发法 9. 分类	• 通过使用较短的问卷或将较长的问卷分成可由不同受访者完成的较小部分，减少对受访者的信息处理需求 • 确保有足够的时间完成调查问卷，并确保受访者有足够的动机认真回答 • 就与常见决策启发法相关的问题对评分员进行培训 • 使用较少的反应量表
信息处理中的偏见 10. 粗心大意 11. 无关信息 12. 信息不足 13. 顺序效应和对比效应 14. 晕轮效应 15. 宽大和严格 16. 方法效应	• 制定或安排简单且对用户友好的说明和问卷布局 • 纳入粗心响应指数 • 确保职位分析的参与者具有足够的职位知识 • 进行培训以确保所有参与者拥有相同且正确的参考标准 • 改变调查的问题顺序 • 从不同来源收集数据

Morgeson 和 Campion（1997）通过识别这些不准确的来源，提醒我们注意一些不同的方式，在这些方式中，职位分析数据可能会受到与职位内容或有效履职所需的 KSAOs 无关的因素的影响。大量研究提供的证据表明，这些过程是在职位分析环境中运作的，具体包括以下内容。

（1）Morgeson、Delaney-Klinger、Mayfield、Ferrara 和 Campion（2004）发现，与任务陈述相比，能力陈述更有可能受到自我呈现过程的影响，从而可能生成不准确的能力要求。

（2）Conte、Dean、Ringenbach、Moran 和 Landy（2005）发现，不同的工作属性（工作满意度、组织承诺和工作投入）不仅与任务评级相关，而且与具有更高自由裁量度的任务更相关。

（3）Li、Wang、Taylor、Shi 和 He（2008）发现，某些个性要求的职位分析评定与组织文化要素显著相关。

（4）Dierdorff 和 Morgeson（2009）发现，低特异性和可观察性描述符（如特质）更容易受到特殊评估者倾向的影响且信度较低。

（5）Cucina、Martin、Vasilopoulos 和 Thibodeuax（2012）在 57 个文职和技术职业的大样本中发现了所有 31 项能力中存在自利偏见的证据。

（6）Morgeson、Spitzmuller、Garza 和 Campion（2016）发现，当任职者具备与任务相关的工作经验时，职位分析数据中存在明显的认知限制。

（7）Lee-Bates 等（2017）发现了在对体力要求较高的任务的重要性评级中存在自我服务偏见的证据。

（8）最后，在元分析总结中，DuVernet、Dierdorff 和 Wilson（2015）发现，有许多不同的因素会影响职位分析数据的质量，得出的结论是"这些结果证实了许多工作分析学者（例如，Morgeson，Campion，1997；Sanchez，Levine，2000）先前提出的观点，即职位分析数据的可变性并非都源自随机误差"。

总的来说，概念和实证研究表明，在设计、实施和总结任何职位分析研究的结果时，明确考虑上述不准确的来源很重要（参见 Morgeson，Campion，1997；以及本章表 9-4 提供的有关如何减少潜在不准确的更具体的建议）。然而，重要的是要认识到，由于在职位分析中很少存在"黄金标准"或"真实分数"，故而旨在确定不准确响应的工作变得复杂（Morgeson，Campion，2000；Sanchez，Levine，2000）。学者们已经提出了许多替代方案（例如，考虑结果效度，侧重职位分析推断的效度），但对这些策略的有效性展开的研究很少。第 4 章我们简要总结了 Van Iddekinge、Putka、Raymark 和 Eidson（2005）的一项研究，该研究采用了方差成分分析来检查不同因素对职位分析评级中的误差方差的影响程度。这提供了一种估计不同不准确来源如何影响职位专家评定的方法。显然，我们需要对不准确的不同来源以及检测这种不准确的方法展开额外的研究。

本章小结

本章我们介绍了如何进行职位分析研究以及如何分析来自此类研究的数据。正如我们常说的，研究目的决定了职位分析的性质。我们首先介绍了职位分析的一些目的，并将它们与人员和职位的各种属性、描述符类型、数据收集方法和分析单元进行了匹配。接下来，我们又讨论了如何为多种应用（如职位分类、员工流动性、效率/安全/健康和人员规划）选择职位分析方法。我们考虑了进行职位分析研究的实际问题，包括与职位分析方法本身相关的问题以及与组织事项相关的问题，例如如何让管理层满意和处理项目人员配备。第一部分结尾处，我们提供了进行观察和采访以及开发和管理问卷调查的实用技巧与评论。

本章的后半部分涉及数据分析。首先介绍了基于任务清单生成的典型报告的内容。然后我们介绍了如何估计职位分析数据的信度，介绍了两种估计判断间一致性的方法：百分比一致性和组内一致性。接着引入了通过组内相关性进行的判断间信度估计。我们讨论了用于评估职位分析数据的内部一致性和时间稳定性的方法：普通相关系数、分半估计和 alpha。大家一定要注意，正如 Sanchez 和 Levine（2000）指出的那样，缺乏信度可能表明主题专家对职位的看法并非错误的，而是存在真正的差异。研究这些差异可能会产生巨大的回报。例如，高绩效者与低绩效者可能会报告不同的任务耗费时间模式。我们随后讨论了验证职位分析信息效度的技术。我们又简要介绍了相关性和回归、因子分析和聚类分析以及其他多元技术。文中还简要提到了通过考虑职位分析如何影响人力资源计划来评估其价值的想法。最后则探讨了职位分析响应中不准确或偏见的潜在来源。

第 10 章
CHAPTER 10

职位分析的未来展望

变者,法之至也!未来的世界将不同于当今世界。尽管变化是确定的,但预测变化将采取的形式,尤其是人们对变化的反应是非常不确定的。预测结果往往是错误的。本章的任务是根据我们现在看到的趋势,探讨在不远的未来会发生什么。我们希望能准确预测将要发生的事情。首先我们会介绍可能影响人们工作方式的社会、技术和商业环境变化。我们会推测将发生的工作变化,然后根据这些变化描述职位分析必须做什么才能实现其职能。我们将根据职位分析的组成部分展望未来。除了我们最关注的四个组成部分(即描述符的类型、职位分析数据的来源、数据收集方法和分析单元)之外,我们又添加了第五和第六个问题,即员工如何定义和再定义角色以及信息传播、存储和检索的方法。

10.1 不断变化的条件

10.1.1 社会变化

工作中最深刻的变化可能来自社会价值观的变化。例如,童工法和义务教育永远改变了美国工厂工人的成分。价值观影响以下几个问题:谁在工作,在哪里工作,以及何时工作。我们很难有把握地说这些变化将如何影响未来的工作。但是,某些趋势可能会产生影响。我们给出了几个这样的趋势,它们主要适用于美国。

(1)目前,劳动力正在逐渐老龄化,或者更确切地说,工人的平均年龄正在增加。1984 年,劳动力的平均年龄为 35 岁。2016 年为 42 岁,预计 2026 年平均年龄会达到 42.3 岁。婴儿潮那一辈现在基本上已经过了中年。尽管许多人都首次认真考虑了退休,但预计到 2024 年,劳动力中老年(55 岁及以上)工人所占的百分比将达到 24.8%,老年工人将成为最大的单一人口群体(Morisi,2016)。

(2)在过去的 40 年里,越来越多的女性加入劳动力队伍。1960 年,只有 36% 的女性成为劳动力。但到 2016 年，57% 的女性进入了劳动力市场。在此期间，一些职业在男性和女性的相对数量方面发生了根本性的变化。我想到的两个例子是律师和心理学家（DeWolf，2017）。

（3）我们预计未来美国劳动力的多样性将会增加，特别是西班牙裔人数预计会比其他群体增长得更快。例如，西班牙裔美国人在 2000 年约占劳动力的 12.5%，但在 2017 年占比接近 18%（美国人口普查局，2018）。

（4）年轻一代在劳动力市场中站稳脚跟。千禧一代（1981~1996 年出生的人）现在是劳动力中占比最大的一代（截至 2016 年；Fry，2018）。X 世代（1965~1980 年出生的人）和千禧一代是历史上受教育程度最高的人口群体。他们不仅带来了更强的技能，与前几代人相比，他们也有着不同的期望。

除了人口统计学的变化之外，工作在人们生活中的作用也可能发生变化。自工业革命以来，人均受教育量稳步增加，而且这种趋势似乎还将继续。增加教育的一个副作用是受过良好教育的人更渴望并期待从事他们认为有意义的工作。这些人想要的工作通常要么有助于他们自己的发展（具有挑战性的或促进自我发展的工作），要么以重要的方式（任务认同和任务重要性）为他人的福利做出贡献。例如，在瑞典，沃尔沃公司里受过高等教育的员工存在出勤问题。在沃尔沃卡尔马工厂引入自主工作组的主要原因之一是，与传统装配线相比，此类工作组受缺勤的影响较小（Karlsson，1976）。沃尔沃还希望通过组建工作小组和实施交叉培训让员工不那么无聊，更愿意来上班。

被称为 X 世代的工人群体会在工作和非工作活动之间寻求平衡。换句话说，他们想要工作之外的生活。与第二次世界大战后出生的婴儿潮一代相比，这些人对工作的重视程度可能较低。被称为千禧一代的工人群体具有很强的技术技能，但缺乏其他技能，例如倾听、沟通和团队合作。此外，千禧一代渴望的是即时满足，而不是对时间和精力的长期承诺。婴儿潮一代、X 世代和千禧一代之间的差异在设计和再设计工作以适应他们不同的观点方面可能带来了挑战性。随着职业女性的增加，双职工夫妇变得越来越常见（尤其是在年轻一代中）。因为另一半也有工作，所以员工可能不太愿意搬家，或者不太愿意为雇主做出牺牲。

这意味着什么呢？一种可能是，工作需要适应人的方面比人们适应工作的方面要多。例如，灵活的工作时间表或在家工作（通常称为"远程办公"）已经并将越来越被接受，作为允许随行配偶或兼职员工在离办公室更远的地方工作的一种方式存在。美国劳工统计局（2004）报告大约 28% 的工人有灵活的工作时间表，他们能改变开始或结束工作的时间（美国劳工部，2005b），并且大约有 15% 的员工会在家完成一些工作（美国劳工部，2005a）。

如今还有一个趋势是所谓的"零工"经济，被美国劳工统计局称为临时工和替代性就业安排（另见，Cappelli，Keller，2013；Spreitzer，Cameron，Garrett，2017），近 4% 的工人担任临时角色，近 7% 的工人是独立承包商，近 2% 是随时待命的工人，大约 1.5% 的工人在临时帮助机构或合同机构工作。有趣的是，2017 年 5 月这些比例低于 2005 年的，即上次收集大规模数据时得到的数值（美国劳工统计局，2018）。尽管有绝对数量，但人们普遍认为这种工作安排将变得越来越普遍。

还有另一种可能是，工作将变得越来越复杂，使受过良好教育的个人能在工作中经历成长和挑战。另外，不同背景员工之间社交互动的性质和质量将成为工作中更重要的问题。

10.1.2 技术变化

计算机的出现及由微芯片带来的变革确实彻底改变了许多工作。很难想象在不使用文字处理软件或基于计算机的统计软件的情况下写一本书（这本书也不例外）、撰写文章或进行统计分析。（痛苦的是，我们学会了如何手动进行统计分析。这点并不有趣，但我们很高兴那些日子已经过去了！）大多数大型机器，如喷气式飞机、汽车和联合收割机都配有计算机。许多其他设备要么包含计算机，要么依赖于它们，尤其是电话、电子邮件和互联网之类的通信设备。虽然计算机最初是为物理和数学中的数字运算问题而开发的，但它们现在有非常广泛的用途，包括天气预报，为电影、广告和网站生成图像，管理你爱车的引擎，以及接听手机、电话，接收电子邮件。

计算机在速度和功率方面不断进步的同时价格和尺寸也不断降低。现在，计算机在我们的生活和工作世界中无处不在，从大型联网计算机集群（通常被称为"服务器群"）到企业中常见的台式机和笔记本电脑，再到嵌入在众多设备中的计算机，例如移动电话和各种消费、工业设备。冰箱、洗衣机、汽车等都可以上网，这些上网功能俗称 IoT（物联网）。互联网的出现及其自 20 世纪 90 年代中期开始出现的激增（至少以当前的图形形式看）对工业和工作世界产生了巨大影响。这种发展可能会带来哪些变化？改变的种类可能取决于工作的类型。一些工作将比其他工作发生更多变化。

在制造业，曾经手工完成的工作现在通常完全由机器完成。工业机器人现在相当普遍。这种变化重新定义了人在制造业中所扮演的角色。现在由人们监督机器。人们会寻找并尝试诊断机器故障（例如，根本原因是什么？），随后再纠正问题，最后重新配置机器以更换产品。因此，工人的工作已经从组装某些东西转变为设置、监控和解决问题。结果是工人在制造业中的角色已经从主要用手工作转变为主要用头脑工作。

先进制造技术（advanced manufacturing technology，AMT）包括计算机控制的制造和流程（Wall, Jackson, 1995）。相关示例除了机器人，还有计算机控制的机床和装配机。此类机器的主要优点之一是它们通过软件而不是凸轮和计时器等硬件来对新作业进行重新配置。因此，人们调整机器的操作更有可能通过键盘或其他计算机界面完成，而不是借助扳手和螺丝刀。制造产品的机器可能非常复杂，监控此类机器的人员可能无法通过视觉、声音或触觉直接感知机械功能。相反，他们可能不得不根据控制板或计算机显示器上显示的数据来推断机器正在做什么。电厂运行一直是这样（除非产生巨大失误，不然操作员永远不会看到、听到或触碰到核反应堆的堆芯），同时许多其他产品的制造也越来越符合这样的描述。在此再次强调，相关转变是从用手工作转变为利用头脑工作。

就办公室工作而言，有些学者已经强调了现代技术对去技能化、工作控制（自主性）和健康问题的影响（Coovert, 1995；Keita, Sauter, 1992）。去技能化（deskilling）是指计算机剥离了复杂的工作让工作变得乏味和例行公事导致人类技能的丧失。一些人认为，管理层通过将工作分解成不需要思考的小块来控制工人的工作过程（Braverman, 1974）。

其他人则争辩说，相同的技术可以以不同的方式实施，是技术的实施而不是技术本身决定了工作所需的技能种类（Attewell，1992）。

Coovert（1995）以及 Wall 和 Jackson（1995）都指出，对工作的控制对于理解人们对技术的反应至关重要。一方面，如果计算机或其他技术的引入使任职者失去了控制权，则任职者通常会发现计算机的引入给自己带来了压力。另一方面，如果工作的控制权仍然在任职者手中或由于技术的引入而增加，那么新技术将受到欢迎。McInerney（1989）提出了在评估技术影响时需要考虑的一系列因素：

- 个人对他人的控制；
- 他人对个人的控制；
- 个人对工作的控制；
- 规划和信息的使用；
- 访问组织中的人员和信息。

将计算机引入办公室会带来一些健康问题。最初，工人担心自己会暴露于计算机显示器的辐射中，尽管研究表明来自显示器的辐射水平很小（Coovert，1995）。当前我们考虑的健康问题是复发性劳损和腕管综合征，这两种病症都是由重复的、距离有限地移动（例如在计算机键盘上的移动）引起的。还有一些研究人员调查了由于引入计算机引起的工作碎片化导致的非特异性躯体不适（Lindström，1991）。

一方面，我们很难准确预测人们将新技术用于哪些用途。另一方面，随着人工智能（AI）迅速进入工作场所，我们可以思考智能机器将为人们创造什么用途。在个人电脑被广泛采用之前，人们认为个人电脑的市场会很小，所需的电脑内存量将以千字节而不是兆字节或千兆字节来衡量。然而，相关学者推测了我们在不久的将来会发生什么（Cascio，Montealegre，2016；Ghislieri，Molino，Cortese，2018；Schwarzmüller，Brosi，Duman，Welpe，2018）。尽管已经提出了各种不同的框架，但我们发现 Coovert（1995）提出的计算机支持组、增强现实和普适计算的框架是组织讨论的有效方式。尽管较为陈旧，但该框架可以帮助我们了解过去的发展脉络以及可能的发展方向。

（1）计算机支持组使用计算机一起工作。在许多方面，计算机已成为一种必不可少的通信方式。例如，小组可以使用电子邮件或即时消息相互交流，使用基于 Web 的协作平台（例如 Slack、Trello）来完成工作项目，或使用能通过多个窗口实时进行视频和音频演示的工具（例如 WebEx）。在后一种情况下的体验接近于面对面的会面。这些工具的复杂程度可能会继续提高，从而达成越来越高的通信保真度。

计算机还支持数据共享，以便小组中的一名成员可以实时查看和操作另一名成员的工作。例如，许多所谓的生产力应用程序（例如 Microsoft Word）都支持一个成员编辑另一个成员的文档。员工可以标记编辑，以便原始成员可以看到每条编辑更改的记录并拒绝或接受修改。现在还有白板的电子等效物，可以接受和共享手写字符、绘图、表格和符号，用户可以使用与标记的电子设备等效的设备插入这些字符。此类设备类似于当今会议中使用的活动挂图。另一个例子是当下流行的文档管理和存储系统，例如 Dropbox 和 SharePoint，它们是灵活且强大的基于 Web 的平台，支持数据共享和协作。总的来说，由于竞争环境需要跨越地理和文化界限工作，这些工具使得技术支持的团队在当今的组织中变得更加普遍。随着技术变得更加复杂和无缝，这些"虚拟团队"可能会激增。

（2）增强现实是指通过提供附加信息来增强环境的设备，相关附件信息会被用户并入到普通现实中。增强现实（augmented reality，AR）的基本原理是利用技术来实现更好或更高的性能（Kroc，2017）。AR 的使用多种多样且令人印象深刻。以下四个示例有助于说明工作领域中的各种 AR 应用程序。

第一，汽车制造商大众汽车正在其大型工厂（例如，其占地 370 英亩①的茨维考工厂）中使用 AR 辅助导航并将其用于各种目的，包括维护、盘存和检查。AR 系统向工人提供有关如何从工人当前所在的任何地方到达工厂中的任何机器处的说明，以及覆盖特定机器所需的与任务相关的信息（Heltzel，2018）。

第二，Agco 是一家农业设备制造商，在质量保证和装配操作中部署了 AR。在这个应用程序中，智能眼镜通过使用重叠的图像和说明来投影教学和构建信息。部署 AR 技术后，检查时间减少了 30%，生产时间减少了 25%（Kroc，2017）。

第三，AcuVein 发明了一种将激光扫描和 AR 相结合的设备，以改进 IVs 的插入（技术上称为"静脉插管"）和抽血过程。此 AR 应用程序通过扫描患者的静脉，然后投影下方静脉的图像，显著提高了从业者的准确性并减少了升级呼叫（Favre，Daneti，Guin，2014）。

第四，福特汽车公司在其全球 15 家工厂中添加了所谓的 EskoVest 外骨骼（Crowe，2018）。AR 的这种运用与其他一些示例略有不同，它是通过支撑个人的手臂来增强用户的身体能力，从而减轻他们手臂在头顶运动时的压力。因此，它的主要目的是减少涉及大量高架运动的工作的伤害（有些工作每天处理超过 4 600 架高架升降机，换算后每年要处理超过 100 万架高架升降机）。试点测试表明，应用 AR 后人类工效学问题（例如过度伸展运动、手部间隙困难以及涉及难以安装部件的任务）减少了 90%。这些示例显示了 AR 在各种应用中的前景。随着技术的改进和更广泛的部署，我们预计 AR 将成为未来工作环境的标准功能。

（3）普适计算是指越来越多的计算机出现在人们工作生活的各个方面（Cascio，Montealegre，2016）。Weiser（1991，1993）预测未来办公室将使用三种不同类型的计算机（按大小区分）——这些预测已被证实。第一种也是最小的一种计算机，用于传输有关项目的信息。它可以放入口袋，因此能够随身携带。USB 闪存驱动器已经变得司空见惯，并有效地取代了软盘，部分原因是闪存驱动器具有更大的存储容量和更高的可靠性。第二种计算机更大，看起来和使用起来都像一叠纸。平板电脑的屏幕可以像一叠纸一样使用，代表了属于上述类别的创新。此类别中还包括各种智能手机，这些智能手机可用于多种用途，包括日程安排、浏览互联网和回复电子邮件。这些设备已成为现代生活中存在的一个事实，并且极难摒弃。第三种也是最大的一种计算机，看起来像一个窗户或大电视。这些设备安装在墙壁或桌面上，它们可以接收来自多个来源的信息，包括笔、手指、手势、语音命令，甚至是操作员的思维过程（也许将来会发生这种情况）。随着计算机变得无处不在，我们已经习惯性地忽视它们，部分原因是计算机为人熟知、易于使

---

① 1 英亩 = 4 046.86 平方米。——译者注

用以及我们与它们交互的自然方式。

毫无疑问，你对 3D 打印机很熟悉，它被用于制造、建筑、医学以及越来越多的消费应用中。同样，无人机已经侵入了我们的工作空间，并用于天气预报、产品交付和军事参与等方面。另一个大规模的变化是从化石燃料转向更环保的替代品（例如风电场和太阳能电池板）。随着能源产业向环境友好型能源的转变，这些行业的工人将大量失业，相关职位的性质也将发生变化。为了推动这一趋势，O*NET 确立了所谓的"绿色经济领域"（www.onetonline.org/find/green）。它提供了各种绿色经济领域（例如回收和减少废物）和属于每个领域的相关绿色职业（例如回收协调员）的清单。

在银行和金融领域，我们预计网络货币将成为更重要的货币交易工具，因此预测该行业将更加依赖技术。由于存在入侵敏感计算机系统、大规模盗窃和间谍窃取技术的可能性，因此所有这些变化都将导致对网络安全工作的日益重视。技术快速进步和变化的结果是，关于员工的压力以及如何应对压力的问题会变得更加重要。无线通信技术的出现创造了一个"永远在线"的工作环境，人们即使在非工作时间也越来越难以离开工作。这为平衡工作和非工作生活带来了明确的挑战。此外，人机界面和系统特性将越来越多地主导工作的组织方式，两者提供了人或机器是否将完成某些任务的答案。机器和机器人取代人类工人无疑将是 21 世纪世界上各社会群体面临的最重大的挑战之一。我们为此提供的一个解决方案是，为被取代而没有机会成为劳动力的失业人员提供基本收入。

10.1.3　商业环境变化

我们预计许多组织的运作方式会发生一些相互关联的变化。这些变化的理论基础可以在有关组织设计的文献中找到（Huber，1990；Mintzberg，1979）。其基本思想是，最有效的组织形式将取决于组织的环境、战略或技术。打个比方，皮毛厚的哺乳动物在寒冷的气候中会更容易存活。一些理论家认为，如果商业环境简单而稳定，那么官僚制的组织形式是最有效的。此外，复杂的环境需要将权力分散，而动态环境需要更少的书面规则和规定，以便更灵活和快速响应（Wexley，Yukl，1984）。相关学者对技术也提出了类似的论点（Cascio, Montealegre, 2016；Davis，1995）。技术可以减少或消除组织障碍和边界限制。

组织采用了全面质量管理（total quality management，TQM）运动、准时制（just-in-time，JIT）库存控制和精益制造的原则（Parker，2003；Wall，Jackson，1995）。全面质量管理将客户服务和质量控制推到组织价值列表的首位。全面质量管理运动提倡在整个生产过程中从头到尾采取措施，以确保客户获得最高质量的产品和服务，对整个系统的关注是这一运动的一个组成部分。准时制专注于清除大量囤积的库存，以便在生产过程的下一步需要时生产货件。精益制造寻求将最大数量的任务和责任转移给能够增加价值并能够快速确定所遇到问题的根本原因的工人。这通常需要将高技能工人组织成小团队。全面质量管理、准时制和精益制造同先进制造技术（本章前面介绍过）一道，提供了所谓的"集成制造"的核心（Dean，Snell，1991）。先进制造技术、全面质量管理、准时制和精益制造共同帮助组织快速响应客户需求的变化，生产高质量的产品，并降低生产成本（Wall，Jackson，1995）。

创造更多、更好、更便宜的产品的压力之所以越来越大，部分原因是经济全球化、市场放松管制以及消除了传统竞争障碍的信息技术的引入（Friedman，2005；Harvey，Novicevic，2002）。在过去的 30 年中，随着新兴经济体成为成熟参与者的新竞争对手，全球竞争急剧增加（Dobbs，Koller，Ramaswamy，2015；Porter，Rivkin，2012）。在 20 世纪 60 年代，只有大约 7% 的美国经济受到全球竞争的影响。到了 80 年代，这个数字已经增加到大约 70%，并且预计还会进一步增加（Gwynne，1992），而我们敢说这种情况已经发生了。全球化已经创造了一个新的竞争格局，这一格局将持续存在，这一点似乎很明显。有些人甚至认为这代表了革命性的（与进化相反的）变化（Ireland，Hitt，1999）。在新的竞争环境中，许多组织都在奋力竞争。

Cascio（1995）列出了其他几个对我们未来的工作方式有影响的趋势。尽管这些趋势已有 20 多年的历史，但我们仍然发现它们与当今的工作环境相关。这些趋势包括以下内容。

（1）小型公司。大公司虽然有资源，可以实现规模经济，但适应速度较慢。另外，Kraut 和 Korman（1999）指出兼并和收购的增加创造了越来越大的公司，其文化和工作流程必须整合。近期我们也看到了大型并购，比如威瑞森收购雅虎，美国电话电报公司收购时代华纳，亚马逊收购全食等。

（2）通过相互调整或网络而不是正式的等级制度进行协调。这种结构在复杂的环境中很有帮助。

（3）技术人员取代机器操作员成为员工精英。我们可能会补充说，用人工智能构建的机器人最终可能会取代技术人员成为员工精英。

（4）薪酬与技能而非职位挂钩。随着人们以团队而不是个人任职的方式工作，为人们提供更多知识的薪酬体系将激励工人扩展技能。

（5）从制造产品到提供服务的转变。

（6）从作为一组固定任务的职位转移到作为一组灵活的行为的职位，这些行为随着需求的变化而变化。

Sanchez（1994）以及 Sanchez 和 Levine（1999）还确定了许多对职位分析有影响的商业新兴趋势。其中一些与 Cascio（1995）确定的因素有关。确定的问题包括以下方面。

（1）从简化和预先确定的职位职责到扩大和跨职能的职责。

（2）劳资对立的关系要少一些，以减少劳动和管理之间的区别（正如我们在自我管理的工作团队中看到的，团队成员之间共享领导力）。

（3）具有固定知识、技能、能力和其他特征（KSAOs）的静态工作与具备动态 KSAOs 的流体工作。

（4）对全球竞争和自由贸易而言，竞争少，市场份额大。

（5）独立的工作站及最少的工人接触团队和自我管理团队。

（6）从因职选人到为团队选人。

（7）绩效评价的分层方法，围绕多个组成部分进行绩效评价。

请注意，Sanchez（1994）和 Cascio（1995）都发现了全球竞争的加剧、工作任务分配的灵活性增加以及等级制度的减少，他们还发现这些变化使工人直接而不是通过正式途径互相联系。

还有学者提到了"无边界"组织（Davis，1995；Mohrman，Cohen，1995）。传统组织拥有组织结构图，在组织结构图中职位用方框表示，这些方框与指示谁为谁工作的线条相连。Mohrman 和 Cohen（1995）将未来的组织描述为当人们"跳出方框"时会发生的事情。员工不是每天都做同样的事情，而是通过实现组织目标需要做的事情来应对变化。为了迅速做出反应，员工必须有权做出决定和采取行动，而不是首先要获得上级管理层的许可。Cascio（1995）描述了工作组织从任务导向到流程导向的转变。流程是具有高度任务同一性的工作单元；也就是说，它涉及一种或多种输入的完全转化，并为内部或外部顾客创造价值输出。

在极端条件下，这样的组织将是一个有趣的工作场所。例如，"新组织将依靠自我激励。管理人员必须创造激励环境，逐日监督是不可能的。评估将基于结果，这点可能属于团队或业务单元的现象"（Church，1996）。Davis（1995）对远程工作者或其他与管理人员保持距离的人提出了类似的观点，即评估这些人可能需要根据目标的实现情况而不是依据工作流程。

正如我们之前提到的，工作内容很可能会影响我们将观察到的变化类型。例如，食品准备工作不适合远程办公。人们无法将胡萝卜或土豆削皮，然后将它们上传到网络以便在餐厅下载。需要身体接触的工作（例如手术）也受到类似的限制，但在未来，外科医生可能能够远端操作与患者连接的仪器。随着 AR 的发展，这种可能性变得更大。或者考虑一下警察和消防员的职位。尽管这些职位无疑会受到不断变化的技术的影响，但这些职位的大部分内容是不变的。

在管理方面，看看对速度和灵活性的需求如何与对规划、深思熟虑的协调和绩效管理的需求进行平衡将会很有趣。尽管可以雇用人员，将他们指向一个目标，根据目标的实现情况支付报酬，然后在没有监督的情况下让他们放松，但这可能并不总是最有效的行动方案。例如，我们可以聘请职业运动员，让他们征战足球场，然后告诉他们，如果他们赢得足球比赛将获得很多钱。然而，这不太可能是一种制胜策略，因为他们没有被选中担任特定的职位，例如守门员和前锋，以及没有教练机制，计划、协调、反馈等都留给运动员来完成。虽然人们会自发地形成组织系统，但这种组织不太可能比精心设计的组织更有效率。

换句话说，自治工作组仍然必须执行其传统对应物——等级工作组的所有管理职能。当工作过程被很好地理解并且工作本身提供有关目标实现的反馈时，自治工作组最适合执行管理职能（Neck，Stewart，Manz，1996）。因此，当工作流程没有被很好地理解或工作本身没有提供太多关于目标实现的反馈时，拥有一个正式的经理会越来越有用。事实上，Morgeson（2005）发现当团队遇到新奇且具备破坏性的事件时，正式的领导者最能发挥作用。随着组织或项目组的扩大，通过相互调整进行协调变得越来越困难。随着工作的开展，我们越来越依赖多团队系统（团队必须与其他团队协调），我们需要跨边界者（boundary spanner），需要由他们负责协调和整合团队（Shuffler，Carter，2018）。

一方面，未来的一些职位将比现在的更灵活，受特定任务的限制也会更少。一些职位将具备低程度（或可能根本没有）的直接监督，并且将根据结果而不是过程进行评估。

另一方面，我们非常确定人们仍然会以工作为生，无论他们的工作是否被称为"职位"。而有些人未来的工作在很大程度上将是为了组织他人的工作（即管理）。

10.2 对职位和工作／职位分析的影响

我们预计，至少对于某些工作而言，职位将变得灵活并包含模糊或动态的界限。一些学者批评了职位分析，因为他们将职位分析视为条文主义的且致力于增加而不是减少界限的方法（Drucker, 1988；Olian, Rynes, 1991；Young, 1992）。有人回应说，罪魁祸首不是职位分析本身，而是职位分析所服务的某些目的，例如有限的职位描述（Sanchez, Levine, 1999）。此外，有人建议用工作分析这一术语取代职位分析（Sanchez, 1994；Sanchez, Levine, 1999, 2012）。还有人使用术语工作剖面（work profiling）作为职位分析的替代。正如我们在本书开头所言，我们将工作分析视为比职位分析更笼统的术语，职位分析即工作分析方法的子集。而我们通过继续使用职位分析这一名称来向传统致敬。

社会、商业环境和技术的变化会给职位分析或工作分析（如果你喜欢这么叫的话）带来什么？毫无疑问，提供确保未来人力资源计划成功所需的各种信息将面临新的挑战。但是，由于技术的变化，生产、分析和更新信息也将出现新的可能性。

我们考虑了工作分析在描述符或数据类型、职位分析数据的来源、数据收集方法和分析单元方面的可能发展。我们还讨论了员工赋权如何为他们提供更多的自由裁量权以确定他们在组织中的角色这一过程的来龙去脉作为补充议题。目前，这种现象被称为工作塑造。我们将通过介绍数据分发、存储和检索的方法来结束本章。

10.2.1 描述符

描述符是我们在职位分析期间检查的职位特征。一般来说，我们会关心人的属性和工作本身的描述。每种类型都有许多更具体和准确的实例，例如握力和使用钳子。我们必须添加哪些描述符来捕捉越来越灵活、复杂、团队导向并融入新技术的职位的本质？对工作模式和职位本身的这些变化的一种潜在有效的响应是胜任力模型的出现。尽管我们预计胜任力在未来的使用频率将继续扩大，但这种方法已在第5章中详细描述，故而这里不再进一步讨论。

1. 灵活性

职位在员工和管理层、专业领域和组织职能之间的界限会变小。员工的任务会经常变化，职位分析可以通过多种方式应对此类变化。一种方法是简单地定义更具包容性的职位，这样一个人的职位就是其在给定时间段内可能做的所有事情。例如，目前有一系列职位，员工可以轮岗以减少无聊感。《职位分析手册》（美国劳工部，1972）建议将所有此类职位视为包含所有组成部分中的任务的单一职位。这种方法确实不需要从职位分析中获得新的东西，它也许只是一种更具包容性的哲学。

但是如果假设任务不仅变化迅速，而且变化的方式也无法预见。在这种情况下，几乎不可能根据任务创建有意义的职位描述。当然，人们可以管理的任务的变化量是有限的。木工大师不会在短时间内成为吹玻璃大师，反之亦然。类似的意见也适用于心理学家和物理学家。但是请回到前提——如果我们不能提前说任务是什么，我们该如何进行职位分析？

有一个解决办法是基于工作所需的广泛特征而不是特定任务所需的更狭窄特征进行分析（Cunningham，1996）。广泛的特征可能侧重于与任务无关的重要属性，例如尽责性。在极端情况下，我们只知道在工作中需要完成什么，而对如何完成工作一无所知，除了列举普遍需要的工作和工人的品质外，职位分析几乎没有什么可做的。假设一个人的工作是确保特定人群从塔拉哈西市到达图森市。从职位分析的角度来看，一个人是否通过担任旅行社代理人或公交车司机来实现这一目标很重要。但是，考虑一个不太极端的情况，即使我们没有掌握所有细节，我们也对如何完成工作有一些想法。例如，我们有医疗（主要是护理）团队，根据团队成员的不同，任务分配会发生变化。在这种情况下，我们仍然可以继续推进工作。

2. 人际关系

传统的职位分析通常无法捕捉人际关系的质量。Sanchez 和 Levine（1999）介绍了一个例子，其中制药厂绩效的主要决定因素是工厂运营商和质量审核员之间的关系。这种关系的质量通常不能在任务列表中很好地体现出来。人际关系对于团队合作、服务行业工作以及与来自不同背景和文化的人一起工作很重要。该领域的一个新问题集中于情绪在工作中的作用（Spector，2012）。其中一个关键因素即所谓的情绪劳动，它与客户服务和领导与下属的关系密切相关。有两组通用的描述符在分析人际关系要求时可能会发挥作用，即个性特征和人际交往能力。个性特征，例如宜人性、对他人需求的敏感性以及与他人合作的偏好，都属于可能有用的特征示例。一种可以被视为人格特质和认知能力的交叉属性（取决于如何衡量），旨在预测人们处理工作中情绪方面的能力被称为情绪智力（Ployhart, et al.，2006；Spector，2012）。尽管对情绪智力及其测量的有用性尚无定论，但 Spector（2012）引用了几项研究，这些研究表明情绪智力的测量与工作绩效之间存在正相关关系。另一个研究起始点是探究以多种形式与他人打交道的能力。职能型职位分析法（FJA）能提供人员职能的层次结构。例如，职位可能需要以下的某一项或全部：服务、接受指示、交换信息、转移、教导、说服、获取信息、治疗、传授、咨询、监督、谈判、指导和领导。此类描述符可以构成技能要求的基础。此外，O*NET 有几个描述符领域，涉及工作的人际关系方面，包括社交技能（例如，社会感知力、协调性、说服力）和广义工作活动（例如，与上级、同事或下属沟通）。尽管描述符不直接反映人际关系的质量，但它们可以构成评分量表或其他方法的基础，以判断职位在人际关系方面的要求。

（1）团队。团队的特征是它们由多个成员组成，这些成员具有不同的角色，并为重要的工作成果分担共同责任。例如，坦克组里通常会有一名成员负责驾驶，一名成员负责射击，以及一名成员决定要做什么。他们都想消灭敌人活下来，他们共同为这些目标服务。虽然其他人在工作中的重要性是显而易见的，但团队使人际关系的重要性走到了首位。由于团队成员开展工作时相互依赖，因此任何成员之间的人际关系困难都可能给整个团队带来问题。正如我们在第 5 章中所讨论的，团队的职位分析可能会关注团队成员之间的依赖关系，甚至关注他们对彼此角色的理解，这被称为"共享心智模型"（Mathieu, Heffner, Goodwin, Salas, Cannon-Bowers, 2000；Rasker, Post, Schraagen, 2000）。我们在后面几页中详细介绍了角色（我打赌你等不及要看了）。

（2）客户服务。良好的客户服务还取决于人际关系的高质量。这样的品质很难在任务列表中体现出来。Grönroos（1982）描述了服务的职能质量，它涉及向客户提供服务的方式。在这里，我们可能会对服务导向等特征或得体且有策略地提问的技能感兴趣。Hogan 和 Busch（1984）发现，在一个卫生保健工作者样本中，护理人员的情绪稳定性与对患者的服务质量有关。

（3）文化。随着全球竞争的加剧，公司在世界许多地方都设有分部。管理者经常被外派到国外工作。在美国，团队的广泛出现意味着人们将越来越多地被要求与来自不同背景和文化的人一起工作。在这种情况下，与外表、价值观和习俗看起来完全不同的人打交道可能会有挑战性。一个关键的例子是国际空间站，来自不同国家的宇航员必须在这里合作。当美国宇航局将不同国家的宇航员送上火星时，这种融合将变得更加紧迫。

考虑到越来越多的人被分配到自己国家以外的国家工作，这些人可能需要具备一组略有不同的 KSAOs 才能与当地人和谐相处。社交和感知技能以及诸如灵活性和对新经验的开放性等特征似乎与选拔能和不同背景的人交流的员工有关。在被外派到国外的情况下，关于当地习俗的常识可能与职位要求描述符相关。外派管理者可以利用这些知识来调整他们的行为以适应当地的文化规范。

例如，外国文化中的管理者需要了解当地对权力距离的要求（Sanchez, Levine, 1999）。在组织内部，权力距离涉及管理者与其下属之间保持的适当的社会距离。有些地方，上级员工可以和下级员工交流；有些地方则不行。与此一致的是，Shin、Morgeson 和 Campion（2007）发现，权力距离高的国家的外派人员往往更频繁地执行行政活动以及监控和控制资源。此外，Shin 等（2007）发现，有强有力的证据表明，在集体主义文化中工作的外派人员更关注与关系发展相关的行为，因为这些文化倾向于强调人际关系的重要性（相对于个人主义文化来说）。

3. 角色

另一种可能有用的方法是检查职位的角色要求（Jackson, Schuler, 1990；Morgeson, Dierdorff, 2011；Morgeson, Humphrey, 2008）。Morgeson 和 Dierdorff（2011）甚至建议将工作分析定义为对工作角色要求和工作角色制定的更广泛背景的系统调查。对角色的关注更具综合性，提供了一种更灵活的语言来讨论工作，并承认角色持有者（即人际领域）之间的联系以及角色在更广泛的工作环境中的嵌入性。角色是一种预期的行为模式，专注于群体中的特定岗位（McCormick, Ilgen, 1985）。与规范类似，角色也表示在特定情况下鼓励和阻止的行为类型。这种角色的一个例子是 Mintzberg（1973）提出的管理角色。Mintzberg 介绍了三种通用类型的角色。对于每个通用类型，他都进一步描述了该类型中的三个特定角色。我们在此处简要介绍每个角色。

第一，人际角色。这些角色涉及管理者和其他工作人员之间的关系。三个具体角色如下。

（1）挂名首脑。此角色指管理者可以成为公司的代表。公司总裁可能会带外宾参观工厂；一线主管可能会参加下属的婚礼；中层管理人员可能会与一群 MBA 学生交谈。

（2）领导者。领导者的角色是人们在日常管理中我们通常认为的管理者具备的角色。在此我们谈论的是分配任务、确定培训需求等，但也可能涉及"愿景"。

（3）联络者。这个角色指管理者会联系其垂直指挥链之外的人。此处我们谈论的是单元之间与工作相关的活动。管理人员与同级相处的时间可能和他与上级和下属相处的时间一样多（Mintzberg，1973）。

第二，信息角色。管理者是组织的神经中枢。他们必须能够收集和传播信息。三个具体角色如下。

（1）监听者。此角色涉及扫描环境以获取输入信息。

（2）传播者。此角色涉及与下属共享信息。

（3）发言人。此角色涉及与工作单元以外的人员共享信息。

第三，决策角色。一旦管理者掌握了信息，其通常必须对信息进行处理。三个具体角色如下。

（1）企业家。这个角色涉及扫描环境以寻找新机会并开发新项目、想法或产品以使工作组受益。

（2）混乱驾驭者。这个角色涉及处理来自员工和更广泛环境的问题，例如罢工的威胁或主要客户的破产。

（3）资源分配者。这个角色涉及决定谁获得什么资源。公平地做到这一点通常是一项艰巨的任务。

虽然这些角色并没有直接描述人际关系的质量，但它们显然和与其他人打交道有关。因此，它们提供了另一种组织工作分析的方式。

第四，团队角色。Mumford、Campion 和 Morgeson（2006）描述了与团队中个人行为相关的 10 个独特角色，将此类角色分为任务、社会和跨界角色三类，包括以下内容。

任务角色

（1）承包商。承包商组织其他团队成员任务导向的行为。通过建议任务分配、截止日期、任务排序以及跟进和激励成员实现团队目标，组织和协调与任务相关的团队成员的行动。总结团队的任务完成情况，并确保团队会议时间有效地集中在任务问题上。

（2）创造者。创造者改变或赋予团队任务流程和策略新结构。为团队目标和任务方法或完成任务的策略提供新的、创新的或引人注目的愿景。此类行为可能涉及对团队目标的"重构"、实现目标的手段、着眼大局以及为任务问题提供创造性的解决方案。

（3）贡献者。贡献者为团队贡献关键信息或专业知识。这包括在处理团队成员专业知识领域时表现出自信并在团队内分享关键知识，还可能涉及自我推销以向团队传达其资历。阐明团队成员的能力、资源和责任，并培训个别团队成员以及整个团队。

（4）完成者。完成者执行团队内个人导向的任务。可能涉及"做功课"以便为团队会议做准备，自愿承担个人责任以完成团队内的某些任务，协助团队成员完成他们的任务，或履行团队内做出的承诺。

（5）批判者。批判者不随群体的"大流"，批判性地评估和审查小组的想法或决定。质疑团队的目的、行动或团队内提出的想法，哪怕正式的领导者支持该想法。该角色坚持评估"最坏情况",并用于识别团队的缺陷或正在做出的假设。愿意向团队提供负面信息。

社会角色

(6)合作者。合作者遵从其他团队成员、整个团队的期望、分配和影响。这应该是一个积极主动的角色,它会围绕决策进行批判性调查。但一旦团队做出决定,这个角色就会支持它,让团队继续前进。这个角色涉及承认其他团队成员的专业水平并支持他们的发展方向。

(7)沟通者。沟通者创造一个有利于合作的社会环境,包括关注团队成员的感受、倾听他人的意见、有效沟通或用幽默缓解紧张情况。这个角色不像校准者那样处理直接的"影响尝试"。

(8)校准者。校准者观察群体的社会过程,使群体意识到这些过程,并建议改变这些过程,使它们符合职能性社会规范。创建群体过程事项(不是任务问题)的新群体规范。这可能包括发起对团体内权力斗争或紧张局势的讨论、解决团队成员之间的争端、总结团体感受、征求反馈等。

跨界角色

(9)领事。领事在团队外部开展互动,以便从组织内的相关方收集信息和资源。这涉及以有利的方式展示团队以及团队的目标和利益,影响成员对团队成功可能性的看法,以及从组织的其他地方获取所需的资源。

(10)协调员。协调员主要在团队环境之外进行互动,其职能是与三方成员互动并协调团队与其他各方的努力,包括征求对团队绩效的及时反馈。

你可能已经注意到,虽然是关注团队,但 Mumford 等(2006)用特定的行为术语定义了角色,就像一般的工作活动所做的一样。因此,该团队角色分类法与任务领域具有自然联系,可能有助于将描述符与角色行为的质量相联系。

4. 职位设计特点

Campion(1994)建议将职位设计的各个方面纳入未来的职位分析技术。Campion 的多方法职位设计问卷(MJDQ)在关于混合法的第 4 章中有详细描述。我们在这里提醒你,Campion 的描述由四种思想流派组成:动机、机械、生物和知觉/运动。来自各个流派的描述符示例包括自主性、重复性、身体耐力和工作场所照明。Campion(1994)表示使用这些特征作为职位分析的一部分可以通过确定以下几个方面带来好处:选拔标准,可用于选拔的差异,职位变化的影响,或者创造新的就业机会。

职位设计还可用于提高系统信度。例如,一种名为方差分析(Davis,Wacker,1988)的技术可用于识别制造过程中所需状态与实际状态之间的差异,然后设计工作过程中的更改,以便快速检测、纠正或防止这种差异。类似的逻辑也适用于项目团队。通过分析有问题的职位,项目团队可以更好地了解项目期间可能出现的问题,从而能够更好地预防它们,或者至少在其发生时应对它们。

5. 联系

传统的职位分析通常会生成任务、员工特质或两者兼而有之的列表。在任务方面,职位是一个像金字塔一样的结构,其中职责位于顶部。这些职责由任务组成,而任务又由底部的元素组成。在员工特质方面，有几种类型的"可以做"和"将做"的属性。除了时间研究和动作研究分析之外，任务之间的联系通常是被忽略的。我们希望未来能看到显示任务和员工特质之间联系的方法的进一步发展。

（1）心理表征。随着基于知识的工作越来越多地取代基于身体的工作，工作本身变得越来越难以观察。例如，生成假设并不是一项容易观察的任务。学者们已经开发了一类名为认知任务分析的技术来更好地理解心理活动（我们最初在第 3 章中对此进行了描述）。更具体地说，认知任务分析试图了解人们在工作时具备的心理表征以及他们如何使用这些表征来实现他们的工作目标。举一个简单的例子，假设一名比萨送货员上车去送餐时汽车无法启动。司机了解汽车是什么，了解的内容可用于生成关于汽车无法启动的假设（这种表征被称为模式）。这种表征在诊断和解决问题时很有用。在我们的示例中，结果可能是，当汽车熄火时变速器处于驱动状态而不是停车状态。再举一个例子，司机可能在脑海里绘有一个城市地图，这点对于在最短的时间内将比萨从餐厅送到顾客手中非常有帮助。

认知任务分析的一种常见形式需要主题专家（通常是任职者）提供有关工作中各种对象或想法的相关性的信息。职位分析师会使用此信息来表示整个对象集之间的关系，从而出现任务结构。这种结构被认为代表了所讨论的任职者的模式。例如，Prince（1999）让飞行员根据飞行问题的相似性将其分类。然后，她运用一种名为多维尺度分析的技术绘制了一张地图，显示问题在距离方面的相似性，以便使相似的问题彼此靠近，而不同的问题彼此远离。通过查看这样的地图，她可以识别出问题的特征，从而根据飞行员区分它们。就飞行员的飞行问题而言，重要的属性就是产生解决方案的时间压力以及是否需要其他人参与解决问题等。

认知任务分析不仅涵盖任务，还包括概念及其相互关系。因此，概念关系由任务、概念或动作彼此之间的接近性来描述。换句话说，认知任务分析提供了关于什么与什么相关的定量数据。这种方法被称为概念绘图（更多航空业示例，请参见 Seamster，Redding，Kaempf，1997）。

认知任务分析可以为测试提供内容，可以作为人员选拔中测试有效性的证据来源，也可以为培训计划提供培训内容。

（2）流程图和时间表。流程图不仅呈现了任务之间的关系，还可以提供有关系统状态和决策点的信息。此类流程图有时也被称为过程图，过程图展示了如何完成工作以实现特定目标（Galloway，1994）。我们在介绍团队职位分析（第 5 章）时提供了流程图和时间表的示例。

在小组或团队层面考虑职位设计可以带来巨大的好处。Cascio（1995）叙述了贝尔大西洋公司的一项干预措施，其成立了一个"案例团队"来安装高速数字服务链路。案例团队由在安装的所有阶段都需要的成员组成。这些团队成员来自不同的地点和不同的部门。引入团队后的常规安装时间从 30 天下降到 3 天。Wellins、Byham 和 Dixon（1994）也介绍了开普科勒尔医院的类似情况。他们检查了患者护理所涉及的过程，考虑了一个团队要完成的整套任务，并将任务捆绑在一起，以创造新的职位和多技能的护理人员团队。

6. 新量表

职位分析中经常使用的评分量表包括对职位的重要性、学习难度、期望求职者在未经培训的情况下完成任务是否合理等。当组织努力专注于它们的核心能力，即它们独特的竞争优势时，它们也倾向于摆脱（外包）边缘运营。例如，一家公司可能会聘请外部公司来维护其计算机或招聘员工。一些公司尝试在它们的装配厂中设置供应商员工工作站。以任务影响核心职能的程度为目标的量表或以外包任务的可行性为中心的量表，可能在未来的职位分析中发挥作用（Sanchez, Levine, 1999）。同样，如果你以外包某些职能为目标重新设计工作，则确定哪些任务或方面是特定职位的核心可能会很有用（Morgeson, Campion, 2002）。可以重新设计工作，仅保留对职位或组织的使命至关重要的那些任务。其他分析可能侧重于整个工作对组织战略使命的重要程度（Huselid, Beatty, Becker, 2005）。那些非核心的职位可以外包。最后，当客户服务是组织的主要目标时，可以使用评估任务对客户服务结果影响的量表。这种量表通过将任务与组织的核心价值观联系起来，帮助显示职位分析的价值，这是我们在胜任力描述中提到的一个问题。有无数研究机会可以开发和评估可能应用的许多新量表的构念效度。

10.2.2 职位分析数据的来源

传统职位分析最常用的数据来源是任职者。特别是对于任务清单，任职者（职位拥有者）通常会提供几乎所有在项目中收集的信息。其他常用的职位分析数据来源是职位分析师和任职者的主管。较少需要其他类别的主题专家。我们估计未来任职者仍将是最常用的职位分析数据来源（Sanchez, Levine, 1999；O*NET 也是如此）。原因是任职者最了解工作，他们通常处于提供有关职位的高质量信息的最佳位置。当越来越多的职位涉及知识工作时尤其如此，在这些职位中所做的大部分工作是无法直接观察到的（因为它涉及心理过程）或涉及员工在地理上分布的实质工作安排。然而，我们预估职位分析数据的其他来源在未来也可能变得越来越重要。其中一个来源可能是人工智能或其他"大数据"应用程序，例如机器学习。对于使用计算机工作的个人，有关任职者如何分配其时间以及这种分配的目的的数据已经通过访问程序和历史文档包含在计算机中。目前，机器对数据的理解（任职者在做什么以及为什么）非常有限。但我们预计这种情况会有所改变（例如，通过文本和网络分析；Chen, Chiang, Storey, 2012）。同样地，人们携带的各种监控设备（例如手机）仅向计算机提供有限的信息。但你可能从个人经验中了解到，即使你的智能手机向互联网传达的关于你的有限信息，也已证明对营销公司非常有用。例如，如果你的手机 GPS 检测到你在医院，你可能会收到出庭律师的广告或当地药房的广告。在数据收集方法下，我们还有一些要展开说的内容。

1. 客户

随着服务对经济重要性的提高，员工与客户之间的关系变得越来越重要。客户可以提供有关如何设计职位的宝贵意见，还可以提供工作绩效的标准或衡量标准。客户焦点小组可用于为职位分析提供输入。例如，我们就参与了这样一个项目，在该项目中，由社区团体为警员职位分析提供信息。除了使用客户意见外，零售商还可以使用"神秘顾客"来收集有关客户服务质量的信息。神秘顾客受雇于公司并假装自己是一名顾客。为神秘顾客提供服务的员工不知道顾客也是一名员工。神秘顾客通常接受过培训，可以对他们接受的服务进行系统观察。神秘顾客也是服务业职位分析的良好数据来源。

外部和内部客户都可以提供合法的信息来源（Bernardin，1992）。内部客户是公司内部的人，他们的工作是接受其他职位的输出作为自己职位的输入。例如，在汽车经销商中，维修部门的员工（修理汽车的机械师）是零件部门员工（储备汽车零部件的员工）的客户。通过查看整个工作过程，我们可以组成一个员工小组，共同完成从一个或多个输入到有用输出的转换。该工作组可能会也可能不会被正式认可为一个团队。但是，这样的小组往往可以通过讨论员工彼此遇到的问题来改进工作。Sanchez 和 Levine（1999）介绍了在一家高科技电子公司开展的一个项目：该公司集结了来自多个地区和地点的员工组成专家组，专家组能够评估当前工作流程中的缺陷并推荐解决方案。

2. 专家

任职者并不总是对自己职位的最佳判断者。例如，体力劳动者是最不可能抱怨他们的工作很累的人，也许是因为他们预想到会很累。同样，Sanchez 和 Levine（1999）报告了一项对邮轮发动机工人的研究，他们报告说这些工人不会受到巨大噪声的影响。然而，职位分析师发现，任职者所在的机房确实非常嘈杂。

培训师或教育专家可能比任职者更能准确地判断学习难度（Sanchez, Levine, 1999）。这可能是因为他们教会人们应对不同的任务，因此知道是什么给人们带来了麻烦。例如，具有心理学背景的专家可能会最好地评估对压力的容忍度（Jones, et al., 2001）。毫无疑问，在其他情况下，专家对职位特征的判断比任职者更好。

除了特殊的专业知识外，还可以组建专家组，因为与完成任务清单或其他结构化问卷的大样本受访者相比，专家组可以快速且相对低成本地提供信息。相关学者已经研究了与此类专家组有关的几个问题。第一个主要问题是这些专家组是否提供了相当于更大样本受访者的信息。迄今为止，研究表明来自专家组的数据可能与来自较大样本的数据相似（Ash, Levine, Higbee, Sistrunk, 1982）。然而，使用专家组进行职位分析得出的结果是否等同于使用更大样本的受访者进行职位分析产生的结果还有待观察。第二个问题涉及专家组组成引起的群体动态。换句话说，人口统计学变量会影响专家组得出的结果吗？Levine 和 Sanchez（1998）研究了群体变量（例如年龄、群体规模、性别和种族多样性）及其对应用于任务和 KSAOs 的量表的影响。他们发现组级变量对数据质量的一致性或其他指标没有影响。两组结果都令人鼓舞，但显然，有必要对专家组的使用和组成开展进一步研究。

3. 计算机

计算机在物理科学中经常用于研究条件变化的可能影响。例如，随着平均温度的升高，有一些气候变化模型可以预测世界各地的天气模式。还有一个例子是现在我们已经掌握了足量的人类生理和生物数据来对座椅舒适度、噪声感知等进行模拟判断。尽管人类对任务和工作环境的反应比感觉和感知的判断更复杂，但用人员模型（即模拟的人）来测试工作变化，探究可能的结果可能用不了多久（Coovert, Craiger, Cannon-Bowers, 1995）。比如 Polito 和 Pritsker（1988）就介绍了两种不同的计算机模拟系统，用于分析人类操作员的表现。因此，我们预计计算机模型将成为职位分析数据的额外来源。

10.2.3 数据收集方法

最常用的传统数据收集方法包括观察工作、对个人和团体的访谈以及发放问卷。不太常用的方法包括日记、基于设备（例如，机械记录设备）的方法和已完成工作的记录。正如我们在职位分析数据来源中发现的那样，今天常用的方法将在未来继续为人所用。然而，在职位分析的四个组成部分中，我们预计数据收集方法受技术变化的影响最大。

1. 计算机网络

互联网（或其组织内对等物——内联网）等网络的广泛使用可能会对数据收集产生普遍影响。任务清单或其他调查通常借助纸笔调查进行，现在则通过网络开展（就像纸笔测试已经让位于点击式测试一样），这对需要使用电脑的职位来说尤为如此。由于调查受访者时将信息直接输入计算机，因此消除了打印和邮寄表格方面的文书工作（至少对雇主而言），同时省去了处理完成调查所需的烦琐且容易出错的键盘数据输入业务。然而，互联网管理有其自身的问题。这些问题包括调查的视觉呈现（在台式电脑、笔记本电脑、平板电脑和智能手机等不同平台上看起来会有所不同）、确保受访者的匿名性、过度调查受访者以至于他们直白地忽略调查（想象一下）、确保数据的完整性（因为会存在非法的受访者和对响应数据库的黑客攻击）等。

现在有一个悬而未决的问题，即基于网络的调查是否会产生与纸笔调查相同的结果。相关领域（员工对工作满意度的态度）的一些研究检验了纸笔调查和基于网络的测量方法的可比性（Donovan, Drasgow, Probst, 2000）。Donovan 等发现这两种不同方法的反应相似，问卷类型不会影响调查结果。此外，Levine、Yang、Xu 和 Lopez-Rivas（2006）在两项独立的研究中发现，互联网调查的回复率远低于纸笔调查的。这些结果的总体趋势并不十分清楚，而且尚不清楚在以前的研究中发现的结果的等价性是否会推广到职位分析背景，部分原因是岗位分析问卷比简短的态度问题更长、更复杂。正因为如此，计算机化管理对数据质量的影响是一个需要研究的重要问题。

网络还将改变专家组会议的方式。专家组将越来越多地在由网络连接的计算机创建的虚拟空间中见面，而不是面对面会谈。这样的会议对参与者来说会越来越自然。通过网络从遥远的地方召集专家组比前往会议地点成本要低得多。

基于计算机的职位信息搜索可能会变得更加普遍。IBM 的 Watson 和类似系统可能需要提供有关特定职位或职业的已知信息并能够过滤大量信息以响应我们的查询。

2. 电子绩效监控

未来，计算机将越来越频繁在收集数据时发挥作用。例如，卡车租赁公司会安装计算机来跟踪卡车的速度、空闲时间和物理位置。在工作需要使用计算机的情况下，计算机本身可以跟踪每个按键和鼠标移动以及当前时间。这种能力使得计算机能对工作绩效进行极其详细的分析。我们也可以将相机连接到计算机网络，并采样和传输当前计算机操作员的照片。使用当前的技术，计算机可以收集和存储大量有关员工绩效的信息。计算机开始明白它们要记录什么。例如，计算机可以每 60 秒拍摄一张使用键盘工作的人的照片，并将信息存储在文件中。然后创建算法来解释图片或视频，这点并不难。计算机现在可以监控一些城市的公共场所，可以识别已知的罪犯并提醒警察注意他们的存在。只需稍加编程，计算机就可以判断一个人是否正在写信、编写代码、制定预算，甚至是（容我们说一下）从互联网下载一些与职位无关的内容。随着计算机在识别人们的行为方面变得越来越精密，电子绩效监控的可能性将呈指数级增长。未来职位分析的一个关键问题是，当使用电子绩效监控可以为我们提供更可靠和更有效的数据时，我们是否应该依赖人类对诸如任务执行频率或任务花费时间等因素的估计（Sanchez, Levine, 2001）。

当然，电子绩效监控会带来道德问题。例如，如今公司监控客户服务电话以知晓客户信用卡查询、水费账单问题或有线电视服务订单的情况司空见惯。但是，客户会被告知他们可能会被监控，并且在某些情况下，客户可以拒绝被监控。大多数人不想在工作中被录像或录音。员工认为这种监控具有侵犯性，如果他们在不知情的情况下被隐藏的摄像头监控，他们会非常生气。

3. 预测

当核心职位尚不存在时，管理者无法观察、采访或质疑任职者。在这种情况下，人们必须对这份职位做出最好的预测。确定职位内容的一种方法是请主题专家组确定和评价当前与未来的任务（Arvey, Salas, Gialluca, 1992；Sanchez, Fraser, 1994；Schneider, Konz, 1989）。尽管这种方法是系统的，但我们对其信度和偏差或结果效度知之甚少。评分者必须推断未来的职位会是什么样子，然后根据以某种方式构建的心理表征进行评分。

另一种可用于预测职位及其需求的方法是模拟。一种类型的模拟是假设场景。该场景向专家提供有关人口、社会、经济、政治和技术趋势等方面的信息。例如，随着技术的进步，空中交通管制正在发生变化。许多原先在控制塔中完成的操作（主要是通过向窗外看）现在转而在无窗的房间通过查看计算机屏幕来完成。一些喷气式飞机被设计成从驾驶舱不能直接看到外面的形制——在着陆期间，飞行员只能通过视频监视器看到跑道。专家的假设场景可能涉及让飞行员想象他们正在新的、无窗的环境中工作。飞行员可能会被问到新职位的不同之处以及它如何改变与他人的沟通和信息处理（Sanchez, Levine, 1999）。

有趣的是，我们从一位同事那里听说，职位分析可能不仅着眼于未来，还着眼于过去（与 Jone Papinchock 的私下交流，2005）。法庭案件或平等就业机会委员会（EEOC）调查促进了追溯方法的应用。对潜在的歧视性选拔计划或同工同酬问题的指控可能包括声称没有进行职位分析，或者在制订选拔计划、薪酬计划时可能以不专业的方式进行了分析。这就要求人们回顾并重新创设当时的职位。当然，需要仔细研究这些回顾性内容的信度和效度。

10.2.4 分析单元

时间与动作研究使用基本动作作为分析的主要单元。基本动作仍然很重要，但现在它们经常用于机器人的职位分析（Nof, 1988）。职位的工程方法哲学体现在"一种最佳方式"的概念中。如今的趋势是从处理事物转向处理数据。职位变得越来越灵活，分析的单元似乎更广泛。如前所述，使用"任务集"（Cascio，1995；Morgeson，Campion，2002）可以在任务和职位层级之间给出有用的分析级别。

正如我们之前提到的，我们可能期望更多地使用适用于多个职位的更广泛的员工特征。大五人格模型（还记得它的缩写 OCEAN 吗？）和胜任力等人格特质可能会变得更加常见。但是，专注于工作任务仍然存在压力。首先，如果不考虑任务，基于广泛员工特征的系统可能难以通过法律审查（EEOC，1978；Varca，Pattison，1993）。其次，不参考任务很难理解工作本身的性质，所以职位分析信息对于某些应用的价值有限。例如，如果一个职位以岗位分析问卷概要文件的形式报告，则该信息可用于预测薪水，但对职位设计没有太大帮助。最后，如果没有（或有有限的）任务信息，那些负责定义和列出组织能力的人可能不会比一个访问图书的业务部门的人做得更好（Sanchez，Levine，1999）。

概念的连通性是较新的分析单元之一，它主要用于表示员工拥有的职位知识。我们需要研究以了解如何分析连通性数据，以便数据可用于选拔、培训、职位设计或其他人力资源计划。例如，连通性数据对于评估专业知识非常有用，因此可以用作培训认证、培训评估或工作绩效标准的一部分。或者，也可能某些联系模式与更好或更差的职位设计有关。

10.2.5 角色定义和再定义

在任何职位分析工作中，在担任相同职位的员工之间都会观察到一定程度的可变性。这种职位内的可变性传统上被视为要消除的测量误差，其中多个职位任职者的反应只是被简单地平均。在许多情况下，这种可变性无疑只是测量误差或偏差的来源（见第 9 章；另见 Cranny，Doherty，1988）。然而，我们有理由相信，其中一些可变性反映了员工及其所任职位之间真实而有意义的差异。

角色理论早就认识到，从事相同职位的个人将执行不同的任务，并以略有不同的方式扮演他们的角色（Biddle，1979；Katz，Kahn，1978）。这表明员工正在积极地"创造"或"塑造"他们的职位以适应他们自己的需要和能力（Sanchez，Levine，2012；Staw，Boettger，1990；Wrzesniewski，Dutton，2001）。因此，员工之间的差异以及他们执行工作的方式有潜在意义，特别是当组织依赖于超出正式职位要求的自发行为时（Sanchez，Levine，2001）。因此，专注于对任职者进行平均的策略可能会掩盖这些有潜在意义的差异。

调查研究了员工扩展工作角色的情况。Hofmann、Morgeson 和 Gerras（2003）发现，员工与其主管的关系质量和角色外行为的表现有关。Morgeson、Delaney-Klinger 和 Hemingway（2005）发现工作自主性、认知能力和职位相关技能与额外工作任务的绩效呈正相关，而额外工作任务的绩效又与对工作绩效的更高评价相关。这些发现表明，职位分析研究不应总是将职称内的差异视为要消除的错误。相反，应将此类差异视为具有潜在意义的事项，并应努力预测差异。这样做将提高职位分析数据的效度。如今出现了一些关于为什么会出现差异的理论，包括员工不适合其角色的反应（Follmer，Talbot，

Kristof-Brown，Astrove，Billsberry，2018）以及根据自身需求员工喜欢做什么或想要避免什么（Bruning，Campion，2018）。我们仍需要进行额外的研究，以确定可能导致不同角色定义和再定义的因素范围。

10.2.6 传播、存储和检索

当职位分析项目完成后，项目发起人和其他人需要被告知发现了什么（有关项目发起人的讨论，请参见第9章）。至少，出于法律原因，职位分析数据会派上用场，因此如果需要，必须存储和检索信息。然而，职位分析数据也可能在许多其他方面有用。如果信息能够以可以与其他信息链接的方式存储，则它会具有更大的使用潜力。例如，O*NET提供了一种通过使用标准职业分类将与职位相关的人类能力与劳动力市场和工资调查联系起来的方法。下面将介绍职位分析项目传播、存储和检索的重要方面。

1. 正式报告的书面副本

传统职位分析的直接产物一直是书面报告。该报告包含对职位分析过程（做了什么）的描述和对职位分析产品的描述。产品可能是诸如职位描述、任务列表或能力列表和相关重要性评级之类的内容。未来相关人士会继续编写此类报告，因为它们对于正式记录职位分析过程非常重要。无论从人员配备、职位评价、培训还是任何其他方面来看，职位分析报告都建立了从研究职位到人力资源实践的书面记录。这样的职位分析报告是打官司时的主要武器。

2. 在线存储

随着计算机数据库和互联网等现代技术的出现，人们得以存储职位分析数据，以便将它们用于多种用途。商用存取提供者以云存储作为大量数据的一种存储方式。以O*NET为例，它是一个职位信息数据库，可以针对不同目的以多种方式访问。通过开发这样的数据库，人们有可能发现职位分析数据的用途，而这些用途是原始数据收集者没有想到的。书面文件的计算机存储还允许用户查找相对晦涩的文件并搜索文件而无须完整地阅读它们。目前有几种不同的系统可用于搜索，从按用户提供的关键字排序到扫描整个文本的搜索引擎等。

3. 主要接收者

无论职位分析信息是报告还是数据库，都一定会被提供给项目发起人。除了项目发起人之外，职位分析信息可能会也可能不会广泛传播。商业机构可能不希望其他企业知道它们的发现。在某些情况下，职位分析信息可能最终会在科学或贸易期刊上发表。在这种情况下，报告的接收者将是更广泛的受众。

4. 定期审查

正如我们多次提到的，我们预计未来职位变动的步伐会加快。如果已经有了一个系统的过程开展和记录职位分析，那么也应该有系统的方法在某个有意义的时期后审查职位分析数据。如果不审查数据，则会带来数据过时和不准确的风险。如果将数据保存在O*NET等数据库中，则相关人士可能会有更大的动力来保持数据的质量和相关性。

本章小结

我们通过描述可能影响未来的工作并因此可能对职位分析产生影响的三类变化（社会变化、技术变化和商业环境变化）开启了本章。社会价值观的变化可能会产生一些最为深远的影响。然而，这种变化是最难预测的。我们确定并讨论了一些可能影响未来工作的社会趋势，包括劳动力老龄化、多样化以及对替代性就业安排的日益关注。关于技术的变化，我们预计计算机会越来越普及，因为它们不断朝着更大的内存、更快的速度和更强的可负担性发展。短期内，计算机将提供大量有关员工和工作流程的信息。再往后发展，依靠人工智能的计算机和机器人可能会分析甚至指导工作流程。最后，我们讨论了更广泛的商业环境的变化。不同的学者介绍了商业环境中可能发生的许多变化。通常提到的变化因素包括全球竞争加剧、工作任务分配的灵活性增加以及等级制度的减少。一方面，这种变化将使未来的组织能够快速适应商业环境的变化。另一方面，这样的变化可能会导致工作协调出现问题，而且往往会降低工作效率。

然后，我们转向职位分析的组成部分，以检查预期变化的可能影响，尤其是那些由业务和技术因素引起的影响。我们预计描述符会有一些变化。首先，我们希望看到更多广泛的人类属性，例如个性特征和胜任力得到广泛使用。其次，我们希望见证更多对人际关系的关注，无论是从客户服务的角度还是从团队合作的角度。例如，绩效中的情感因素逐渐成为新问题，任职者在客户服务中所需的情感劳动证明了这一点。相关过程可能适用的描述符包括个性特征和角色。我们提到了两组不同的角色：Mintzberg（1973；人际、信息和决策）和 Mumford 等人的角色（2006；与任务、社交和跨界活动相关的团队角色）。再次，我们介绍了联系。如工作流程图所示，这些联系可能代表在追求任务完成过程中的手段－目的关系。联系也可以说明顺序和同时性要求，如在时间流程图中一样。它还可以代表模式中概念的接近程度，这点和概念图一样。最后，我们提到了可能用于收集信息以决定是由组织内部还是外部人员来完成任务或评估工作活动对客户服务的影响的新量表。

随后我们从描述符转向职位分析数据的来源。任职者可能仍然是职位分析数据的最重要来源，因为任职者通常最了解职位。但是，我们预计会越来越频繁地看到其他来源的职位分析数据。例如，我们希望看到更多来自内部和外部客户的意见，包括神秘顾客。尽管任职者通常最了解这份工作，但情况并非总是如此。专家组可能更适合特定类型的判断，例如压力、噪声或学习困难。最后，我们提到了将计算机作为职位分析信息的来源。目前已经有一些程序可以模拟机器操作员的情况。随着此类程序变得越来越复杂，我们将有可能在实际更改之前了解大量有关职位调整的知识。我们需要研究计算机对职位分析数据质量的影响。

接着我们转向数据收集方法。我们讨论了三个主要问题：计算机网络、电子绩效监控和预测。我们在该部分传递的基本信息是技术将影响我们收集数据的方式。我们希望看到从纸笔问卷管理转向通过计算机网络的管理，特别是对于通常要使用计算机的职位。因为问卷调查对象会将数据输入计算机，所以发放调查问卷的人省去了大量的文书工作。我们预计专家组会越来越频繁地通过计算机网络会面而不是面对面会谈。电子绩效监控使用计算机和外围设备来监控员工与工作流程。电子绩效监控涉及道德问题。随着计算机越来越擅长分析此类数据，它们在某种意义上可能会取代主管。基于计算机搜索有关职位和工作流程的信息将变得更加普遍，IBM 的 Watson 等系统可以收集和解析大量信息与数据。预测会预估未来的职位是什么样的，专家组可提供此类数据。

下一个议题是分析单元。我们预计更广泛的分析单元将变得更加流行。但是，当我们想向组织外的人保证职位分析的准确性或当任务信息对手头的目的（例如职位设计）有用时，任务信息仍然有用。我们还希望看到连通数据分析方法的发展。例如，流程图和时间表都很有用，但没有严格的方法来分析它们或确定它们在某些方面是否最佳。类似地，认知任务分析提供了表示连通数据（概念图）的方法，但几乎没有人试图将这种表示与人力资源计划的开发联系起来。

再然后我们讨论了角色定义和再定义的问题。职位分析中的传统方法一直假设工作和职位内的可变性是要消除的测量误差。但有人认为，这种差异可能是有意义的，并且可以根据其他因素进行预测，例如工作自主性、认知能力和职位相关技能，以及员工对其职位的不适应感，或者职位调整是否能够更好地满足任职者的需要。它代表了一个有很大潜力进行额外职位分析研究的领域。

最后，我们提到了职位分析信息的传播、存储和检索。尽管我们可能会保留传统的职位分析报告，但在职位分析信息的存储和检索方面取得的令人振奋的发展可能会使相关信息得以更广泛地获得和应用。

最后一点

Sanchez 和 Levine（1999）曾发问职位分析是否"已死，被误解，或两者兼而有之"。他们得出的结论是，对职位分析的反对实际上是对某些职位分析产品的反对，例如狭义的职位描述。我们认为，只要人们必须组织起来完成工作，就需要了解工作需要什么。因为职位分析是理解工作要求的过程，所以每当人们组建组织来完成工作时，就需要开展某种形式的职位分析。读完本章我们应该清楚，虽然我们需要某种形式的职位分析，但未来的描述符、数据来源、数据收集方法和分析单元都会发生变化。我们也相信职位分析在未来会变得更有趣，同时也希望你有机会能出一份力。

术语表

能力要求量表（ability requirements scales，ARS）是基于人类能力的分类，涵盖认知、感知或知觉、体能和精神运动领域。这些能力都与一项或多项心理测试相关。ARS用于评估或判断职位对每种通用能力的要求程度。

负面影响（adverse impact）用于描述测试或招聘过程导致受保护类别（如种族、性别）的申请人遭受不成比例的失败率或拒绝率的情况，另见《员工选拔程序统一指南》（1978）。

AET（Arbeitswissenschaftliches Erhebungsverfahren zur Tätigkeitsanalysis，译为"人类工效学任务分析数据收集程序"）是一种职位分析方法。这是从人类工效学的角度来看的，AET试图在最大限度地提高绩效质量和数量的同时，最大限度地减少人的压力。

《就业年龄歧视法案》（Age Discrimination in Employment Act，ADEA，1967）和后来的扩展内容或修正案禁止因年龄产生就业歧视，该法案保护40岁及以上的人士。

《美国残疾人法案》（Americans with Disabilities Act，ADA，1990）及其修正案（2008）禁止雇主歧视符合条件的残疾人或有残疾史的人，以及因假定的残疾如毁容而被视为残疾的人。

行为锚定等级评价法（behaviorally anchored rating scales，BARS）用于绩效评价，它通过提供行为描述（"锚点"）帮助人们理解评分量表中分数的含义，这同时也为评估者提供了帮助。

行为观察评价法（behavioral observation scales，BOS）使用行为陈述来说明职位绩效类别的含义。评估者根据行为出现频率而不是整个类别对每个项目做出反应，正如在行为锚定等级评价法中所做的那样。

职位分析方法的组成部分（building blocks of job analysis methods）包括描述符、职位分析的数据来源、数据收集方法和分析单元。详细信息请参阅第1章。

《民权法案》（Civil Rights Act，1964）及其修正案（1972，1991）禁止雇主因种族、肤色、性别、宗教或国籍歧视员工。

认知任务分析（cognitive task analysis）是一组技术，专注于理解成功完成任务所涉及的心理过程。

组合职位分析法（combination job analysis method，C-JAM）提供两种信息：在工作中要完成什么以及如何完成；完成工作所需的人员属性。这些信息对于与人力资源管理相关的法律、准法律和其他目的至关重要。

胜任力模型（competency models）将特定的业务战略与实施该战略所需的人员属

性联系起来。例如，如果一个组织要追求专注于创新的商业战略，则该组织会希望雇用、培养和奖励有创造力的人。

综合职业数据分析程序（comprehensive occupational data analysis program，CODAP）最初是由美国空军开发的计算机化系统，用于收集和分析任务清单数据。

关键事件（critical incidents）是表现出色或表现不佳的特定实例，其中指定了上下文、员工行为和员工对结果的责任程度。

关键事件技术（critical incident technique，CIT）是一种职位分析方法，它通过忽略平常或普通的工作行为来帮助限制职位分析信息。它要求职位专家回忆在工作中表现非常好或非常差的具体事件。

描述符（descriptors）是在职位分析期间考察的职位的单元或组成部分。

《职业名称词典》（Dictionary of Occupational Titles，DOT）由美国劳工部开发，旨在创建一套通用的职位描述，使不同机构和地理位置的人能够有效地就职位进行交流。它上次更新是在1991年。

《同工同酬法案》（Equal Pay Act，1963）要求雇主为任同一职位的男女支付相同的工资，即同工同酬。

行政令（executive orders）是由美国总统制定，用于为联邦政府、与联邦政府做生意的人制定规则和规定。

强制选择法（forced-choice scales）是一种经常用于绩效评估的评定量表格式，旨在控制评分者的宽大处理行为，这些量表使评分者难以判断评分的好坏程度。

职能型职位分析法（functional job analysis，FJA）是一种职位分析方法，它基于以下任务和前提，即无论员工做什么，他们所做的都与工作的三个方面之一有关：数据、人员或事物。

广义工作活动（generalized work activity，GWA）是一种任务和行为描述，它是在广泛的层面上编写的，因此可以适用于多种职业。这些描述是职业信息网络（O*NET）的一部分，该网络取代了《职业名称词典》。

图尺度评价法（graphic rating scales）用于绩效评价。该方法通常要求管理者对员工工作绩效的各个方面（通常是通用的）进行定量评级，例如工作质量或工作量。

J系数（J-coefficient），又称职位要素法中的职位系数，是一种效度系数评估。该评估基于专家判断而不是正式的效度研究标准。

职位分类（job classification）是将一个或多个职位归进一组或一群类似职位的过程。

职位构成清单（job components inventory，JCI）是一份问卷，其中列出了220项与工具和设备相关的项目，以及其他对职业有用的信息。

职位描述（job description）是对工作的简短书面描述，旨在传达职位的本质。它通常包含标识符、摘要以及职责和任务。职位描述是职位分析最常见的人力资源应用。

职位设计（job design）是将任务或工作单元捆绑到一个名为职位的集合中的过程。它旨在满足三种组织需求：生产系统需求、社会组织需求和员工个人需求。

职位要素法（job element method，JEM）是一种职位分析方法，侧重于开展工作所需的知识、技能、能力和其他特征，以及它们对选拔或培训等用途的重要性。

职位评价（job evaluation）是确定职位对雇主的价值的过程。

职位再设计（job redesign）是重新配置或分配任务以用新职位替换旧职位的过程。

知识、技能、能力和其他特征（knowledge, skills, abilities, and other characteristics, KSAOs）是执行工作所需的人类属性。它们的定义和使用因作者而异（请参阅有关职位要素法、C-JAM和法律方面的部分）。

机器、工具、设备和辅助工具（machines、tools、equipment、and work aids、MTEWA）是员工用来实现工作目标的有形物体。

管理岗位描述问卷（management position description questionnaire, MPDQ）是一种职位分析方法，它使用对问卷中标准项目的定量回答。MPDQ旨在使用管理者对其职位的自我报告。

材料、产品、主题和服务（materials, products, subject matter, and services, MPSMS）是职位的工作输出或直接目标。

多方法职位设计问卷（multimethod job design questionnaire, MJDQ）是一种基于四种不同的职位设计方法来分析职位的混合方法。这些方法是动机性的、机械性的、生物性的和知觉/运动性的。四种方法通常会在利益上进行权衡。

绩效多阶段分析（multiphase analysis of performance, MAP）**系统**是一种涵盖团队使命和职能，团队成员任务和团队成员执行任务所需的知识、能力和其他特征（KSAOs）的职位分析方法。MAP还传达了这样一种想法，即该方法从更全面的团队形象发展到更集中的团队整体及其成员单独采取的具体行动。

职业信息网络（occupational information network, O*NET）是一个围绕六组描述符组织的在线职业数据库，描述符充当的是内容模型。信息可以在一般或特定级别访问，并可用于许多人力资源应用程序。可以通过互联网（www.onetcenter.org）访问这些数据。

职业强化模式（occupational reinforcer pattern, ORP）是一种员工导向的职位分析方法。ORP特质与工作中的人类需求相关联，可用于职业指导目的。

绩效评价（performance appraisal）是对已经工作了一段时间的个人（和团队）的工作绩效进行评估的正式过程。

岗位分析问卷（position analysis questionnaire, PAQ）是一份包含描述所有职位基本性质的通用元素的问卷。PAQ还指出，社会环境对职位绩效也有影响。问卷结果会通过职位维度进行汇总，可用于人员选拔和职位评价。

专业标准（professional standards）是由开展或评价职位分析的组织提供的职位分析指南，包括《人员选拔程序的检验和使用原则》（由工业与组织心理协会出版），以及《教育和心理测试标准》（由美国教育研究协会、美国心理协会和国家教育测量委员会出版）。

《康复法案》（Rehabilitation Act, 1973）是《美国残疾人法案》的基础。法律禁止因残疾进行就业歧视。

角色（role）是一种预期的行为模式，专注于群体中的特定岗位。

主题专家（subject matter experts, SME）是指被认为对自己所在职位或其非常熟悉的职位有深入了解的任职者、主管或专家。

任务清单（task inventory）是为胜任一项或多项职位而执行的所有工作活动的清单；我们通常将每个活动称为一项任务。任务清单会以调查的形式呈现给任职者和主管。一般来说，这些项目是根据用于指示任务重要性的量表（例如，花费的时间）来评分的。调查响应为职位分析提供了数据。

任务清单/综合职业数据分析程序（task inventory/comprehensive occupational data analysis program，TI/CODAP）——见综合职业数据分析程序。

临界特质分析系统（threshold traits analysis system，TTAS）是一种职位分析方法，它基于来自工作活动综合数据库的 33 个特征的标准集。

时间与动作研究（time-and-motion study）是一种主要源自工业工程学而不是工业心理学的职位分析方法。它的描述符通常是非常小的工作元素，例如手臂和手指的移动时间或它们之间的关系。

培训（training）是一种结构化和系统化的过程，员工会通过该过程，学习他们需要知道、思考或做什么才能在工作中取得成功。

《员工选拔程序统一指南》(Uniform Guidelines on Employee Selection Procedures，1978）就以不同方式确保雇用测试合法性向雇主提供指导。该指南描述了在发生负面影响时对职位分析和验证的要求。《指南》于 1978 年由包括平等就业机会委员会在内的联邦合规机构联合发布。

工作设计问卷（work design questionnaire，WDQ）是一种基于任务、知识、社会和工作环境领域分析工作的方法。它是对工作和工作执行环境的综合衡量。

员工流动性（worker mobility）涉及员工如何进入和贯穿整个组织，包括晋升、降级和调往不同地区带来的流动。组织可以提供职业阶梯和职位格以促进员工流动。职业阶梯和职位格中的职位可以用他们需要的经验，训练，以及知识、技能、能力和其他特征（KSAOs）来描述。

人员规划（workforce planning）涉及培养具备资质的员工和对各类员工需求的估计。相关人员会制订行动计划以确保供需尽可能匹配。

工作绩效调查系统（work performance survey system，WPSS）是一种计算机化的任务清单方法，它直接源自综合职业数据分析程序（CODAP，由美国空军研发）。

参考文献

Aamodt, M. G. (2016). *Industrial/organizational psychology: An applied approach* (8th ed.). Boston, MA: Cengage Learning.

Adams, J. S. (1965). Inequity in social exchange. In L. Berkowitz (Ed.), *Advances in experimental social psychology* (Vol. 2, pp. 267-299). New York, NY: Academic Press.

Aguinis, H., Mazurkiewicz, M. D., & Heggestad, E. D. (2009). Using web-based frame-of-reference training to decrease biases in personality-based job analysis: An experimental field study. *Personnel Psychology, 62*, 405-438.

Albemarle Paper Co. v. Moody. (1975). *Fair Employment Practices, 10*, 1181.

Alterman, T., Grosch, J., Chen, X., Chrislip, D., Petersen, M., Krieg, E., . . . Muntaner, C. (2008). Examining associations between job characteristics and health: Linking data from the Occupational Information Network (O*NET) to two U.S. national health surveys. *Journal of Occupational and Environmental Medicine, 50*, 1401-1413.

Amason, A. C. (1996). Distinguishing the effects of functional and dysfunctional conflict on strategic decision making: Resolving a paradox for top management teams. *Academy of Management Journal, 39*, 123-148.

Amason, A. C., Thompson, K. R., Hochwarter, W. A., & Harrison, A. W. (1995). Conflict: An important dimension in successful management teams. *Organizational Dynamics, 24*, 20-35.

American Educational Research Association, American Psychological Association, and the National Council on Measurement in Education. (2014). *Standards for educational and psychological testing*. Washington, DC: Author.

Amrine, H. T., Ritchey, J. A., & Hulley, O. S. (1957). *Manufacturing organization and management*. Englewood Cliffs, NJ: Prentice-Hall.

Anonymous. (1955, June). How to be efficient, with fewer violins. *Harper's Magazine, 210*(6), 31.

Arneson, S. T. (1987). The worker characteristics inventory: A methodology for assessing personality during job analysis. (Unpublished doctoral dissertation). University of Tulsa, Oklahoma.

Arthur, W., Jr., Glaze, R. M., Bhupatkar, A., Villado, A. J., Bennett, W., Jr., & Rowe, L. J. (2012). Team task analysis: Differentiating between tasks using team relatedness and team workflow as metrics of team task interdependence. *Human Factors, 54*, 277-295.

Arvey, R. D., & Faley, R. H. (1988). *Fairness in selecting employees* (2nd ed.). New York, NY: Addison-Wesley.

Arvey, R. D., Salas, E., & Gialluca, K. A. (1992). Using task inventories to forecast skills and abilities. *Human Performance, 5*, 171-190.

Ash, R. A. (1988). Job analysis in the world of work. In S. Gael (Ed.), *The job analysis handbook for business, industry, and government* (Vol. I, pp. 3–13). New York, NY: Wiley.

Ash, R. A., & Levine, E. L. (1980). A framework for evaluating job analysis methods. *Personnel, 57,* 59.

Ash, R. A., Levine, E. L., Higbee, R. H., & Sistrunk, F. (1982, March). *Comparison of task ratings from subject matter experts vs. job incumbents.* Paper presented at the annual meeting of the Southeastern Psychological Association, New Orleans.

Ash, R. A., Levine, E. L., & Sistrunk, F. (1983). The role of jobs and job-based methods in personnel and human resources management. In K. M. Rowland & G. R. Ferris (Eds.), *Research in personnel and human resources management* (Vol. I, pp. 45–84). Greenwich, CT: JAI Press.

Åstrand, P.-O., & Rodahl, K. (1977). *Textbook of work physiology: Physiological bases of exercise* (2nd ed.). New York, NY: McGraw-Hill.

Attewell, P. (1992). Skill and occupational changes in U.S. manufacturing. In P. S. Adler (Ed.), *Technology and the future of work* (pp. 46–88). New York, NY: Oxford University Press.

Bailey, K. D. (1994). *Typologies and taxonomies: An introduction to classification techniques.* Thousand Oaks, CA: SAGE.

Banks, M. H. (1988). Job components inventory. In S. Gael (Ed.), *The job analysis handbook for business, industry, and government* (Vol. II, pp. 960–974). New York, NY: Wiley.

Banks, M. H., & Miller, R. L. (1984). Reliability and convergent validity of the Job Components Inventory. *Journal of Occupational Psychology, 57,* 181–184.

Barnes, A. J., & Zimmerman, F. J. (2013). Associations of occupational attributes and excessive drinking. *Social Science & Medicine, 92,* 35–42.

Barrett, G. V., & Depinet, R. L. (1991). A reconsideration of testing for competence rather than for intelligence. *American Psychologist, 46,* 1012–1024.

Barrick, M. R., & Mount, M. K. (1991). The Big Five personality dimensions and job performance: A meta-analysis. *Personnel Psychology, 44,* 1–26.

Bartram, D. (2005). The great eight competencies: A criterion-centric approach to validation. *Journal of Applied Psychology, 90,* 1185–1203.

Bartram, D., Robertson, I. T., & Callinan, M. (2002). Introduction: A framework for examining organizational effectiveness. In I. T. Robertson, M. Callinan, & D. Bartram (Eds.), *Organizational effectiveness: The role of psychology* (pp. 1–10). Chichester, United Kingdom: Wiley.

Bernardin, H. J. (1992). An "analytic" framework for customer-based performance content development and appraisal. *Human Resource Management Review, 2,* 81–102.

Bernardin, H. J., & Beatty, R. W. (1984). *Performance appraisal: Assessing human behavior at work.* Boston, MA: Kent.

Bhatnagar, M. (2018). Career guidance in India based on O*NET and cultural variables. *International Journal for Educational Vocational Guidance, 18*, 81–99.

Biddle, B. J. (1979). *Role theory: Expectations, identities, and behaviors*. New York, NY: Academic Press.

Borg, I., & Groenen, P. (1996). *Modern multidimensional scaling: Theory and applications*. New York, NY: Springer.

Borgen, F. H. (1988). Occupational reinforcer patterns. In S. Gael (Ed.), *The job analysis handbook for business, industry, and government* (Vol. II, pp. 902–916). New York, NY: Wiley.

Borman, W. C., & Brush, D. H. (1993). More progress toward a taxonomy of managerial performance requirements. *Human Performance, 6*, 1–21.

Borman, W. C., Dorsey, D., & Ackerman, L. (1992). Time-spent responses as time allocation strategies: Relations with sales performance in a stockbroker sample. *Personnel Psychology, 45*, 763–777.

Borman, W. C., & Vallon, W. R. (1974). A view of what can happen when behavioral expectation scales are developed in one setting and used in another. *Journal of Applied Psychology, 59*, 197–201.

Bownas, D. A., & Bernardin, H. J. (1988). Critical incident technique. In S. Gael (Ed.), *The job analysis handbook for business, industry, and government* (Vol. II, pp. 1120–1137). New York, NY: Wiley.

Boyatzis, R. E. (1982). *The competent manager: A model for effective performance*. New York, NY: Wiley.

Brannick, M. T., Brannick, J. P., & Levine, E. L. (1992). Job analysis, personnel selection, and the ADA. *Human Resource Management Review, 2*, 171–182.

Brannick, M. T., Salas, E., & Prince, C. (Eds.). (1997). *Team performance assessment and measurement: Theory, methods, and applications*. Mahwah, NJ: Erlbaum.

Braverman, H. (1974). *Labor and monopoly capital: The degradation of work in the twentieth century*. New York, NY: Monthly Review Press.

Bruning, P. F., & Campion, M. A. (2018). A role-resource approach-avoidance model of job crafting: A multimethod integration and extension of job crafting theory. *Academy of Management Journal, 61*, 499–522.

Bureau of Labor Statistics. (2018). *Contingent and alternative employment arrangements—May 2017*. Washington, DC: Author.

Buster, M. A., Roth, P. L., & Bobko, P. (2005). A process for content validation of education and experienced-based minimum qualifications: An approach resulting in federal court approval. *Personnel Psychology, 58*, 771–799.

Butler, S. K., & Harvey, R. J. (1988). A comparison of holistic versus decomposed rating of Position Analysis Questionnaire work dimensions. *Personnel Psychology, 41*, 761–771.

Cain, P. S., & Green, B. F. (1983). Reliabilities of selected ratings available from the *Dictionary of Occupational Titles*. *Journal of Applied Psychology, 68,* 155–165.

Caldwell, D. F., & O'Reilly, C. A., III. (1982). Task perceptions and job satisfaction: A question of causality. *Journal of Applied Psychology, 67,* 361–369.

Campion, M. A. (1988). Interdisciplinary approaches to job design: A constructive replication with extensions. *Journal of Applied Psychology, 73,* 467–481.

Campion, M. A. (1989). Ability requirement implications of job design: An interdisciplinary perspective. *Personnel Psychology, 42,* 1–24.

Campion, M. A. (1994). Job analysis for the future. In M. G. Rumsey, C. B. Walker, & J. H. Harris (Eds.), *Personnel selection and classification* (pp. 1–12). Hillsdale, NJ: Erlbaum.

Campion, M. A., & Berger, C. J. (1990). Conceptual integration and empirical test of job design and compensation relationships. *Personnel Psychology, 43,* 525–553.

Campion, M. A., Fink, A. A., Ruggeberg, B. J., Carr, L., Phillips, G. M., & Odman, R. B. (2011). Doing competencies well: Best practices in competency modeling. *Personnel Psychology, 64,* 225–262.

Campion, M. A., & McClelland, C. L. (1991). Interdisciplinary examination of the costs and benefits of enlarged jobs: A job design quasi-experiment. *Journal of Applied Psychology, 76,* 186–198.

Campion, M. A., & McClelland, C. L. (1993). Follow-up and extension of the interdisciplinary costs and benefits of enlarged jobs. *Journal of Applied Psychology, 78,* 339–351.

Campion, M. A., Medsker, G. J., & Higgs, A. C. (1993). Relations between work group characteristics and effectiveness: Implications for designing effective work groups. *Personnel Psychology, 46,* 823–850.

Campion, M. A., Mumford, T. V., Morgeson, F. P., & Nahrgang, J. D. (2005). Work redesign: Eight obstacles and opportunities. *Human Resource Management, 44,* 367–390.

Campion, M. A., Papper, E. M., & Medsker, G. J. (1996). Relations between work team characteristics and effectiveness: A replication and extension. *Personnel Psychology, 49,* 429–452.

Campion, M. A., & Thayer, P. W. (1985). Development and field evaluation of an interdisciplinary measure of job design. *Journal of Applied Psychology, 70,* 29–43.

Cappelli, P., & Keller, J. R. (2013). Classifying work in the new economy. *Academy of Management Review, 38,* 575–596.

Cascio, W. F. (1995). Whither industrial and organizational psychology in a changing world of work? *American Psychologist, 50,* 928–939.

Cascio, W. F., & Montealegre, R. (2016). How technology is changing work and organizations. *Annual Review of Organizational Psychology and Organizational Behavior, 3,* 349–375.

Cascio, W. F., & Ramos, R. A. (1986). Development and application of a new method for assessing job performance in behavioral/economic terms. *Journal of Applied Psychology, 71*, 20–28.

Chao, C.-J., & Salvendy, G. (1994). Percentage of procedural knowledge acquired as a function of the number of experts from whom knowledge is acquired for diagnosis, debugging, and interpretation tasks. *International Journal of Human-Computer Interaction, 6*, 221–233.

Chen, H., Chiang, R. H. L., & Storey, V. C. (2012). Business intelligence and analytics: From big data to big impact. *MIS Quarterly, 36*, 1165–1188.

Choi, Y.-H., Hu, H., Tak, S., Mukherjee, B., & Park, S. K. (2012). Occupational noise exposure assessment using O*NET and its application to a study of hearing loss in the US general population. *Occupational and Environmental Medicine, 69*, 176–183.

Chrisinger, C. K., Fowler, C. S., & Kleit, R. G. (2012). Shared skills: Occupation clusters for poverty alleviation and economic development in the US. *Urban Studies, 49*, 3403–3425.

Christal, R. E. (1971). *Stability of consolidated job descriptions based on task inventory survey information.* Lackland AFB, TX: USAF AFHRL, Personnel Research Division.

Christal, R. E., & Weissmuller, J. J. (1977). New Comprehensive Occupational Data Analysis Programs for analyzing task factor information. *Catalog of Selected Documents in Psychology, 7*, 24–25.

Christal, R. E., & Weissmuller, J. J. (1988). Job-task inventory analysis. In S. Gael (Ed.), *The job analysis handbook for business, industry, and government* (Vol. II, pp. 1036–1050). New York, NY: Wiley.

Church, A. H. (1996). From both sides now: The changing of the job. *The Industrial-Organizational Psychologist, 33*(3), 52–62.

Cifuentes, M., Boyer, J., Lombardi, D. A., & Punnett, L. (2010). Use of O*NET as a job exposure matrix: A literature review. *American Journal of Industrial Medicine, 53*, 898–914.

Clark, R. E., & Estes, F. (1996). Cognitive task analysis for training. *International Journal of Educational Research, 25*, 403–417.

Clark, R. E., Pugh, C. M., Yates, K. A., Inaba, K., Green, D. J., & Sullivan, M. E. (2012). The use of cognitive task analysis to improve instructional descriptions of procedures. *Journal of Surgical Research, 173*, e37–e42.

Cohen, J., Cohen, P., West, S. G., & Aiken, L. S. (2003). *Applied multiple regression/correlation analysis for the behavioral sciences* (3rd ed.). Mahwah, NJ: Erlbaum.

Conley, P. R., & Sackett, P. R. (1987). Effects of using high- versus low-performing job incumbents as sources of job-analysis information. *Journal of Applied Psychology, 72*, 434–437.

Conte, J. M., Dean, M. A., Ringenbach, K. L., Moran, S. K., & Landy, F. J. (2005). The relationship between work attitudes and job analysis ratings: Do rating scale type and task discretion matter? *Human Performance, 18,* 1–21.

Converse, P. D., Oswald, F. L., Gillespie, M. A., Field, K. A., & Bizot, E. B. (2004). Matching individuals to occupations using abilities and the O*NET: Issues and an application in career guidance. *Personnel Psychology, 57,* 451–487.

Coovert, M. D. (1995). Technological changes in office jobs: What we know and what we can expect. In A. Howard (Ed.), *The changing nature of work* (pp. 175–208). San Francisco, CA: Jossey-Bass.

Coovert, M. D., Craiger, J. P., & Cannon-Bowers, J. A. (1995). Innovations in modeling and simulating team performance: Implications for decision making. In R. A. Guzzo, E. Salas, & Associates (Eds.), *Team effectiveness and decision making in organizations* (pp. 149–203). San Francisco, CA: Jossey-Bass.

Cornelius, E. T., III. (1988). Analyzing job analysis data. In S. Gael (Ed.), *The job analysis handbook for business, industry, and government* (Vol. I, pp. 353–368). New York, NY: Wiley.

Cornelius, E. T., III, DeNisi, A. S., & Blencoe, A. G. (1984). Expert and naive raters using the PAQ: Does it matter? *Personnel Psychology, 37,* 453–464.

Cornelius, E. T., III, & Lyness, K. S. (1980). A comparison of holistic and decomposed judgment strategies in job analyses by job incumbents. *Journal of Applied Psychology, 65,* 155–163.

Cornelius, E. T., III, Schmidt, F. L., & Carron, T. J. (1984). Job classification approaches and the implementation of validity generalization results. *Personnel Psychology, 37,* 247–260.

Cranny, C. J., & Doherty, M. E. (1988). Importance ratings in job analysis: Note on the misinterpretation of factor analyses. *Journal of Applied Psychology, 73,* 320–322.

Crocker, L. M., & Algina, J. (1986). *Introduction to classical and modern test theory.* New York, NY: Holt, Rinehart & Winston.

Cronbach, L. J. (1951). Coefficient alpha and the internal structure of tests. *Psychometrika, 16,* 297–334.

Cronbach, L. J., Rajaratnam, N., & Gleser, G. C. (1963). Theory of generalizability: A liberalization of reliability theory. *British Journal of Statistical Psychology, 16,* 137–163.

Crowe, S. (2018, August 7). Ford adding EksoVest exoskeletons to 15 automotive plants [Online article]. Retrieved from www.therobotreport.com/ford-eksovest-exoskeletons-automotive

Cucina, J. M., Martin, N. R., Vasilopoulos, N. L., & Thibodeuax, H. F. (2012). Self-serving bias effects on job analysis ratings. *Journal of Psychology, 146,* 511–531.

Cucina, J. M., Vasilopoulos, N. L., & Sehgal, K. G. (2005). Personality-based job analysis and the self-serving bias. *Journal of Business and Psychology, 20,* 275–290.

Cunningham, J. W. (1996). Generic job descriptors: A likely direction in occupational analysis. *Military Psychology, 8*, 247–262.

Davis, D. D. (1995). Form, function, and strategy in boundaryless organizations. In A. Howard (Ed.), *The changing nature of work* (pp. 112–138). San Francisco, CA: Jossey-Bass.

Davis, L. E., & Wacker, G. J. (1988). Job design. In S. Gael (Ed.), *The job analysis handbook for business, industry, and government* (Vol. I, pp. 157–172). New York, NY: Wiley.

Davis, T. C., Fredrickson, D. D., Kennen, E. M., Arnold, C., Shoup, E., Sugar, M., ... Bocchini, J. A., Jr. (2004). Childhood vaccine risk/benefit communication among public health clinics: A time-motion study. *Public Health Nursing, 21*, 228–236.

Dean, J. W., Jr., & Snell, S. A. (1991). Integrated manufacturing and job design: Moderating effects of organizational inertia. *Academy of Management Journal, 34*, 776–804.

Dembe, A. E., Yao, X., Wickizer, T. M., Shoben, A. B., & Dong, X. (2014). Using O*NET to estimate the association between work exposures and chronic diseases. *American Journal of Industrial Medicine, 57*, 1022–1031.

DeNisi, A. S., Cornelius, E. T., III, & Blencoe, A. G. (1987). Further investigation of common knowledge effects on job analysis ratings. *Journal of Applied Psychology, 72*, 262–268.

DeNisi, A. S., & Murphy, K. R. (2017). Performance appraisal and performance management: 100 years of progress? *Journal of Applied Psychology, 102*, 421–433.

DeRue, D. S., & Wellman, N. (2009). Developing leaders via experience: The role of developmental challenge, learning orientation, and feedback availability. *Journal of Applied Psychology, 94*, 859–875.

DeWolf, M. (2017, March 1). 12 stats about working women. Retrieved from https://blog.dol.gov/2017/03/01/12-stats-about-working-women.

Dickinson, T. L., & McIntyre, R. M. (1997). A conceptual framework for teamwork measurement. In M. T. Brannick, E. Salas, & C. Prince (Eds.), *Team performance assessment and measurement: Theory, methods, and applications* (pp. 19–43). Mahwah, NJ: Erlbaum.

Dierdorff, E. C., & Morgeson, F. P. (2007). Consensus in work role requirements: The influence of discrete occupational context on role expectations. *Journal of Applied Psychology, 92*, 1228–1241.

Dierdorff, E. C., & Morgeson, F. P. (2009). Effects of descriptor specificity and observability on incumbent work analysis ratings. *Personnel Psychology, 62*, 601–628.

Dierdorff, E. C., & Rubin, R. S. (2007). Carelessness and discriminability in work role requirement judgments: Influences of role ambiguity and cognitive complexity. *Personnel Psychology, 60*, 597–625.

Dierdorff, E. C., Rubin, R. S., & Morgeson, F. P. (2009). The milieu of managerial work: An integrative framework linking work context to role requirements. *Journal of Applied Psychology, 94*, 972–988.

Dierdorff, E. C., & Wilson, M. A. (2003). A meta-analysis of job analysis reliability. *Journal of Applied Psychology, 88,* 635–646.

Dieterly, D. L. (1988). Team performance requirements. In S. Gael (Ed.), *The job analysis handbook for business, industry, and government* (Vol. I, pp. 766–777). New York, NY: Wiley.

Dobbs, R., Koller, T., & Ramaswamy, S. (2015). The future and how to survive it. *Harvard Business Review, 93*(10), 48–62.

Donovan, M. A., Drasgow, F., & Probst, T. M. (2000). Does computerizing paper-and-pencil job attitude scales make a difference? New IRT analyses offer insight. *Journal of Applied Psychology, 85,* 305–313.

Droege, R. C. (1988). Department of Labor job analysis methodology. In S. Gael (Ed.), *The job analysis handbook for business, industry, and government* (Vol. II, pp. 993–1018). New York, NY: Wiley.

Drucker, P. F. (1988, August 2). Workers' hands bound by tradition. *Wall Street Journal*, 20.

DuBois, D. A., Shalin, V. L., Levi, K. R., & Borman, W. C. (1995). *A cognitively-oriented approach to task analysis and test design.* Office of Naval Research Technical Report.

Dunnette, M. D. (1966). *Personnel selection and placement.* Belmont, CA: Wadsworth.

Dunnette, M. D. (1999). Introduction. In N. G. Peterson, M. D. Mumford, W. C. Borman, P. R. Jeanneret, & E. A. Fleishman (Eds.), *An occupational information system for the 21st century: The development of O*NET* (pp. 3–7). Washington, DC: American Psychological Association.

DuVernet, A. M., Dierdorff, E. C., & Wilson, M. A. (2015). Exploring factors that influence work analysis data: A meta-analysis of design choices, purposes, and organizational context. *Journal of Applied Psychology, 100,* 1603–1631.

Dye, D., & Silver, M. (1999). The origins of O*NET. In N. G. Peterson, M. D. Mumford, W. C. Borman, P. R. Jeanneret, & E. A. Fleishman (Eds.), *An occupational information system for the 21st century: The development of O*NET* (pp. 9–19). Washington, DC: American Psychological Association.

Edwards, J. R., Scully, J. A., & Brtek, M. D. (1999). The measurement of work: Hierarchical representation of the multimethod job design questionnaire. *Personnel Psychology, 52,* 305–334.

Edwards, J. R., Scully, J. A., & Brtek, M. D. (2000). The nature and outcomes of work: A replication and extension of interdisciplinary work-design research. *Journal of Applied Psychology, 85,* 860–868.

Eggerth, D. E., Bowles, S. M., Tunick, R. H., & Andrew, M. E. (2005). Convergent validity of O*NET Holland code classifications. *Journal of Career Assessment, 13,* 150–168.

Engelstad, P. H. (1979). Sociotechnical approach to problems of process control. In L. E. Davis & J. C. Taylor (Eds.), *Design of jobs* (2nd ed., pp. 184–205). Santa Monica, CA: Goodyear.

Equal Employment Opportunity Commission. (1978). Uniform guidelines on employee selection procedures. *Federal Register, 43,* 38290–38315.

Evanoff, B., Zeringue, A., Franzblau, A., & Dale, A. M. (2014). Using job-title-based physical exposures from O*NET in an epidemiological study of carpal tunnel syndrome. *Human Factors, 56,* 166–177.

Favre, E. D. D., Daneti, G., & Guin, P. (2014, May). Implementation of near-infrared technology (AccuVein AV-400) to facilitate successful PIV cannulation. Poster session presented at the 2014 Infusion Nurses Society Annual Convention and Industrial Exhibition, Phoenix, AZ.

Fine, S. A. (1988). Functional job analysis. In S. Gael (Ed.), *The job analysis handbook for business, industry, and government* (Vol. II, pp. 1019–1035). New York, NY: Wiley.

Fine, S. A., & Cronshaw, S. F. (1999). *Functional job analysis: A foundation for human resources management*. Mahwah, NJ: Erlbaum.

Finkle, R. B. (1950). A study of the critical requirements of foremanship. *University of Pittsburgh Bulletin, 46,* 291–297.

Flanagan, J. C. (1954). The critical incident technique. *Psychological Bulletin, 51,* 327–358.

Fleishman, E. A. (1982). Systems for describing human tasks. *American Psychologist, 37,* 821–834.

Fleishman, E. A., & Mumford, M. D. (1988). Ability requirement scales. In S. Gael (Ed.), *The job analysis handbook for business, industry, and government* (Vol. II, pp. 917–935). New York, NY: Wiley.

Fleishman, E. A., Mumford, M. D., Zaccaro, S. J., Levin, K. Y., Korotkin, A. L., & Hein, M. B. (1991). Taxonomic efforts in the description of leader behavior: A synthesis and functional interpretation. *Leadership Quarterly, 2,* 245–287.

Fleishman, E. A., & Quaintance, M. K. (1984). *Taxonomies of human performance: The description of human tasks*. Orlando, FL: Academic Press.

Fleishman, E. A., & Reilly, M. E. (1992). *Handbook of human abilities: Definitions, measurements, and job task requirements*. Palo Alto, CA: Consulting Psychologists Press.

Fleishman, E. A., Wetrogan, L. I., Uhlman, C. E., & Marshall-Mies, J. C. (1995). Abilities. In N. G. Peterson, M. D. Mumford, W. C. Borman, P. R. Jeanneret, & E. A. Fleishman (Eds.), *Development of prototype occupational information network content model* (pp. 10.1–10.39). Salt Lake City: Utah Department of Employment Security (Contract Number 94–542).

Fleishman, E. A., & Zaccaro, S. J. (1992). Toward a taxonomy of team performance functions. In R. W. Swezey & E. Salas (Eds.), *Teams: Their training and performance* (pp. 31–56). Norwood, NJ: Ablex.

Flury, B. (1997). *A first course in multivariate statistics*. New York, NY: Springer.

Follmer, E. H., Talbot, D. L., Kristof-Brown, A. L., Astrove, S. L., & Billsberry, J. (2018). Resolution, relief, and resignation: A qualitative study of responses to misfit at work. *Academy of Management Journal, 61,* 440–465.

Ford, M. T., & Tetrick, L. E. (2011). Relations among occupational hazards, attitudes, and safety performance. *Journal of Occupational Health Psychology, 16,* 48–66.

Ford, M. T., & Wiggins, B. K. (2012). Occupational-level interactions between physical hazards and cognitive ability and skill requirements in predicting injury incidence rates. *Journal of Occupational Health Psychology, 17,* 268–278.

Ford, R. N. (1969). *Motivation through the work itself.* New York, NY: American Management Association.

Foster, J., Gaddis, B., & Hogan, J. (2012). Personality-based job analysis. In M. A. Wilson, W. Bennett, Jr., S. G. Gibson, & G. M. Alliger (Eds.), *The handbook of work analysis: Methods, systems, applications and science of work measurement in organizations* (pp. 247–264). New York, NY: Routledge.

Friedman, L., & Harvey, R. J. (1986). Can raters with reduced job descriptive information provide accurate Position Analysis Questionnaire (PAQ) ratings? *Personnel Psychology, 39,* 779–789.

Friedman, T. L. (2005). *The world is flat: A brief history of the twenty-first century.* New York, NY: Farrar, Straus, and Giroux.

Fry, R. (2018). Millennials are the largest generation in the U.S. labor force. Retrieved from http://www.pewresearch.org/fact-tank/2018/04/11/millennials-largest-generation-us-labor-force/

Gadermann, A. M., Heeringa, S. G., Stein, M. B., Ursano, R. J., Colpe, L. J., Fullerton, C. S., . . . Kessler, R. C. (2014). Classifying U.S. Army military occupational specialties using the Occupational Information Network. *Military Medicine, 179,* 752–761.

Gael, S. (1983). *Job analysis: A guide to assessing work activities.* San Francisco, CA: Jossey-Bass.

Gael, S. (Ed.). (1988a). *The job analysis handbook for business, industry, and government* (Vols. 1–2). New York, NY: Wiley.

Gael, S. (1988b). Job descriptions. In S. Gael (Ed.), *The job analysis handbook for business, industry, and government* (Vol. I, pp. 71–89). New York, NY: Wiley.

Gagné, R. M., & Briggs, L. J. (1979). *Principles of instructional design* (2nd ed.). New York, NY: Holt, Rinehart and Winston.

Galloway, D. (1994). *Mapping work processes.* Milwaukee, WI: ASQC Quality Press.

Gambardella, J. J. N., & Alvord, W. G. (1980). *TI-CODAP: A computerized method of job analysis for personnel management.* Upper Marlboro, MD: Prince George's County Office of Personnel.

Gatewood, R. D., Feild, H. S., & Barrick, M. R. (2016). *Human resource selection* (8th ed.). Boston, MA: Cengage Learning.

Geller, E. S. (2001). *The psychology of safety handbook* (2nd ed.). Boca Raton, FL: Lewis.

Geyer, P. D., Hice, J., Hawk, J., Boese, R., & Brannon, Y. (1989). Reliabilities of ratings available from the *Dictionary of Occupational Titles. Personnel Psychology, 42*, 547–560.

Ghislieri, C., Molino, M., & Cortese, C. G. (2018). Work and organizational psychology looks at the fourth industrial revolution: How to support workers and organizations? *Frontiers in Psychology, 9*, 1–6.

Ghorpade, J. V. (1988). *Job analysis: A handbook for the human resource director.* Englewood Cliffs, NJ: Prentice-Hall.

Gilbert, T. F. (1978). *Human competence: Engineering worthy performance.* New York, NY: McGraw-Hill.

Gilbreth, F. B. (1911). *Motion study: A method for increasing the efficiency of the workman.* New York, NY: Van Nostrand.

Gladstein, D. L. (1984). Groups in context: A model of task group effectiveness. *Administrative Science Quarterly, 29*, 499–517.

Goldstein, I. L. (1993). *Training in organizations: Needs assessment, development, and evaluation* (3rd ed.). Pacific Grove, CA: Brooks/Cole Publishing Company.

Goldstein, I. L., & Ford, J. K. (2002). *Training in organizations: Needs assessment, development, and evaluation* (4th ed.). Belmont, CA: Wadsworth.

Goodwin, G. F., Blacksmith, N., & Coats, M. R. (2018). The science of teams in the military: Contributions from over 60 years of research. *American Psychologist, 73*, 322–333.

Gravetter, F. J., & Wallnau, L. B. (2008). *Statistics for the behavioral sciences* (8th ed.). Belmont, CA: Wadsworth Cengage Learning.

Green, P. C. (1999). *Building robust competencies: Linking human resource systems to organizational strategies.* San Francisco, CA: Jossey-Bass.

Griggs v. Duke Power Company. (1971). *Fair Employment Practices, 3*, 175.

Grönroos, C. (1982). An applied service marketing theory. *European Journal of Marketing, 16*, 30–41.

Guion, R. M. (2011). *Assessment, measurement, and prediction for personnel decisions* (2nd ed.). New York, NY: Routledge.

Gutenberg, R. L., Arvey, R. D., Osburn, H. G., & Jeanneret, P. R. (1983). Moderating effects of decision-making/information-processing job dimensions on test validities. *Journal of Applied Psychology, 68*, 602–608.

Gutman, A. (2000). *EEO law and personnel practices* (2nd ed.). Thousand Oaks, CA: SAGE.

Gutman, A., & Dunleavy, E. M. (2012). Documenting work analysis projects: A review of strategy and legal defensibility for personnel selection. In M. A. Wilson, W. Bennett, Jr., S. G. Gibson, & G. M. Alliger (Eds.), *The handbook of work analysis: Methods, systems, applications and science of work measurement in organizations* (pp. 139–167). New York, NY: Routledge.

Guzzo, R. A., & Shea, G. P. (1992). Group performance and intergroup relations in organizations. In M. D. Dunnette & L. M. Hough (Eds.), *Handbook of industrial and organizational psychology* (2nd ed., Vol. 3, pp. 269–313). Palo Alto, CA: Consulting Psychologists Press.

Gwynne, S. C. (1992, September 28). The long haul. *Time*, 34–38.

Hackman, J. R., & Oldham, G. R. (1975). Development of the job diagnostic survey. *Journal of Applied Psychology, 60*, 159–170.

Hackman, J. R., & Oldham, G. R. (1980). *Work redesign*. Reading, MA: Addison-Wesley.

Hadden, W. C., Kravets, N., & Muntaner, C. (2004). Descriptive dimensions of US occupations with data from the O*NET. *Social Science Research, 33*, 64–78.

Hakel, M. D., Stalder, B. K., & Van de Voort, D. M. (1988). Obtaining and maintaining acceptance of job analysis. In S. Gael (Ed.), *The job analysis handbook for business, industry, and government* (Vol. I, pp. 329–338). New York, NY: Wiley.

Halpin, A. W., & Winer, B. J. (1957). A factorial study of the leader behavior descriptions. In R. M. Stogdill & A. E. Coons (Eds.), *Leader behavior: Its description and measurement* (pp. 39–51). Columbus: Ohio State University, Bureau of Business Research.

Hamilton, J. W., & Dickinson, T. L. (1987). Comparison of several procedures for generating J-coefficients. *Journal of Applied Psychology, 72*, 49–54.

Handel, M. J. (2016). The O*NET content model: Strengths and limitations. *Journal for Labour Market Research, 49*, 157–176.

Harris, J., & Brannick, J. (1999). *Finding and keeping great employees*. New York, NY: AMACOM.

Harvey, M., & Novicevic, M. M. (2002). The hypercompetitive global marketplace: The importance of intuition and creativity in expatriate managers. *Journal of World Business, 37*, 127–138.

Harvey, R. J. (1991). Job analysis. In M. D. Dunnette & L. M. Hough (Eds.), *Handbook of industrial and organizational psychology* (2nd ed., Vol. 2, pp. 71–163). Palo Alto, CA: Consulting Psychologists Press.

Harvey, R. J., & Hayes, T. L. (1986). Monte Carlo baselines for interrater reliability correlations using the Position Analysis Questionnaire. *Personnel Psychology, 39*, 345–357.

Heltzel, P. (2018, August 16). Augmented reality examples: 9 ways companies are putting AR to work [Online slideshow]. Retrieved from www.cio.com/article/3295885/virtual-reality/augmented-reality-examples-9-ways-companies-are-putting-ar-to-work.html

Hemphill, J. K. (1960). *Dimensions of executive positions: A study of the basic characteristics of the positions of ninety-three business executives*. Columbus: Ohio State University, Bureau of Business Research, Research Monograph 98.

Hemphill, J. K., & Coons, A. E. (1957). Development of the Leader Behavior Description Questionnaire. In R. M. Stogdill & A. E. Coons (Eds.), *Leader behavior: Its description and measurement* (pp. 6–38). Columbus: Ohio State University, Bureau of Business Research.

Henderson, R. I. (1988). Job evaluation, classification, and pay. In S. Gael (Ed.), *The job analysis handbook for business, industry, and government* (Vol. I, pp. 90–118). New York, NY: Wiley.

Heneman, H. G., III, Judge, T. A., & Kammeyer-Mueller, J. (2019). *Staffing organizations* (9th ed.). Columbus, OH: Pangloss Industries.

Herzberg, F. (1966). *Work and the nature of man.* Cleveland, OH: World.

Hoffman, R. R., & Klein, G. L. (2017). Challenges and prospects for the paradigm of naturalistic decision making. *Journal of Cognitive Engineering and Decision Making, 11*, 97–104.

Hofmann, D. A., Morgeson, F. P., & Gerras, S. J. (2003). Climate as a moderator of the relationship between leader-member exchange and content specific citizenship: Safety climate as an exemplar. *Journal of Applied Psychology, 88*, 170–178.

Hogan, J., Hogan, R., & Busch, C. M. (1984). How to measure service orientation. *Journal of Applied Psychology, 69*, 167–173.

Hogan, R. (1989, June). *The darker side of charisma.* Paper presented at the 13th annual meeting of the International Personnel Management Association Assessment Council, Orlando, FL.

Hogan, R., Raskin, R., & Fazzini, D. (1990). The dark side of charisma. In K. E. Clark & M. B. Clark (Eds.), *Measures of leadership* (pp. 343–354). West Orange, NJ: Leadership Library of America.

Horgen, T. H., Joroff, M. L., Porter, W. L., & Schön, D. A. (1999). *Excellence by design: Transforming workplace and work practice.* New York, NY: Wiley.

Huber, G. P. (1990). A theory of the effects of advanced information technologies on organizational design, intelligence, and decision making. *Academy of Management Review, 15*, 47–71.

Hughes, G. L., & Prien, E. P. (1989). Evaluation of task and job skill linkage judgments used to develop test specifications. *Personnel Psychology, 42*, 283–292.

Hunter, J. E., & Schmidt, F. L. (2004). *Methods of meta-analysis: Correcting error and bias in research findings* (2nd ed.). Newbury Park, CA: SAGE.

Huntley, S. R., Lee, D. J., LeBlanc, W. G., Arheart, K. L., McClure, L. A., Fleming, L. E., & Caban-Martinez, A. J. (2017). Acute joint pain in the emerging green collar workforce: Evidence from the linked national health interview survey and Occupational Information Network (O*NET). *American Journal of Industrial Medicine, 60*, 518–528.

Huselid, M. A., Beatty, R. W., & Becker, B. E. (2005, December). "A players" or "A positions"? The strategic logic of workforce management. *Harvard Business Review*, 1–7.

Ilgen, D. R., Hollenbeck, J. R., Johnson, M., & Jundt, D. (2005). Teams in organizations: From input-process-output models to IMOI models. *Annual Review of Psychology, 56*, 517–543.

Ireland, R. D., & Hitt, M. A. (1999). Achieving and maintaining strategic competitiveness in the 21st century: The role of strategic leadership. *Academy of Management Executive, 13,* 43–57.

Jackson, S. E., & Schuler, R. S. (1990). Human resource planning: Challenges for industrial/organizational psychologists. *American Psychologist, 45,* 223–239.

James, L. R., Demaree, R. G., & Wolf, G. (1984). Estimating within-group interrater reliability with and without response bias. *Journal of Applied Psychology, 69,* 85–98.

Jeanneret, P. R., & Strong, M. H. (2003). Linking O*NET job analysis information to job requirement predictors: An O*NET application. *Personnel Psychology, 56,* 465–492.

Jones, A. P., Main, D. S., Butler, M. C., & Johnson, L. A. (1982). Narrative job descriptions as potential sources of job analysis ratings. *Personnel Psychology, 35,* 813–828.

Jones, R. G., Sanchez, J. I., Parameswaran, G., Phelps, J., Shoptaugh, C., Williams, M., & White, S. (2001). Selection or training? A two-fold test of the validity of job-analytic ratings of trainability. *Journal of Business and Psychology, 15,* 363–389.

Jones, S. D., & Schilling, D. J. (2000). *Measuring team performance: A step-by-step, customizable approach for managers, facilitators, and team leaders.* San Francisco, CA: Jossey-Bass.

Kaempf, G. L., Klein, G., Thordsen, M. L., & Wolf, S. (1996). Decision making in complex naval command-and-control environments. *Human Factors, 38,* 220–231.

Kanawaty, G. (Ed.). (1992). *Introduction to work study* (4th ed.). Geneva, Switzerland: International Labour Office.

Kane, M. T., Kingsbury, C., Colton, D., & Estes, C. (1989). Combining data on criticality and frequency in developing test plans for licensure and certification examinations. *Journal of Educational Measurement, 26,* 17–27.

Karlsson, A. H. (1976). *The Volvo Kalmar plant.* Stockholm, Sweden: Rationalization Council SAF-LO.

Katz, D., & Kahn, R. L. (1978). *The social psychology of organizations* (2nd ed.). New York, NY: Wiley.

Keita, G. P., & Sauter, S. L. (1992). *Work and well-being: An agenda for the 1990s.* Washington, DC: American Psychological Association.

Kirkpatrick, D. L. (1959a). Techniques for evaluating training programs. *Journal of the American Society of Training Directors, 13*(11), 3–9.

Kirkpatrick, D. L. (1959b). Techniques for evaluating training programs: Part 2—Learning. *Journal of the American Society of Training Directors, 13*(12), 21–26.

Kirkpatrick, D. L. (1960a). Techniques for evaluating training programs: Part 3—Behavior. *Journal of the American Society of Training Directors, 14*(1), 13–18.

Kirkpatrick, D. L. (1960b). Techniques for evaluating training programs: Part 4—Results. *Journal of the American Society of Training Directors, 14*(2), 28–32.

Kleiman, L. S., & Faley, R. H. (1985). The implications of professional and legal guidelines for court decisions involving criterion-related validity: A review and analysis. *Personnel Psychology, 38*, 803–833.

Klein, G. (2006). The strengths and limitations of teams for detecting problems. *Cognition, Technology & Work, 8*, 227–236.

Klein, G. A., Calderwood, R., & Clinton-Cirocco, A. (1986). Rapid decision making on the fire ground. *Proceedings of the Human Factors and Ergonomics Society Annual Meeting. 30*(6), 576–580.

Klein, G., Klein, H. A., Lande, B., Borders, J., & Whitacre, J. C. (2015). Police and military as good strangers. *Journal of Occupational and Organizational Psychology, 88*, 231–250.

Klein, G., Wiggins, S., & Dominguez, C. O. (2010). Team sensemaking. *Theoretical Issues in Ergonomics Science, 11*, 304–320.

Kline, P. (1994). *An easy guide to factor analysis*. London, United Kingdom: Routledge.

Kluger, A. N., & DeNisi, A. (1996). The effects of feedback interventions on performance: A historical review, a meta-analysis, and a preliminary feedback intervention theory. *Psychological Bulletin, 119*, 254–284.

Kochhar, D. S., & Armstrong, T. J. (1988). Designing jobs for handicapped employees. In S. Gael (Ed.), *The job analysis handbook for business, industry, and government* (Vol. I, pp. 288–302). New York, NY: Wiley.

Koys, D. J. (2017). Using the Department of Labor's "My Next Move" to improve career preparedness. *Journal of Management Education, 41*, 94–117.

Kozlowski, S. W. J., & Chao, G. T. (2018). Unpacking team process dynamics and emergent phenomena: Challenges, conceptual advances, and innovative methods. *American Psychologist, 73*, 576–592.

Kraut, A. I., & Korman, A. K. (Eds.). (1999). *Evolving practices in human resource management: Responses to a changing world of work*. San Francisco, CA: Jossey-Bass.

Kroc, N. (2017, October). Reality reboot. *HR Magazine, 62*(8), 46–51.

Kumar, S. (Ed.). (1999). *Biomechanics in ergonomics*. Philadelphia, PA: Taylor & Francis.

Landy, F. J., & Farr, J. L. (1980). Performance rating. *Psychological Bulletin, 87*, 72–107.

Landy, F. J., & Trumbo, D. A. (1980). *The psychology of work behavior*. Homewood, IL: Dorsey Press.

Langdale, J. A., & Weitz, J. (1973). Estimating the influence of job information on interviewer agreement. *Journal of Applied Psychology, 57*, 23–27.

LaPolice, C. C., Carter, G. W., & Johnson, J. W. (2008). Linking O*NET descriptors to occupational literacy requirements using job component validation. *Personnel Psychology, 61*, 405–441.

Latham, G. P., & Wexley, K. N. (1977). Behavioral observation scales for performance appraisal purposes. *Personnel Psychology, 30*, 255–268.

Latham, G. P., & Wexley, K. N. (1994). *Increasing productivity through performance appraisal* (2nd ed.). Reading, MA: Addison-Wesley.

Lee, L. J., Symanski, E., Lupo, P. J., Tinker, S. C., Razzaghi, H., Pompeii, L. A., . . . Chan, W. (2016). Data linkage between the national birth defects prevention study and the occupational information network (O*NET) to assess workplace physical activity, sedentary behaviors, and emotional stressors during pregnancy. *American Journal of Industrial Medicine, 59*, 137–149.

Lee-Bates, B., Billing, D. C., Caputi, P., Carstairs, G. L., Linnane, D., & Middleton, K. (2017). The application of subjective job task analysis techniques in physically demanding occupations: Evidence for the presence of self-serving bias. *Ergonomics, 60*, 1240–1249.

Levine, E. L. (1983). *Everything you always wanted to know about job analysis*. Tampa, FL: Author.

Levine, E. L., Ash, R. A., & Bennett, N. (1980). Exploratory comparative study of four job analysis methods. *Journal of Applied Psychology, 65*, 524–535.

Levine, E. L., Ash, R. A., Hall, H., & Sistrunk, F. (1983). Evaluation of job analysis methods by experienced job analysts. *Academy of Management Journal, 26*, 339–348.

Levine, E. L., & Baker, C. V. (1990). *Team task analysis: A test of the multiphase analysis of performance (MAP) system* (Contract No. DAAL03-86-D-001). Orlando, FL: Naval Training Systems Center.

Levine, E. L., Bennett, N., & Ash, R. A. (1979). Evaluation and use of four job analysis methods for personnel selection. *Public Personnel Management, 8*, 146–151.

Levine, E. L., Brannick, M. T., Coovert, M. D., & Llobet, J. M. (1988). *Job/task analysis methodologies for teams: A review and implications for team training* (Contract No. DAAL03-86-D-0001). Orlando, FL: Naval Training Systems Center.

Levine, E. L., & Dickey, T. (1990, August). *Measuring task importance: A replication and extension*. Paper presented at the annual convention of the American Psychological Association, Boston, MA.

Levine, E. L., Maye, D. M., Ulm, R. A., & Gordon, T. R. (1997). A methodology for developing and validating minimum qualifications (MQs). *Personnel Psychology, 50*, 1009–1023.

Levine, E. L., & Sanchez, J. I. (1998, April). *Sources of inaccuracy in job analysis and suggestions for remediation*. Paper presented at the 13th Annual Society for Industrial and Organizational Psychology Conference, Dallas, TX.

Levine, E. L., & Sanchez, J. I. (2000, March). *Working with work analysis in the 21st century*. Paper presented at the First Annual Conference of the National Business and Economics Society, San Diego, CA.

Levine, E. L., & Sanchez, J. I. (2012). Evaluating work analysis in the 21st century. In M. A. Wilson, W. Bennett, Jr., S. G. Gibson, & G. M. Alliger (Eds.), *The handbook of work* analysis: Methods, systems, applications and science of work measurement in organizations (pp. 127–138). New York, NY: Routledge.

Levine, E. L., Thomas, J. N., & Sistrunk, F. (1988). Selecting a job analysis approach. In S. Gael (Ed.), *The job analysis handbook for business, industry, and government* (Vol. I, pp. 339–352). New York, NY: Wiley.

Levine, E. L., & Weitz, J. (1971). Relationship between task difficulty and the criterion: Should we measure early or late? *Journal of Applied Psychology, 55*, 512–520.

Levine, E. L., Yang, L., Xu, X., & Lopez-Rivas, G. (2006, August). *Surveying via the net vs. hard copy: A cautionary note.* Paper presented at the Annual Conference of the Academy of Management, Atlanta, GA.

Li, W.-D., Wang, Y.-L., Taylor, P., Shi, K., & He, D. (2008). The influence of organizational culture on work-related personality requirement ratings: A multilevel analysis. *International Journal of Selection and Assessment, 16*, 366–384.

Lievens, F., & Sanchez, J. I. (2007). Can training improve the quality of inferences made by raters in competency modeling? A quasi-experiment. *Journal of Applied Psychology, 92*, 812–819.

Lievens, F., Sanchez, J. I., & De Corte, W. (2004). Easing the inferential leap in competency modeling: The effects of task-related information and subject matter expertise. *Personnel Psychology, 57*, 881–904.

Lindström, K. (1991). Well-being and computer-mediated work of various occupational groups in banking and insurance. *International Journal of Human-Computer Interaction, 3*, 339–361.

Lopez, F. M. (1986). *The threshold traits analysis technical manual.* Port Washington, NY: Lopez & Associates.

Lopez, F. M. (1988). Threshold traits analysis system. In S. Gael (Ed.), *The job analysis handbook for business, industry, and government* (Vol. II, pp. 880–901). New York, NY: Wiley.

Lucia, A. D., & Lepsinger, R. (1999). *The art and science of competency models: Pinpointing critical success factors in organizations.* San Francisco, CA: Jossey-Bass/Pfeiffer.

MacLeod, D. (2000). *The rules of work: A practical engineering guide to ergonomics.* New York, NY: Taylor & Francis.

Mallamad, S. M., Levine, J. M., & Fleishman, E. A. (1980). Identifying ability requirements by decision flow diagrams. *Human Factors, 22*, 57–68.

Manson, T. M. (2004). Cursory versus comprehensive job analysis for personnel selection: A consequential validity analysis. (Unpublished doctoral dissertation). University of South Florida, Florida.

Manson, T. M., Levine, E. L., & Brannick, M. T. (2000). The construct validity of task inventory ratings: A multitrait-multimethod analysis. *Human Performance, 13*, 1–22.

Martinko, M. J. (1988). Observing the work. In S. Gael (Ed.), *The job analysis handbook for business, industry, and government* (Vol. I, pp. 419–431). New York, NY: Wiley.

Mathieu, J. E., Heffner, T. S., Goodwin, G. F., Salas, E., & Cannon-Bowers, J. A. (2000). The influence of shared mental models on team process and performance. *Journal of Applied Psychology, 85*, 273–283.

Mathieu, J., Maynard, M. T., Rapp, T., & Gilson, L. (2008). Team effectiveness 1997–2007: A review of recent advancements and a glimpse into the future. *Journal of Management, 34*, 410–476.

McClelland, D. C. (1973). Testing for competence rather than for "intelligence." *American Psychologist, 28*, 1–14.

McCormick, E. J. (1976). *Human factors in engineering and design* (4th ed.). New York, NY: McGraw-Hill.

McCormick, E. J. (1979). *Job analysis: Methods and applications*. New York, NY: AMACOM.

McCormick, E. J., & Ammerman, H. L. (1960). *Development of worker activity checklists for use in occupational analysis* (WADD-TR-60-77). Lackland AFB, TX: USAF, WADD, Personnel Laboratory.

McCormick, E. J., & Ilgen, D. R. (1985). *Industrial and organizational psychology* (8th ed.). Englewood Cliffs, NJ: Prentice-Hall.

McCormick, E. J., & Jeanneret, P. R. (1988). Position Analysis Questionnaire (PAQ). In S. Gael (Ed.), *The job analysis handbook for business, industry, and government* (Vol. II, pp. 825–842). New York, NY: Wiley.

McCormick, E. J., Jeanneret, P. R., & Mecham, R. C. (1972). A study of job characteristics and job dimensions as based on the position analysis questionnaire (PAQ). *Journal of Applied Psychology, 56*, 347–368.

McCormick, E. J., Jeanneret, P. R., & Mecham, R. C. (1989). *Position analysis questionnaire*. Logan, UT: PAQ Services.

McGonagle, A. K., Fisher, G. G., Barnes-Farrell, J. L., & Grosch, J. W. (2015). Individual and work factors related to perceived work ability and labor force outcomes. *Journal of Applied Psychology, 100*, 376–398.

McInerney, W. D. (1989). Social and organizational effects of educational computing. *Journal of Educational Computing Research, 5*, 487–506.

Meyer, H. H., Kay, E., & French, J. R. P., Jr. (1965). Split roles in performance appraisal. *Harvard Business Review, 43*, 123–129.

Mintzberg, H. (1973). *The nature of managerial work*. New York, NY: Harper & Row.

Mintzberg, H. (1979). *The structuring of organizations*. Englewood Cliffs, NJ: Prentice-Hall.

Mirabile, R. J. (1997). Everything you wanted to know about competency modeling. *Training & Development, 51*, 73–77.

Mital, A., Kilbom, Å., & Kumar, S. (Eds.). (2000). *Ergonomics guidelines and problem solving*. New York, NY: Elsevier.

Mohrman, S. A., & Cohen, S. G. (1995). When people get out of the box: New relationships, new systems. In A. Howard (Ed.), *The changing nature of work* (pp. 365–410). San Francisco, CA: Jossey-Bass.

Moore, B. E. (1976). *Occupational analysis for human resource development: A review of utility of the task inventory* (Report No. OCMM-RR-25). Washington, DC: Office of Civilian Manpower Management, Navy.

Morgeson, F. P. (2005). The external leadership of self-managing teams: Intervening in the context of novel and disruptive events. *Journal of Applied Psychology, 90*, 497–508.

Morgeson, F. P., & Campion, M. A. (1997). Social and cognitive sources of potential inaccuracy in job analysis. *Journal of Applied Psychology, 82*, 627–655.

Morgeson, F. P., & Campion, M. A. (2000). Accuracy in job analysis: Toward an inference-based model. *Journal of Organizational Behavior, 21*, 819–827.

Morgeson, F. P., & Campion, M. A. (2002). Minimizing tradeoffs when redesigning work: Evidence from a longitudinal quasi-experiment. *Personnel Psychology, 55*, 589–612.

Morgeson, F. P., Delaney-Klinger, K., & Hemingway, M. A. (2005). The importance of job autonomy, cognitive ability, and job-related skill for predicting role breadth and job performance. *Journal of Applied Psychology, 90*, 399–406.

Morgeson, F. P., Delaney-Klinger, K., Mayfield, M. S., Ferrara, P., & Campion, M. A. (2004). Self-presentation processes in job analysis: A field experiment investigating inflation in abilities, tasks, and competencies. *Journal of Applied Psychology, 89*, 674–686.

Morgeson, F. P., & Dierdorff, E. C. (2011). Work analysis: From technique to theory. In S. Zedeck (Ed.), *APA handbook of industrial and organizational psychology* (Vol. 2, pp. 3–41). Washington, DC: American Psychological Association.

Morgeson, F. P., Garza, A. S., & Campion, M. A. (2012). Work design. In N. W. Schmitt & S. Highhouse (Eds.), *Handbook of psychology: Industrial and organizational psychology* (Vol. 12, 2nd ed., pp. 525–559). Hoboken, NJ: John Wiley & Sons.

Morgeson, F. P., & Humphrey, S. E. (2006). The Work Design Questionnaire (WDQ): Developing and validating a comprehensive measure for assessing job design and the nature of work. *Journal of Applied Psychology, 91*, 1321–1339.

Morgeson, F. P., & Humphrey, S. E. (2008). Job and team design: Toward a more integrative conceptualization of work design. In J. Martocchio (Ed.), *Research in personnel and human resources management* (Vol. 27, pp. 39–91). Bingley, United Kingdom: Emerald Group.

Morgeson, F. P., Mumford, T. V., & Campion, M. A. (2005). Coming full circle: Using research and practice to address 27 questions about 360-degree feedback programs. *Consulting Psychology Journal: Practice and Research, 57*, 196–209.

Morgeson, F. P., Reider, M. H., & Campion, M. A. (2005). Selecting individuals in team settings: The importance of social skills, personality characteristics, and teamwork knowledge. *Personnel Psychology, 58*, 583–611.

Morgeson, F. P., Spitzmuller, M., Garza, A. S., & Campion, M. A. (2016). Pay attention! The liabilities of respondent experience and carelessness when making job analysis judgments. *Journal of Management, 42*, 1904–1933.

Morisi, T. (2016, November 18). Why more people ages 55+ are working. Retrieved from https://blog.dol.gov/2016/11/18/why-more-people-ages-55-are-working

Morsh, J. E., Madden, J. M., & Christal, R. E. (1961). *Job analysis in the United States Air Force*. (WADD-TR-61-113). Lackland AFB, TX: Wright Air Development Division, Personnel Laboratory.

Mumford, T. V., Campion, M. A., & Morgeson, F. P. (2006). Situational judgment in work teams: A team role typology. In J. A. Weekley & R. E. Ployhart (Eds.), *Situational judgment tests: Theory, measurement and application* (pp. 319–343). Mahwah, NJ: Lawrence Erlbaum.

Mumford, T. V., Campion, M. A., & Morgeson, F. P. (2007). The leadership skills strataplex: Leadership skill requirements across organizational levels. *Leadership Quarterly, 18*, 154–166.

Mundel, M. E. (1988). Motion study methods. In S. Gael (Ed.), *The job analysis handbook for business, industry, and government* (Vol. I, pp. 469–497). New York, NY: Wiley.

Mundel, M. E., & Danner, D. L. (1994). *Motion and time study: Improving productivity* (7th ed.). Englewood Cliffs, NJ: Prentice-Hall.

Murphy, K. R., & Cleveland, J. N. (1995). *Understanding performance appraisal: Social, organizational, and goal-based perspectives*. Thousand Oaks, CA: SAGE.

National Research Council. (2010). *A database for a changing economy: Review of the Occupational Information Network (O*NET)*. Washington, DC: The National Academies Press.

Neck, C. P., Stewart, G. L., & Manz, C. C. (1996). Self-leaders within self-leading teams: Toward an optimal equilibrium. In M. M. Beyerlein, D. A. Johnson, & S. T. Beyerlein (Eds.), *Advances in interdisciplinary studies of work teams* (Vol. 3, pp. 43–66). Greenwich, CT: JAI Press.

Nemeth, C. J. (1992). Minority dissent as a stimulant to group performance. In S. Worchel, W. Wood, & J. A. Simpson (Eds.), *Group process and productivity* (pp. 95–111). Thousand Oaks, CA: SAGE.

Niebel, B. W. (1988). Time study methods. In S. Gael (Ed.), *The job analysis handbook for business, industry, and government* (Vol. I, pp. 498–517). New York, NY: Wiley.

Nieva, V. F., Fleishman, E. A., & Reick, A. (1978). *Team dimensions: Their identity, their measurement and their relationships* (Contract No. DAHC19-78-C-0001). Washington, DC: Advanced Research Resources Organization.

Nof, S. Y. (1988). Job analysis for robots. In S. Gael (Ed.), *The job analysis handbook for business, industry, and government* (Vol. I, pp. 587–613). New York, NY: Wiley.

Nunnally, J. C., & Bernstein, I. H. (1994). *Psychometric theory* (3rd ed.). New York, NY: McGraw-Hill.

Olian, J. D., & Rynes, S. L. (1991). Making total quality work: Aligning organizational processes, performance measures, and stakeholders. *Human Resource Management, 30*, 303–333.

Page, R. C. (1988). Management Position Description Questionnaire. In S. Gael (Ed.), *The job analysis handbook for business, industry, and government* (Vol. II, pp. 860–879). New York, NY: Wiley.

Parker, S. K. (2003). Longitudinal effects of lean production on employee outcomes and the mediating role of work characteristics. *Journal of Applied Psychology, 88*, 620–634.

Parker, S. K. (2014). Beyond motivation: Job and work design for development, health, ambidexterity, and more. *Annual Review of Psychology, 65*, 661–691.

Parker, S. K., Morgeson, F. P., & Johns, G. (2017). One hundred years of work design research: Looking back and looking forward. *Journal of Applied Psychology, 102*, 403–420.

Parker, S., & Wall, T. (1998). *Job and work design: Organizing work to promote well-being and effectiveness*. Thousand Oaks, CA: SAGE.

Parry, M. E. (1968). Ability of psychologists to estimate validities of personnel tests. *Personnel Psychology, 21*, 139–147.

Pasmore, W. A. (1988). *Designing effective organizations: The sociotechnical systems perspective*. New York, NY: Wiley.

Pearlman, K. (1997, April). *Competencies: Issues in their application*. In R. C. Page (Chair), *Competency models: What are they and do they work?* Practitioner forum presented at the 12th annual conference of the Society for Industrial and Organizational Psychology, St. Louis, MO.

Pedhazur, E. J. (1997). *Multiple regression in behavioral research: Explanation and prediction* (3rd ed.). Fort Worth, TX: Harcourt Brace.

Peterson, N. G., Mumford, M. D., Borman, W. C., Jeanneret, P. R., & Fleishman, E. A. (Eds.). (1999). *An occupational information system for the 21st century: The development of O*NET*. Washington, DC: American Psychological Association.

Peterson, N. G., Mumford, M. D., Borman, W. C., Jeanneret, P. R., Fleishman, E. A., Campion, M. A., ... Dye, D. M. (2001). Understanding work using the occupational information network (O*NET): Implications for practice and research. *Personnel Psychology, 54*, 451–492.

Pheasant, S. (1996). *Bodyspace: Anthropometry, ergonomics and the design of work*. Bristol, PA: Taylor & Francis.

Ployhart, R. E., Schneider, B., & Schmitt, N. (2006). *Staffing organizations: Contemporary practice and theory* (3rd ed.). Mahwah, NJ: Erlbaum.

Polito, J., & Pritsker, A. A. B. (1988). Computer simulation and job analysis. In S. Gael (Ed.), *The job analysis handbook for business, industry, and government* (Vol. I, pp. 570–586). New York, NY: Wiley.

Porter, M. E., & Rivkin, J. W. (2012). The looming challenge to U.S. competitiveness. *Harvard Business Review, 90*(3), 54–62.

Prahalad, C. K., & Hamel, G. (1990, May/June). The core competence of the corporation. *Harvard Business Review*, 79–91.

Prien, E. P., & Ronan, W. W. (1971). Job analysis: A review of research findings. *Personnel Psychology, 24*, 371–396.

Primoff, E. S. (1957). The J-coefficient approach to jobs and tests. *Personnel Administration, 20*(3), 34–40.

Primoff, E. S., & Eyde, L. D. (1988). Job element analysis. In S. Gael (Ed.), *The job analysis handbook for business, industry, and government* (Vol. II, pp. 807–824). New York, NY: Wiley.

Prince, A. (1999). *The effect of experience on the perception of decision scenarios: A field study.* (Unpublished doctoral dissertation). University of South Florida, Florida.

Rasker, P. C., Post, W. M., & Schraagen, J. M. C. (2000). Effects of two types of intra-team feedback on developing a shared mental model in command & control teams. *Ergonomics, 43*, 1167–1189.

Raymark, P. H., Schmit, M. J., & Guion, R. M. (1997). Identifying potentially useful personality constructs for employee selection. *Personnel Psychology, 50*, 723–736.

Rohmert, W. (1988). AET. In S. Gael (Ed.), *The job analysis handbook for business, industry, and government* (Vol. II, pp. 843–859). New York, NY: Wiley.

Rolland, J. P., & Mogenet, J. L. (1994). *Manuel d'application, Systéme D5D d'aide à l'évaluation des personnes.* Paris: Les Editions du Centre de Psychologie Appliquée.

Rosen, M. A., Salas, E., Lazzara, E. H., & Lyons, R. (2012). Cognitive task analysis: Methods for capturing and leveraging expertise in the workplace. In M. A. Wilson, W. Bennett, Jr., S. G. Gibson, & G. M. Alliger (Eds.), *The handbook of work analysis: Methods, systems, applications and science of work measurement in organizations* (pp. 185–200). New York, NY: Routledge.

Rousseau, D. M. (1977). Technological differences in job characteristics, employee satisfaction, and motivation: A synthesis of job design research and sociotechnical systems theory. *Organizational Behavior and Human Performance, 19*, 18–42.

Rynes, S. L., Gerhart, B., & Parks, L. (2005). Personnel psychology: Performance evaluation and pay for performance. In S. T. Fiske, A. E. Kazdin, & D. L. Schacter (Eds.), *Annual Review of Psychology, 56*, 571–600.

Salvendy, G. (Ed.). (1982). *Handbook of industrial engineering.* New York, NY: Wiley.

Sanchez, J. I. (1994). From documentation to innovation: Reshaping job analysis to meet emerging business needs. *Human Resource Management Review, 4*, 51–74.

Sanchez, J. I., & Fraser, S. L. (1992). On the choice of scales for task analysis. *Journal of Applied Psychology, 77*, 545–553.

Sanchez, J. I., & Fraser, S. L. (1994). An empirical approach to identify job duty-KSA linkages in managerial jobs: A case example. *Journal of Business and Psychology, 8*, 309–325.

Sanchez, J. I., & Levine, E. L. (1989). Determining important tasks within jobs: A policy-capturing approach. *Journal of Applied Psychology, 74*, 336–342.

Sanchez, J. I., & Levine, E. L. (1999). Is job analysis dead, misunderstood, or both? New forms of work analysis and design. In A. I. Kraut & A. K. Korman (Eds.), *Evolving practices in human resource management: Responses to a changing world of work* (pp. 43–68). San Francisco, CA: Jossey-Bass.

Sanchez, J. I., & Levine, E. L. (2000). Accuracy or consequential validity: Which is the better standard for job analysis data? *Journal of Organizational Behavior, 21*, 809–818.

Sanchez, J. I., & Levine, E. L. (2001). The analysis of work in the 20th and 21st centuries. In N. Anderson, D. S. Ones, H. K. Sinangil, & C. Viswesvaran (Eds.), *Handbook of industrial, work and organizational psychology* (Vol. 1, pp. 71–89). Thousand Oaks, CA: SAGE.

Sanchez, J. I., & Levine, E. L. (2009). What is (or should be) the difference between competency modeling and traditional job analysis? *Human Resource Management Review, 19*, 53–63.

Sanchez, J. I., & Levine, E. L. (2012). The rise and fall of job analysis and the future of work analysis. *Annual Review of Psychology, 63*, 397–425.

Scarlata, A. N., Stone, D. N., Jones, K. T., & Chen, C. C. (2011). The O*NET: A challenging, useful resource for investigating auditing and accounting work. *Accounting Horizons, 25*, 781–809.

Schleicher, D. J., Baumann, H. M., Sullivan, D. W., Levy, P. E., Hargrove, D. C., & Barros-Rivera, B. A. (2018). Putting the *system* into performance management systems: A review and agenda for performance management research. *Journal of Management, 44*, 2209–2245.

Schmidt, F. L., Hunter, J. E., Croll, P. R., & McKenzie, R. C. (1983). Estimation of employment test validities by expert judgment. *Journal of Applied Psychology, 68*, 590–601.

Schmitt, N., & Borman, W. C. (Eds.). (1993). *Personnel selection in organizations*. San Francisco, CA: Jossey-Bass.

Schmitt, N., & Cohen, S. A. (1989). Internal analysis of task ratings by job incumbents. *Journal of Applied Psychology, 74*, 96–104.

Schmitt, N., & Fine, S. A. (1983). Inter-rater reliability of judgments of functional levels and skill requirements of jobs based on written task statements. *Journal of Occupational Psychology, 56*, 121–127.

Schneider, B. (1987). The people make the place. *Personnel Psychology, 40*, 437–453.

Schneider, B., & Konz, A. M. (1989). Strategic job analysis. *Human Resource Management, 28*, 51–63.

Schneider, B., & Schmitt, N. (1986). *Staffing organizations* (2nd ed.). Glenview, IL: Scott Foresman.

Schultz, D. P., & Schultz, S. E. (1990). *Psychology and industry today: An introduction to industrial and organizational psychology* (5th ed.). New York, NY: Macmillan.

Schwab, D. P., Heneman, H. G., III, & DeCotiis, T. A. (1975). Behaviorally anchored rating scales: A review of the literature. *Personnel Psychology, 28*, 549–562.

Schwarzmüller, T., Brosi, P., Duman, D., & Welpe, I. M. (2018). How does the digital transformation affect organizations? Key themes of change in work design and leadership. *Management Revue, 29*, 114–138.

Seamster, T. L., Redding, R. E., & Kaempf, G. L. (1997). *Applied cognitive task analysis in aviation*. Brookfield, VT: Ashgate.

Shavelson, R. J., & Webb, N. M. (1991). *Generalizability theory: A primer*. Newbury Park, CA: SAGE.

Shiflett, S. E., Eisner, E. J., Price, S. J., & Schemmer, F. M. (1982). *The definition and measurement of team functions*. Final Report. Bethesda, MD: Arro.

Shin, S. J., Morgeson, F. P., & Campion, M. A. (2007). What you do depends on where you are: Understanding how domestic and expatriate work requirements depend upon the cultural context. *Journal of International Business Studies, 38*, 64–83.

Shippmann, J. S., Ash, R. A., Battista, M., Carr, L., Eyde, L. D., Hesketh, B., . . . Sanchez, J. I. (2000). The practice of competency modeling. *Personnel Psychology, 53*, 703–740.

Shuffler, M. L., & Carter, D. R. (2018). Teamwork situated in multiteam systems: Key lessons learned and future opportunities. *American Psychologist, 73*, 390–406.

Siegel, S., & Castellan, N. J., Jr. (1988). *Nonparametric statistics for the behavioral sciences* (2nd ed.). New York, NY: McGraw-Hill.

Silverman, S. B., Wexley, K. N., & Johnson, J. C. (1984). The effects of age and job experience on employee responses to a structured job analysis questionnaire. *Public Personnel Management Journal, 13*, 355–359.

Smith, J. E., & Hakel, M. D. (1979). Convergence among data sources, response bias, and reliability and validity of a structured job analysis questionnaire. *Personnel Psychology, 32*, 677–692.

Smith, T. J., & Campbell, C. (2006). The structure of O*NET occupational values. *Journal of Career Assessment, 14*, 437–448.

Smither, J. W. (Ed.). (1998). *Performance appraisal: State of the art in practice*. San Francisco, CA: Jossey-Bass.

Snelgar, R. J. (1982). The comparability of job evaluation methods in supplying approximately similar classifications in rating one job series. *South African Journal of Psychology, 12*, 38–40.

Snow, C. C., & Snell, S. A. (1993). Staffing as strategy. In N. Schmitt, W. C. Borman, & Associates (Eds.), *Personnel selection in organizations* (pp. 448–478). San Francisco, CA: Jossey-Bass.

Society for Industrial and Organizational Psychology, Inc. (2003). *Principles for the validation and use of personnel selection procedures* (4th ed.). Bowling Green, OH: Author.

Sparks, C. P. (1988). Legal basis for job analysis. In S. Gael (Ed.), *The job analysis handbook for business, industry, and government* (Vol. I, pp. 37–47). New York, NY: Wiley.

Spector, P. E. (2012). *Industrial and organizational psychology: Research and practice* (6th ed.). New York, NY: John Wiley and Sons.

Spector, P. E., Brannick, M. T., & Coovert, M. D. (1989). Job analysis. In C. L. Cooper & I. T. Robertson (Eds.), *International review of industrial and organizational psychology 1989* (pp. 281–328). New York, NY: Wiley.

Spencer, L. M., & Spencer, S. M. (1993). *Competence at work: Models for superior performance*. New York, NY: Wiley.

Spreitzer, G. M., Cameron, L., & Garrett, L. (2017). Alternative work arrangements: Two images of the new world of work. *Annual Review of Organizational Psychology and Organizational Behavior, 4*, 473–499.

Staw, B. M., & Boettger, R. D. (1990). Task revision: A neglected form of work performance. *Academy of Management Journal, 33*, 534–559.

Stevens, M. J., & Campion, M. A. (1994). The knowledge, skill, and ability requirements for teamwork: Implications for human resource management. *Journal of Management, 20*, 503–530.

Stevens, M. J., & Campion, M. A. (1999). Staffing work teams: Development and validation of a selection test for teamwork settings. *Journal of Management, 25*, 207–228.

Stone, T. H., Webster, B. D., & Schoonover, S. (2013). What do we know about competency modeling? *International Journal of Selection and Assessment, 21*, 334–338.

Sullivan, M. E., Yates, K. A., Inaba, K., Lam, L., & Clark, R. E. (2014). The use of cognitive task analysis to reveal the instructional limitations of experts in the teaching of procedural skills. *Academic Medicine, 89*, 811–816.

Sundstrom, E., De Meuse, K. P., & Futrell, D. (1990). Work teams: Applications and effectiveness. *American Psychologist, 45*, 120–133.

Surrette, M. A., Aamodt, M. G., & Johnson, D. L. (1990). Effects of analyst training and amount of available job related information on job analysis ratings. *Journal of Business and Psychology, 4*, 439–451.

Taylor, F. W. (1911). *The principles of scientific management*. New York, NY: Norton.

Taylor, P. J., Li, W.-D., Shi, K., & Borman, W. C. (2008). The transportability of job information across countries. *Personnel Psychology*, *61*, 69–111.

Tett, R. P., Guterman, H. A., Bleier, A., & Murphy, P. J. (2000). Development and content validation of a "hyperdimensional" taxonomy of managerial competence. *Human Performance*, *13*, 205–251.

Tett, R. P., Jackson, D. N., & Rothstein, M. (1991). Personality measures as predictors of job performance: A meta-analytic review. *Personnel Psychology*, *44*, 703–742.

Thayer, A. L., Petruzzelli, A., & McClurg, C. E. (2018). Addressing the paradox of the team innovation process: A review and practical considerations. *American Psychologist*, *73*, 363–375.

Thompson, D. E., & Thompson, T. A. (1982). Court standards for job analysis in test validation. *Personnel Psychology*, *35*, 865–874.

Tornow, W. W., & Pinto, P. R. (1976). The development of a managerial job taxonomy: A system for describing, classifying, and evaluating executive positions. *Journal of Applied Psychology*, *61*, 410–418.

Trattner, M. H. (1982). Synthetic validity and its application to the uniform guidelines validation requirements. *Personnel Psychology*, *35*, 383–397.

Trattner, M. H., Fine, S. A., & Kubis, J. F. (1955). A comparison of worker requirement ratings made by reading job descriptions and by direct job observation. *Personnel Psychology*, *8*, 183–194.

Ulrich, D., Brockbank, W., Yeung, A. K., & Lake, D. G. (1995). Human resource competencies: An empirical assessment. *Human Resource Management*, *34*, 473–495.

U.S. Census Bureau. (2018). *Quick facts, United States*. Retrieved from https://www.census.gov/quickfacts/fact/table/US/LFE046216.

U.S. Civil Service Commission. (1977). *Instructions for the Factor Evaluation System*. Washington, DC: U. S. Government Printing Office.

U.S. Department of Labor. (1939). *Dictionary of occupational titles*. Washington, DC: U.S. Government Printing Office.

U.S. Department of Labor. (1967). *Manual for the General Aptitude Test Battery, Section III: Development*. Washington, DC: U.S. Government Printing Office.

U.S. Department of Labor. (1972). *Handbook for analyzing jobs*. Washington, DC: U.S. Government Printing Office.

U.S. Department of Labor. (1977). *Dictionary of occupational titles* (3rd ed.). Washington, DC: U.S. Government Printing Office.

U.S. Department of Labor. (1991). *Dictionary of occupational titles* (4th ed.). Washington, DC: Author.

U.S. Department of Labor. (2005a). *Work at home in 2004* (Publication No. USDL 05-1768). Washington, DC: U.S. Government Printing Office.

U.S. Department of Labor. (2005b). *Workers on flexible and shift schedules in May 2004* (Publication No. USDL 05-1198). Washington, DC: U.S. Government Printing Office.

Van de Voort, D. M., & Stalder, B. K. (1988). Organizing for job analysis. In S. Gael (Ed.), *The job analysis handbook for business, industry, and government* (Vol. I, pp. 315–328). New York, NY: Wiley.

Van Iddekinge, C. H., Putka, D. J., Raymark, P. H., & Eidson, C. E., Jr. (2005). Modeling error variance in job specification ratings: The influence of rater, job, and organization-level factors. *Journal of Applied Psychology, 90*, 323–334.

Varca, P. E., & Pattison, P. (1993). Evidentiary standards in employment discrimination: A view toward the future. *Personnel Psychology, 46*, 239–258.

Wagner, R. F. (1951). Using critical incidents to determine selection test weights. *Personnel Psychology, 4*, 373–381.

Wall, T. D., & Jackson, P. R. (1995). New manufacturing initiatives and shopfloor job design. In A. Howard (Ed.), *The changing nature of work* (pp. 139–174). San Francisco, CA: Jossey-Bass.

Walmsley, P. T., Natali, M. W., & Campbell, J. P. (2012). Only incumbent raters in O*NET? Oh yes! Oh no! *International Journal of Selection and Assessment, 20*, 283–296.

Webb, N. M, Shavelson, R. J., Shea, J., & Morello, E. (1981). Generalizability of general education development ratings of jobs in the United States. *Journal of Applied Psychology, 6*, 186–192.

Weiser, M. (1991). The computer for the 21st century. *Scientific American, 265*, 94–104.

Weiser, M. (1993). Some computer science issues in ubiquitous computing. *Communications of the ACM, 36*, 74–84.

Wellins, R. S., Byham, W. C., & Dixon, G. R. (1994). *Inside teams: How 20 world-class organizations are winning through teamwork*. San Francisco, CA: Jossey-Bass.

Wernimont, P. F. (1988). Recruitment, selection, and placement. In S. Gael (Ed.), *The job analysis handbook for business, industry, and government* (Vol. I, pp. 193–204). New York, NY: Wiley.

Wexley, K. N., & Silverman, S. B. (1978). An examination of differences between managerial effectiveness and response patterns on a structured job analysis questionnaire. *Journal of Applied Psychology, 63*, 646–649.

Wexley, K. N., & Yukl, G. A. (1984). *Organizational behavior and personnel psychology* (Rev. ed.). Homewood, IL: Irwin.

Wheelan, S. A. (1999). *Creating effective teams: A guide for members and leaders*. Thousand Oaks, CA: SAGE.

Wiersma, U., & Latham, G. P. (1986). The practicality of behavioral observation scales, behavioral expectation scales, and trait scales. *Personnel Psychology, 39*, 619–628.

Wilson, M. A., Bennett, W., Jr., Gibson, S. G., & Alliger, G. M. (2012). *The handbook of work analysis: Methods, systems, applications and science of work measurement in organizations.* New York, NY: Routledge.

Wingfield, L. R., Kulendran, M., Chow, A., Nehme, J., & Purkayastha, S. (2015). Cognitive task analysis: Bringing Olympic athlete style training to surgical education. *Surgical Innovation, 22*, 406–417.

Wooten, W., & Prien, E. P. (2007). Synthesizing minimum qualifications using an occupational area job analysis questionnaire. *Public Personnel Management, 36*, 307–314.

Wrzesniewski, A., & Dutton, J. E. (2001). Crafting a job: Revisioning employees as active crafters of their work. *Academy of Management Review, 26*, 179–201.

Wuchty, S., Jones, B. F., & Uzzi, B. (2007). The increasing dominance of teams in production of knowledge. *Science, 316*, 1036–1039.

Young, S. M. (1992). A framework for successful adoption and performance of Japanese manufacturing practices in the United States. *Academy of Management Review, 17*, 677–700.

Zerga, J. E. (1943). Job analysis: A résumé and bibliography. *Journal of Applied Psychology, 27*, 249–267.